2025年度版

[大卒・高卒]消防官 教養試験 過去問350

【試験ガイド】

【令和5年度試験出題例】

【大卒・高卒消防官〈教養試験〉過去問＆解説No.1～No.350】

◆本書は、平成９年度から令和５年度に実施された、東京消防庁Ⅰ・Ⅲ類、市役所上級～初級、地方上級・初級の過去問を収録しています。

◆各科目の問題数は、令和５年度試験の出題比率に基づいて配分しています。

◆法改正、制度変更などがあった分野の問題、またはデータが古くなった事情問題は、問題文を最新情報に基づいた記述に改めたうえで、〈改題〉表示をしています。

◆本書に掲載した過去問の一部は、受験者から寄せられた情報をもとに実務教育出版が独自に復元したものです。したがって、必ずしも実際の試験問題と同一であるとは限りません。

資格試験研究会編
実務教育出版

[大卒 高卒] 消防官試験ガイド

① 試験概要

近年ますますその人気が高まっている消防官採用試験。まず最初に消防官の仕事内容などとともに，採用試験の概要を紹介しておこう。

■本書のねらいと構成

消防官（消防士，消防職，消防吏員などと呼ばれる場合もある）は人気職で倍率も高く，志望度の高い人ほど複数の自治体を併願受験する傾向がある。また，学歴条件がないことが多く，大卒・高卒関係なく受験する人も多い。こうしたことを踏まえ，本書は東京消防庁・市役所・地方上級・地方初級の教養試験を１冊にまとめる構成をとっている。東京消防庁と他の試験とでは出題傾向が異なるため，P.６～７の「出題分析」をしっかり読んだうえで，自分の受験プランに合った問題演習を繰り返してほしい。まだ自分がどの自治体を受験するのか決めかねている人は，本書のいろいろな問題を解いてみて，実力把握と受験計画の立案に役立ててほしい。

■消防の組織と仕事

消防組織法においては，消防は市町村の固有責務とされ，原則として１つの市町村に１つずつ設けられている。しかし近年は近隣の市町村が共同で消防組合（広域組合）を組織したり，市区町村が業務委託を進めたりするなど，消防の広域化や組織の統合が増える傾向が見られる。その中でも東京都の大部分を管轄する東京消防庁は日本の消防組織の中で最も大きく採用人数も最多。消防の仕事は細かく分かれており，いち早く現場に駆けつける消防隊員，消防ヘリ隊員，救急隊員，山岳救助隊，機関員などがある。また，これらの指揮統制を行う指揮隊，火災の原因を突き止める火災原因調査隊員，火災を防ぐ予防隊員，「119番通報」を受け付ける指令係員など，実にさまざまな職種が存在する。

■試験ガイド

採用試験には，大卒程度・高卒程度などいくつかの区分が設けられていることが多いが，これらは試験のレベルを意味している。年齢条件さえクリアできれば，中卒や高卒の人でも大卒程度の試験を受けられることが一般的だ。ただし，「大学を卒業または卒業見込みの者」というような学歴条件を設けている自治体もあり，その場合は高卒者が大卒程度の試験を受けることはできない。

●受験資格・身体要件

原則として，日本国籍を有し，さらに年齢条件を満たせば受験できる。たとえば東京消防庁Ⅰ類の場合，試験日翌年４月１日現在の年齢で29歳を上限としており，Ⅲ類については21歳を上限としている。前述のように，学歴条件を設けている自治体でない限り，学歴の障壁もない。特別な資格や免許の保有を求めない自治体が多いが，自動車運転免許を条件とすることもあるため，早めに受験案内を確認しておく必要がある。また，採用後はその自治体内に居住できることを要件とする自治体がほとんどだ。

また，消防官試験においては，かつては，身長や体重，胸囲などの身体基準が定められていることが多かったが，近年はほとんどの自治体で撤廃されている。ただし，多くの場合，二次試験で，視力，色覚，聴力などの身体検査が行われる。

●受験手続

受験の手続は受験案内と試験申込書を入手することから始まる。最近は電子申請に対応している自治体が増えており，インターネットで受験申込みができることも多い。市役所や町村役場で書類を配布する自治体もあるが，受取りに本人確認書類が必要なこともあるので注意が必要だ。自治体によっては受験案内を郵送でも取り寄せることができる。

●試験日程

東京消防庁Ⅰ類は，例年，５月に１回目の一次試験が実施されており，申込みは３月下旬から始まる。東京消防庁Ⅲ類は，例年，９月に一次試験が実施されている。市役所は，政令指定都市とそれ以外に大きく分けられる。政令指定都市の大卒程度の一次試験は，例年，6月下旬（地方上級）で，高卒程度は9月下旬（地方初級）である。その他の市役所および消防組合の日程はさまざまであるが，市役所B日程（7月）もしくはC日程（9月）に一次試験を実施するところが多い。試験日程は変更される場合もあるので，志望先の情報は必ずチェックしよう。

●試験内容

試験は，一次試験と二次試験以降に分けられる。その内容は自治体によって若干異なるが，教養試験，論（作）文試験，面接試験，適性検査，身体検査，体力検査はほとんどの自治体で行われている。このうち，教養試験は一次試験，面接試験は二次試験で実施されることは全国的にほぼ共通している。

・教養試験

東京消防庁は独自の教養試験を実施しているが，大半の市町村では一般的な公務員試験の教養試験と同じ試験が実施される。本書の掲載問題も「市役所」「地方初級」などと表記しているのはそのためだ。出題数および試験時間は「40〜50問・120分」または「50問・150分」で五肢択一の問題形式となる。

消防官試験の教養試験は高卒・大卒ともに高校で学習する範囲から出題される。高卒よりも大卒のほうが問題が複雑で文章量が多く，難易度が高いが，科目によってはほとんどレベルの差がない問題も出題される。そのため，大卒を受験する人は，高卒の問題も解いたうえで，大卒の問題を解いてみてほしい。基礎を固めたうえで，より高度な応用問題に取り組む力が身につくはずだ。東京消防庁は科目や出題数などに独自の傾向が見られるため，「東京消防庁しか受験しない」という人は，P.6〜7や，巻頭の問題を参考にして，無駄のない勉強を心掛けてほしい。複数の自治体を併願受験する人は本書を丸ごと繰り返し勉強することで，あらゆる消防官試験に対応できる力が養えるだろう。また最近の傾向として，従来の教養試験・適性検査の代わりに，SPI 3を実施する市役所が増えている点にも留意してほしい。

・論（作）文試験

論（作）文試験は，思考力，表現力，見識，文章構成力，適応性等を見るための課題式の筆記試験である。試験時間は60〜90分程度で，字数は600〜1,200字程度である。課されるテーマは，消防官の職務や使命に関するもの，社会や時事に関するもの，自分自身の体験に関するもの，志望動機に関するものなど，多方面にわたっている。

・面接試験

面接試験では，教養試験や論文試験では見ることのできない人物像や人柄を評価する。形式は「個別面接」で，時間は20分前後のところが多い。個別面接に加えて「集団面接」や「集団討論」を実施するところが増えている。

・適性検査

公務員や消防官としての適応性を，正確さ，迅速さ等の作業能力の面から検査する。適性検査とは別に消防適性検査が設けられるところもあり，「困っている人がいたら助けてあげたいと思うか」といった質問や，図形の問題の答えを選ぶマークシート方式の検査が実施され，多面的な性格診断が行われる。さらに，消防本部の施設を使用し，高所・暗所・閉所への適性を判定する試験を行う消防組織もある。

・体力検査

体力検査は，消防官として必要な体力を有するかどうかを測定するために行われ，上体起こし，長座体前屈，反復横跳び，持久走などから複数の項目が実施される。高所への適応性を見るために「はしご登り」等を実施するところもある。消防組織によってはかなりハードな内容が課されることもあるので，試験の数か月前から体力作りを始めるなど，準備して臨んでほしい。

② 出題分析

■教養試験

市町村や消防組合と東京消防庁とでは，試験の出題数や傾向に違いが見られる科目もあるが，出題分野が共通する問題も少なくない。自分が受験する試験の出題傾向に合わせ，それに合わせた対策を練っておきたい。出題範囲は試験ごとに似通っていることを踏まえ，以下の各科目の出題ポイントと，次ページから掲載している「出題内訳」を合わせて読んでほしい。なお，出題科目と科目別出題数は変更される場合がある。

●政治（法律・政治）

日本国憲法の出題割合が高く，細かい知識が求められるが，聞き慣れた用語や概念が多いので必要以上の心配は不要。そのほか，国際政治，地方自治，選挙制度，基本的人権，裁判所からの出題が目立つ。時事問題と絡んだ問題も出題されるので，前年の出来事のうち重要なものを押さえておく必要がある。

●経済

市役所・地方初～上級ではミクロ経済学，経済循環が頻出。東京消防庁は，財政・経済事情に関する出題が目立つ。全体として，金融政策，経済用語からの出題が増えている。いずれの試験もさほど深い知識は必要とされないので，専門用語・要点を押さえる学習が有効である。

●社会

出題範囲は，高校の「現代社会」の範囲とほぼ重なっている。どの試験を受けるにしても，日本の外交・国際情勢に関する時事問題も頻出なので，日頃からニュース等をチェックし，時事対策を万全にしておくこと。市役所などでは，環境問題，少子高齢化，食料，地方自治など，幅広い分野から出題されている。

●日本史

政治史からの出題が多い。市役所では明治時代～現代，テーマ別通史が頻出。東京消防庁は江戸時代からの出題が多く見られる。政策面が問われやすく，政治史が出題の中心。

●世界史

古代～近現代について基本事項を確認する問題が多い。ほかの公務員試験と同様，ヨーロッパ史，中国史が中心。古代・中世からの出題はまれ。現代史，戦後史も頻出なので，現代史を押さえることが重要となる。東京消防庁は世界史の出題がない年もあるが，対策は必須。

●地理

ケッペンの気候区分，地形と気候，日本の自然と産業，各国地誌が多い。市役所などではアジア，アフリカ，ヨーロッパなどの地誌の出題頻度が高く，東京消防庁は地形と各国地誌が問われている。世界の主な河川・山脈，ヨーロッパ・南北アメリカ・アジアなどの民族，貿易品目などを整理しておくこと。

●思想（倫理）

東京消防庁では出題されない。市役所や地方初～上級でもほとんど出題は見られないが，まれに文学・芸術の代わりに1問出題される年があるため，受験する場合は念のため対策を取っておきたい。

●文学・芸術

東京消防庁では出題されないが，市役所・地方初～上級では1問出題されることがある。文学は日本文学が中心。美術は近代絵画と画家との組み合わせ，音楽はクラシック音楽と作曲家の組合せが多い。

●国語

東京消防庁では，毎年，漢字・ことわざ・慣用句などの問題が出題される。四字熟語の出題率が高いので，熟語の意味を押さえ，漢字で正確に書けるようにしておくことが大切である。市役所ではほぼ出題されていない。

●英語

東京消防庁では，例年，数問出題される（英文理解）。接続詞，前置詞，副詞，形容詞，熟語や英会話の空欄補充が多い。平易な問題なので，確実に正答できるようにしておきたい。地方初級～上級，市役所ではほぼ出題されていない。

●数学

高校数学から出題されているが，東京消防庁とそれ以外では難易度・出題数が大きく異なる。市役所では，関数を中心とした出題が1問程度出題される。東京消防庁では出題数が3問程度と多く，レベルも高め。おもに三角関数，図形，関数，数列など，ほかの公務員試験では出題頻度の低い分野からの出題となっている。

●物理

市役所や地方初～上級では，力学，波動，電磁気学から1問程度出題される。図の処理，公式の確認，用語の意味を押さえるなどの対策が必要。東京消防庁では例年，1～2問出題される。範囲は広く，計算が必要な問題も多い。

●化学

東京消防庁は，例年，2問程度出題。化学結合，化学反応と化学方程式などが頻出で，連続して同じテーマから出題されることがよくあるので，過去問演習が重要。市役所では基礎化学理論から比較的出やすいが，偏りなく対策を練っておくことを勧める。まずは化学理論，元素記号や公式から順に覚えることから始まり，広く学習する必要がある。

●生物

市役所では2問程度，東京消防庁では1～2問出題される。幅広いテーマから満遍なく出題されるため，ポイントを絞った対策を練るよりは，広く浅く基本事項を覚えていく学習スタイルが望ましい。東京消防庁は，免疫や代謝，神経系，器官などが比較的出やすい。

●地学

市役所や地方初～上級では，例年，1問出題される。出題範囲は高校の地学で，「天文」「気象」「地学（地質や地震）」から順繰りに出題されている。特に傾向はなく，毎年さまざまなテーマから出題されるので，対策は立てにくい。東京消防庁では出題されない。

●判断推理

どの試験でも出題数が非常に多く，試験の対策度合いが教養試験の出来を大きく左右する科目である。難易度は高くはないが，学校では学習しないような内容が出題され，公務員試験独自の問題ともいえる。どんどん過去問を解いて解法のコツを身につけておきたい。「言語分野」である①集合と論理，②対応関係，③数量条件は頻出。「非言語分野」は①展開図，②積み木，③立体の切断が頻出。なお，東京消防庁の「空間概念」もここに含む。

●数的推理

判断推理に次いで出題数が多い。難易度は決して高くないが，1問にかけられる時間が短い（3～5分程度）ため，対策が必須。図形の問題も出題されるが，判断推理と異なり，計算して求める問題が中心。そのほか，速さ，場合の数，確率などが頻出である。

●文章理解

市役所は現代文と英文の長文読解が中心で，文学作品の出題は少なく，論説文の出題が多い。いずれも要旨把握・内容把握がほとんどで，空欄補充や文章整序は少ない。東京消防庁は現代文の出題が中心である。現代文・英文ともに，限られた時間内で素早く解答することが必要となる。

●資料解釈

東京消防庁では4～5問，市役所では2問程度出題される。数字の入った数表や，棒グラフなどの資料が示され，その資料が正しく読み取れるかどうかが問われる。選択肢を丁寧に読むと，資料だけでは判断できない内容が書かれていることが多い。資料と選択肢の内容を丁寧に照らし合わせていけば判断できることも多い。資料の読み方を身につけておくことが重要となる。

令和５年度 東京消防庁消防官Ｉ類(1回目)出題内訳

No.	科目	出題内容
1	文章理解	内容把握，中村桃子『新敬語「マジヤバイっす」－社会言語学の視点から』
2		内容把握，小川仁志『世界のエリートが学んでいる教養としての哲学』
3		要旨把握，出口汪『論理思考力をきたえる「読む技術」』
4		空欄補充，吉澤弥生『芸術は社会を変えるか？－文化生産の社会学からの接近』
5		文章整序，齋藤孝『すぐれたリーダーに学ぶ言葉の力』
6	英文理解	内容把握（120ページの本のうちまだ読んでいないページ数）
7		空欄補充（英語の造語）
8		文法・語法（正しい英文を選ぶ）
9		会話文（文章整序）
10	判断推理	操作の手順（色と数字を確かめるためにめくるカードの枚数）
11		対応関係（５人が行ったことがある都市）
12		位置関係（円卓で自分の帽子の色がわかる人数）
13		操作の手順（３つの箱から球を取り出す最少個数）
14		暗号（数字を使った暗号法則）
15	空間概念	平面構成（市松模様の正方形を作るのに必要な図形）
16		移動・回転・軌跡（円の移動に必要な回転数）
17		立体構成（穴が空いていない小立方体の個数）
18	数的処理	数列（循環小数の表し方）
19		流水算（川を上る船の速さと川の流れの速さ）
20		仕事算（窓口の数と行列がなくなるまでの時間）
21		円（台形内部の図形の面積）
22		確率（代表にＡ組の候補者が１人含まれる確率）
23	資料解釈	５か国の輸入貿易額の推移（数表）
24		人口および運転免許保有者の推移（数表）
25		単身世帯の消費支出内訳（グラフ）
26		６か国のサバ漁獲量の推移（グラフ）
27		８社の従業員の年齢構成（グラフ）
28	法律	国会と内閣（臨時会，予算，内閣の総辞職，緊急集会等）
29		日本の選挙（普通選挙，平等選挙，小選挙区制等）
30	政治	日本の55年体制
31	経済	国民経済計算（GDP，GNP，NNP，NI等）
32	社会事情	令和２年国勢調査（総人口に占める65歳以上の割合等）
33		2022年７月の参議院議員通常選挙
34		犯罪・非行関連の法律（刑法の改正，少年法の改正等）
35	世界史	中国の元朝（首都，運河・海上交通の整備等）
36	日本史	明治時代（民撰議院設立建白書，神風連の乱等）
37	地理	地形（プレート，変動帯の地形，フォッサマグナ等）
38	国語	四字熟語（天衣無縫等）
39		漢字（柔軟，肝要等）
40		対義語（実践－理論等）
41	数学	分数の計算
42		関数の最大値と最小値
43	物理	静止摩擦係数の最小値
44	化学	コロイド（正コロイド，チンダル現象，親水コロイド等）
45	生物	適応免疫（リンパ球，樹状細胞，キラーＴ細胞等）

令和４年度 東京消防庁消防官Ｉ類(1回目)出題内訳

No.	科目	出題内容
1	文章理解	要旨把握，久松達央『キレイゴトぬきの農業論』
2		要旨把握，吉岡友治『だまされない<議論力>』
3		要旨把握，原研哉『デザインのめざめ』
4		要旨把握，津野海太郎『読書と日本人』
5		要旨把握，池田清彦『やぶにらみ科学論』
6	英文理解	会話文（正しい英文の組み合わせ）
7		会話文（正しい英文の組み合わせ）
8		文法・語法（正しい英文を選ぶ）
9	判断推理	命題（検定試験を受験した４人の結果）
10		命題（４人が借りている本の種類と移動手段）
11		操作（天秤ばかりを使用する最小の回数）
12		集合（夏も冬も好きでないと答えた人の人数）
13	空間概念	立体の切断（球に内接した直円錐の断面）
14		経路（点Pからすべての交点を通って再び点Pに戻れないもの）
15	数的処理	旅人算（３回目のすれ違いが起こるまでに要する時間）
16		記数法（５進法とと６進法で表された数を８進法で表す）
17		整数（整数をすべて足し合わせた値）
18		仕事算（すべての作業が終了するまでに要する時間）
19	資料解釈	2010年～2020年の世界各国の人口及び人口増加率（数表）
20		消防団員数の割合の推移と年齢構成比率の推移（グラフ）
21		昭和60年から平成27年までの人口及び世帯数の推移（グラフ）
22		勤労者世帯の収支の推移（数表）
23		国の野生鳥獣による農作物の被害状況（数表）
24	法律	基本的人権（思想・良心の自由，政教分離，学問の自由等）
25		国会（国会の権限，緊急集会，内閣不信任決議権等）
26	政治	基本的人権の保障（アメリカ，フランス，ドイツ等）
27	経済	日本の租税（課税，直接税・間接税，消費税等）
28	社会事情	2021年改正災害対策基本法
29		主要７か国首脳会議
30		2021年に発生した政変（ミャンマー，ハイチ等）
31	世界史	漢（科挙，武帝，高祖，劉邦等）
32	日本史	太平洋戦争後の日本（労働基準法，GHQ，朝鮮戦争等）
33	地理	世界の民族問題（カナダ，イギリス，コソボ，スペイン等）
34	国語	三字熟語（不如意）
35		故事成語（鼎の軽重を問う）
36	数学	二次方程式
37		二次関数（頂点の座標）
38		三角関数
39		集合（aにもbにも賛成でない人の数）
40	物理	運動（物体に加えた力積の大きさ）
41		電場の強さ
42	化学	分圧（混合気体中の窒素と酸素の分圧）
43		結晶（アルミニウムの結晶の密度）
44	生物	細胞（リン脂質，膜タンパク質，アクアポリン等）
45		神経系（膜外を基準とするときの静止電位の値）

※この出題内訳表は，公開問題をもとに作成したものである。科目の分類は編集部による。

令和４年度 東京消防庁消防官Ⅲ類 出題内訳

No.	科目	出題内容
1	文章理解	要旨把握，山竹伸二『ひとはなぜ「認められたい」のか』
2	文章理解	要旨把握，吉田たかよし『元素周期表で世界はすべて読み解ける』
3	文章理解	要旨把握，本郷和人『世襲の日本史』
4	文章理解	要旨把握，長谷川眞理子『生き物をめぐる４つの「なぜ」』
5	文章理解	要旨把握，小川仁志『悩みを自分に問いかけ，思考すれば，すべて解決する』
6	英文理解	会話文（空欄補充）
7	英文理解	文法・語法（語句）（空欄補充）
8	英文理解	文法・語法（文法）（文章整序）
9	判断推理	命題（命題が真であるとき確実にいえること）
10	判断推理	発言推理（５人による短距離走の結果）
11	判断推理	試合の勝敗（６チームによるサッカーの総当たり戦の結果）
12	判断推理	規則性（ある年の大晦日の曜日）
13	空間概念	方位と位置（Cの家が存在する可能性のある位置）
14	空間概念	正多面体（正多面体の頂点・辺の数と面の形・数）
15	数的処理	数量問題（４つのおもりを使った重さの組合せ）
16	数的処理	比，割合（３人の所持金の比）
17	数的処理	三角形（三角形の外心を結んだ角度）
18	数的処理	場合の数（アルファベット７文字の並べ方）
19	資料解釈	アイスクリーム支出金額とその割合（グラフ）
20	資料解釈	日本の木材輸出相手国の上位10か国（数表）
21	資料解釈	きのこ類の価格と対前年増減率（数表）
22	資料解釈	ある検定試験の結果（数表）
23	法律	国会の権限（弾劾裁判所の設置等）
24	政治	国際連合（安全保障理事会，主要機関，PKO等）
25	経済	国際経済（モノカルチャー経済，OPEC，NIEO樹立宣言等）
26	社会事情	2021年９月の首脳会談（クアッドの参加者と内容）
27	社会事情	雇用情勢（離職率と入職率，改正高年齢者雇用安定法等）
28	世界史	19～20世紀はじめの欧米の文化（ドイツ観念論哲学等）
29	世界史	インドの植民地化（東インド会社の解散とインド帝国等）
30	日本史	18世紀はじめの幕政（正徳の治，新井白石等）
31	日本史	明治時代（使節団，神仏分離令，国立銀行条例等）
32	地理	西岸海洋性気候（気温の年較差，混合農業等）
33	地理	東南アジア諸国（タイ，インドネシア，マレーシア等）
34	国語	熟語（敷衍等）
35	国語	対義語（貫徹－挫折等）
36	国語	四字熟語（竜頭蛇尾等）
37	数学	無理数の計算
38	数学	放物線の頂点の座標
39	数学	連立不等式の計算
40	物理	列車の速度と加速度（グラフ）
41	物理	力のつり合い（キャリーケースを運ぶ人と反対に引く力）
42	化学	発生する気体（二酸化炭素）
43	化学	正塩（酢酸ナトリウム）
44	生物	血糖濃度を上昇させるホルモン（グルカゴン等）
45	生物	ヌクレオチド鎖の構造

令和３年度 東京消防庁消防官Ⅲ類出題内訳

No.	科目	出題内容
1	文章理解	要旨把握，橋本努『学問の技法』
2	文章理解	要旨把握，松浦壮『時間とはなんだろう-最新物理学で探る「時」の正体』
3	文章理解	要旨把握，谷岡一郎『ツキの法則-「賭け方」と「勝敗」の科学』
4	文章理解	要旨把握，川畑秀明『脳は美をどう感じるか-アートの脳科学』
5	文章理解	要旨把握，三木成夫『胎児の世界』
6	英文理解	会話文（空欄補充）
7	英文理解	文法・語法（語句）（空欄補充）
8	英文理解	文法・語法（be able toの用法）（文章整序）
9	判断推理	集合（３科目とも好きな者の最小人数）
10	判断推理	順序関係（重さが異なる４つの分銅）
11	判断推理	発言の真偽（カードについて３人の発言）
12	判断推理	命題（５人の職業と住んでいる都市）
13	空間概念	平面図形（正方形を重ねたときの黒い正方形の個数）
14	空間概念	投影図（折り曲げた針金を上から見たとき）
15	数的処理	三平方の定理
16	数的処理	確率（３人のうち２人だけが合格する確率）
17	数的処理	年齢算（４人家族の子ども２人の年齢の和）
18	数的処理	整数問題（最小な自然数の各位の数の和）
19	資料解釈	献血者数と年代別構成比（数表）
20	資料解釈	ため池で捕獲された亀の種類別内訳（グラフ）
21	資料解釈	書籍新刊点数の推移（数表）
22	資料解釈	道路交通法の事故件数と負傷者数の推移（グラフ）
23	法律	基本的人権（法の下の平等，信教の自由，裁判の公開等）
24	政治	裁判員制度
25	経済	国際経済機構（IMF，IBRD，OECD，DAC等）
26	社会事情	日本の政策（コロナウイルス感染症，特別給付金等）
27	社会事情	世界の民族問題と独立運動（スコットランド，クルド人等）
28	世界史	第二次世界大戦後の世界の動向
29	世界史	ローマ＝カトリック教会（シトー修道会，カノッサの屈辱）
30	日本史	10世紀から12世紀頃の武士・武家（藤原純友，平治の乱等）
31	日本史	日本の近代産業（銀本位制，工場法，製糸業等）
32	地理	地形（扇状地，三角州，カール，フィヨルド等）
33	地理	世界の人口に関する記述
34	国語	対義語（質素，概要，寡黙，近海，明細）
35	国語	四字熟語（諸行無常）
36	国語	漢字（懸かる，納める，下，諮る，会う）
37	数学	平方根
38	数学	二次関数の最大値，最小値
39	数学	組合せ
40	物理	導体の物質の抵抗に関する記述
41	物理	速度，終端速度
42	化学	分子量，相対質量
43	化学	３価のイオン
44	生物	動物と植物の真核細胞
45	生物	ヒトの副交感神経が働いているときの作用

※この出題内訳表は，公開問題をもとに作成したものである。科目の分類は編集部による。

令和４年度 市役所上級（Ｂ日程）教養試験出題内訳

No.	科目	出題内容
1	社会	コンピューターネットワークの用語（LAN，ドメイン，URL等）
2		Quad（クアッド）（参加国，方針，海洋安全保障等）
3		近年の日本における外国人（外国人人口，在留資格等）
4		子どもと子育ての現状（出生数，待機児童数，子ども食堂等）
5		プラスチック（ペットボトル，生産国，マイクロプラスチック等）
6	法律	日本国憲法における法の下の平等（実質的平等，形式的平等等）
7	政治	地方自治制度（首長，条例制定権，法定受託事務，中核市等）
8	経済	国債（将来世代への負担の転嫁，国債価値の下落等）
9		失業（失業率，有効求人倍率，最低賃金制度等）
10	地理	日本の河川（石狩川，利根川，淀川，四万十川）
11		インド，パキスタン，バングラデシュ（宗教，産業等）
12	日本史	明治時代初期の政策（神仏分離令，身分制度，徴兵令，学制等）
13	世界史	16～17世紀のヨーロッパ（オランダ，イギリス，ドイツ，フランス）
14		第二次世界大戦後の世界（冷戦，NATO，ソ連，内戦等）
15	数学	三角比（直角三角形の二辺の比）（空欄補充）
16	物理	電気回路（並列連結時の電流と電圧）
17	化学	オゾン生成時の化学反応式と物質量（計算）
18	生物	ヒトの神経系（ニューロン，脳，自律神経，感覚器，反射）
19		乾性遷移（陽生植物，陰生植物等）
20	地学	海洋（海流，深層循環，潮汐，津波，ラニーニャ現象）
21	文章理解	英文（要旨把握，ロボットに奪われる仕事）
22		英文（内容把握，つらい体験の乗り越え方）
23		英文（内容把握，ザトウクジラの餌）
24		現代文（要旨把握，監視社会）
25		現代文（要旨把握，文明開化）
26		現代文（要旨把握，サイボーグ）
27	判断推理	命題（ある会社の社員の休日の過ごし方）
28		位置関係（３人によるダーツで刺さった区画）
29		対応関係（５人の夏期講習の選択科目）
30		試合の勝敗（５チームによる総当たり戦）
31		折り紙（裏が黒く塗られた長方形の折り紙）
32		立体の切断（箱に入った６つの球の切断面）
33		移動・回転・軌跡（大正方形内の小正方形の回転と点の軌跡）
34		展開図（筒に糸を巻きつけた回数）
35	数的推理	整数問題（和が35になる４つの数）
36		確率（天気予報での晴れ，曇り，雨の確率）
37		利益算（商品の仕入れ値と利益）
38		速さ・距離・時間（坂道の上りと下りの速さの差）
39	資料解釈	郵便局数と荷物のうちの小包の割合（数表）
40		首都圏と全国のタワーマンションの新築棟数・戸数（グラフ）

令和３年度 市役所上級（Ｂ日程）教養試験出題内訳

No.	科目	出題内容
1	社会	行政のデジタル化（オンライン手続，マイナンバーカード等）
2		RCEP（加盟国，主要５品目の税率等）
3		地球温暖化（温室効果ガス，島国の水没危機，パリ協定等）
4		日本の道路交通政策（あおり運転の厳罰化，高齢者の免許更新等）
5		インフラツーリズム（黒部ダム，瀬戸内しまなみ海道等）
6	法律	国会（衆議院と参議院の相違，通常国会，弾劾裁判等）
7		憲法における社会権（外国人，義務教育，生活保護等）
8	政治	国際社会と国際法（排他的経済水域，成文法，国際司法裁判所等）
9	経済	地方財政（歳出，地方交付税，財政調整基金等）
10		２つの財の生産コストと生産量
11	地理	世界の言語（カナダ，トルコ，インド，南米諸国等）
12	日本史	第二次世界大戦後の日本（女性議員，教育の自由化，憲法制定過程等）
13	世界史	中国王朝史（唐，宋，明，清等）
14		近現代の英・仏・独（市民革命，産業革命，EU・EC，工業立地）
15	数学	二次関数（グラフ）
16	物理	水圧と浮力
17	化学	物質の性質（メタノール，ホルムアルデヒド，塩化ビニル等）
18	生物	ヒトの遺伝情報とDNA
19		ヒトの肝臓の機能
20	地学	気象（大陸性高気圧，秋雨前線，偏西風等）
21	文章理解	英文（要旨把握，日本の食卓の変化）
22		英文（要旨把握，無料配布の社会実験）
23		英文（要旨把握，新聞記者と心理学者のかかわりの整理）
24		現代文（要旨把握，犯罪の侵害と利得という二側面）
25		現代文（要旨把握，遊牧民と現代人に通ずる観念）
26		現代文（要旨把握，粗死亡率という概念の問題点）
27	判断推理	論理（ある学校での兄弟姉妹の有無に関する調査結果）
28		順序関係（６人の誕生月）
29		対応関係（３人が投げたコインの表裏）
30		操作の手順（９個のボタンの操作による表示の変化）
31		平面図形（正方形を何等分かしたときの四角形の面積）
32		移動・回転・軌跡（２本の線分が動く領域）
33		投影図（４個の積み木に正面から光を当てたときの影）
34		立体図形（正四面体を転がしたときの辺の位置）
35	数的推理	場合の数（３つの島にかかった橋の合計数）
36		整数問題（２つの整数の合計）
37		方程式（幼稚園で配ったアメとチョコレートの個数）
38		仕事算（水が漏れている水槽への注水）
39	資料解釈	事故件数と死亡者数の推移（数表）
40		ある地域の従業者数（グラフ）

※この出題内訳表は，受験者からの情報をもとに作成したものである。したがって，No.や出題内容が実際とは異なっている場合がある。

令和４年度 地方初級教養試験出題内訳

No.	科目	出題内容
1	政治	人身の自由（捜査令状，弁護人，黙秘権等）
2		国会（衆議院の優越等）
3		EU（経済・通貨，加盟国，イギリスの動向等）
4	経済	独占市場・寡占市場
5		租税（国税・地方税，直接税・間接税等）
6	社会	インターネット（コンピュータウイルス，違法性等）
7		食品表示（賞味期限・消費期限，栄養成分表示等）
8		日本の高齢化（年金，交通事故件数，人口等）
9	地理	領土・領海・領空（エジプト等）
10		日本の漁業（昆布，海苔，真珠の生産上位県）
11		中国地誌（小麦生産，エネルギー資源，工業等）
12	日本史	鎌倉時代（幕府，守護・地頭等）
13		太平洋戦争
14	世界史	ルネサンス（ダンテ，ミケランジェロ等）
15		1960年代以降の東南アジア（フィリピン，インドネシア等）
16	国語	四字熟語（暗中模索，当意即妙，自画自賛等）
17		文法（修飾語）
18		慣用句（白羽の矢が立つ，飛ぶ鳥を落とす等）
19	数学	二次関数（２点を通る $y=3x^2+ax+b$ の a の値）
20	物理	波の屈折（水中に入射した光の屈折角）
21	化学	酸化・還元（化学式）
22		有機化合物（エタノール，メタン，エチレン）
23	生物	ヒトの免疫（アレルギー，ワクチン，血清療法等）
24		生態系（生存曲線）
25	地学	太陽系（惑星，衛星）
26	文章理解	英文（要旨把握，トマトの成長と水の関係）
27		英文（要旨把握，インドと中国の人口と賃金）
28		英文（要旨把握，俳優のストレス）
29		現代文（要旨把握，会社経営とさまざまな視点）
30		現代文（要旨把握，科学と個人の嗜好）
31		現代文（要旨把握，環境の変化と安心・ストレス）
32		現代文（要旨把握，指揮者の振舞いと音楽）
33		現代文（空欄補充，肖像写真家）
34	判断推理	命題（Ａ～Ｄの４人の生徒の読んだ本）
35		順序関係（Ａ～Ｅの５人の生徒の身長と年齢）
36		位置（Ａ～Ｇの７人の３×３に配置されたロッカーの位置）
37		対応関係（Ａ～Ｅの５人の４種類の果物から２種類の選択）
38		規則性（奇数なら－1，偶数なら÷２で最後に１にする操作）
39		平面図形（底角75°の等脚台形をつないでできる多角形）
40		展開図（組み立てたとき，表面に描かれた点線が切断線になるもの）
41		軌跡（正三角形の辺上を移動する正三角形の頂点の軌跡）
42		立体図形（正四面体の底面以外の３面の塗り分け方）
43	数的推理	余り（３ケタの２整数の積を11で割ったときの余り）
44		整数（a～d の４数のうち確実に和が奇数になる組み合わせ）
45		方程式（A，B２人の的当てゲームの点数と当てた回数）
46		不定方程式（a～d の４数の関係から $a+c$ を求める）
47		連立方程式（A，Bの２種類のハガキの売上枚数・金額）
48		面積（４辺の和が等しい長方形と正方形の辺の長さ）
49	資料解釈	実数（数表）
50		割合（グラフ）

令和３年度 地方初級教養試験出題内訳

No.	科目	出題内容
1	政治	社会権（基本的人権，生活保障，生存権，労働三権等）
2		日本の裁判制度（裁判所，公開，裁判員，被害者参加等）
3		アメリカの政治制度（大統領，連邦議会，立法権等）
4	経済	経済主体（可処分所得，企業利益，景気回復等）
5		為替市場（円高ドル安，変動要因，通貨売買等）
6	社会	日本の食料・農業（食料自給率，都道府県別生産量等）
7		日本の社会保険（年金，医療，介護，雇用，労災）
8		SDGs（達成年限，目標，行動，WFP等）
9	地理	気候・土壌（熱帯，乾燥帯，温帯，冷帯，寒帯）
10		日本・アメリカ・中国（人口密度，GDP成長率，GNI等）
11		イスラム諸国地誌（サウジアラビア，イラン，トルコ）
12	日本史	江戸時代以前の外交史（唐，日宋貿易，元寇，南蛮貿易等）
13		明治～昭和時代の政治（廃藩置県，自由民権運動，政党政治等）
14	世界史	ソ連史（ロシア皇帝退位，スターリン，冷戦，解体等）
15		列強のアジア進出（インド，中国，条約，スペイン等）
16	国語	漢字の読み（会釈，間隙，隠蔽，焦眉，疾病）
17		四字熟語の意味（明鏡止水，粉骨砕身，虚心坦懐，付和雷同等）
18		接続詞（「それから」と用法が同じもの）
19	数学	２次関数（$y=(x-2)^2$の$-3\leq x\leq 5$における最大値と最小値の差）
20	物理	力学（斜度の異なる２斜面上の物体を引く力と垂直抗力）
21	化学	酸化・還元（Siを酸化させてSiO_2を作るときの質量計算）
22		金属の性質（Fe，Cu，Alの特徴）
23	生物	細胞（液胞，ゴルジ体，ミトコンドリア，葉緑体，リボソーム）
24		脊椎動物（卵，体温，呼吸）
25	地学	日本の天気（四季と気団）
26	文章理解	英文（要旨把握，百聞は一見にしかず）
27		英文（要旨把握，机の高さと健康の関係）
28		英文（要旨把握，外国語の筆記と会話の違い）
29		現代文（要旨把握，知識と情報）
30		現代文（要旨把握，社会で役立つ能力の測り方）
31		現代文（要旨把握，忍従と欲望のバランス）
32		現代文（要旨把握，人づきあい）
33		現代文（要旨把握，自由と科学）
34	判断推理	論理（科目の得意・不得意の関係）
35		順序関係（A～Gの７人が横並びで写真を撮るときの並び順）
36		配置（３階建て９部屋のアパートに住む５人の部屋）
37		リーグ戦（Ａ～Ｄの４チームの勝敗と勝ち点）
38		規則性（数字と図形の描かれた８枚のカードの円状配列）
39		軌跡（二重円が階段に沿って移動した時の中心円の軌跡）
40		平面図形の構成（4×4の正方形の組み立てに不要な断片）
41		立体図形（立方体の切断面の形）
42		立体図形（小立方体27個からなる大立方体の３面の着色）
43	数的推理	場合の数（３種８枚の硬貨から５枚を選んだときの金額）
44		整数（$100a+10b+c=a^2+b+400$のときの$a+b+c$の値）
45		n進法（筆算の覆面算からnを求める）
46		数量関係（２種類の商品の２日間の売上数の関係）
47		比・割合と平均（会社の１・２階の社員数と平均年齢）
48		速さ・時間・距離（周囲800mの池の周りを走る３人の関係）
49	資料解釈	（数表）
50		（グラフ）

※この出題内訳表は受験者からの情報をもとに作成したものである。したがって，No.や出題内容が実際とは異なっている場合がある。

令和４年度 市役所初級教養試験出題内訳

No.	科目	出題内容
1	社会	マイナンバー制度
2		成年年齢引き下げ
3		日本の労働(法改正，労働問題等)
4	政治	基本的人権(堀木訴訟，朝日訴訟等)
5		国会･内閣･裁判所
6		国際連合
7	経済	地方財政制度
8		日本の経済連携協定(EPA)
9	地理	県別の農業･製造業産出額(千葉県，愛知県等)
10		オセアニア(オーストラリア，ニュージーランドの特徴)
11	日本史	織豊政権
12		明治初期～第一次世界大戦までの出来事
13	世界史	古代ギリシヤ･ローマ(ポリス，神聖ローマ帝国等)
14		第二次世界大戦後の各国の状況
15	数学	一次関数($y=4x+3$ と x 軸に関して対称なグラフ)
16	物理	水圧･浮力
17	化学	モル濃度(計算)
18	生物	植物の構造(双子葉類･単子葉類，維管束等)
19	地学	火成岩･堆積岩(火山岩，深成岩，石灰岩，チャート等)
20	文章理解	英文(要旨把握)
21		英文(要旨把握)
22		英文(要旨把握)
23		現代文(内容把握)
24		現代文(内容把握)
25		現代文(要旨把握)
26	判断推理	命題
27		順序関係(順位)
28		対応関係(A～Fの６人の通う２小学校と学年)
29		対応関係(A～Eの５人の購入したお菓子の種類)
30		手順(A～Eの５人のバトンリレー)
31		平面図形(６枚の三角形の重ね合わせ)
32		立体図形(立方体の切断面の形)
33		軌跡(直線上を回転する正五角形の頂点Pの軌跡)
34		平面図形(曲尺形の立体を重ね合わせたときの高さ)
35	数的推理	場合の数(黒･白２色のシャツを着たA～Eの５人の並び順)
36		自然数(積が700でともに35，10の約数ではない a，b の２数の和)
37		方程式(A，B２部屋間の人の移動)
38		平均(テストの受験回数と平均点)
39	資料解釈	(実数)
40		(折れ線グラフと棒グラフ)

令和３年度 市役所初級教養試験出題内訳

No.	科目	出題内容
1	社会	サイバー犯罪(サーバー，関係法等)
2		日本のエネルギー問題(発電等)
3		医療を巡る状況(医療保険，臓器移植等)
4		世界の人口
5	政治	基本的人権
6		選挙制度(任期，被選挙権)
7		地方自治(自治事務･法定受託事務等)
8	経済	デフレーション
9		株式会社
10	地理	火山(富士山，カルデラ，温泉等)
11	日本史	江戸時代の経済
12		第二次世界大戦後
13	世界史	清
14		冷戦期(マーシャル･プラン，ペレストロイカ，大統領等)
15	数学	１次関数($y=\frac{1}{2}x$ に垂直で点P(−4, 3)を通る直線)
16	物理	熱の移動(伝導，対流，放射等)
17	化学	炭素，ケイ素の性質(同素体等)
18	生物	光合成
19		肝臓と腎臓(グルコースの再吸収等)
20	地学	星(日食･月食，水星･金星，白夜･極夜等)
21	文章理解	英文(内容把握，ブラジル人とアメリカ人のコミュニケーションの違い)
22		英文(内容把握，庭に落としたリングの行方)
23		英文(内容把握，学力低下)
24		現代文(要旨把握)
25		現代文(内容把握)
26		現代文(内容把握)
27	判断推理	論理
28		対応関係(A～Cの３人によるジャンケン)
29		位置関係(十字路周辺のA～Iの９人の家)
30		手順(A～Fの６人の作業条件と全体の終了時間)
31		平面図形(模様の描かれた正方形のパネル4枚の並び替え)
32		平面図形(平行四辺形と正三角形が重なってできる図形)
33		投影図(異なる向きに並べた４つの円柱)
34		立体図形(直方体の切断面と側面の面積比と体積)
35	数的推理	整数(値段の異なる３種類のお菓子の購入)
36		濃度(濃度11％の食塩水 xg に水150gを加えて濃度５％)
37		覆面算(A～Fの６つの数の掛け算結果からAとDの差を求める)
38		連立方程式(ある学校の科学２科目の選択状況)
39	資料解釈	(不明)
40		(不明)

※この出題内訳表は受験者からの情報をもとに作成したものである。したがって，No.や出題内容が実際とは異なっている場合がある。

令和5年度試験 出題例

◆東京消防庁Ⅲ類は，令和４年度試験を収録しています。

大卒 令和5年度 東京消防庁

文章理解　現代文（内容把握）

次の文章を読んで，以下の問に答えなさい。

社会人とは組織人であることを意味しています。会社という組織の一員として活動することを求められるのです。たとえば，社章をつけたり，会社の名前が入った名刺を差し出すことになります。この場合，見た目からもある会社の一員であることが明らかになるのです。

そして，本質という側面からも，組織人である限り，自分の自由を制限せざるを得ない部分が出てきます。当たり前のことですが，会社のルールに従う必要があります。ルールには書いてなくても，その会社にふさわしい人物としてふるまう必要もあるでしょう。

組織の一員であるということは，安心を得られると共に責任を求められるものなのです。そのことについて，アリストテレスの「人間は本性的にポリス的動物である」という言葉を参照しながら考えてみましょう。

アリストテレスは，アレキサンドロス大王の家庭教師も務めたような人物ですから，組織を論じるのが得意だったのでしょう。彼は幸福の追求が人間の目的であると考えていました。そしてそれは人間の徳にかかっているとしたのです。徳は人の性格ですから，知性とは異なり，学習によって習得できるものではありません。それは共同体における人とのかかわりの中で身につけてゆくべきものなのです。

自分の主張を強引に押し通そうとすれば，周囲から非難され，うまくことを運ぶことができません。それを経験することで，人は他者を思いやる気持ちを身につけるのです。これが徳のある人間になる方法であるといえます。ただ，徳というのは，一概にこうだと定義できるものではありません。

アリストテレスも，どのような徳が望ましいかということを論じる際，中庸の意義を説きます。中庸とは，快不快が適切でほどほどな状態を指す言葉です。人の集団である組織で求められる徳とは，まさにそのような極端ではない性格だといえるのではないでしょうか。

（『世界のエリートが学んでいる教養としての哲学』　小川仁志　著）

問　この文章の内容に合致するものとして，最も妥当なものはどれか。

1　会社という組織の一員として活動することに人間は生きがいを見つけ，同時に安心を得られ，それが幸せとなる。

2　人間は本性的にポリス的動物で，共同体における人とのかかわりの中で他者を思いやる気持ちを身につけるものである。

3　組織に属することで，安心を得られると共に責任を求められ，幸福はルールに従う者のみに与えられる。

4　強引に幸福を追求しようとすると，共同体の人々から非難され，うまくことを運べなくなるため，妥協することを学ぶようになる。

5　人間はポリス的動物であるので，人の集団である組織で求めることのできる幸せは，極端ではないほどほどの幸せである。

社会人になると，会社という組織の一員として責任を持ってふるまう必要がある。アリストテレスによれば「人間は本性的にポリス的動物」で，共同体における人とのかかわりの中で，他者を思いやる気持ちや中庸な性格といった徳を身につけるべきであり，組織で求められているのもそうした徳だといえる，と述べた文章。

1．会社という組織の一員であると「安心は得られる」とはあるが，組織の一員として活動することが「生きがい」とかかわるとは述べられていない。また，安心が得られることが幸せになる，という記述も本文中には見られない。

2．妥当である。第三段落と第四段落の内容である。

3．前半は正しいが，アリストテレスの考えによれば幸福の追求は「人間の目的」であり，「幸福はルールに従う者のみに与えられる」という記述はない。

4．第五段落に，「周囲から非難され，うまくことを運べなくなる」のは，「幸福を追求」しようとしたときではなく，「自分の主張を強引に押し通そう」としたとき，とある。アリストテレスの考えでは「幸福の追求が人間の目的」だとあり，否定的なニュアンスは見られない。また，「妥協」ではなく，「他者を思いやる気持ち」を身につけるとある。

5．第三段落，第六段落に書かれている内容だが，「幸せ」ではなく，「徳」についての説明である。

正答　2

大卒 令和5年度 東京消防庁

判断推理　暗号

ある暗号では,「静岡」が「6948693775127260」,「新潟」が「6348754872616660」,「鹿児島」が「7260721369485760」で表される。この暗号法則で「6360726169607248」と表されるものとして，最も妥当なものはどれか。

1 山形　**2** 神奈川　**3** 石川　**4** 和歌山　**5** 長崎

解説

まず，元の言葉と暗号の文字数での対応を観察すると,「静岡」「新潟」「鹿児島」はそれぞれ「しずおか」「にいがた」「かごしま」というようにひらがな4文字で表すことができ，暗号のほうはそれぞれ数字16文字から構成されているので，これを4文字ずつに区切って考えると元の言葉のひらがなと一対一に対応させることができる。

しずおか → 6948　6937　7512　7260
にいがた → 6348　7548　7261　6660
かごしま → 7260　7213　6948　5760

そこで，50音表を念頭において，4ケタの数字列の前半2ケタが行を，後半2ケタが段を表すと考えると，次のような対応関係を想定することができる。

				57		63	66	69	72	75	
ん	わ	ら	や	ま	は	な	た	さ	か	あ	60,61
		り		み	ひ	に	ち	し	き	い	48
		る	ゆ	む	ふ	ぬ	つ	す	く	う	37
		れ		め	へ	ね	て	せ	け	え	
	を	ろ	よ	も	ほ	の	と	そ	こ	お	12,13

ここで，行に関しては，75, 72, 69, 66, 63, ……というように3ずつ減少していることがわかり，は行→60，や行→54，ら行→51，わ行→48という対応も判明する。また，段に関しては，あ段とお段において数字が2種類対応している点に注目すると，1だけ多いほうの数字は濁音を表していて，小さいほうの数字が段に対応し，しかも，60, 48, 36, 24, 12というように12の倍数になっていることが判明する。そこで，最終的には以下の対応関係となることがわかる。

	48	51	54	57	60	63	66	69	72	75	
ん	わ	ら	や	ま	は	な	た	さ	か	あ	60,61
		り		み	ひ	に	ち	し	き	い	48,49
		る	ゆ	む	ふ	ぬ	つ	す	く	う	36,37
		れ		め	へ	ね	て	せ	け	え	24,25
	を	ろ	よ	も	ほ	の	と	そ	こ	お	12,13

以上より，暗号「6360　7261　6960　7248」は「ながさき」すなわち「長崎」と解読される。したがって，正答は**5**である。

正答　5

大卒 令和5年度 東京消防庁

判断推理　立体構成

下の図は，27個の小立方体を積み上げて作った立方体である。この立方体に，黒印のところから反対側まで貫通するように，面に対して垂直な穴をあけた。このとき，6面すべてに穴があいている小立方体の個数と，穴が1つも空いていない小立方体の個数の和として，最も妥当なものはどれか。

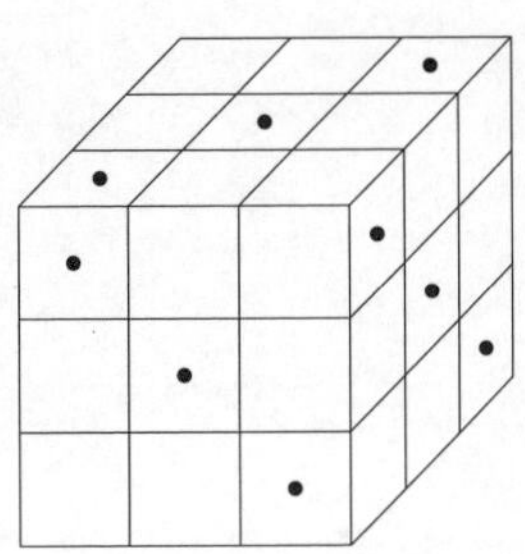

1　6個
2　7個
3　8個
4　9個
5　10個

解説

この立体では小立方体が3段に積み上げられているので，上から順に1段目，2段目，3段目として，それぞれの平面図を描いて穴の貫通の状態を記入していけばよい。

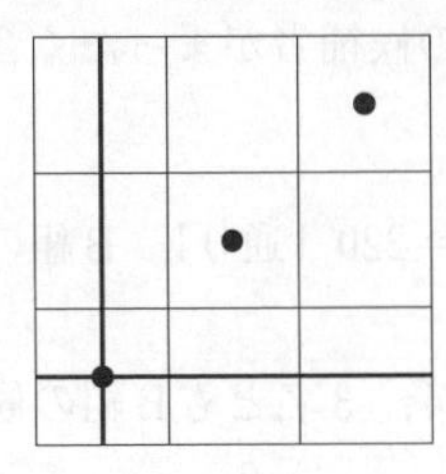

1段目

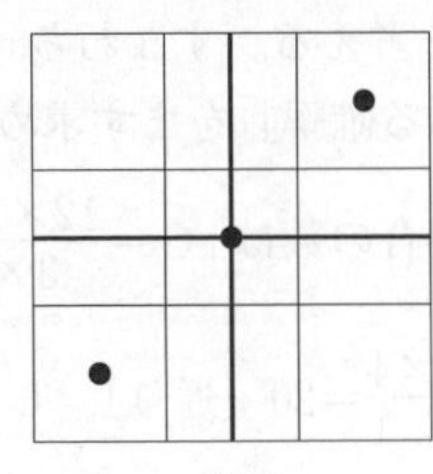

2段目

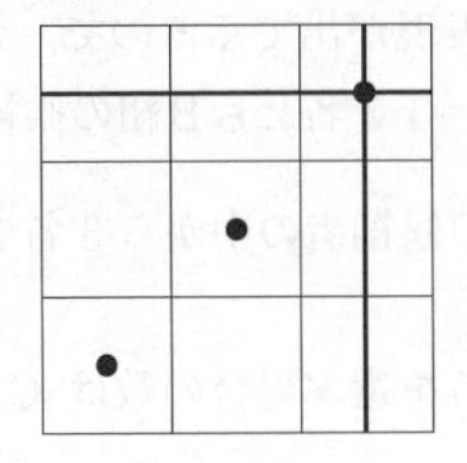

3段目

これらの図において，縦線，横線，黒丸の3つがすべてそろっている小立方体は6面すべてに穴が開いている。また，縦線，横線，黒丸のいずれもない小立方体は穴が1つも空いていない。そこで該当する小立方体の個数を数えると，6面すべてに穴が開いている小立方体は，1段目，2段目，3段目それぞれに1個ずつ，穴が1つも空いていない小立方体は1段目，2段目，3段目それぞれに2個ずつあることがわかる。したがって，合計の個数は，1+1+1+2+2+2=9〔個〕となり，正答は**4**である。

正答　4

大卒 令和5年度 東京消防庁

数的推理 確率

A組の候補者6名，B組の候補者6名の計12名の中から，3名の代表を選ぶ。このとき，選ばれた3名の中に，A組の候補者が少なくとも1名含まれる確率として，最も妥当なものはどれか。

1 $\frac{17}{21}$

2 $\frac{19}{22}$

3 $\frac{19}{21}$

4 $\frac{10}{11}$

5 $\frac{11}{12}$

解説

求める確率は「A組の候補者が少なくとも1名含まれる確率」であるが，ここに「少なくとも」という表現が出てくるので，余事象を考える。すなわち，「A組の候補者がまったく含まれない確率」=「3名ともB組の候補者である確率」をまず求める。

計12名の候補者の中から3名を選ぶ場合の数は ${}_{12}C_3=\frac{12\times11\times10}{3\times2\times1}=220$〔通り〕，B組の候補者だけ3名を選ぶ場合の数は ${}_6C_3=\frac{6\times5\times4}{3\times2\times1}=20$〔通り〕，したがって，3名ともB組の候補者である確率は$\frac{20}{220}=\frac{1}{11}$となる。このとき，A組の候補者が少なくとも1名含まれる確率は，余事象の確率が$\frac{1}{11}$であるから，$1-\frac{1}{11}=\frac{10}{11}$となる。

よって，正答は**4**である。

正答 4

〔注意〕事象Aの起こる確率を$P(A)$，余事象$\overline{A}$の起こる確率を$P(\overline{A})$とするとき，

$P(A)=1-P(\overline{A})$ ［余事象の定理］

大卒

令和5年度　東京消防庁

資料解釈　輸入貿易額

下の資料は，５か国の輸入貿易額の推移をまとめたものである。この資料から判断できることとして，最も妥当なものはどれか。

５か国の輸入貿易額の推移

国名	2016年	2017年	2018年	2019年	2020年
アメリカ	2,250,154	2,339,600	2,537,700	2,497,500	2,334,330
中国	1,589,463	1,840,492	2,132,776	2,078,409	2,055,612
ドイツ	1,056,495	1,162,892	1,284,349	1,233,989	1,170,726
日本	607,602	671,921	748,526	721,078	634,431
韓国	406,186	478,478	535,052	503,324	471,115

（単位　百万ドル）

1　2016年から2020年までの期間で，輸入貿易額の合計を見ると，ドイツと日本の差は約１兆6,000億ドルである。

2　2016年の韓国の輸入貿易額を100とする指数で表すと，2020年は120を上回っている。

3　2016年から2020年までの期間で，アメリカと中国の輸入貿易額の差が最も大きいのは，2017年である。

4　2016年から2020年までのいずれの年においても，アメリカの輸入貿易額は韓国の輸入貿易額の４倍を超えている。

5　2016年から2020年までの期間で，５か国の輸入貿易額の合計が最も大きいのは，2019年である。

解説

1．2016年において，ドイツと日本の輸入貿易額の差を概算すると，１兆565億ドル−6076億ドル≒4500億ドル＞4000億ドルとなっている。同様に，ほかの年についてもこの差を概算すると，いずれの年も4000億ドルを超えていることがわかる。したがって，2016年から2020年までの期間における両国の輸入貿易額の差の合計は，4000億ドル×5＝20000億ドル＝2兆ドルを超えている。すなわち，５年間の両国の輸入貿易額の合計の差は２兆ドルを超えている。

2．韓国において，2016年の輸入貿易額は約4060億ドルであるから，2020年のこの指数が120であるとして2020年の韓国の輸入貿易額を概算すると，4060億ドル×$\frac{120}{100}$≒4900億ドル＞4711億ドルとなるので，この指数が120を上回っていない。

3．アメリカと中国の輸入貿易額の差を概算すると，2017年において23400億ドル−18400億ドル＝5000億ドル，2016年において22500億ドル−15900億ドル＝6600億ドルとなっているので，この差が2017年に最も大きいとはいえない。

4．正しい。韓国の輸入貿易額×4を各年について概算すると，2016年は4060億ドル×4≒16000億ドル，2017年は4780億ドル×4≒19000億ドル，2018年は5350億ドル×4≒21000億ドル，2019年は5030億ドル×4≒20000億ドル，2020年は4710億ドル×4≒19000億ドルとなっていて，いずれの年においてもアメリカの輸入貿易額を下回っている。

5．すべての国において2018年の輸入貿易額は2019年のそれを上回っているので，５か国の輸入貿易額の合計も2018年は2019年を上回っている。

正答　4

大卒

令和 5 年度 東京消防庁

政治 日本の選挙

日本の選挙における各種原則と制度に関する記述として，最も妥当なものはどれか。

1 普通選挙とは，個人は平等であるのだから，１票の価値はすべて等しいとする原則である。

2 平等選挙とは，一定の年齢に達しさえすれば，すべての国民が選挙権を持つとする原則である。

3 小選挙区制は，狭い選挙区から１名の当選者を選出する制度であり，選挙費用がかからない，死票が少ないという長所がある。

4 大選挙区制は，広い選挙区から複数の当選者を選出する制度であり，選挙費用がかさむ，ゲリマンダーの危険性が高いという短所がある。

5 比例代表制は，得票数に比例して議席数を配分する制度であり，死票が少ないという長所がある。

解説

1. 普通選挙ではなく，平等選挙に関する記述。各選挙区の議員一人当たりの選挙権者の数が違うことから生じる投票価値の格差を「一票の格差」というが，「一票の格差」は平等選挙の原則に反することから，問題となっている。

2. 平等選挙ではなく，普通選挙に関する記述。性別，財産，学歴，社会的地位などの違いに関係なく，一定の年齢に達した国民全員に選挙権を認めることを，普通選挙という。対して，性別，財産，学歴，社会的地位などの違いによって，選挙権が一部の国民だけに制限される選挙を，制限選挙という。

3. 死票が少ないのは，大選挙区制や比例代表制の長所である。死票とは，落選者に投じられた票のことであるが，小選挙区制では当選者が１名だけであるため，死票が大量に生じやすい。候補者が３名以上いて，投票数の過半数が死票になることも珍しくない。なお，小選挙区制だからといって，選挙区の面積が小さいとは限らない。

4. ゲリマンダーの危険性が高いのは，小選挙区制の短所である。ゲリマンダーとは，選挙結果が特定の政党や候補者にとって有利になるように，選挙区の境界線を恣意的に設定することをいう。

5. 妥当である。比例代表制では，各政党に配分される議席数は，得票数に比例する。ゆえに，小規模の政党にも相応の数の議席が配分され，死票が少なくなりやすい。

正答 5

大卒 令和5年度 東京消防庁

経済 国民経済計算

国民経済全体の活動水準を表す指標に関する記述として，最も妥当なものはどれか。

1 国内総生産（GDP）はフローの指標のひとつであり，国内の各企業の生産総額として計算される。

2 国民総生産（GNP）に海外からの純所得を加えたものが，国内総生産（GDP）である。

3 国民総生産（GNP）から中間生産物の額を差し引いたものが，国民純生産（NNP）である。

4 国民純生産（NNP）から「間接税－補助金」を差し引いた額が，国民所得（NI）である。

5 国民所得（NI）を生産，分配，支出の3つの面からとらえたとき，生産国民所得と支出国民所得の合計は，分配国民所得に等しい。

解説

1．国内総生産はフローの指標のひとつであるが，国内の各企業の生産総額から中間生産物の額を差し引いたものである。

2．国民総生産から海外からの純所得を差し引いたものが国内総生産である。

3．国民純生産は，国民総生産から固定資本減耗を差し引いたものである。

4．妥当である。

5．生産国民所得と支出国民所得および分配国民所得は等しい（三面等価の原則）。

正答 4

大卒 令和5年度 東京消防庁

世界史　中国の元朝

中国の元朝に関するア～オの記述のうち，正しいもののみを選んだ組合せとして，最も妥当なものはどれか。

ア：モンゴル帝国第5代皇帝のフビライ（クビライ）が，都をカラコルムから大都（現在の北京）に移し，国号を元と定めた。南宋を滅ぼして中国全土を支配し，高麗・日本・東南アジアにも遠征軍を派遣した。

イ：元は懐柔策と威圧策とを併用して漢人支配を行った。官吏登用のための科挙を実施し儒教を尊重する姿勢をとる一方，漢人に辮髪を強制し，また，文字の獄で思想を弾圧した。

ウ：チンギス＝ハンが導入したジャムチ（駅伝制）をさらに整備し，また，大運河・海上交通路の整備を行った。これら陸上・海上のネットワークを生かしてウイグル商人とムスリム商人が遠距離商業に活躍し，交鈔とよばれる紙幣も発行され広く流通した。

エ：東西交通路の整備により人や文化の交流が活発化した。ヴェネツィアの商人マゼランは13世紀後半に元を訪れフビライ（クビライ）に仕えた。帰国後獄中で口述した『世界の記述（東方見聞録）』は西洋人の東洋への関心を誘い，大航海時代到来の要因の一つとなった。

オ：14世紀半ばに起こった安史の乱以降，節度使が各地で独立化して割拠し，さらに塩の密売商人の挙兵から始まった黄巣の乱がおきると元の勢力は急速に衰え，モンゴル高原に後退した。

1　ア，ウ　**2**　ア，エ　**3**　イ，ウ　**4**　イ，オ　**5**　エ，オ

解説

ア：妥当である。

イ：元は儒教を軽視し，科挙についても当初一時停止していた。第4代皇帝仁宗のときに復活させたが，漢人は合格者枠で不利であった。また，辮髪の強制や文字の獄を行ったのは，同じく懐柔と威圧による漢人支配を行った清である。

ウ：妥当である。

エ：フビライ（クビライ）に仕えたヴェネツィア商人はマゼランではなくマルコ・ポーロである。マゼランは大航海時代に部下による世界周航を成功させた航海者である。マルコ・ポーロの旅行記『世界の記述（東方見聞録）』が大航海時代到来の要因の一つとなったことは正しい。

オ：14世紀半ばに起こり元滅亡の要因となったのは紅巾の乱である。それに参加していた朱元璋が明を建て，元の勢力をモンゴル高原に後退させた。安史の乱は唐中期の8世紀に起こった乱で，それ以降節度使が割拠し，9世紀の黄巣の乱により，唐はますます衰退し滅亡した。

よって，妥当なものはアとウであり，正答は**1**である。

正答　1

大卒

令和 5 年度 東京消防庁

日本史 明治時代

明治時代の出来事について，A～Eが起きた順に並べ替えたものとして，最も妥当なものはどれか。

A：明治十四年の政変

B：民撰議院設立建白書の提出

C：神風連の乱

D：大日本帝国憲法の発布

E：加波山事件

1 A→B→C→E→D

2 B→C→A→E→D

3 B→C→D→A→E

4 E→A→B→C→D

5 E→C→B→D→A

解説

B　民撰議院設立建白書の提出（1874年）：征韓論争に敗れて下野した板垣退助・後藤象二郎が江藤新平・副島種臣らをさそい，大久保利通を中心とする政権を藩閥官僚による専制と攻撃をして，民撰議院設立建白書を左院に提出した。自由民権運動の口火を切ったとされる事件である。

↓

C　神風連の乱（1876年）：新政府の士族の特権廃止政策に対し，不平士族が各地で起こした反乱の一つである。熊本の不平士族が廃刀令発布に憤激して挙兵したが鎮圧された。

↓

A　明治十四年の政変（1881年）：開拓使官有物払下げ事件により民権運動が高揚する中，政府内の国会開設漸進論者，伊藤博文らが官有物の払下げを中止し，国会開設の勅諭を出すと同時に，政府内部の国会開設急進論者，大隈重信を罷免した政変。この結果，薩長藩閥政府が確立され，上からの立憲政体樹立の方針が意思統一された。

↓

E　加波山事件（1884年）：自由民権運動激化事件の一つである。栃木県令三島通庸の圧政に対し，茨城・栃木・福島の自由党員が三島の暗殺を計画したが失敗し，専制政府打倒を叫んで蜂起したが鎮圧された。

↓

D　大日本帝国憲法の発布（1889年）：ドイツ憲法をモデルに伊藤博文らが起草して発布された。君主権，行政権の強い欽定憲法であったが，これにより日本は，近代的立憲体制の形を整えた。

以上より，正答は**2**である。

正答 2

大卒 令和5年度 東京消防庁

地理　地形

変動帯の地形と日本列島に関する記述について，最も妥当なものはどれか。

1　地球の表層はプレートと呼ばれる十数枚の硬い層に分かれ，それぞれのプレートは長い時間をかけて水平方向に動いている。プレートの境界にあたる地域は変動帯と呼ばれ，つねに不安定で，地震や火山が多い。

2　変動帯の地形は，各プレートの動く向きによって，浮き上がる境界，沈み込む境界，ずれる境界の三つに分けられる。

3　日本列島は，プレート運動によって南北方向からの圧縮力を受けているため，隆起地域が広く，国土の約3割が山地である。

4　日本付近は，北アメリカプレートとユーラシアプレートがぶつかり合う衝突帯となっており，地震や火山が多い。日本列島は二つのプレートの衝突により，地層が徐々に押し曲げられて形成された弧状列島である。

5　日本列島はフォッサマグナと呼ばれる大断層帯によって東北日本と西南日本に分けられる。さらに，西南日本は中央構造線（メディアンライン）と呼ばれる大断層によって，太平洋側のなだらかな山地が広がる内帯と，日本海側の険しい山地が連なる外帯に分けられる。

解説

1．妥当である。

2．変動帯はプレートの境界に沿って帯状に分布する。プレートの境界には，広がる境界（発散境界），狭まる境界（収束境界），ずれる境界（すれ違う境界）の3つがある。

3．日本列島付近では太平洋プレートとフィリピン海プレートが北アメリカプレートとユーラシアプレートの下に潜り込む形となっており，おおむね東西方向からの圧縮力を受けている。そのため隆起地域が多いことは正しいが，山地が国土に占める割合は約4分の3である。

4．狭まる境界には，大陸プレートどうしが衝突する衝突帯と，海洋プレートが大陸プレートの下に潜り込む沈み込み帯の2つがあり，日本列島付近は沈み込み帯となっている。日本列島が弧状列島であることは正しいが，それは衝突によって形成されたものではなく，沈み込み帯である海溝の陸側に形成された弓なりの列島である。

5．フォッサマグナによって東北日本と西南日本に分けられることは正しい。また，西南日本が中央構造線（メディアンライン）によって内帯と外帯に分けられることも正しいが，なだらかな地形が広がる内帯の方が中央構造線の北側で，険しい山地が発達している外帯の方が太平洋に面した南側である。

正答　1

大卒

令和
5
年度

東京消防庁

英語　会話文

次のA～Dの英文を，二人の会話として成り立つように並び替えたものとして，最も妥当なものはどれか。

A：Can I see them?

B：How was your trip?

C：Why not?

D：Yosemite was just beautiful.　I took a lot of pictures.

1　A－C－B－D
2　A－C－D－B
3　B－D－C－A
4　B－D－A－C
5　C－B－D－A

解説

英文の全訳は以下のとおり。

A：見せてくれない？

B：旅行はどうだった？

C：いいよ。

D：ヨセミテはとてもきれいだったよ。写真をたくさん撮ったんだ。

選択肢を見ると，冒頭の文はA，B，Cのいずれかだが，Aは“them”がさしているものが何かわからないため，会話の冒頭に来る文としては不適切。Cの“why not?”は，否定（なぜだめなのか），同意（いいですよ）など複数の意味を持つ文であり，何に対して否定や同意を示しているかが不明なので，これも冒頭の文には不適切。Bは，相手に対する質問となっており，会話の冒頭に来る文として最も適切である。ここで，選択肢は**3**か**4**に絞られる。Bの質問に対し，Dでは旅行の感想と写真をたくさん撮ったことが述べられており，Aの“them”は，Dの“a lot of pictures”をさしているため，Dに対する返事としてはAの「(写真を) 見せてくれない？」が適切である。続くCはAの発言に対して同意を示す流れとなり，会話が成り立つ。したがって，B→D→A→Cの順が妥当であり，正答は**4**である。

正答　**4**

大卒 令和5年度 東京消防庁

国語　四字熟語

四字熟語の読みとその意味の組合せとして，最も妥当なものはどれか。

1　画竜点睛（がりゅうてんせい）　－　不必要な付け足しを行うこと
2　臥薪嘗胆（がしんしょうたん）　－　何事も控えめにして出しゃばらないこと
3　傍若無人（ぼうじゃくむじん）　－　人前を憚らず勝手気ままにふるまうこと
4　乾坤一擲（かんこんいってき）　－　運命を賭け天下を取るか失うかの大勝負をすること
5　天衣無縫（てんいむほう）　－　人柄などが無邪気で素直なさま

解説

1．画竜点睛（がりょうてんせい）：ものごとを完成させるための，最後に加える仕上げのこと。
2．臥薪嘗胆（がしんしょうたん）：将来の成功を期待して長い間苦労を重ねること。
3．傍若無人（ぼうじゃくぶじん）：人の目を気にせず勝手気ままにふるまうこと。
4．乾坤一擲（けんこんいってき）：一か八かの大勝負に出ること。
5．妥当である。

正答　5

大卒

令和 5 年度

東京消防庁

物理　静止摩擦係数

下の図のように，一様な棒をなめらかな壁（接点A）と水平なあらい床（接点B）に対して立てかけたところ，棒は床と角度θをなして静止した。このとき，棒が床に対してすべらないための静止摩擦係数の最小値として，最も妥当なものはどれか。

1 $2\tan\theta$

2 $\dfrac{1}{2\tan\theta}$

3 $\dfrac{2}{\tan\theta}$

4 $\tan\theta$

5 $\dfrac{1}{\tan\theta}$

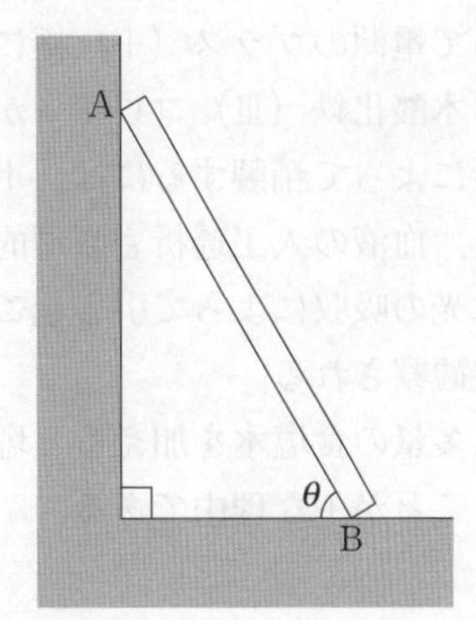

解説

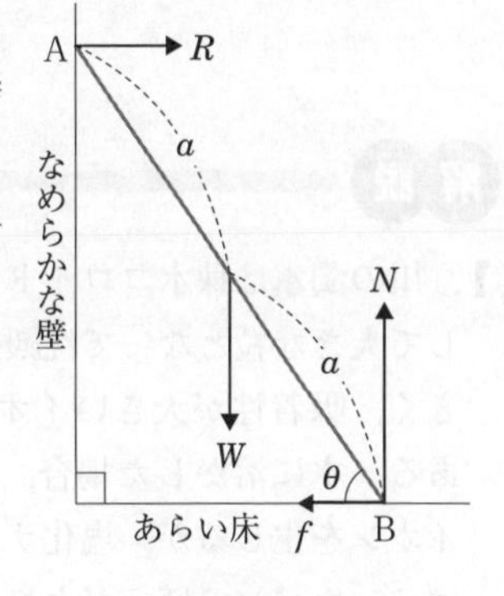

右図において，棒のA端における壁からの垂直抗力をR，B端における床からの垂直抗力をN，静止摩擦力をfとする。また，棒の長さを$2a$とする。

ここで，棒にはたらく力のつり合いの条件を考えると，力の水平成分＝0，鉛直成分＝0より，

$R-f=0,\ W-N=0$ ……①

点Bのまわりの力のモーメント＝0より，

$W\cdot a\cos\theta-R\cdot 2a\sin\theta=0$ ……②

①，②より，$f=R=\dfrac{W}{2\tan\theta}$ ……③

を得る。

棒がすべり出さないために必要な条件は，静止摩擦係数をμとして，$f\leqq\mu N$であるから，これに②，③を代入して，

$\dfrac{W}{2\tan\theta}\leqq\mu W$　よって，$\mu\geqq\dfrac{1}{2\tan\theta}$を得る。

したがって，正答は**2**である。

正答　2

〔注意〕剛体にはたらく力のつり合いの条件は，

⑴すべての力の合力が$\vec{0}$　$\vec{F}=\vec{F_1}+\vec{F_2}+\vec{F_3}+\cdots=\vec{0}$

⑵任意の点のまわりの力のモーメントの和が0　$N=N_1+N_2+N_3+\cdots=0$

と表されるが，⑴は平行移動が生じないための条件，⑵は回転が生じないための条件である。さらに，⑵の条件は，どこか１点でこの条件が成り立っていればよいということであるから，実際に問題を解くときには都合の良い１点を選んで式を立てればよい。

大卒 令和5年度 東京消防庁

化学 コロイド

コロイドに関する記述として，最も妥当なものはどれか。

1 川の濁水には，粘土などのコロイドが存在している。濁水の濁りを凝析により除去するには，同じ物質量であれば，ミョウバンより塩化ナトリウムの方が効果的である。

2 電気泳動によって電源のプラス（+）極につながった電極に引き寄せられるコロイドを正コロイドといい，水酸化鉄（Ⅲ）コロイドが代表的である。

3 コロイドを透析によって精製するには，ポリエチレンの袋にコロイド溶液を入れて流水に浸す方法がとられ，血液の人工透析も原理的には似通ったものである。

4 チンダル現象は光の吸収によって引き起こされ，それを限外顕微鏡で観察すると熱運動している分子が直接観察される。

5 親水コロイドに多量の食塩水を加えると塩析が起こるのは，親水コロイドに水和している水分子が奪われることが主な理由である。

解説

1．川の濁水は疎水コロイドである。疎水コロイドは，電解質を加えるとコロイド粒子が凝集して大きな粒となって沈殿する。この現象を凝析という。凝析に有効なイオンは，価数が大きく，吸着性が大きいイオンで，たとえば，Cl^-やNO_3^-よりSO_4^{2-}やPO_4^{3-}のほうが有効である。水に溶かした場合，ミョウバン $AlK(SO_4)_2 \cdot 12H_2O$ はAl^{3+}やSO_4^{2-}など価数が大きいイオンを生じるが，塩化ナトリウムはCl^-とNa^+しか生じない。したがって，凝析のためにはミョウバンのほうがより有効である。

2．電気泳動によって電源のプラス極につながった電極に引き寄せられるのは負コロイドである。負コロイドはコロイド粒子が負電荷を帯びている。負コロイドの例としては，Ag，Au，S，CuS，SiO_2，粘土などがある。水酸化鉄（Ⅲ）コロイドは正コロイドであり，コロイド粒子が正電荷を帯びている。

3．コロイド粒子が半透膜を通過できないことを利用してコロイド粒子を含む溶液から不純物を除く操作のことを透析という。透析では，半透膜でつくった袋の中に未精製のコロイド溶液を入れ，外側に純溶媒が接するようにして容器に入れて放置する。半透膜としてはセロファンが有名であるが，ポリエチレンの袋は半透膜ではない。最後の人工透析についての記述は正しい。

4．チンダル現象はコロイド粒子が光を散乱させるために起こる。限外顕微鏡が観察しているのはコロイド粒子によって散乱された光であり，分子を直接観察しているわけではない。

5．妥当である。

正答 5

大卒

令和 5 年度

東京消防庁

生物　適応免疫

適応免疫に関する記述として，最も妥当なものはどれか。

1　適応免疫では，B細胞とT細胞という2種類のリンパ球が重要なはたらきをしている。これらのリンパ球は，リンパ球1個につき多数の異物を非自己として認識することができる。

2　体内にウイルスなどの病原体が侵入すると，白血球の一種である樹状細胞が食作用によってこれを取り込み，分解する。この際，樹状細胞は，取り込んだ異物を断片化し，その一部を細胞表面に提示するが，これを抗原提示という。

3　キラーT細胞は，増殖すると病原体に感染した感染細胞を攻撃して，感染細胞ごと病原体を排除する。自身の成分と反応するキラーT細胞や抗体が原因となる疾患を，後天性免疫不全症候群という。

4　B細胞は，異物を取り込み，ヘルパーT細胞に対して抗原提示を行う。B細胞から抗原提示を受けたヘルパーT細胞は増殖し，やがてその多くはNK細胞となる。

5　マクロファージや好中球の一部は記憶細胞として残り，再び同じ抗原が侵入した場合，すばやく活性化してはたらくことができる。この現象を免疫記憶という。

解説

1．適応免疫は獲得免疫ともいい，T細胞，B細胞などのリンパ球が重要なはたらきをしている。適応免疫は自然免疫とは異なり特異性があり，侵入してきた特定の異物に対して，特定のリンパ球のみが反応を示し，1個のリンパ球が多数の異物を非自己として認識することはできない。

2．妥当である。

3．前半の記述は正しい。自身の成分と反応するキラーT細胞や抗体が原因となる疾患は，自己免疫疾患と呼ばれる。

4．異物を取り込みヘルパーT細胞に対して抗原提示を行うのは，B細胞ではなく樹状細胞やマクロファージである。抗原提示を受けたヘルパーT細胞は自身が増殖するとともに，B細胞を刺激する。刺激されたB細胞は抗体産生細胞となり，抗原に対して特異的に結合する抗体を産生して体液中に放出する。これが体液性免疫のしくみである。NK細胞はナチュラルキラー細胞とも呼ばれ，がん細胞やウィルス感染細胞を殺すはたらきのあるリンパ球で，自然免疫を担っている。

5．記憶細胞として残るのは，B細胞とヘルパーT細胞の一部であり，同じ異物が再度侵入した場合にすみやかに反応して取り除くことができるようになっている（免疫記憶）。

正答　2

高卒　令和4年度　東京消防庁

文章理解　現代文（要旨把握）

次の文章を読んで，以下の問に答えなさい。

道徳は，他者の利益と自分の利益の葛藤から起こることなので，道徳的に行動することができるには，一つには，他者というものがいて，その人も自分と同じように考えたり感じたりする存在であるということを理解できることが必要でしょう。このことは，人間であれば当たり前のように思われるかもしれませんが，生物学的に考えるにあたっては，非常に重要なことです。なぜなら，他者の心の理解ということは，人間以外の動物には，あまりその証拠がないからです。それには「心の理論」という脳の働きがかかわっています。

「心の理論」とは，心についての科学的な理論のことではありません。そうではなくて，人間が誰でも持っている，他人の心の状態を類推する脳の機能のことを「心の理論」と呼ぶのです。私たちは，日常的に他者の心の状態を無意識のうちにも類推しながら暮らしています。笑い顔の人を見れば，その人は楽しいと感じているのだなと類推しますし，泣いている人がいれば，その人は悲しいと感じているのだなと類推します。また，「ねえ，はさみ持ってる？」と訊かれると，その人は，ただ単にあなたがはさみを持っているかどうかという事実に興味があるのではなく，その人自身がはさみが欲しいのだな，とその人の欲求や目的を類推します。このように，人が他者の表情や言葉などを手がかりにしてその人の心の状態を推測する機能を「心の理論」と言うのです。

なぜ「理論」なのかと言うと，他人の心というものは手にとって見てみることはできないので，他人が何を考えているのか，何を感じているのかは，しょせんは推測にすぎないからです。しかし，私たちは，他者の心の状態について，ただやみくもにあてずっぽうの推測をしているのではなく，表情や言葉などが何を意味しているのかを理解し，ある「理論」をもって，他者の欲求や目的や心の状態を推測しているでしょう。その全体の働きが，「心の理論」なのです。他者理解のために「心の理論」がたいへん重要であることは，よくおわかりのことと思います。これがうまく働いているからこそ，人は，自分とは異なる他人の状態を推測し，その人が何を欲しているのかを理解することができるのです。

（生き物をめぐる4つの「なぜ」　長谷川眞理子　著）

問　この文章の要旨として，最も妥当なのはどれか。

1　「心の理論」とは，たとえ具体的な根拠がなくても，他人が何を考えているのか，何を感じているのかを推測できる機能のことである。

2　自分以外の他者がいて，その人も自分と同じように考えたり感じたりしている，ということが理解できなければ，道徳的に行動することはできない。

3　表情や言葉などが何を意味しているのかを理解し，他者の心を推測する機能は，人間だけがもつ特有のものである。

4　私たちが，他者の表情や言葉などを手がかりにしてその心の状態を推測できるのは，「心の理論」を働かせているからである。

5　私たちは，他者の心を常に意識しながら暮らしているので，他者の行動や表情に敏感になり，それが「心の理論」の元となっている。

解説

他者の表情や言葉などの意味を理解し，他者の心の状態を推測する脳の働きである「心の理論」について述べた文章。

1．第三段落に，「ただやみくもにあてずっぽうの推測をしているのではなく」「ある『理論』をもって」推測しているとあるので，「具体的な根拠がなくても」推測できるとするのは誤り。

2．第一段落に書かれている内容だが，「道徳的に行動する」ことよりも，道徳的行動を支える「心の理論」の説明が内容の中心である。したがって，「心の理論」に言及していない本選択肢は，要旨としては不十分である。

3．内容としては正しいが，要旨としては他者の心を推測する機能が「心の理論」と呼ばれていることにも触れる必要がある。

4．妥当である。

5．第二段落で「日常的に他者の心の状態を無意識のうちにも類推」していると述べているため，「他者の心を常に意識しながら」とするのは誤り。また，「他者の行動や表情に敏感に」なることが「『心の理論』の元」になっているのではなく，「心の理論」が「うまく働いているからこそ」他人の状態を推測できるのである。

正答　4

高卒

令和4年度　東京消防庁

判断推理　試合の勝敗

A～Fの6チームがサッカーの総当たり戦を行ったところ，次のア～ウのような結果になった。このとき確実にいえることとして，最も妥当なのはどれか。

ア　引き分けた試合はなかった。

イ　A，B，Cはそれぞれ4勝1敗だった。

ウ　Dは2勝3敗だった。

1　AはBに敗れ，Dに勝った。
2　BはCに敗れ，Eに勝った。
3　CはAに敗れ，Fに勝った。
4　DはAに敗れ，Eに勝った。
5　EはDに敗れ，Aに勝った。

解説

6チームによる総当たり戦なので，次のような勝敗表を作成しながら考えればよい。Aは4勝1敗なので，Aがどのチームに負けたかで場合分けする。

⑴AがBに負けた場合

矛盾なく表を完成できる（表Ⅰ）。ただし，EとFの勝敗は確定しない。

⑵AがCに負けた場合

矛盾なく表を完成できる（表Ⅱ）。ただし，EとFの勝敗は確定しない。

表Ⅰ

	A	B	C	D	E	F	勝	負
A		×	○	○	○	○	4	1
B	○		×	○	○	○	4	1
C	×	○		○	○	○	4	1
D	×	×	×		○	○	2	3
E	×	×	×	×				
F	×	×	×	×				

表Ⅱ

	A	B	C	D	E	F	勝	負
A		○	×	○	○	○	4	1
B	×		○	○	○	○	4	1
C	○	×		○	○	○	4	1
D	×	×	×		○	○	2	3
E	×	×	×	×				
F	×	×	×	×				

⑶AがDに負けた場合

途中で矛盾が起こり，Cが2敗になってしまうので表を完成できない（表Ⅲ）。

⑷AがEに負けた場合

途中で矛盾が起こり，Cが2敗になってしまうので表を完成できない（表Ⅳ）。

⑸AがFに負けた場合

途中で矛盾が起こり，Cが2敗になってしまうので表を完成できない（表Ⅴ）。

表Ⅲ

	A	B	C	D	E	F	勝	負
A		○	○	×	○	○	4	1
B	×		○	○	○	○	4	1
C	×	×					4	1
D	○	×					2	3
E	×	×						
F	×	×						

表Ⅳ

	A	B	C	D	E	F	勝	負
A		○	○	○	×	○	4	1
B	×		○	○	○	○	4	1
C	×	×					4	1
D	×	×					2	3
E	○	×						
F	×	×						

表Ⅴ

	A	B	C	D	E	F	勝	負
A		○	○	○	○	×	4	1
B	×		○	○	○	○	4	1
C	×	×					4	1
D	×	×					2	3
E	×	×						
F	○	×						

以上より，矛盾なく表を完成できるのは⑴と⑵の場合だけであることがわかる。そしてこの場合，DはAに負け，Eに勝っている。よって，正答は**4**である。

正答　4

高卒

令和4年度 東京消防庁

数的推理 比，割合

A，B，Cの3人の所持金の比はA：B：C＝7：3：2である。AがBに1,400円をあげたところ3人の所持金の比がA：B：C＝21：19：8となった。このとき，Aの最初の所持金として，最も妥当なのはどれか。

1 5,200円
2 5,400円
3 5,600円
4 5,800円
5 6,000円

解説

A，B，Cの最初の所持金をそれぞれ$7x$，$3x$，$2x$とする。AがBに1,400円あげると，その後のBの所持金は$3x+1400$，Cの所持金は$2x$となる。

その後の比より，$(3x+1400):2x=19:8$となるので，

$$8\times(3x+1400)=19\times 2x$$
$$24x+8\times 1400=38x$$
$$8\times 1400=14x$$
$$\therefore \quad x=800$$

このとき，Aの最初の所持金は$7x=7\times 800=5600$〔円〕となる。
よって，正答は**3**である。

正答 3

〔注意〕Aの最初の所持金$7x$は整数でかつ7の倍数であるから，選択肢の数値の中から7の倍数になっているものを探すと，**3**の5,600円だけであることがわかる。

高卒
令和4年度
東京消防庁

資料解釈　アイスクリーム支出金額

下の資料は，アイスクリーム支出金額と食料費支出金額に占めるアイスクリーム支出金額の割合（食料費比率）についてまとめたものである。この資料から判断できることとして，最も妥当なのはどれか。

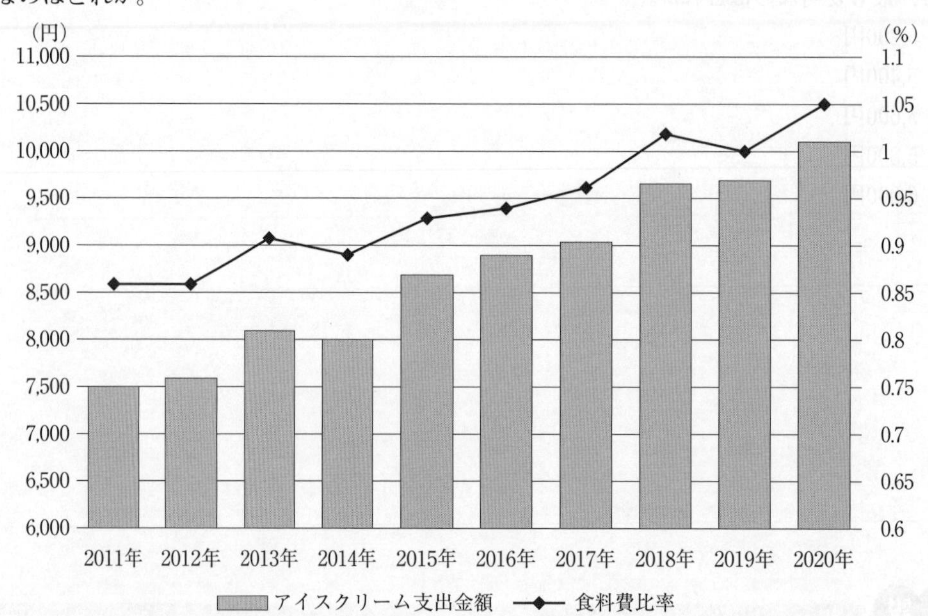

1　2014年の食料費は，1,000,000円を超えている。

2　2012年の食料費支出金額は，2011年の食料費支出金額より減っている。

3　2020年のアイスクリーム支出金額は，2011年のアイスクリーム支出金額に比べて30％以上増えている。

4　アイスクリーム支出金額は年々増加し続け，2020年は前年より10％増えている。

5　アイスクリーム支出金額は，2011年からの５年間で2,000円以上増えた。

解説

1．(食料費支出金額)＝(アイスクリーム支出金額)÷(食料費比率) であることに注意。2014年において，アイスクリーム支出金額は8000円，食料費比率は0.9％＝0.009であるから，この式で計算すると食料費は8000÷0.009≒890000＜1000000〔円〕，したがって1000000円を超えてはいない。

2．食料費支出金額は，2011年は7500÷0.0085，2012年は7600÷0.0085で計算されるが，計算するまでもなく明らかに後者の値のほうが大きい。

3．妥当である。アイスクリーム支出金額は，2011年が7500円，2020年が10100円となっているが，7500×(1＋0.30)＝9750＜10100〔円〕であるから，2020年は2011年に対して30％以上増えているといえる。

4．アイスクリーム支出金額は2013年から2014年にかけて減少しているので，年々増加し続けているとはいえない。また，2019年は9700円，2020年は10100円で，9700×(1＋0.10)＝10670＞10100〔円〕であるから，10％増えているとはいえない。

5．アイスクリーム支出金額は2011年が7500円，2016年が8900円となっているので，この5年間での増加量は8900－7500＝1400＜2000〔円〕であり，2000円以上増えたとはいえない。

正答 3

高卒

令和4年度 東京消防庁

政治 国会の権限

日本の国会の権限として，最も妥当なのはどれか。

1 予算の作成
2 国務大臣の任命
3 最高裁判所長官の指名
4 弾劾裁判所の設置
5 天皇の国事行為に対する助言と承認

解説

1．予算の作成と国会への提出は，内閣だけが持つ権限である（憲法73条5号，86条）。国会が行うのは予算の審議と議決である（同86条）。

2．国務大臣の任命や罷免は，内閣総理大臣の権限である（憲法68条）。ちなみに，内閣総理大臣は，国会によって指名され，天皇によって任命される（同6条1項，67条1項）。

3．最高裁判所長官は，内閣によって指名され，天皇によって任命される（憲法6条2項）。ちなみに，最高裁判所の長官以外の裁判官の任命は，内閣の権限である（同79条1項）。また，下級裁判所の裁判官の任命も，最高裁判所の指名した者の名簿により，内閣が行う（同80条1項）。

4．妥当である。国会には，罷免の訴追を受けた裁判官を裁判するための弾劾裁判所が設置されており，両議院の議員がその裁判員を務めることになっている（憲法64条1項）。

5．天皇の国事行為に対する助言と承認は，内閣が行う（憲法3条）。ちなみに，天皇の国事行為には，内閣総理大臣や最高裁判所長官の任命のほか，国会の召集や衆議院の解散などがある（同7条）。

正答 4

高卒

令和 4 年度

東京消防庁

政治　国際連合

国際連合に関する記述として，最も妥当なのはどれか。

1　国際連合は，ダンバートン・オークス会議で国連憲章が採択され，日本を含む51か国を原加盟国として発足した。

2　安全保障理事会では，国際平和と安全の維持のための決議をすることができるが，実質事項を決議する際には，常任理事国が拒否権を行使することができる。

3　国際連合には，国連教育科学文化機関（UNESCO）や，世界保健機関（WHO），世界貿易機関（WTO），国際原子力機関（IAEA）といった主要機関がある。

4　国際連合の決定は加盟国への勧告に過ぎないため，侵略国に対して経済制裁を強制することはできないし，武力を用いた制裁もすることができない。

5　平和維持活動（PKO）は，平和の維持が目的であるため，医師団などの派遣を行うことはできるが，平和維持のための軍や監視団の派遣をすることはできない。

解説

1．国連憲章の採択は，サンフランシスコ会議（1945年）での出来事。それに，第二次世界大戦の敗戦国である日本は，国連の原加盟国ではない。日本の国連加盟は，ソ連と国交回復後の1956年に実現した。なお，ダンバートン・オークス会議（1944年）とは，アメリカ，イギリス，ソ連，中国の代表による，国連憲章の草案作成のための会議である。

2．妥当である。安全保障理事会による決議は15理事国のうち９理事国以上の賛成が要件となっているが，実質事項の決議では，常任理事国（アメリカ，イギリス，フランス，中国，ロシア）に拒否権が認められている。

3．国連の主要機関は，総会，安全保障理事会，経済社会理事会，信託統治理事会，国際司法裁判所，事務局である。UNESCOとWHOは，専門機関と呼ばれ，国連と特別な協定を結び，協調して活動している国際機関である。また，WTOとIAEAは，関連機関と呼ばれ，国連との間に特別な協定はないものの，国連と密接な関係にある国際機関である。

4．安全保障理事会による決議には，法的拘束力がある。それに，侵略国に対して，経済制裁はもちろんのこと，武力制裁も実施することができる。

5．PKOとは，本来は，紛争の平和的解決をうながすための停戦監視や兵力の引き離しなどの活動であり，各国が拠出した軍隊による平和維持軍（PKF）がその任にあたる。ただし，現在は選挙監視や文民警察の活動など，PKOの役割も多様化している。

正答　2

高卒

令和 4 年度

東京消防庁

経済　国際経済

国際経済に関する記述として，最も妥当なのはどれか。

1　第二次世界大戦後，発展途上国の多くは政治的に独立し，経済的には農産物に依存するモノカルチャー経済に特化することで，先進国との経済格差を縮小させることができた。

2　1960年代，国際連合の常設機関として国連貿易開発会議（UNCTAD）が設置され，初代事務局長ベバリッジは「援助より貿易を」を理念として，一般特恵関税の廃止を提唱した。

3　1960年代，産油途上国が組織する石油輸出国機構（OPEC）に対して，先進国は国際石油資本（石油メジャー）を結成し，原油の生産量や価格の決定を主導しようとした。

4　1974年，「新国際経済秩序（NIEO）樹立に関する宣言」が採択され，この宣言には資源国有化の権利，途上国に対する不利な交易条件の改善などがもりこまれた。

5　途上国の中でも，産油国・NIES諸国と呼ばれる工業化に成功した国と，後発発展途上国や発展途上国相互間の経済格差による諸問題を，南北問題という。

解説

1．モノカルチャー経済は，輸入国の経済変動を受けやすく外貨獲得がままならない側面を持っており，先進国との経済格差を縮小するどころか，経済的自立を阻害する要因となっている。

2．UNCTADの初代事務局長はベバリッジではなく，プレビッシュである。また，第1回会議では，プレビッシュ報告に基づいて，一次産品に対する先進国の門戸開放や製品・半製品に対する特恵関税の供与などが討議された。

3．先進国の国際石油資本（石油メジャー）に対して，産油途上国が1960年に石油輸出国機構（OPEC）を組織して，原油の生産量や価格の決定を主導しようとした。

4．妥当である。

5．南北問題でなく，南南問題に関する記述である。南北問題とは，先進国と発展途上国間の経済格差と，それに伴う対立のことである。

正答　4

高卒 令和4年度 東京消防庁

社会 首脳会談

2021年９月に開催された首脳会談に関する次の記述で，［A］～［E］に当てはまる語句の組合せとして，最も妥当なのはどれか。ただし，同一の記号には同一の語句が入るものとする。

日本とアメリカ，［A］，［B］の４か国（クアッド）が初の対面式による首脳会談を開催した。会談は，日本から［C］首相，アメリカから［D］大統領，［A］からモリソン首相，［B］からモディ首相が出席した。４か国の首脳は，共同声明で［E］を念頭に「我々は法の支配，航行の自由，紛争の平和的解決，民主的価値を支持する」と強調し，海洋安全保障をめぐっては，「東シナ海，南シナ海を含む海洋秩序への挑戦に対処する」と明記した。

	A	B	C	D	E
1	オーストラリア	インド	菅	バイデン	中国
2	ロシア	インド	岸田	バイデン	中国
3	オーストラリア	ロシア	菅	バイデン	北朝鮮
4	インド	オーストラリア	岸田	トランプ	ロシア
5	オーストラリア	ロシア	菅	トランプ	北朝鮮

解説

A：「オーストラリア」が当てはまる。クアッド（QUAD）とは，日米豪印戦略対話の略称。また，2021年９月の当時，オーストラリアの首相を務めていたのは，モリソン氏である。ただし，下院総選挙の結果，2022年にオーストラリアで政権交代が実現し，2022・2023年のクアッド首脳会談には，オーストラリアからはアルバニージー首相が参加している。

B：「インド」が当てはまる。インドのモディ氏は2014年から首相を務めており，2023年に広島市で開催された主要７か国首脳会議（Ｇ７広島サミット）とクアッド首脳会議にも参加している。

C：「菅」が当てはまる。2021年９月の時点における日本の首相は，菅義偉氏だった。なお，菅義偉内閣はクアッド首脳会談の翌月の10月に総辞職し，その後に岸田文雄内閣が発足した。

D：「バイデン」が当てはまる。バイデン氏は，2020年の大統領選挙で現職のトランプ氏に勝利し，2021年からアメリカ大統領を務めている。

E：「中国」が当てはまる。中国は東シナ海や南シナ海への進出を強めており，海洋秩序の変更を一方的に試みていることが，懸念されている。

以上より，正答は**1**である。

正答 1

高卒

令和4年度 東京消防庁

世界史　インドの植民地化

インドの植民地化に関する次のア～ウの記述の正誤の組合せとして，最も妥当なのはどれか。

ア　1857年，北インドを中心に東インド会社のインド人傭兵であるイェニチェリが反乱をおこし，さらにイギリス支配下で没落した旧支配層なども反乱に加わって大反乱へと発展した。

イ　イギリス東インド会社は，領主層・地主層に土地所有権を与えて納税させるライーヤトワーリー制（ライヤットワーリー制）をベンガル管区で実施し，地税を徴収した。

ウ　イギリスは，1858年に東インド会社を解散してインドを直接統治下におき，1877年にヴィクトリア女王がインド皇帝に即位したことで，イギリス支配下のインド帝国が成立した。

	ア	イ	ウ
1	誤	正	正
2	正	正	誤
3	誤	正	誤
4	誤	誤	正
5	正	誤	正

解説

ア：東インド会社のインド人傭兵はシパーヒー（セポイ）と呼ばれた。イェニチェリはオスマン帝国の歩兵常備軍のことである。それ以外の記述は正しい。

イ：イギリスがベンガル管区に導入した，ザミンダールと呼ばれる在地領主層に土地所有権を与え地税納入の義務を負わせた徴税制度はザミンダーリー制である。ライーヤトワーリー制（ライヤットワーリー制）は，インド南部や西部で導入した，ライーヤト（ライヤット・農民）に土地所有権を与え，直接地税を徴収した徴税制度である。

ウ：妥当である。

以上より，正答は**4**である。

正答　4

高卒

令和4年度 東京消防庁

日本史 幕政

18世紀はじめの幕政に関する次の記述で，［A］～［D］に当てはまる語句の組合せとして，最も妥当なのはどれか。ただし，同一の記号には同一の語句が入るものとする。

6代将軍徳川家宣と7代将軍徳川家継の治世は，［A］と呼ばれ，側用人の間部詮房が実権をもち，朱子学者の［B］が侍講として活躍した。

［B］は，幕府と朝廷の関係において，［C］を創設したり家継と皇女の婚約をまとめたりすることによって，天皇家との結びつきを強めたほか，これまで積極策をとっていた貿易面では，1715年に［D］を発して，長崎貿易の額を制限して金銀の流出を防ごうとした。

	A	B	C	D
1	正徳の治（政治）	新井白石	閑院宮家	海舶互市新例
2	田沼政治	荻原重秀	閑院宮家	海舶互市新例
3	正徳の治（政治）	新井白石	伏見宮家	薪水給与令
4	田沼政治	新井白石	伏見宮家	海舶互市新例
5	正徳の治（政治）	荻原重秀	伏見宮家	薪水給与令

解説

A：6代将軍徳川家宣（在位1709～12）と7代将軍徳川家継（在位1713～16）の治世下で，新井白石が行った文治政治を，当時の年号の名をとって正徳の治という。田沼政治は，それより後の10代将軍徳川家治（在位1760～86）の治世下で，側用人から老中となって積極的な殖産興業政策を行った田沼意次の政治のことである。

B：新井白石は木下順庵に朱子学を学び，徳川家宣の侍講となった。荻原重秀は5代将軍徳川綱吉に登用されて財政をつかさどり，悪貨増鋳などを行った財政家で，新井白石により罷免された。

C：新井白石は，朝幕関係の融和をはかり閑院宮家の創設を進言した。伏見宮家はかつてあった日本の宮家の一つで，世襲親王家の4家の中では最も歴史が古く，南北朝時代に成立した宮家である。

D：新井白石が貿易の制限のために出した法令は海舶互市新例（長崎新令・正徳新令）である。薪水給与令は江戸時代後期に幕府が発した外国船取扱い令である。日本に近づいた外国船を穏便に退去させ，要求があれば薪や食料，水などを与えるというもので，1806年の文化の薪水給与令（文化の撫恤令）と天保の薪水給与令がある。

以上より，正答は**1**である。

正答 1

高卒

令和4年度 東京消防庁

地理　気候

西岸海洋性気候に関する記述として，最も妥当なのはどれか。

1　北半球にしか存在しない大陸性の気候で，気温の年較差が大きく，長く寒冷な冬と比較的温暖な夏が特徴である。タイガと呼ばれる針葉樹林を形成する。

2　年降水量は比較的少なく，特に夏は高温となり乾燥する。そのため耐乾性の強い常緑樹が育つ。オリーブやブドウ，コルクガシなどが栽培されている。

3　赤道低圧帯などの影響で，冬は降水量が少なく，夏に降雨が多い。温帯に属するが，低地の夏は熱帯並みに暑い。常緑広葉樹が茂る。アジアでは稲作も行われている。

4　偏西風の影響で，冬も緯度の割には暖かく，気温の年較差は小さい。降水量も年間を通じて平均している。混合農業や酪農がおこなわれている。

5　夏は高温となるものの，冬は地域にもよるが寒さが厳しいところもあり，降水量は年間を通じて多く，熱帯低気圧による風水害も多い。

解説

1．亜寒帯（冷帯）の気候についての記述である。
2．地中海性気候についての記述である。
3．温暖冬季少雨気候についての記述である。
4．妥当である。
5．温暖湿潤気候についての記述である。

正答　4

次の英文が完成した文になるように，文意に沿って［　　］内の単語を並び換えたとき，［　　］内で2番目と4番目にくる組合せとして，最も妥当なのはどれか。

I've never［beautiful / such / seen / flower / a］.

	2番目	4番目
1	such	beautiful
2	such	a
3	a	beautiful
4	flower	a
5	a	flower

解説

英文は「私はこんな美しい花を見たことがない」という意味。

“have never 動詞の完了形”で「～したことがない」という意味になるので，“I' ve never seen”とつながる。“seen”は他動詞“see”の完了形で，目的語として名詞の働きをする語句（名詞相当語句）を必要とする。名詞相当語句として“a beautiful flower”があるが，形容詞であるsuchは名詞や名詞句を修飾するので，“a beautiful flower”の前について，“such a beautiful flower”となる。したがって，正しい語順は“(I' ve never) seen such a beautiful flower”となる。

よって，2番目と4番目に来る組合せは，「such」「beautiful」なので，正答は**1**である。

正答　1

高卒 令和4年度 東京消防庁

国語 熟語

熟語の読み仮名とその意味の組合せとして，最も妥当なのはどれか。

1 辣腕（らつわん） ― 極めて手厳しいこと。
2 帮助（ふうじょ） ― 手助けすること。
3 毀損（きそん） ― 遠慮すること。
4 寓話（どうわ） ― 教訓的なたとえ話。
5 敷衍（ふえん） ― 意味をおし広め説明すること。

解説

1．辣腕（らつわん）：ものごとを処理する能力が優れていること。
2．帮助（ほうじょ）：手を貸すこと。
3．毀損（きそん）：物を壊すこと，あるいは利益や対面を損なうこと。
4．寓話（ぐうわ）：教訓的な内容を，擬人化した動物などを主人公にしてたとえた短い話。
5．妥当である。

正答 5

高卒

令和 4 年度

東京消防庁

数学　放物線

放物線 $y=2x^2+8x-9$ の頂点の座標として，最も妥当なのはどれか。

1　$(-1,\ -15)$

2　$(-1,\ -17)$

3　$(-2,\ -15)$

4　$(-2,\ -17)$

5　$(-2,\ -19)$

解説

右辺を変形（平方完成）すると，

$$\begin{aligned} y &= 2x^2+8x-9 \\ &= 2(x^2+4x+4)-17 \\ &= 2(x+2)^2-17 \end{aligned}$$

最後の式より，この放物線の頂点は $(-2,\ -17)$ となることがわかる。なお，この放物線の軸の方程式は $x=-2$ であることにも注意。よって，正答は**4**である。

正答　4

〔注意〕放物線 $y=a(x-p)^2+q\ (a\neq 0)$ のグラフは，

⑴ $y=ax^2$ のグラフを x 軸方向に p，y 軸方向に q だけ平行移動した放物線。

⑵頂点は $(p,\ q)$，軸は $x=p$

高卒

令和
4
年度

東京消防庁

物理　加速度

下のグラフはある列車の時刻と速度の関係を表したものである。加速度が最も大きい時間における加速度として，最も妥当なのはどれか

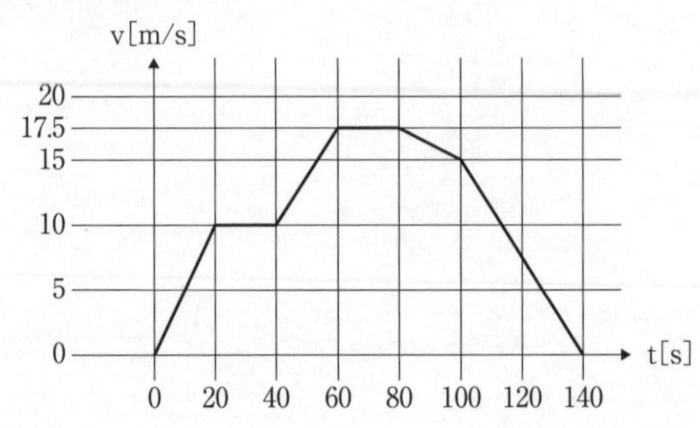

1　0.45［m/s^2］
2　0.50［m/s^2］
3　0.55［m/s^2］
4　0.60［m/s^2］
5　0.65［m/s^2］

解説

$v-t$ グラフにおいて，グラフの直線部分では直線の傾きが加速度になる。また，直線が右上がりのときは加速を，右下がりのときは減速を表している。与えられたグラフでは，区間［0s,20s］と［40s,60s］において加速しているが，それぞれの区間における加速度は，

［0s,20s］: $\dfrac{10-0}{20-0}=\dfrac{10}{20}=0.50$〔$m/s^2$〕

［40s,60s］: $\dfrac{17.5-10}{60-40}=\dfrac{7.5}{20}=0.375$〔$m/s^2$〕

となっており，加速度が最も大きい時間における加速度は0.50〔m/s^2〕であることがわかる。したがって，正答は**2**である。

正答　2

〔注意〕$v-t$ グラフにおいて，グラフが直線になる部分では，直線の傾きが加速度を表し，グラフと t 軸ではさまれた部分の面積が変位を表す。

高卒 令和4年度 東京消防庁

化学　気体

大理石に希塩酸を注ぐと気体が発生する。この気体を水酸化カルシウム水溶液（石灰水）に通じると，水に溶けにくい白色の沈殿を生じる。発生した気体として，最も妥当なのはどれか。

1　水素
2　酸素
3　二酸化炭素
4　窒素
5　アンモニア

解説

大理石の主成分は炭酸カルシウム $CaCO_3$ であり，希塩酸と反応して二酸化炭素 CO_2 を発生する。これは，二酸化炭素の実験室での製法である。

$$CaCO_3 + 2HCl \rightarrow CaCl_2 + H_2O + CO_2$$

二酸化炭素を水酸化カルシウム水溶液に通じると，炭酸カルシウム $CaCO_3$ の白色の沈殿を生成するので，二酸化炭素の検出に用いられる。

$$Ca(OH)_2 + CO_2 \rightarrow CaCO_3 + H_2O$$

ただし，CO_2 を加え続けると $Ca(HCO_3)_2$ を生じ，白濁が消えて無色になる。

$$CaCO_3 + CO_2 + H_2O \rightarrow Ca(HCO_3)_2$$

以上より，正答は**3**である。

正答　3

高卒

令和 4 年度 東京消防庁

生物 ホルモン

次のア～エのホルモンのうち，血糖濃度を上昇させる方向に働くもののみをすべて選んだ組合せとして，最も妥当なのはどれか。

ア インスリン

イ グルカゴン

ウ アドレナリン

エ 糖質コルチコイド

1 ア，イ
2 ア，エ
3 イ，エ
4 ア，イ，ウ
5 イ，ウ，エ

解説

インスリンは，すい臓ランゲルハンス島のB細胞から分泌され，糖消費を促進し，グリコーゲンの分解抑制と合成促進によって，血糖濃度を低下させる。

グルカゴンは，すい臓ランゲルハンス島のA細胞から分泌され，肝臓や骨格筋でのグリコーゲンの分解を促進して，血糖濃度を上昇させる。

アドレナリンは，副腎の髄質から分泌され，グリコーゲンの糖化を促進して，血糖濃度を上昇させる。

糖質コルチコイドは，副腎の皮質から分泌され，タンパク質からの糖の生成を促進し，血糖濃度を上昇させる。

以上から，血糖濃度を上昇させる方向に働くホルモンは，グルカゴン，アドレナリン，糖質コルチコイドの3つである。

したがって，正答は**5**である。

正答 **5**

[大卒
高卒]消防官
教養試験

過去問&解説
No.1～No.350

高卒 東京消防庁

No.1 文章理解　現代文（内容把握）　平成30年度

次の文章を読んで，以下の問に答えなさい。

縄文人の発明品は数々あるが，その最たるものが土器であろう。作家の司馬遼太郎が「土器は第二の胃袋の役割を果たした」と書いているが，まさに言い得て妙である。土器の効用は数え知れない。まずは煮炊き道具としての効用。鍋釜の役割を果たした。水とともに加熱すると，まるで錬金術のようなもので，硬いとか，えぐいとか，有毒だとかの理由で生食できなかった植物が食えるようになる。食物のレパートリーは爆発的に増加したに違いない。

水やドングリや雑食物や酒類などを貯蔵し運搬するコンテナーとしての効用も大きかったろう。移動するときはもちろんだが，定住するにおいても欠かせない。さらには，儀礼や祭祀の小道具としても重宝されたことだろう。火焔土器などは装飾もあざやか，色もあざやか，世界のどこの土器類にも比類なきほどの派手さだ。人面土器や土偶（どぐう）類などは，なんとも怪しげで，まがまがしい趣きだ。八百万（やおよろず）の神々と交感する重要な役割を果たしたのはまちがいない。あるいは，隣り合う村などで呪術や芸術を競ったかもしれない。

さらに土器は，死者を埋葬する骨壺としても，ときに供された。共同体内，あるいは共同体間でやりとりする交換財としても使われた。人間と人間，村と村をつなぐコミュニケーションの手段としての役割も果たしたわけだ。

ことほどさように，定住生活を始めるきっかけは，土器が発明され，実用に供され，便利物として効用を発揮することになった帰結のように生まれたのかもしれない。大きな家を掘っ立てて，そこに大小の実用不用を問わない土器や木器を並べれば，まさに「人間の栖（すみか）」の風情となる。

（骨が語る日本人の歴史　片山一道著）

問　この文章の要旨として，最も妥当なのはどれか。

1　縄文人の土器の利用方法は多種多様であり，一つの物を一つの用途にしか使用しない現代人は見習うべきであろう。

2　土器の発明によって食物のレパートリーは爆発的に増加し，縄文人の胃袋の容量は増大しただろう。

3　土器の派手さに比べ，縄文人の住居は掘っ立てただけの粗末なものだった。

4　土器の発明と実用が，縄文人が定住を始めるきっかけとなったのかもしれない。

5　縄文式土器が発展したのは，縄文人が定住生活をし，農耕を始めたことによる。

解説

1．縄文人と現代人の比較はなされておらず，土器の利用方法について「現代人は見習うべき」という記述は本文中にはない。

2．土器が「第二の胃袋」という記述はあるが，「縄文人の胃袋の容量」については議論されていない。

3．「土器」と「住居」の比較はなされていない。

4．正しい。第4段落をまとめた内容となっている。

5．本文に「定住生活を始めるきっかけは，土器が発明され」とあり，選択肢の記述では，因果関係が逆である。

正答 4

高卒 No.2 東京消防庁 文章理解 現代文（内容把握） 平成27年度

次の文章を読んで，以下の問に答えなさい。

幸福を探しにブータンへ行ってきた。ご存知のように，前国王がGNP（国民総生産）からGNH（国民総幸福）への転換を示唆した国だ。大きさは九州と同じぐらいの土地に，人口は堺市よりかなり少ない70万人が住んでいる。決して豊かとは言えないこの国がどうして97%の幸福度を誇っているのだろう。

先ず食事…　例えが極端だが，毎日ドッグフードばかり食べている犬を想像したらいい。三度の献立は殆ど変わらず，それが毎日続くのだ。パサパサの御飯に辛く味付けした野菜類を載せてかき混ぜて食べる。2，3千メートルの高地だから魚があまり捕れないし，殺生禁止のお国柄だから生の肉はなく少量の乾燥肉が時たま付くぐらいだ。

これは，一流のホテルでも農家でもほぼ同じ。外資系の企業の進入を閉ざしているから，今日はラーメンにしようとか，ちょっとドンブリという訳にはいかない。酒はキラという自家製のうすい焼酎風が主体で，ビールは精製していないから濁っている。

食器もワンボウル，ワンプレートである。小さい椀にバター茶を入れ，酒もスープもそれ一つですませる。料理は一枚の皿に全てを盛って手で食べる（ホテルではフォーク，スプーンあり）。質素だがこれがけっこう美味い。

次に習慣や景色…　美しい田園風景をタップリ味わうことが出来た。勿論，鉄筋の高層ビルは何処にも見当たらないし，家は木と泥と石が主体でそれを竹で組み立てる。衣服は男は「グ」という膝までの着物で，女は「キラ」と呼ぶ足首まで布を巻きつける。どちらも法律で決められたものだが，カラフルで綺麗な衣装だ。

犬や牛は何処にでもウロウロしている。野良なのか飼っているのか判らない。苛めたり殺したりしないから道にも広場でも威張っている。蚊や蝿でも追い払うだけで叩いて潰さないのだそうだ。50人に1人は僧侶になるというぐらいの仏教国で多くの寺院があるが，墓はなく先祖を祀る習慣も持たない。自国や世界の平穏を祈り己の幸福に感謝するのだ。

僕たち4人の旅行者に2人の日本人添乗員と，法律で決められた現地のガイドとドライバーが一人ずつ付き合計8人の旅行だった。費用は4日で40万円強とやや高かったが，本当の幸福という意味が何となく解った。選択肢が多ければ多いほど欲望が肥大して不幸を感じるが，食事でも着物でも自由がないから「生きている」だけでも幸せなのだろう。

お金で手に入る自由が少ない代わりに，お金がなくても不幸せでないのである。贅沢三昧の現在の日本人が学ぶべきところが，多いとヒシヒシと感じた旅であった。

問　この文章の要旨として，最も妥当なのはどれか。

1　ブータンは97%という高い幸福度を誇っているが，実際には衣食住の環境には恵まれていない。

2　ブータン旅行では，質素な食事ながらも美しい田園風景をタップリ味わい，大変満足することが出来た。

3　ブータンでは，動物を殺すことはなく，自国や世界の平穏を祈り己の幸福に感謝しているので，高い幸福度を誇っている。

4　ブータンでは，食事でも着物でも選択する自由が少ないので，お金がなくても不幸せではなく，高い幸福度を誇っている。

5 ブータンでは，食事や着物の自由が少ないので，もっと幸福度を高めるためには選択肢を増やすべきである。

解説

ブータンが97％の幸福度を誇っているのは，選択肢が少ないから欲望が肥大せず，「生きている」だけでも幸せであるからというもの。

第１段落で，ブータンが97％の幸福度を誇っているのはなぜかという問いをたて，第２から６段落で，具体的なブータンの生活を述べ，第７，８段落で，結論を述べる構成となっている。

1．衣は「カラフルで綺麗」，食も「質素だがこれがけっこう美味い」と評価しており，衣食住の環境を否定的にとらえていない。

2．田園風景だけで満足したのではなく，ブータンの人々の考え方に「日本人が学ぶべきところが，多い」という点を説明する必要がある。

3．なぜ「己の幸福に感謝」できるのかについて，筆者なりの解釈を述べているのだから，それに触れなければならない。

4．正しい。

5．選択肢が少ないことをむしろ「学ぶべき」としており，「選択肢を増やすべき」と主張してはいない。

正答 4

高卒

東京消防庁

No. 3 文章理解　現代文（内容把握）　平成30年度

次の文章を読んで，以下の問に答えなさい。

身体は心臓の拍動や消化器の働きといった，生命を保つための様々な働きを自動的に行っています。これらを司るのが，自律神経系と呼ばれる神経システムです。

これは交感神経と副交感神経の二系統から成立しており，両者が切り替わりながら働くことで身体の健康が保たれています。交感神経が優位になると心臓の鼓動が早まり，血圧が上がり，消化器の働きにブレーキがかかるなど，活発な活動に適した状態になります。

一方の副交感神経では鼓動が遅くなり，消化器が働き出すなど，交感神経とは対照的に身体をリラックスさせ，回復させるのに適した状態にシフトしていきます。

このバランスが崩れたのが，いわゆる「自律神経失調症」と呼ばれる病気。例えば眠りに就くにはリラックスの副交感神経が優位にならなくてはいけません。しかし何らかの原因によって交感神経が興奮しっぱなしになってしまうと，眠れなくなってしまったりするのです。

自律神経のうち，怒り心頭に発したような時に優位になっているのは，決まって交感神経です。ですから交感神経の興奮を鎮め，副交感神経を優位にしていくことで，気分を安定させていくことができます。

それを実現するのが呼吸です。

身体は息を吸う時に交感神経寄りとなり，吐く時には逆に副交感神経寄りになるという性質があります。だからこそ息をフーッと吐くことで落ち着きを取り戻すことができるのです。ヨーガや古神道などにも，息を細く長く吐く呼吸法があります。おそらくこれらもまた吐く息が精神の安定をもたらすことを活用した古人の叡智と言えるでしょう。

（人はなぜ突然怒りだすのか？　北川貴英著）

問　この文章の要旨として，最も妥当なのはどれか。

1　自律神経は交感神経と副交感神経の複雑な系統から成立しているので，人間が意識的にどちらかを優位にしようとすると，身体に負担がかかることになる。

2　交感神経が優位になると心臓の鼓動が早まり，血圧が上がり，消化器の働きにブレーキがかかるなど，身体に深刻なダメージがあらわれる。

3　自律神経の失調は，交感神経の興奮を鎮め，副交感神経を優位にしていくことで回復させることができ，それには呼吸が有効である。

4　息をフーッと吐くことで，交感神経の興奮を鎮めて副交感神経を優位にし，落ち着きを取り戻すことができる。

5　ヨーガや古神道などの呼吸法から，吐く息によって古人が怒りを力に変換していたことをうかがうことができる。

解説

1.「副交感神経を優位にしていくことで，気分を安定させていくことができます」とあるので，選択肢のように「人間が意識的にどちらかを優位にしようとすると，身体に負担がかかる」とするのは不適切である。

2. 交感神経が優位になると「身体に深刻なダメージがあらわれる」のではなく，「活発な活動に適した状態」なるとある。

3. 自律神経失調症は交感神経と副交感神経のどちらか一方が強くなりすぎバランスが崩れた場合をいうが，選択肢では「怒り」などのように交感神経が優位になっているケースについてのみ説明しているので，不適切である。

4. 正しい。6段落で「呼吸」について神経システムの視点から解説し，その「呼吸」が古くから「呼吸法」として活用されているとする最終段落の記述をまとめている。

5.「怒りを力に変換」したのではなく「精神の安定」をもたらしたのである。

正答　4

高卒

No. 4 東京消防庁

文章理解　現代文（文章理解）　平成25年度

次の文章を読んで，以下の問に答えなさい。

人間の定義は，「直立二足歩行を常態とするエイプ」だといえます。かつては，「言語をもつ」「道具を使う」「家族がある」などが人間の特性と考えられていました。しかし，もはやそうした個別の特徴だけをとりあげて，両者の違いを論じるのは不適当でしょう。人間のあらゆる認識や行動の萌芽をチンパンジーのなかに見出すことができます。逆に，こまかな違いに目を向ければ，あらゆる点で両者は違います。

チンパンジーは，ある程度なら言語を理解し使用します。音声言語の表出はむずかしいが理解はよくできますし，手話ならかなりできるようになります。

チンパンジーは，多様な道具を作りますし，使います。ただし「道具を作るための道具」という意味での「二次的道具」をもつかどうかは微妙です。野生ではまだ発見されていませんが，人間が育てて教えれば石器を作るために別の石を使います。

チンパンジーには，血縁で結ばれた複数の父親が存在する「拡大された意味での家族」があります。ただし，人間の姻族のように，婚姻というかたちの社会契約やそれにともなう非血縁への支援はないでしょう。

人間の認識や行動は，すべて霊長類的な基盤をもっています。ヒトは，現生約200種類のサルのなかまの一種ですから，進化的な起源を共有するのは当然です。その違いを一言にまとめると，「知性の深さ」，特に「自己埋め込み的な知性の深さ」に違いがあると思います。

つまり，人間のおとなは，「言語を記述するための言語」をもっています。「道具を作るための道具をつくるための道具」を使います。「他者の心に映じた別の他者の心」を思い描くことができます。

こうした階層をもった情報の処理，特に「再帰性をもった情報の処理」は，ヒトという動物を特徴づけています。「○○の中の□□の中の△△の中の……」といった「入れ子」のかたちでどこまでも続く文章を，人間のおとなは理解することが可能です。見ている世界をどこまでも深く読み解こうとする，まさにそのことこそは，人間のもっている知性の特質といえるでしょう。

問　この文章の要旨として，最も妥当なのはどれか。

1　「再帰性をもった情報の処理」は，霊長類を特徴づけるものであり，サルにもヒトにもみられるが，「階層をもった情報の処理」はヒトだけがもつ特徴とされる。

2　人間とチンパンジーの大きな違いは，人間の特徴が霊長類的な基盤にもとづくものであるのに対し，チンパンジーの特徴は進化的な起源にもとづくものであるという点である。

3　霊長類の特徴は「自己埋め込み的な知性の深さ」であり，人間に育てられていないチンパンジーが「二次的道具」を使うことがあることも知られている。

4　人間とサルのなかまの違いを個別の特徴だけで論じるのはもはや適当ではなく，その相違は，「知性の深さ」にあり，特に「再帰性をもった情報の処理」は，人間の知性の特質といえる。

5　チンパンジーはある程度の言語，道具，家族を持つなど，ヒトとの共有点を多く見出すことができるため，現生約200種のサルの中では最もヒトに近いといえる。

解説

人間とサルの違いは，自己埋め込み的な知性の深さをもった情報処理能力であるという内容。

第１段落で人間とチンパンジーの違いは個別の特徴だけをとりあげて論じることはできないことを指摘し，第２，３，４段落でチンパンジーにも人間ができることの萌芽があることを具体例で述べ，第５・６段落で，人間とチンパンジーの違いは「自己埋め込み的な知性の深さ」と結論付け，第７段落では，言い換えてまとめている構成になっている。

1．「再帰性をもった情報の処理」は「人間のもっている知性の特質」である。

2．「人間の認識や行動は，すべて霊長類的な基盤をもって」いるからヒトは「サルのなかまの一種」であり，人間とチンパンジーの違いとはいえない。

3．「自己埋め込み的な知性の深さ」は「人間のおとな」だけにあり，だからヒトとサルは違うとしているし，野生のチンパンジーが「二次的道具」を使えるのかは「まだ発見されて」いない。

4．正しい。

5．サルの中で最も近いのがチンパンジーという記述はない。

正答　4

文章理解
判断推理
数的推理
資料解釈
政治
経済
社会
世界史
日本史
地理

高卒

地方初級

No. 5 文章理解　現代文（文章整序）　平成11年度

次のA～Hの文章を意味が通るように並べたものとして，正しいのはどれか。

A　本を読む人は，自分の自由な読書の時間を持っている。つまらぬ所をとばして読もうが，興味ある所に立ち止り繰返し読んで考え込もうが，彼の自由です。めいめいが彼自身の読書に関する自由を持っているのであって，読者は，聴衆のような集団心理を経験する事はない。

B　書くとは，自ら自由に感じ考えるという極まり難い努力が，理想的読者のうちで，書く都度に完了すると信ずることだ。徹底して考えていくと現代では書くということは，そういう孤独な苦しい仕事になっているように思われます。

C　作家の真面目な努力は，どうしても作品を前にして自由に感じ自由に考える成熟した読書人を意識せざるを得ないでしょう。かような読者を作家はどうして捉えることが出来るか。

D　かようなものが成熟した読書人の楽しみです。作家は自分の為に書きはしない。作品は独り言ではない。必ず読者というものを意識して書きます。

E　つまり，この場合の読者層は，作家の意のままになる受身な未成熟な読書人達であるし，これを目当てにして書く作家の側からしても，書くとは商売の掛け引き上の問題になるでしょう。

F　こういう読み手を，書く人は，ただ尊重し，これを信頼するより他はないでしょう。そういう意味で，作家は自分の裡に理想的読者を持つのです。

G　こういう読者の心理を予見するということは無意味だし，彼はこちらの言葉の綾に乗って夢を見るような受身の人間でもありますまい。

H　だが，例えばある現実の読者層というものを考えて，これに大体共通した心理とか思想とかいうものを予想して小説家が小説を書くというような場合，これはどうも文学の問題としては扱い難いでしょう。

1　A－B－D－F－H－E－G－C
2　A－B－E－C－G－D－F－H
3　A－D－B－F－C－G－E－H
4　A－D－H－E－C－G－F－B
5　A－F－B－E－C－G－D－H

解説

自ら自由に感じ考える読者に対して，作家はそういう読書人を意識して作品を書かねばならぬという，孤独な苦しい仕事をしているということを述べた文章。

1．B→Dで「かようなもの」に該当する内容が見当たらないので誤り。

2，**5**．B→Eが，「理想的読者」→「未熟な読書人達」にすり変わってしまっている。

3．G→Eとつなぐと，Eの「この場合の読者層」がGの「こちらの綾に乗って夢を見るような人間でもありますまい」と対応し，続く「受身な未成熟な読書人」の内容と矛盾する。E→Hも逆接の「だが」が唐突で不自然。

4．正しい。

正答　4

文章理解 判断推理 数的推理 資料解釈 政治 経済 社会 世界史 日本史 地理

高卒
地方初級

No. 6 文章理解 古文（内容把握） 平成11年度

次の文の作者の感想として，最も適切なものはどれか。

小松内府，賀茂祭り見んとて，車四，五輛ばかりにて，一条の大路に出でたまへりけり。物見車，立ち並びて，すき間もなかりけるに，いかなる車かのけられんずらんと，人々目をすましたる所に，ある便宜の所なる車どもを，引き出だしけるを見れば，皆人も乗らぬ車なりけり。かねて見所を取りて，人を煩はさじのために，むな車を五輛立て置かれたりけるなり。そのころの内府のきらにては，いかなる車なりとも，争ひがたくこそありけめども，六条の御息所の古き例を，よしなく覚えたまひけん。さやうの心ばせ情深し。

1　祭りの日はただでさえ車が多いというのに，小松の内大臣が自分の場所取りのために空の車までも立てておいたことに対し，失望している。

2　小松の内大臣が，祭り見物のときに他の車を立ち退かせなくてもよいようにあらかじめ空の車を立てておいたことに対し，小松の内大臣の心遣いをほめている。

3　小松の内大臣が，華やかな祭り見物のときでさえも，人が乗れないくらい古く傷んだ車に乗って現れたことに対し，小松の内大臣の倹約精神をほめている。

4　小松の内大臣ほどの人が，祭り見物の場所取りで，人が乗れないくらい古く傷んだ車の持ち主と争っていることに対し，失望している。

5　祭り見物の場所がなくて困っている小松の内大臣のために，人々が自分たちの場所を立ち退いて内大臣に譲ったことに対し，人々の心遣いをほめている。

解説

出典は『十訓抄』。全訳は次のとおり。

〈小松の内大臣（平重盛）が，賀茂祭りを見ようと，牛車4，5輛ほどで，一条大路においでになった。物見の車が立ち並んで停めるすき間がなかったので，どの車が立ちのかされるかと人々が注目しているところに，ちょうどよい場所にある車を何台か引き出したのを見ると，だれも乗っていない車であった。前もって見物場所を取って，人々に迷惑をかけまいとして，空っぽの車を5輛置いておかれたのであった。当時の内大臣の権勢であったならば，どんな車であっても争うことはできそうもなかったけれど，六条の御息所の古い例（『源氏物語』）をよくないと思い起こされたのであろう。そのような心遣いは，思いやり深いものである。〉

1．「失望している」が誤り。
2．正しい。
3．「人が乗れない…」以下が誤り。
4．同じく「人が乗れない…」以下が誤り。
5．全文が誤り。

正答　2

No. 7 文章理解 英文（空欄補充） 平成30年度

次の会話文の□に当てはまる正しい英文として，最も妥当なのはどれか。

A：May I help you?
B：Yes, please. I'm looking for a bag.
A：□
B：A small travel bag for a short trip.
A：How about this red one?
B：Mmm. Could you show me a darker one?
A：Sure. How about this brown one?
B：Oh, that's nice. How much is it?
A：It's 70 dollars.
B：OK, I'll take it.

1 What kind of bag are you looking for?
2 Do you have anything smaller?
3 May I try this on?
4 Could you wrap it up?
5 Do you have this in red?

解説

全訳

A：何か手伝いましょうか？
B：はい，おねがいします。バッグを探しています。
A：（どのような種類のバッグをお探しでしょうか？）
B：短期旅行用の小さな旅行鞄を探しています。
A：この赤いものはいかがでしょう？
B：んー。もっと色の暗いものを見せてもらえますか？
A：もちろんでございます。この茶色のものはいかがでしょうか？
B：おー，いいね。おいくらですか？
A：70ドルです。
B：OK，これをいただきます。

1．正しい。「どのような種類のバッグをお探しでしょうか？」Bの人は「バッグを探している」と述べ，あとから「小さな旅行鞄」と詳しく答えているので，空欄にはバッグの種類を聞く文が入る。
2．「（これより）小さいものはありますか？」
3．「試してもいいですか？」
4．「ご自分で包装していただけますか？」
5．「これの赤はありますか？」

正答 1

大卒

No. 8 東京消防庁

文章理解　現代文（要旨把握）　令和3年度

次の文章を読んで，以下の問に答えなさい。

同世代の中でも，「飛び抜けて賢い」，「アイデアがとにかく豊富」と思われるような存在になりたいと思った時に，周りに対してそのイメージを刷り込むためには，「普通のちょっと上」ではなく「頭一つ抜けている」ことを証明する必要があります。逆に言えば，「頭一つ抜けている」ことを示すことで，周りにそのイメージが浸透し，覚えてもらえるようになるのです。

例えば，自分では「声が大きくて元気」なキャラクターだと思っている人がいるとします。しかし実際には「人よりも少し声が大きい」レベルであったとしたら，周りは「声が大きくて元気」な人として認識はしていないはずです。体調を崩せば周りから「君ってなんだか弱々しいよね」と言われ，本人がいくら「自分はこれでも，元気な方だと思っていたんですけど……」と言っても，周りは「えっ，そうだっけ？」ととり合ってくれないでしょう。

私の知り合いの中に，職場の広いフロアの端から端まで届くような大声で「おはようございます」と元気よく挨拶をする人がいました。扉を隔てていても，その人が雑談しながらこちらに歩いて来るのがわかるくらいです。おそらく，それくらい飛び抜けて大きな声でようやく，「声が大きくて元気」な人という印象を持ってもらえ，周りの人の記憶にも残るのだと思います。

一方で，知人に，普段の声はものすごく高いのに，職場で話す時は極端なローボイスで話す人もいます。この人は，知的で冷静でかつ分析力のある存在に見せるために，あえて声を変えているのです。つまり，演技をしているわけです。コミュニケーションでキャラクターを作ろうとするのであれば，これくらい極端でなくては意味がないのかもしれません。

（やってはいけない！職場(しょくば)の作法(さほう)—コミュニケーション・マナーから考(かんが)える　高城幸司　著）

問　この文章の要旨として，最も妥当なのはどれか。

1　印象に残らないような地味な仕事でも，それはなくてはならない仕事なのであり，誰にも気付かれなくても意義はあるものだ。

2　キャラクターづくりに夢中になって，大声や仕事のミスで周りに迷惑をかけてしまっては，悪いイメージばかり印象に残ってしまう。

3　周囲に自分の良いイメージや特徴を覚えてもらうためには，極端なほど飛び抜けていることを証明する必要がある。

4　能力に大きな差がない同世代の中では，日々の努力によるわずかな差こそが，明確な違いとなって表れてくるのである。

5　自分のセールスポイントがわからない人は，まずは声の大きさや健康状態など，日常的なことから変えてみるべきだ。

解説

出典：高城幸司『やってはいけない！職場の作法—コミュニケーション・マナーから考える』

周囲に自分の良いイメージや特徴を覚えてもらうためには，極端なほど飛び抜けていることを証明する必要があるという内容。

1．「印象に残らないような地味な仕事」の意義についての議論は本文中にはない。

2．第３・４段落にあるように，筆者はキャラクターづくりを肯定的にとらえており，悪いイメージについては述べられていない。

3．妥当である。

4．キャラクターづくりを「日々の努力」と解釈することもできるが，本文では，「日々の努力」のような一般的（抽象的）なものではなく，キャラクターづくりが具体的に述べられている。また，「わずかな差」ではなく，キャラクターをつくることよって「『頭一つ抜けている』ことを証明する」必要を述べている。

5．本文では，極端に演技するなどしてセールスポイントを印象づける必要性について議論がなされているが，「声の大きさや健康状態など，日常的なことから変えてみる」ことについては勧められていない。

正答　3

大卒

No. 9 東京消防庁

文章理解　現代文（内容把握）　令和元年度

次の文章を読んで，以下の問に答えなさい。

そもそも，高校時代の「現代文」とは，さまざまなテーマについて，それぞれ独自の切り口を持つ文章を数多く学ぶべきものでした。その中で，書いている人が訴えたいことについて，正確に理解し，自分の言葉で咀嚼（そしゃく）した上で説明し，自分のものにしていく。つまり，読んだ作品を自分なりに血肉化した上で，さらに人に伝達していくところまでが求められるわけです。本来，これを数多く行うことにより，世の中で起こっているさまざまな事柄を自分なりの視点でとらえ，じっくりとひもとくことができるようになるわけです。授業を通じた学習が，一概に受け身とばかりは言いきれない点も，ここにあります。

ところが，高２，高３ともなると受験という問題が出てきて，そうした意義の前に，まずは試験問題を解くための読解，パズルのような解き方を身につけることが優先されてしまいがちです。傍線は本来，まとまりのある文章の中で，特に肝となるべき部分に引かれ，解答者がそれを理解しているかを問うはたらきをします。会話の中で，相手の要点をつかまえるのと同じです。大切な心と心の出会いの場なのです。しかし，文章に傍線を引いて，その文章が指し示すことを書いてみろ，というような練習問題ばかり繰り返していると，その大義を見失い，目先の点数をとることに血道を上げてしまう。

そうなると，世の中の事柄を自分なりにとらえるという本来の意味など置いていかれてしまい，いざ目指す大学に入学したものの，何を吸収したら吸収したことになるのか，何を理解すれば本当に理解したことになるのか，何を話せば真に伝達することにつながるのか，ますますわからなくなってきます。学生に論文を課した大学教授が「いったいどんな『現代文』の勉強をしてきたのか」と嘆くような事態になっているのには，ある意味，受験勉強のもたらした影響も大きいのではないかと思っています。

（20歳からの〈現代文〉入門　ノートをつけながら深く読む　中島克治著）

問　この文章の要旨として，最も妥当なのはどれか。

1　高校の「現代文」の意義は，作品を自分なりに血肉化し，人に伝達することで理解を深めることであるのに，受験のための勉強はそうした真の理解から学生を遠ざけてしまう。

2　大学の教授の中にすら，受験のためのパズルのような解き方が，「現代文」を真に理解する唯一の方法であると考えている人がいる。

3　「現代文」を真に理解するためには，作品を自分なりに血肉化し，人に伝達するところまでが求められるため，必然的に数を多くこなすことはできないはずである。

4　世の中の事柄を自分なりにとらえるという「現代文」の意味に近付くためには，試験問題を解くためのパズルのような解き方も時に必要であり，決して無駄ではない。

5　「現代文」の授業の中で心を打たれる作品に出会えたなら，自分の中だけに感動をしまっておけばよく，それに勝る真の理解などあるはずがない。

解説

出典は，中島克治『20歳からの〈現代文〉入門　ノートをつけながら深く読む』。高校の「現代文」の意義と受験のためだけの勉強が与える影響について述べた文章。

1．妥当である。

2．「パズルのような解き方を身につけることが優先され」ると，「世の中の事柄を自分なりにとらえるという本来の意味」を見失うため，大学に入学しても大学教授が「嘆くような事態になっている」とあるので，「唯一の方法であると考えている人がいる」とするのは不適切。

3．前半は正しいが，第一段落に「数多く行うことにより」とあるので，「必然的に数を多くこなすことはできないはず」とするのは誤り。

4．前半は妥当であるが，「パズルのような解き方」を優先していると「大義を見失い」，大学に入学した後も何を吸収・理解・伝達したらいいか「わからなくなって」くるとあるので，「時に必要であり，決して無駄ではない」とするのは不適切。

5．第一段落で，「人に伝達していくところまでが求められる」とあるため，「自分の中だけに感動をしまっておけば」よいというのは誤り。また，「真の理解」がどういうものかについては問題とされていない。

正答　1

文章理解
判断推理
数的推理
資料解釈
政治
経済
社会
世界史
日本史
地理

大卒 東京消防庁

No. 10 文章理解 現代文（要旨把握） 平成30年度

次の文章を読んで，以下の問に答えなさい。

リーダーシップが組織の目的を実現するための技能である以上，どのようなリーダーシップがよいかは，状況と目的に応じて変わる。そして，状況の真ん中にはリーダーシップをとる主体となる自分がいるため，あなたがどういう人かを抜きにして，よいリーダーシップのあり方を考えることはできない。

そのため，リーダーとなるものは，まずは俯瞰して自分の思考や行動に関する傾向を把握しておくことが重要になる。それによって自分の性質の偏りを自覚すれば，その反対の側面を意識することで状況に応じてバランスをとることもできる。

とはいえ，それは簡単なことではない。人間は欲望や，不安や怖れといった感情を持っており，それが正しい現状把握や予測を誤らせることになる。他人のことなら客観的に見ることができ，正しく予測できる人も，自分のこととなると途端に難しくなるのはそのためだ。そして，余裕のある状況であれば「自分はこういうタイプだ」と把握できていても，渦中にいるときは何が正解かわからなくなることも多い。

欲望により現実を歪んで把握していたならば，どんなに知性を巡らし，戦略を積み上げても，“正しく間違える”ことになる。

このことの恐ろしさを，経験を重ねてきたリーダー（経営者）は身をもって体感している。経営者には瞑想や禅に取り組む人が多いが，それは精神を明鏡止水に保つことで，自我や欲望から距離を置き，不安や怖れがない穏やかな状態から物事をみられるようにするためだ。それは，感性を整え，知性を最大化する方法でもあるのだ。

しかし，それでもなお，自分というフィルターを通さざるをえないため，自分の判断が妥当な“予測”なのか，あるいは自分がそうなって欲しいと望んでいるからそう見えているにすぎない“欲望の産物”なのか，ときにわからなくなる，ということが起こるのが人間である。

問　この文章の要旨として，最も妥当なのはどれか。

1　リーダーシップは組織の目的を実現するために必要であり，よいリーダーシップのあり方は普遍的なものである。

2　リーダーは自分の思考や行動に関する傾向を把握しておくことにより，常によいリーダーシップを発揮できる。

3　リーダーは自分の性質の偏りを自覚し穏やかな状態から物事をみられるようにする必要があるが，人間である以上それは簡単なことではない。

4　リーダーは，瞑想や禅に取り組むなどして精神のバランスを保つことにより，常によいリーダーシップを発揮できる。

5　リーダーに必要な条件は，自らの欲望や不安や怖れといった感情も含め，ありのままの自分を認めることである。

解説

出典は西條剛央『チームの力―構造構成主義による“新”組織論』。リーダーとなるには精神を安定させ，自我や欲望から距離を置き，自分の判断が歪んで「欲望の産物」とならないようにする必要があるが，人間である以上そうするのは簡単ではないという内容。

1．冒頭に「どのようなリーダーシップがよいかは，状況と目的に応じて変わる」とあるので，「よいリーダーシップのあり方は普遍的」であるとするのは間違いである。

2．自分の思考や行動に関する傾向を把握することは「簡単なことではない」と第3段落にあるので，「常に」とするのは誤りである。

3．妥当である。

4．心のバランスを取ろうと試みても，ものごとを歪めず正しく見ることは簡単ではないというのが本文の要旨なので，「常によいリーダーシップを発揮できる」とはいえない。

5．「ありのままの自分を認める」のではなく，「欲望により現実を歪んで把握」しないように努力することが必要であり，それが簡単ではないというのが本文の要旨である。

正答　3

横浜市

No.11 文章理解　現代文（要旨把握）　平成13年度

次の文章の要旨として，妥当なものはどれか。

キリスト教系の文化を持つ国においての人間と人間との触れ合いの道徳的な整理の仕方には，ほぼ定型となっている共通の型がある。各民族の習慣や宗派等で違うが，我々がヨーロッパ的道徳と一括して考えているものであり，キリスト教の人間認識に基づいている。他者を自己と同様の欲求を持つものとして考えて愛せ，という意味のその黄金律から来ているように思う。「人にかくせられんと思うことを人に為せ」というような言葉でそれは『バイブル』の中で表現されている。その考え方は，他人を自己と同様のものと考えるという意味で個人尊重の考え方を生み，更にそのような独立した他者に，愛という形で働きかける組み合せ，交際，協力などを尊重する考え方を生み，市民社会というものを形成する原則の一つをなしている。それは儒教の仁という考え方と似ている。また仏教の慈悲という考え方とも似ている。そういう他者への愛や憐れみというようなものなしに社会というもの，人と人との秩序ある組み合せというものは成立しないから，人間と人間のあいだの秩序が考えられる所にはきっと，他者への愛や他者の認識があることになる。しかし，西洋と東洋の考え方には，かすかな違いがあり，やがてその違いが文化の総和においての大きな違いとなっているらしい。

この西洋と東洋とにおける他者と自己の関連の考え方の違いについて，その本質を学問的に決定することは私などの任ではない。しかし私は日本人として西洋の文学や思想に慣れ親しんだので，その違いを考える機会を多く持った。私は漠然と，西洋の考え方では，他者との組み合せの関係が安定した時に心の平安を見いだす傾向が強いこと，東洋の考え方では，他者との全き平等の結びつきについて何かの躊いが残されていることを，その差異として感じている。我々日本人は特に，他者に害を及ぼさない状態をもって，心の平安を得る形と考えているようである。「仁」とか「慈悲」という考え方には，他者を自己と全く同じには愛し得ないが故に，憐れみの気持をもって他者をいたわり，他者に対して本来自己が抱く冷酷さを緩和する，という傾向が漂っている。だから私は，孔子の「己の欲せざる所を人に施すことなかれ」という言葉を，他者に対する東洋人の最も賢い触れ方であるように感ずる。他者を自己のように愛することはできない。我等の為し得る最善のことは，他者に対する冷酷さを抑制することである，と。

1　東洋人は「己の欲する所を人にせよ」，西洋人は「己の欲せざる所を人に施すことなかれ」の精神を持っている。

2　東洋人は「己の欲せざる所を人に施すことなかれ」，西洋人は「己の欲する所を人にせよ」の精神を持っている。

3　東洋人の教えとは，自分の欲求に正直になり，他者の犠牲に無関心になるという冷酷さを抑制するものである。

4　西洋人は他者との対等な結びつきから心の平安を見いだし，東洋人は他者に害を及ぼさない状態に心の平安を見いだす。

5　西洋人はその考え方が市民社会を形成する原則になっているが，東洋人はその考え方で封建社会を形成する。

解説

出典は伊藤整『近代日本における「愛」の虚偽』。「西洋と東洋とにおける他者と自己の関連の考え方の違いについて」，著者なりの説明を試みた文章。

1．東洋人が「己の欲せざる所を人に施すことなかれ」で，西洋人は「人にかくせられんと思うことを人に為せ」であるから，記述が逆である。

2．正しい。

3．東洋人，特に日本人は「他者を自己と全く同じには愛し得ないが故に，憐れみの気持をもって他者をいたわり，他者に対して本来自己が抱く冷酷さを緩和する」のであるから，「他者の犠牲に無関心になるという冷酷さを抑制」することとは別である。

4．西洋人が心の平安を見いだすのは「他者との組み合せの関係が安定した時」であり，それが「他者との対等な結びつき」であるという定義づけはなされていない。

5．東洋の考え方が封建社会と結びついたものであるかどうかは本文の範囲内で決められないし，儒教の仁と仏教の慈悲を似通ったものとして扱っている点を見ると，封建社会という枠組みを設けることは不適切である。

正答　2

文章理解 判断推理 数的推理 資料解釈 政治 経済 社会 世界史 日本史 地理

大卒 No. 12 市役所上・中級

文章理解 現代文（要旨把握） 平成11年度

次の文の要旨として，妥当なものはどれか。

「必要」というコンセプトはふつう，最も原的なものであるように考えられている。「必要」として一般に社会理論で想定されているものは，第一に典型的には食料，それから，衣料と住居，衛生的な上下水道，等々である。これらの基礎的な必要は，何のための必要だろうか。生きるための必要である。それから，快適に，健康に，安心して，楽しく，歓びをもって，生きるための必要である。

中国の古い言い伝えでは，昔々理想的な社会があって，そこでは人びとは充分に生きて，生きることに足りて死んでいったという。何年か前にあるイタリア人が，生きることの歓びをすべて味わいつくしたといって，幸福に自死したという報道を聞いたことがある。

生きることが一切の価値の基礎として疑われることがないのは，つまり「必要」ということが，原的な第一義として設定されて疑われることがないのは，一般に生きるということが，どんな生でも，最も単純な歓びの源泉であるからである。語られず，意識されるということさえなくても，ただ友だちといっしょに笑うこと，朝の大気の中を歩くこと，こういう単純なエクスタシーの微粒子たちの中に，どんな生活水準の生も，生でないものの内には見出すことのできない歓びを感受しているからである。このような直接的な歓喜がないなら，生きることが死ぬことよりもよいという根拠はなくなる。

どんな不幸な人間も，どんな幸福を味わいつくした人間も，なお一般には生きることへの欲望を失うことがないのは，生きていることの基底倍音のごとき歓びの生地を失っていないからである。あるいはその期待を失っていないからである。歓喜と欲望は，必要よりも，本原的なものである。

必要は功利のカテゴリーである。つまり手段のカテゴリーである。効用はどんな効用も，この効用の究極に仕える欲望がないなら意味を失う。欲望と歓喜を感受する力がないなら意味を失う。このように歓喜と欲望は，「必要」にさえも先立つものでありながら，なお「上限」は開かれていて，どんな制約の向こうがわにでも，新しい形を見出してゆくことができる。

1 生きることが死ぬことに勝るのは，どのような生活水準にあっても，意識するしないにかかわらず，生きているということからしか得られない歓びがあるという点にある。

2 人が生きてゆくためには，生きるための「必要」を満たさなければならないが，その「必要」が満たされたからといって，生きることの歓びが生まれるわけではない。

3 生きるための必要という意味で「必要」は最も原的なものであると考えられているが，生きることの歓びこそがこれに先立つ本原的なものであり，どのような「必要」の限度をも超えることができる。

4 どのような生活水準にあっても，人は生きることに歓びを求めるものだが，その欲望には限度がなく，次々に生きてゆくための新しい「必要」が生み出されて人の欲望を駆り立てている。

5 「必要」とは生きるための必要であり，一切の価値の基礎と考えられているが，どのような「必要」も，それに先立つ歓喜と欲望を感受することができなければ意味を失う。

解説

本文は，人は生きるためにさまざまな基礎的なものを「必要」とするが，どんな人生を生きる人でも，生きることの「歓び」を味わい，生への「欲望」を持っており，この「歓喜」と「欲望」こそ本原的なものであり，これらを支えるために「必要」が生み出される，という内容になっている。

1．第三段落の内容に触れているのみで，「必要」ということに触れていないので，要旨としては不適切なので，誤りである。

2．本文に「生きるということが，どんな生でも，最も単純な歓びの源泉である」と述べている。「『必要』を満たすこと」と「生きることの歓び」との関連を要旨として述べるのは，本文からずれるので，誤り。

3．「生きることの歓びこそが……どのような『必要』の限度をも超える」の部分が不適切。本文の最後の部分は，どんな制約があっても，人は生きるために新しい形を見いだして，生きることの歓びを味わい，生への欲望を抱き続けることができる，という意味である。ゆえに，誤り。

4．「欲望には限度がなく，……人の欲望を駆り立てている」は本文の内容からずれるので，誤りである。

5．正しい。

正答 5

大卒 No.13 市役所上・中級 文章理解 現代文（要旨把握） 平成11年度

次の文の要旨として妥当なものはどれか。

たしかに死は，人間にふりかかる最大の暴力ないし災厄として，ながらく不安や恐怖の最後の対象だった。人はそれを理不尽なしかし逃れがたい運命として，暗黙の諦観をもって受け入れもしたが，死という生存の剥奪ないし消滅が逃れられない定めであるからこそ，恐るべき死の不安を和らげるためにも霊魂の不滅を信じたり，また生の悲惨からの救済として永遠の来世を仮想したり，あるいはまた，永世や来世への希望に頼ることなく，死への思い煩いを一切無意味なものとして生の現実から排除する知恵をあみだす努力をしたりしてきた。いずれにせよ死は，人間の意志や権能を超えた有無を言わせぬある威力の発露であり，それが人間の力を超えているがゆえに，ひとはそれだけ深く死に捉えられ，それゆえにまた根深く死からの解放を願ってきた。

だが，霊魂の不滅も神による救済も信じられなくなり，人間が人間以外の威力に依存しなくなると，死は逆に人間の生にとってもっとも重要な構成要素となる。死は生を終結させるが，その死なくしてまた生は完結しない。死を究極の可能性として生に取り込むこと，それによってはじめて人間の自律性と生の完全無欠は保証される。生を完結する死が人間のものにならない限り，絶対的主体としての人間の自律性は成立しないのだ。つまり，神を，超越を廃棄する以上，死は「私の死」にならなければならない。死が「私」の自由にしうる「私の」ものにならなければ，誕生に始まり死に終わる「私の生」は，ついに「私の」ものとはならない。死はしたがって，事故のように外部から運命として「私」に降りかかりただ単純に「私」を消滅させるものではなく，ある弁証法によって「私」に内属させられるのでなければならない。たとえばリルケは，自分の身内に果実のように成長し熟してゆく生そのものであるかのような死を想定し，それを熟視しようとした。彼のような近代人にとって，死はおのれの生の最終的かつ根元的な可能性であって，それこそが置き換えのきかない「私」の存在の固有性を根拠づけるものだった。

1　死は，神の救済や霊魂の不滅を用いて説明されてきた。しかし，近代人はそうした説明を信じようとはせず，死を観察し，操作しようと試み，死を生の対極に追いやることによって，自らの生に対する自律性を強め，死から解放されることをめざした。

2　死は，誕生によって始まる人間の生を完結させるものであるから，もともと生の一部と考えられてきた。しかし近代になると人間は，生の固有性を根拠づけるものとしての死を廃棄しようとして，神々の救済や霊魂の不滅といった説明のしかたに満足しなくなった。

3　死は，霊魂が自由になることによって人間が絶対的自律性を獲得する機会であると，長い間考えられてきた。しかし，霊魂の不滅といった超越的なものを信じない近代人は，死を熟視することによって，死を生の究極的な形態ととらえるようになった。

4　死は，人間にとって逃れがたい運命であるから，それから逃れることが人類にとっての課題であった。人間はいつの時代も，霊魂の不滅を信じて来世に希望を託したり，自らの死を徹底的に観察して内属させることによって，死の運命から逃れようとした。

5　死は，長い間超越者から与えられる生の剥奪であると考えられ，恐怖の対象であった。神や霊魂をもはや信じなくなった近代人は，死を自らの自律性の発露の機会としてとらえ，死から逃れるよりもそれを生の一部として取り込もうとした。

解説

死が人間の力を超えているがゆえに，人間は死からの解放を願ってきたが，人間が人間以外の威力に依存しなくなると，死は人間の生にとって重要な構成要素となる。死を究極の可能性として生に取り込むことで，人間の自律性と生の完全無欠が保証される。近代人にとって死はおのれの生の最終的かつ根元的な可能性であって，置き換えのきかない「私」の存在の固有性を根拠づけるものであることが述べられた文章である。

1．近代人が死を観察し，操作しようと試み，死を生の対極に追いやることではなく，「死を究極の可能性として生に取り込むこと」で，人間の自律性と生の完全無欠が保証されたとあるので，誤り。

2．死はもともと生の一部と考えられてきたのではなく，人間の力を超えるものと考えられてきたと述べられている。

3．長い間，人は死を不安や恐怖の対象とし，暗黙の諦観をもって受け入れたりしてきたが，逃れられないからこそ死からの解放を願ってきた。死を絶対的自律性を獲得する機会であると考えるようになったのは近代以降である。

4．死の運命から逃れようとした点は本文前半で述べられているが，前半だけの内容では要旨として不十分である。

5．正しい。

正答 5

大卒

No. 14 東京消防庁

文章理解　英文（空欄補充）　令和元年度

次の会話文について，ア～エのうち［　　］に当てはまる正しい英文のみを，すべて選んだ組合せとして，最も妥当なのはどれか。

A：Can I help you, sir?

B：Yes, please.　I bought this alarm clock here last week.　It doesn't work.

A：Are you sure?　Perhaps the batteries are dead.

B：No, they can't be because I put some new ones in yesterday.　Can you return my money, please?

A：［　　］ May I see the receipt?

B：No, I'm afraid I lost it.

A：I'm sorry.　I can't refund any money unless I see the receipt.

ア　Good for you.

イ　It's kind of you.

ウ　Thank you for holding.

エ　Sure.

1　ア

2　エ

3　ア，ウ

4　ア，エ

5　イ，エ

解説

英文の全訳は以下のとおり。

A：お手伝いしましょうか。

B：はい，お願いします。先週こちらでこの目覚まし時計を購入したのですが，動かないのです。

A：本当ですか。電池切れではないでしょうか。

B：いいえ，昨日新しい電池を入れたので，それはありえません。返金していただけますか？

A：（もちろんです。）レシートを見せていただけますか？

B：ないのです，なくしたんだと思います。

A：申し訳ございませんが，レシートを確認しないと返金できません。

アは「よかったですね」，イは「ご親切に」，ウは「お待たせしました」，エは「もちろんです」。最後のAのセリフから，レシートがあれば返金できることがわかり，空欄の後でレシートを見せてほしいと言っているので，空欄には返金に同意する言葉が入る。エだけが該当するので，正答は**2**である。

正答　**2**

市役所上・中級

文章理解　英文（内容把握）　平成9年度

次の文の内容と一致するものはどれか。

A lot of westerners have the misimpression that Japan has been in a prolonged recession, which is technically not true. Japan has been growing in fits and starts*. This is a country where the size of the labor force peaked about a year ago.

In most economies, you're looking for economic growth mainly to create new jobs. Japan doesn't need to do that very much now. In fact, perhaps a bigger worry for Japan is how to fill the jobs that are going to come open. Japan may face a situation like it did back in the bubble years, when it has to look to immigrant labor for much more of its work force than it does today. So, even though I think economic growth will be still pretty modest for the foreseeable future, I don't see that as a huge concern. I think Japan will muddle along.

*in fits and starts　ときどき思い出したように

1　欧米人は，日本の長期不況は終わりつつあるという間違った印象を持っている。
2　日本は１年前には労働力の規模がピークであったが，その後急速に労働需要は落ち込んでいる。
3　今の日本の気がかりは，増大する失業者に対してどう雇用を提供するかという点である。
4　日本は労働需要を満たすため，今以上に外国人労働者に頼らなければならないという，バブル期に経験したような状況になるかもしれない。
5　近い将来の日本経済はまあまあの状態が続くとしても，日本人が現状を懸念材料と見ていない点が問題である。

解説

全訳〈日本は長引く不況にあるという間違った印象を持っている欧米人は多いが，その印象は厳密にいえば真実ではない。日本はときどき思い出したように成長してきた。この国は労働力の規模が１年前にピークに達してしまった国である。

ほとんどの経済では，主として新たな雇用を創出するという理由で経済成長を期待している。日本では今や新たな雇用の創出はあまり必要とされていない。実際に，日本にとっての大きな懸念は，たぶん開放されつつある雇用をどのような方法で満たすことができるかということであるだろう。日本は今日以上に外国人労働者に労働力の多くを依存しなければならないという，バブル期に戻ったような状況に直面するかもしれない。それゆえ，経済成長はまだ当面かなり緩やかなままだろうと私は考えているが，大きな懸念材料とは考えていない。私は日本がその場しのぎでやっていくだろうと思う。〉

1．本文冒頭で述べられている間違った印象は，日本の長期不況が終わりつつあるという印象ではないので，誤り。
2．労働需要の落込みについては述べられていないので，誤り。
3．失業者の増大に関しては具体的に述べられていないので，誤り。
4．正しい。
5．本文の著者が日本に対して懸念材料はないと見ているので，誤り。

正答　4

大卒 No. 16 東京消防庁

英語　文　法　令和元年度

「あなたはその角を右に曲がるべきではなかったのに」という意味を表す英文として，最も妥当なのはどれか。

1　You must have turned right at the corner.
2　You ought to have turned right at the corner.
3　You could have turned right at the corner.
4　You cannot have turned right at the corner.
5　You should not have turned right at the corner.

解説

1. must have＋過去分詞は過去についての推測を表すので「あなたはその角を右に曲がったに違いない」となる。
2. ought to have＋過去分詞は過去の義務の不履行についての後悔・非難や，過去の推測を表すので「あなたはその角を右に曲がるべきだったのに（もしくは，曲がったはずだ）」となる。
3. could have＋過去分詞は過去に対する推量を表すので「あなたはその角を右に曲がったかもしれない」となる。
4. cannot have＋過去分詞は過去についての強い否定的な推量を表すので「あなたはその角を右に曲がったはずがない」となる。
5. 妥当である。should not have＋過去分詞は過去の行為についての後悔・非難を表す。

正答　5

高卒

No. 17 地方初級

判断推理　講習会の曜日　平成20年度

ある水泳講習会が行われることになり，当初の予定では８月の第１金曜日から始まり，日曜日を除く毎日で合計10日間実施することとなっていた。ところが，インストラクターの都合で，本来なら講習４日目となる日が初日となったため，日曜日を除く毎日10日間行ったら終了日が８月16日となった。この８月16日の曜日として正しいものは，次のうちどれか。

1　火曜日
2　水曜日
3　木曜日
4　金曜日
5　土曜日

解説

講習会は日曜日を除いて行われるので，当初予定の８月第１金曜日から始まると，４日目は第２週の火曜日となる。実際の講習開始日はこの第２火曜日なので，第２週は火曜日から土曜日までの５日間行われる。第３週の月曜日から残り５日間を行うと，最終日は金曜日となり，これが８月16日ということである。

	日	月	火	水	木	金	土
第１週	7/28	7/29	7/30	7/31	8/1	開始予定日	
第２週	×		①	②	③	④	⑤
第３週	×	⑥	⑦	⑧	⑨	⑩	

よって，正答は**4**である。

正答　4

文章理解　判断推理　数的推理　資料解釈　政治　経済　社会　世界史　日本史　地理

高卒

東京消防庁

No.18 判断推理 コインの組み合わせ 平成30年度

A～Eの5つの袋がある。これらの袋は1枚10gのコインだけがたくさん入っている袋か，1枚9gのコインだけがたくさん入っている袋かのいずれかである。Aから1枚，Bから2枚，Cから4枚，Dから8枚，Eから16枚，合計31枚のコインを取り出して重さをはかったところ290gであった。このとき，1枚10gのコインだけが入っている袋のみをすべて選んだものとして，最も妥当なのはどれか。

1 AとBとC
2 AとBとD
3 CとD
4 BとE
5 Eのみ

解説

A～Eから取り出したすべてのコインが10gだとすると，31×10＝310［g］となるはずである。しかし，実際は290gであったのだから，その差は，310－290＝20［g］である。つまり，10gのコインより1g軽い9gのコインを合わせて20枚取り出したことがわかる。

A～Eの枚数のうち，合わせて20枚となるのはCとEの4＋16のみである。これより，CとEが9gのコイン，その他のAとBとDが10gのコインだとわかる。

正答 **2**

高卒

地方初級

No.19 判断推理 4人のジャンケン 平成13年度

A～Dの4人が3回ジャンケンをすることになった。Aは必ずグー，チョキ，パー，グー，チョキ，……の順に出す。BはAがグー，チョキ，パーの順に出すことを知っていて，自分に有利に（勝てそうにないときは引き分けるように）出すが，指を痛めていてチョキとパーしか出せない。CはBがチョキとパーしか出せないことを知っていて，やはり自分に有利なように出す。Dは何も知らない。このとき，Dが1回目に勝ち，2回目に負け，3回目に引き分けるような出し方は何通りあるか。ただし，1回目にAが何を出すか，Bにはわからないものとする。

1 3通り
2 4通り
3 5通り
4 6通り
5 7通り

解説

1回目にAが何を出すかで分類して考える。また，4人の出し方を（A，B，C，D）=（グ，チ，パ，グ）のように表すことにする。

⑴1回目にAがグーを出した場合

①（A，B，C，D）=（グ，チ，チ，グ）
②（A，B，C，D）=（チ，チ，チ，パ）
③（A，B，C，D）=（パ，チ，チ，グ）
以上，1×1×1=1〔通り〕。

⑵1回目にAがチョキを出した場合

①（A，B，C，D）=（チ，チ，チ，グ）
（チ，パ，チ，チ）
②（A，B，C，D）=（パ，チ，チ，パ）
③（A，B，C，D）=（グ，パ，チ，グ）
（グ，パ，チ，チ）
（グ，パ，チ，パ）
以上，2×1×3=6〔通り〕

⑶1回目にAがパーを出した場合

この場合，2回目の各人の出し方は，必ず（A，B，C，D）=（グ，パ，チ，?）のパターンになり，?の部分に関わらず引分けとなってしまうので，条件に合わない。

以上より，条件に合う4人の出し方は1+6=7〔通り〕である。

よって，**5**が正しい。

正答 5

No.20 判断推理 レンタカーの必要台数 平成21年度

あるレンタカー会社では，３日連続して貸し出した車両は，整備のために１日休ませるというシステムになっている。このレンタカー会社がＰ，Ｑ２社と契約し，Ｐ社には毎日３台，Ｑ社には毎日４台の車両を貸し出すことになった。このとき，Ｐ，Ｑ２社に貸し出すためには最少で何台の車両が必要か。

1　８台
2　９台
3　10台
4　11台
5　12台

解説

Ｐ社に対するように，貸し出す車両が毎日３台である場合，４台の車両を用意すれば，すべての車両を３勤１休のペースで使用することが可能である。４台の車両をa，b，c，dとすれば，(a，b，c)→(d，b，c)→(a，d，c)→(a，b，d)→(a，b，c)→，のようにローテーションを組めばよいからである。しかし，Ｑ社に対するように，貸し出す車両が毎日４台である場合，用意する車両が５台では３勤１休のローテーションを組むことは不可能である。５台の車両をe，f，g，h，iとすれば，(e，f，g，h)→(i，f，g，h)→(e，i，g，h)→，では４日目にどうしても１台不足することになるからである。したがって，この場合は６台の車両が必要であり，全部で10台なければならないことになる(下表参照)。したがって，正答は**3**である。

	1	2	3	4
P	a	d	a	a
	b	b	d	b
	c	c	c	d
Q	e	i	e	e
	f	f	i	f
	g	g	g	i
	h	h	h	j

正答　3

次のア～オのうち，論理的に結論が正しく導かれているものとして，最も妥当なのはどれか。

ア　国語が得意な人は英語が不得意だ。
　　国語が得意な人は社会も得意だ。
　　したがって，英語が不得意な人は社会が得意だ。

イ　体育が不得意な人は音楽が得意だ。
　　音楽が得意な人は英語が得意だ。
　　したがって，英語が得意な人は体育が不得意だ。

ウ　理科が得意な人は体育が不得意だ。
　　数学が不得意な人は体育が得意だ。
　　したがって，数学が不得意な人は理科が得意だ。

エ　数学が得意な人は国語が不得意だ。
　　数学が不得意な人は理科も不得意だ。
　　したがって，国語が得意な人は理科が不得意だ。

オ　社会が不得意な人は音楽が得意だ。
　　英語が得意な人は音楽も得意だ。
　　したがって，社会が得意な人は英語が不得意だ。

1 ア　**2** イ　**3** ウ　**4** エ　**5** オ

解説

選択肢の仮定と結論を記号化しておく，国語が得意な人を「国」，国語が不得意な人を「$\overline{\text{国}}$」などと表す。

	仮定	結論
ア：	国⇒$\overline{\text{英}}$，国⇒社	$\overline{\text{英}}$⇒社
イ：	$\overline{\text{体}}$⇒音，音⇒英	英⇒$\overline{\text{体}}$
ウ：	理⇒$\overline{\text{体}}$，$\overline{\text{数}}$⇒体	$\overline{\text{数}}$⇒理
エ：	数⇒$\overline{\text{国}}$，$\overline{\text{数}}$⇒$\overline{\text{理}}$	国⇒$\overline{\text{理}}$
オ：	$\overline{\text{社}}$⇒音，英⇒音	社⇒$\overline{\text{英}}$

次に与えられた仮定の対偶をとっておく。

ア対：英⇒$\overline{\text{国}}$，$\overline{\text{社}}$⇒$\overline{\text{国}}$
イ対：$\overline{\text{音}}$⇒体，$\overline{\text{英}}$⇒$\overline{\text{音}}$
ウ対：体⇒$\overline{\text{理}}$，$\overline{\text{体}}$⇒数
エ対：国⇒$\overline{\text{数}}$，理⇒数
オ対：$\overline{\text{音}}$⇒社，$\overline{\text{音}}$⇒$\overline{\text{英}}$

用意した仮定や仮定の対偶をつなげて，各選択肢の結論を導けるかを検討していく。

ア $\overline{\text{英}}$⇒社について，アやア対に，$\overline{\text{英}}$から入れるものはないので不明。
イ 英⇒$\overline{\text{体}}$について，イやイ対に，英から入れるものはないので不明。
ウ $\overline{\text{数}}$⇒理について，ウとウ対で，$\overline{\text{数}}$⇒体⇒$\overline{\text{理}}$となるので，数学が不得意な人は理科が不得意であるとわかり，結論が逆になる。
エ 国⇒$\overline{\text{理}}$について，エ対とエで，国⇒$\overline{\text{数}}$⇒$\overline{\text{理}}$となるので，国語が得意な人は理科が不得意であるとわかり，正しい。
オ 社⇒$\overline{\text{英}}$について，オやオ対に，社から入れるものはないので不明。

正答　4

高卒 地方初級

No.22 判断推理 時計の時刻のずれ 平成26年度

A氏は毎朝8時発の電車に乗って通勤している。ある日，A氏は自分の時計が3分進んでいるので，発車の4分前に乗車できたと思っていた。ところが，電車はA氏が乗車してから2分後に発車し，その時点で電車は5分遅延していた。

この日におけるA氏の時計の正確な時刻との誤差として，正しいのはどれか。

1 A氏の時計は，正確な時刻より2分進んでいる。
2 A氏の時計は，正確な時刻より1分進んでいる。
3 A氏の時計は，正確な時刻を示している。
4 A氏の時計は，正確な時刻より2分遅れている。
5 A氏の時計は，正確な時刻より4分遅れている。

解説

この日の電車は5分遅延しているので，発車したのは8時5分で，A氏が乗車したのはその2分前の8時3分である。このとき，A氏は自分の時計が3分進んでいると思い込んでおり，発車の4分前に乗車できたと思ったことから，A氏は7時56分に乗車したと考えていることになり，また，A氏の時計はそのとき7時59分を示していたことになる。A氏の時計が7時59分を示していたとき，正しい時刻は8時3分だから，A氏の時計は4分遅れている。

したがって，正答は**5**である。

正答 5

文章理解 判断推理 数的推理 資料解釈 政治 経済 社会 世界史 日本史 地理

「1個のリングを開いて閉じる」を1回の操作とするとき，3個のリングについて，図Ⅰの状態から図Ⅱの状態にするには，1回の操作が必要である。同様にして，図Ⅲの状態から図Ⅳの状態にする，図Ⅲの状態から図Ⅴの状態にするのにそれぞれ必要な操作の最少回数の組合せとして，正しいのはどれか。

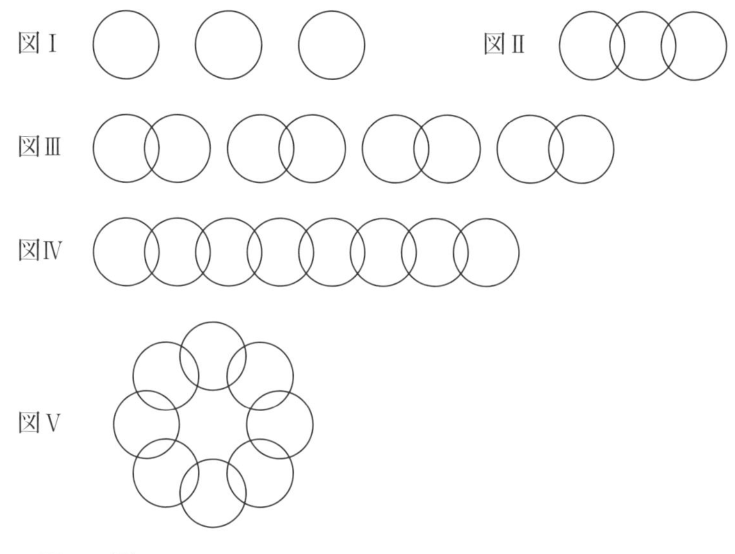

	図Ⅲ→図Ⅳ	図Ⅲ→図Ⅴ
1	2回	3回
2	2回	4回
3	3回	4回
4	3回	5回
5	4回	5回

解説

図Ⅲの状態から図Ⅳの状態にするには，図のように3か所を開けばよいので，3回の操作が必要である。図Ⅲの状態から図Ⅴの状態にするのには，3回の操作で図Ⅳの状態とした後，端の1個を開いて反対側のリングと結べばよいので，4回の操作が必要となる。

したがって，正答は**3**である。

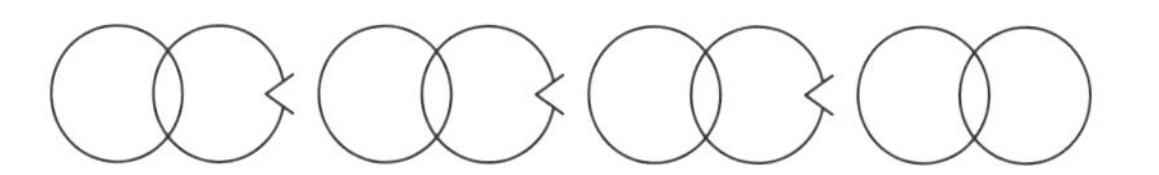

正答　3

高卒
東京消防庁

No.24 判断推理 5人の職業，勤務地，年代 平成30年度

社会人A～Eの5人の職業，勤務地，年代について，次のア～ケのことがわかっているとき，確実にいえることとして，最も妥当なのはどれか。

ア　A～Eの職業は，教師，医師，薬剤師，保育士，看護師のいずれかであり，A～Eの中で同じ職業に就いている者はいない。

イ　A～Eの中には，20代の者が1人，30代の者が2人，40代の者が1人，50代の者が1人いる。

ウ　A～Eの勤務地は，東京，大阪，福岡のいずれかである。

エ　Aは東京で働いている。

オ　Bは30代で，薬剤師ではない。

カ　看護師は20代で，大阪で働いている。

キ　保育士は東京で働いている。

ク　40代の者は大阪で働いている。

ケ　A～Eのうち，2人は福岡で働いており，その2人は教師ではない。

1　Aは教師である。
2　Bは医師である。
3　薬剤師は大阪で働いている。
4　医師は大阪で働いている。
5　教師は30代である。

解説

与えられた条件を表にまとめていく。

	教師	医師	薬剤	保育	看護	年齢	勤務
A							東京
B			×			30代	
C							
D							
E							
				東京	20代大阪	20代1人 30代1人 40代1人大阪 50代1人	東京または 大阪または 福岡（2人， 教師×）

福岡の2人は教師ではないので，医師と薬剤師であるとわかる。条件クより，40代大阪の者がいるが，その者は残る教師である。そうすると，東京で働く者が1人であるとわかるが，条件エとキより，その者はAで保育士である。

	教師	医師	薬剤	保育	看護	年齢	勤務
A	×	×	×	○	×		東京
B			×	×		30代	
C				×			
D				×			
E				×			
	40代大阪	福岡	福岡	東京	20代大阪	20代１人 30代１人 40代１人大阪 50代１人	東京または 大阪または 福岡（２人， 教師×）

条件オより，Ｂは30代であるが，教師と看護師は30代ではないので，表よりＢは医師とわかる。Ｃ，Ｄ，Ｅを区別する条件はないので，これ以上は判明しない。

	教師	医師	薬剤	保育	看護	年齢	勤務
A	×	×	×	○	×		東京
B	×	○	×	×	×	30代	
C		×		×			
D		×		×			
E		×		×			
	40代大阪	福岡	福岡	東京	20代大阪	20代１人 30代１人 40代１人大阪 50代１人	東京または 大阪または 福岡（２人， 教師×）

以上より選択肢を検討していく。

1．誤り。Ａは保育師である。

2．正しい。

3．誤り。薬剤師は福岡で働いている。

4．誤り。医師は福岡で働いている。

5．誤り。教師は40代である。

正答　2

No. 25 判断推理 6人の身長順 平成22年度

A～Fの6人が，身長の高い順に右から横1列に並んでいる。6人の並び順について以下のことがわかっているとき，正しいのはどれか。

ア．Aより身長の高い者は2人おり，そのうち1人はEである。

イ．Bの2人おいて右側にDが並んでいる。

ウ．FはBより身長が高い。

1　AとFの間に1人並んでいる。

2　Bより身長の高い者が3人いる。

3　最も身長が高いのはCである。

4　DはFより身長が低い。

5　Eは右端に並んでいる。

解説

まず，条件アからA，Eについて図Ⅰ－1，図Ⅰ－2の2通りが考えられる。

しかし，図Ⅰ－1の場合は条件イのB，Dについて図Ⅱ－1の配置しかないが，これだと「FはBより身長が高い」という条件ウを満たすことができない。

これに対し図Ⅰ－2ならば，条件イのB，Dについては図Ⅱ－2のようになり，これに条件ウを加えると図Ⅲの配置となって，A～F 6人の並び順が確定する。

ここから，正答は「Eは右端に並んでいる」という**5**である。

図Ⅰ－1

			A	E	

図Ⅰ－2

			A		E

図Ⅱ－1

		B	A	E	D

図Ⅱ－2

	B		A	D	E

図Ⅲ

C	B	F	A	D	E

正答　5

高卒

No. 26　市役所初級　判断推理　6人の並び順　平成20年度

A～Fの６人が横１列に並んでおり，この６人の配置についてア～エのことがわかっているとき，確実にいえるものはどれか。

　ア　AとBは隣り合っている。
　イ　BとCの間には２人が並んでいる。
　ウ　Dの位置は端ではない。
　エ　EとFは隣り合っている。

1　AはDと隣り合っている。
2　CはFと隣り合っている。
3　Cの位置は列の端である。
4　Eの位置は列の端である。
5　FはBと隣り合っている。

解説

A，B，C３人の位置関係は次のように10通りが考えられるが，Dが列の端でないこと，EとFは隣り合っていることという条件を満たすのは，このうちの４通り（灰色で塗られていない配置）である。

A	B			C				A	B			C
C		A	B					C		A	B	
		C		A	B		C			B	A	
	C			B	A		B	A		C		
	B	A		C					B	A		C

可能性のある４通りについてD，E，Fの配置を考えると次のような８通りが考えられるが，ここから確実にいえるのは「AはDと隣り合っている」という**1**だけである。

C	D	A	B	E	F		C	D	A	B	F	E
E	F	C	D	A	B		F	E	C	D	A	B
B	A	D	C	E	F		B	A	D	C	F	E
E	F	B	A	D	C		F	E	B	A	D	C

正答　**1**

高卒

地方初級

No. 27 判断推理　5人が旅行したい都市　平成18年度

A～Eの5人に，旅行してみたい都市を2か所ずつ挙げてもらったところ，次のようであった。このとき，確実にいえるものは次のうちどれか。

・Aが旅行してみたい都市は，2か所とも国内である。
・Bが旅行してみたい都市は，2か所ともA，C，Dのだれかも旅行してみたい都市である。
・Cが旅行してみたい都市は，2か所とも海外である。
・Dが旅行してみたい都市は，2か所とも海外である。
・Eが旅行してみたい都市は，どちらも他の4人のだれとも一致しない。
・1人だけが旅行してみたい都市として挙げたのは3か所である。

1　Bが旅行してみたい都市は，2か所とも国内である。
2　Bが旅行してみたい都市は，2か所とも海外である。
3　Cが旅行してみたい都市と，Dが旅行してみたい都市は，2か所とも一致している。
4　Eが旅行してみたい都市は，国内と海外が1か所ずつである。
5　Bが旅行してみたい都市と，Dが旅行してみたい都市は，すべて異なっている。

解説

まず，A，C，Eが旅行してみたい都市を，表Ⅰのように振り分けてみる。Eが旅行してみたい都市（t，u）はほかの4人のだれとも一致しないので，1人だけが旅行してみたい都市として挙げられた3か所のうちの2か所になり，1人だけが旅行してみたい都市として挙げられたのがもう1か所あることになる。

そこで，Bに関して場合分けをしてみる。Bが旅行してみたい都市が2か所とも国内だとすると（これはAと一致することになる），Dが旅行してみたい都市について，1か所だけCと一致させても，2か所一致させても条件を満たすことができない（表Ⅱ）。

Bが旅行してみたい都市が2か所とも海外だとすると，AとEについての4か所が，いずれも1人だけが旅行してみたい都市となってしまって，これも条件を満たせない。

Bが旅行してみたい都市が国内と海外1か所ずつの場合，国内についてはAと，海外についてはCと一致し，CとDが2か所とも一致することで条件を満たすことが可能である（表Ⅲ）。ただし，Eが旅行してみたい都市は，国内，海外のいずれとも決まらない。以上から正答は**3**である。

表Ⅰ

	p	q	r	s	t	u	v
	国内	国内	海外	海外			
A	○	○					
B							
C			○	○			
D							
E					○	○	

表Ⅱ

	p	q	r	s	t	u	v
	国内	国内	海外	海外			海外
A	○	○					
B	○	○					
C			○	○			
D			○	△			△
E					○	○	

表Ⅲ

	p	q	r	s	t	u	v
	国内	国内	海外	海外			
A	○	○					
B		○	○				
C			○	○			
D			○	○			
E					○	○	

正答　3

No.28 判断推理 5人のテスト順位 平成12年度

A～Eの5人が5点満点のテストを受け，その結果について以下のことがわかっている。確実にいえるものは次のうちどれか。ただし，テストの点数はすべて整数であるものとする。

- 0点を取った者はいない。
- Aは5人中単独1位の成績であった。
- DはCの2倍以上の点数だった。
- EとDは2点差だった。
- BとCは2点差だった。

1 Aは5点満点だった。
2 3点は2人いた。
3 Bは3点だった。
4 BはEより点数が上だった。
5 Cは最下位だった。

解説

さまざまな場合がありうるので，場合分けして考えてみる。

条件からAは4点以上，Cは2点以下であることがわかる。

A5点・C1点の場合：Bは3点であり，Dには2点，3点，4点の場合がありうる。そのときEは，4点（0点はない），1点（5点はない），2点となる。

A5点・C2点の場合：Bは4点であり，Dも4点である，そのときEは2点である。

A4点・C1点の場合：Bは3点であり，Dには2点と3点の場合がありうる。そのときEは，4点，1点となるが，「Aは5人中単独1位」を考慮すると，D2点・E4点はありえないことになる。

A4点・C2点の場合：Bが4点となるため，ありえない。

以上を表に整理すると次のようになる。

5点	A	A	A	A	
4点	E		D	BD	A
3点	B	BD	B		BD
2点	D		E	CE	
1点	C	CE	C		CE

よって，**5**が正しい。

正答 5

高卒

地方初級

No.29 判断推理 4人のゲームの対戦カード 平成17年度

A～Dの4人がゲームをした。ゲームは個人戦で，総当たりになるように3ラウンドを行う。各ラウンドは1対1の対戦が2組である。次のことがわかっているとき，正しくいえるのはどれか。

・Aの第1ラウンドの対戦相手は，第3ラウンドではCと対戦した。

・Cの第2ラウンドの対戦相手は，第3ラウンドではDと対戦していない。

1 AとBは第1ラウンドで対戦した。

2 AとDは第3ラウンドで対戦した。

3 DとCは第2ラウンドで対戦した。

4 BとDは第1ラウンドで対戦した。

5 CとDは第3ラウンドで対戦した。

解説

1つ目の条件から，Aの第1ラウンドの対戦相手はCではない（CとCは対戦できない）。さらに，AとCの対戦は，第1ラウンドではなく，第3ラウンドでもない（CはA以外のだれかと対戦する）ので，第2ラウンドと確定する。これを対戦表に表すと次のようになる。なお，数字は対戦したラウンドを示す。

	A	B	C	D
A			2	
B				
C	2			
D				

次に2つ目の条件を考えると，Aは第3ラウンドにはDではなくBと対戦し，AとDの対戦は第1ラウンドに行われたことがわかる。

	A	B	C	D
A		3	2	1
B	3			
C	2			
D	1			

ここで1つ目の条件に戻ると，DとCが第3ラウンドに対戦したことがわかるから，あとは自動的に表が埋まる。

	A	B	C	D
A		3	2	1
B	3		1	2
C	2	1		3
D	1	2	3	

この表から，正答は**5**とわかる。

正答 **5**

判断推理　7人の部屋の位置関係　平成28年度

図のような7部屋あるアパートの各部屋に，A～Gの7人が住んでいる。以下のア～ウのことがわかっているとき，正しいのはどれか。

ア：いずれかの出入り口から入ってすぐ右はDの部屋であり，まっすぐ進んだ突当りはFの部屋である。

イ：Bの隣の部屋は，Dの部屋と通路をはさんで向かい合っている。

ウ：Aの部屋とEの部屋は通路をはさんで向かい合っており，Eの部屋の隣はGの部屋である。

1　Aの部屋の隣はFの部屋である。
2　Bの部屋とGの部屋は通路をはさんで向かい合っている。
3　Cの部屋の隣はBの部屋である。
4　Eの部屋は出入り口から入ってすぐ左である。
5　Gの部屋の隣はCの部屋である。

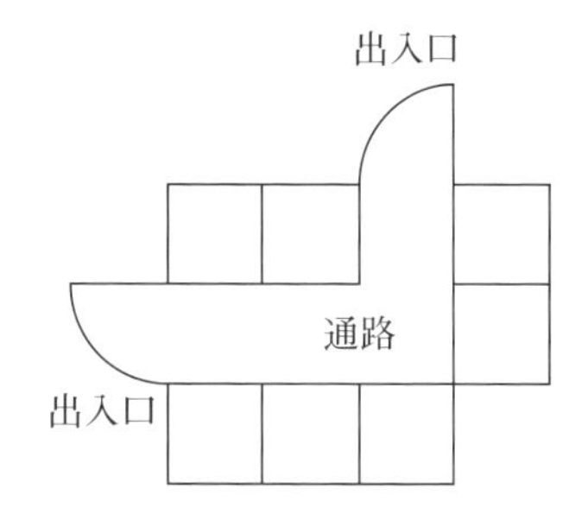

解説

条件アからDとFの部屋を考えると，図Ⅰ，図Ⅱの2通りが考えられる。

次に条件イよりBの部屋を考えると，図ⅠではAとEの部屋を向かい合わせ（条件ウ）とすることができない（図Ⅰ－2）。図ⅡではBの部屋について2通りの可能性があるが，図Ⅱ－2だとAとEの部屋を向かい合わせとすることができない。Bの部屋を図Ⅱ－3のようにすると，A，E，Gの部屋を矛盾なく配置することができ，Cの部屋も決定する。

この図Ⅱ－3より，正答は「Cの部屋の隣はBの部屋である」という**3**である。

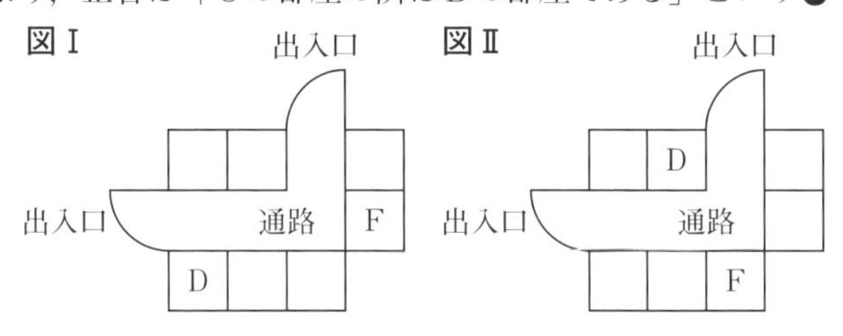

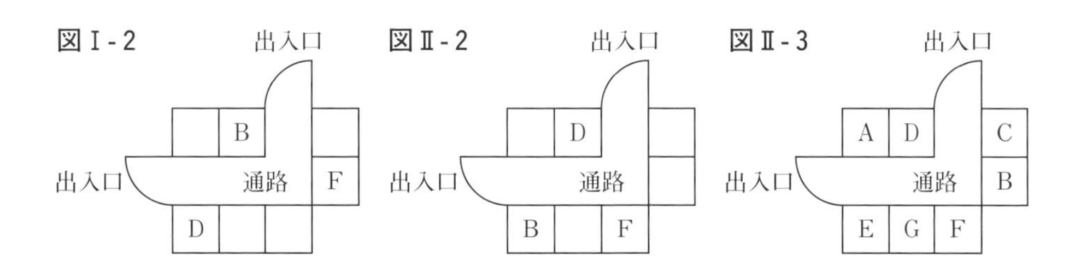

正答　**3**

高卒

市役所初級

No. 31 判断推理 7段の積み木の積み替え 平成27年度

図のように，7段に積まれた積み木がある。この積み木の上から4～7段目を，そのままの順序で1番上に重ねる。この操作を4回繰り返したとき，最初に上から3段目にあった積み木（☆印）は上から何段目となっているか。

1 2段目
2 3段目
3 4段目
4 5段目
5 6段目

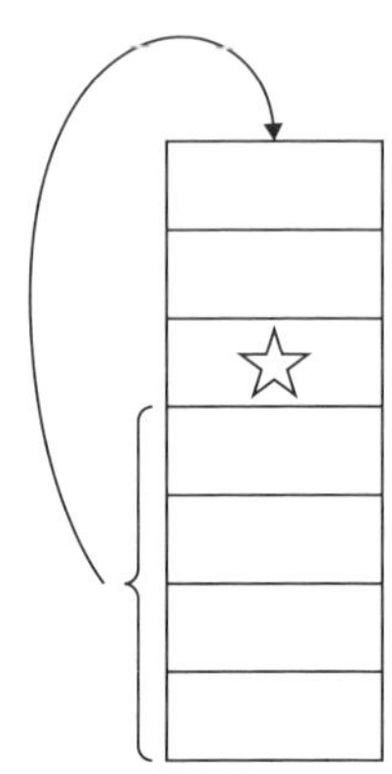

解説

条件に従って，上から4～7段目の積み木をそのままの順序で毎回1番上に重ねていくと，図のように4回目の操作が終わった段階で，最初に3段目だった積み木は5段目となる。

したがって，正答は**4**である。

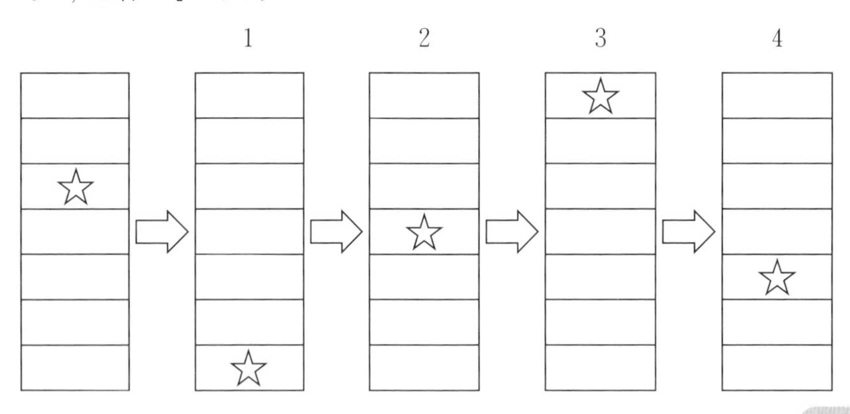

正答 4

高卒 市役所初級

No.32 判断推理 5台の自動車の位置関係 平成25年度

A～Eの５人が１人ずつ乗った５台の自動車が，図のような配置で停まっている。５台の自動車にはそれぞれ，１号車から５号車までの異なる番号が与えられており，ア～オのことがわかっているとき，正しいのはどれか。

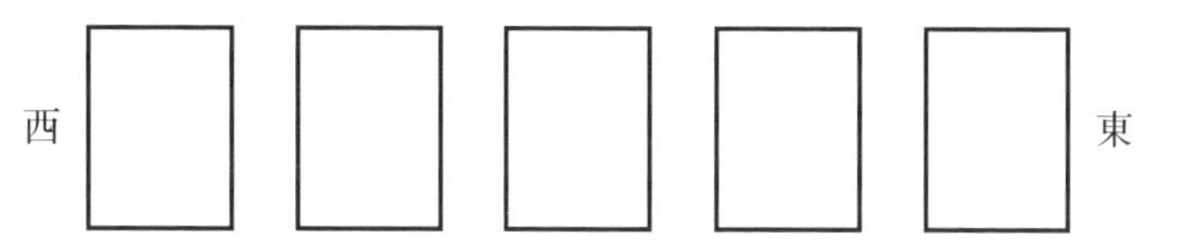

ア　Aは３号車に乗っており，その東隣は１号車である。
イ　Bが乗っている自動車の東隣は４号車である。
ウ　Cが乗っている自動車の東隣は５号車である。
エ　Dが乗っている自動車は，Cが乗っている自動車より西側に停まっている。
オ　Eが乗っている自動車は，東西いずれかの端に停まっており，Bが乗っている自動車とEが乗っている自動車の間に，２台の自動車が停まっている。

1　Aが乗っている自動車は，東から２番目に停まっている。
2　Bが乗っている自動車は１号車で，西から２番目に停まっている。
3　Cが乗っている自動車は２号車で，東から３番目に停まっている。
4　Dが乗っている自動車は４号車で，西から４番目に停まっている。
5　Eが乗っている自動車は５号車で，西の端に停まっている。

解説

A，B，Cが乗っている自動車の東隣にはいずれも自動車が停まっており，Dが乗っている自動車はCが乗っている自動車よりも西側に停まっている。つまり，A，B，C，Dが乗っている自動車はいずれも東端に停まっていないので，東端に停まっているのはEの自動車である。ここから，Bが乗っている自動車は西から２番目であり，その東隣が４号車である（図Ⅰ）。

ここで，Aは３号車に乗っているので，Bの東隣ではないが，AがEの西隣だとすると，エよりCが４号車ということになり，Cの東隣が５号車であるウに対して矛盾が生じる。したがって，Aが乗っている自動車は最も西端に停まっている。そうすると，Dが４号車，その東隣がCとなり，**図Ⅱ**のようになる。この**図Ⅱ**から，正しいのは「Bが乗っている自動車は１号車で，西から２番目に停まっている」で，正答は**2**である。

図Ⅰ

西		B	4		E	東

図Ⅱ

西	A 3	B 1	D 4	C 2	E 5	東

正答　2

高卒

地方初級

No. 33 判断推理 9棟のビルの位置関係 平成18年度

下の図のようなア～ケの土地にA～I 9棟のビルが建てられている。9棟のビルは高さも幅もすべて等しいので，縦，横，斜めの位置で端どうしにあるビル（たとえばアとケ，イとク）は互いに見ることができない。以下のことがわかっているとき，確実にいえるものは次のうちどれか。

・AからB，C，Gのビルを見ることはできない。
・Hからは，Eを見ることはできるが，Fを見ることはできない。
・Dからはすべてのビルを見ることができる。
・Iはクの土地に建てられている。

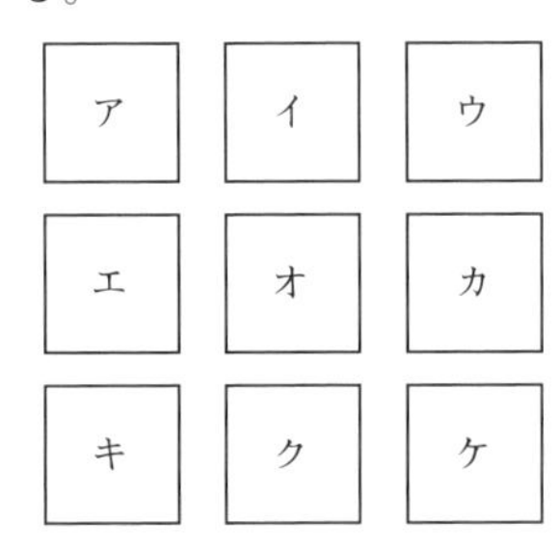

1 Aはウに建てられている。
2 Bはケに建てられている。
3 Cはアに建てられている。
4 Eはイに建てられている。
5 Fはエに建てられている。

解説

Dからはすべてのビルを見ることができるので，Dが建てられているのはオである。また，見えないビルが3つあるのは四隅の土地で，そこから見えないビルも四隅の土地にある。したがって，A，B，C，Gの4つのビルは四隅（ア，ウ，キ，ケ）に建てられている。ただし，4つのビルのどれがどの土地に建てられているかは確定できない。Iはクなので，互いに見えないFとHはエとカのいずれかとなるが，どちらかは確定できない。残るイがEの建てられている土地で，これはHがエ，カどちらであっても見ることができる。したがって，正答は**4**である。

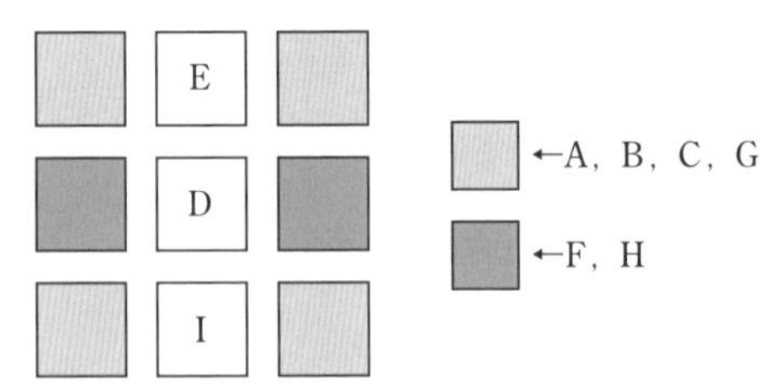

正答 **4**

高卒

No.34 市役所初級

判断推理　5つの家の位置関係　平成17年度

A～Eの５人の家がある。その位置関係について，次のア～エのことがわかっているとき，確実にいえるものはどれか。

ア　Aの家はBの家の真南にある。
イ　Bの家はDの家の真西にある。
ウ　Dの家はCの家の真東にある。
エ　CとDの家の距離は，CとEの家の距離よりも長い。

1　Aの家より北には，４人の家がある。
2　Bの家より西には，２人の家がある。
3　Cの家より東には，３人の家がある。
4　Dの家より西には，４人の家がある。
5　Cの家とDの家の間には，１人の家がある。

解説

位置関係を問う問題である。条件ア～エの内容を１つずつ地図の上に記入していこう。ただし，エでは，CとDおよびCとEの距離について述べてあるだけで，それぞれ互いにどの方角にあるかまではわからないことに気をつけよう。また，A～Eの５人のうち，Bはアとイの２つの条件に登場し，方角の情報もあるので，Bを中心に考えてみるとよい。

アより，AとBの家は南北方向に並び，BはAより北にある。ただし，AB間の距離は不明。

イより，Dの家はBの真東にあるから，BとDは東西方向に並んでいる。ただし，ここでもBD間の距離は不明。

ウより，Cの家は線分BDを東西に延長した直線上にあり，Dより西ということだけがわかっている。Bより東にあるか西にあるかはわからない。そこで次のように２つの場合に分けて考える。

（1）　BがCの西にある場合→図1
（2）　BがCの東にある場合→図2

図1　Bの家がCの家の西にあるとき

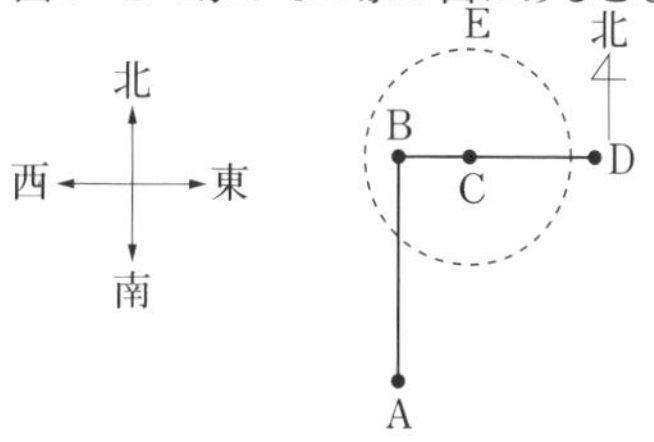

図2　Bの家がCの家の東にあるとき

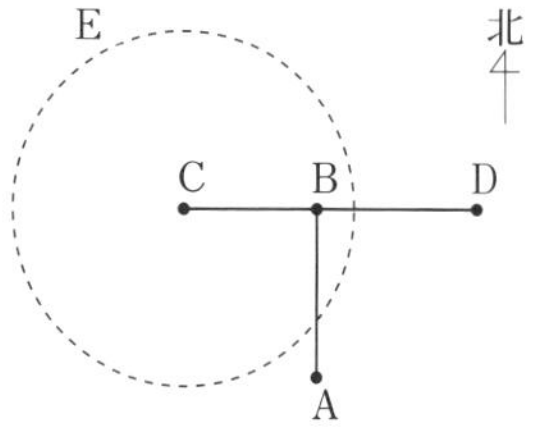

エでは，Eの方角は定まらないが，Cの家を中心とする円周上にあることは間違いない。ここで，条件CE＜CDより，Cを中心とする半径CEの円を描くと，点Dはその円の外に出る。図1，図2のどちらの図でも，EはDより西側にあることがわかる。

２つの図を見ながら，選択枝を検討しよう。

1．AB間の距離が不明である。たとえばEがCの真南のとき，AB＜CEなら，EはAより南側となる。よって，確実ではない。

2．図1の場合は明らかに誤り。また，図2の場合にも，EがBより東にあることもありうるので，やはり確実ではない。

3．図2で，EがCの西にいる場合には成り立つが，EがCの東の場合には「４人」となってしまう。また，図1の場合には，Cの東には多くても２人（DとE）しかありえない。よって，これも確実ではない。

4．正しい。Eの位置がどこにあるかに関係なく，図1，図2の両方の場合に成り立っている。

5．図1で，EがCとDの間にある場合のみ正しいが，それ以外の場合には当てはまらないので，確実ではない。

以上より，確実にいえるものは**4**だけである。

正答　4

高卒

東京消防庁

No. 35 判断推理 サイコロの移動 平成29年度

相対する面の和がそれぞれ7となるサイコロと，このサイコロの面と同じ大きさの正方形のマス16個からなる図形がある。下の図のようにサイコロを置き，斜線部分まで滑らさず矢印のように転がした。サイコロが斜線部分のマスまで到達したとき，上を向いている面の目の数として，最も妥当なのはどれか。

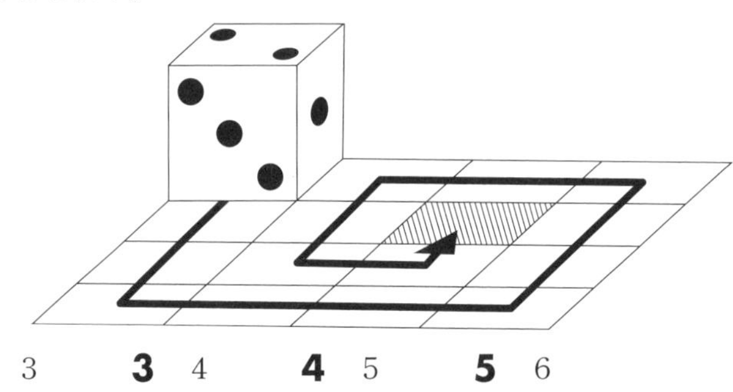

1 2　　**2** 3　　**3** 4　　**4** 5　　**5** 6

解説

サイコロの各面を平面で表したものを五面図という（マスに接している面は省略するが，書き込む場合は枠外に書く）。最初に置かれたサイコロは，相対する**面の目の和が7**だから，右図のようになる。

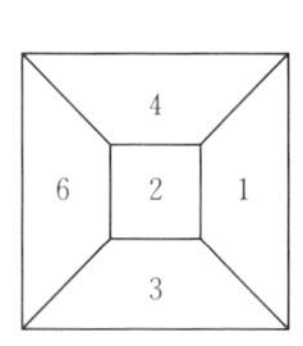

これを下側に転がす。
1と6の面は変らない。

1

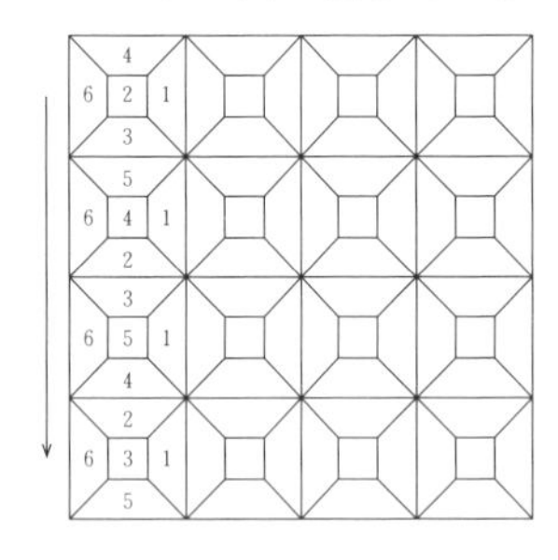

次に，右側，上側，左側に転がす。
変わらない面に着目して，丁寧に数字を書き込む。

2

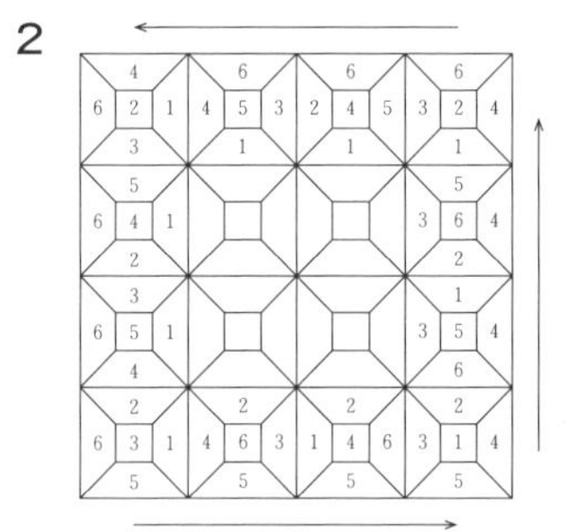

最後に，ゴールまで転がす。

3

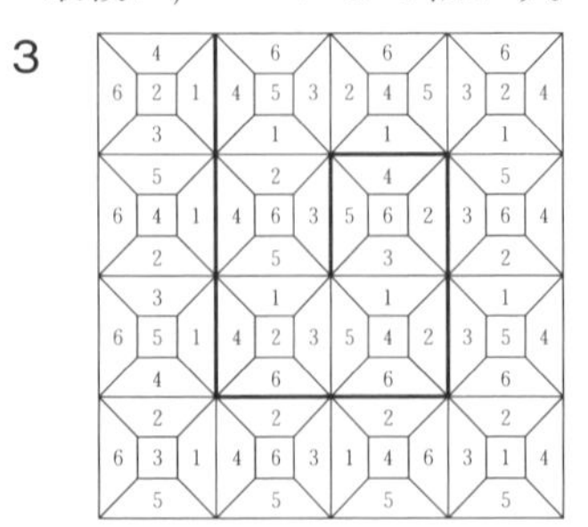

したがって，上を向いている面は6である。

正答 **5**

高卒

No. 36　東京消防庁

判断推理　一筆書き　平成28年度

下の図形を一筆書きする書き方の場合の数として，最も妥当なのはどれか。

1　6通り
2　8通り
3　10通り
4　12通り
5　16通り

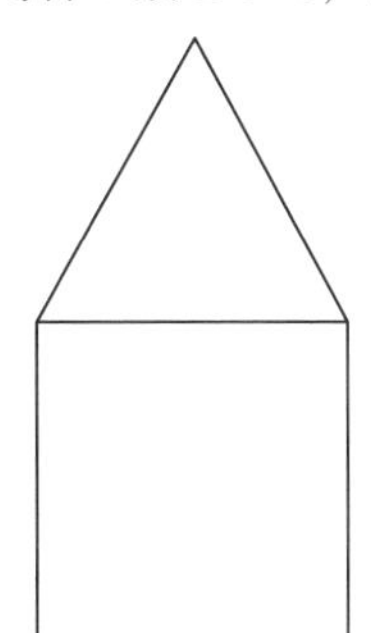

解説

一点から出る線の数が偶数本であれば偶点，奇数本であれば奇点という。一筆書きで，奇点がある場合は，必ず始点か終点になる。

問題図にA～Eを書き込み，点から出る線の数を書き込む。点BとEが奇点であり，始点または終点になる。

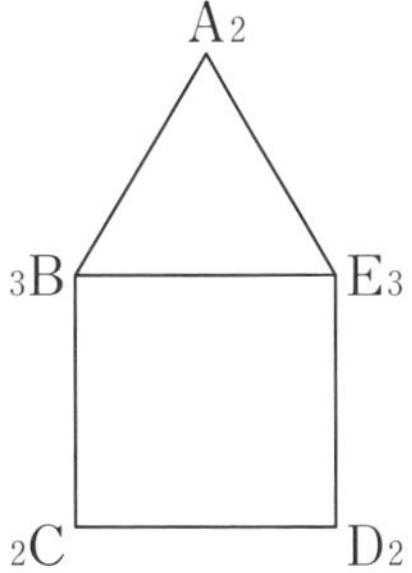

まず，点Bが始点，点Eが終点の場合を考えると，以下の6通りが考えられる。

B → A → E → B → C → D → E　①
B → A → E → D → C → B → E　②
B → C → D → E → A → B → E　③
B → C → D → E → B → A → E　④
B → E → A → B → C → D → E　⑤
B → E → D → C → B → A → E　⑥

次に，点Eが始点，点Bが終点の場合を考えるが，先に検討した逆が全て成り立つことになる。たとえば①の逆の，E → D → C → B → E → A → Bは成り立つ。よって，点Eが始点，点Bが終点の場合も6通りあり，合わせて12通りとなる。

よって、正答は**4**である。

正答　4

高卒

市役所初級

No.37 判断推理 経路 平成23年度

次の図において，格子状の線分に沿って，7つの記号のすべてを1回ずつ「○→△→□→○→△→□→○」の順にたどるとき，通過する記号の順序の選び方は何通りあるか。

ただし，通過する記号の順序が同一であれば，複数の経路があっても1通りとし，同じ線分を2回以上通ること，および経路を交差させることはできないものとする。

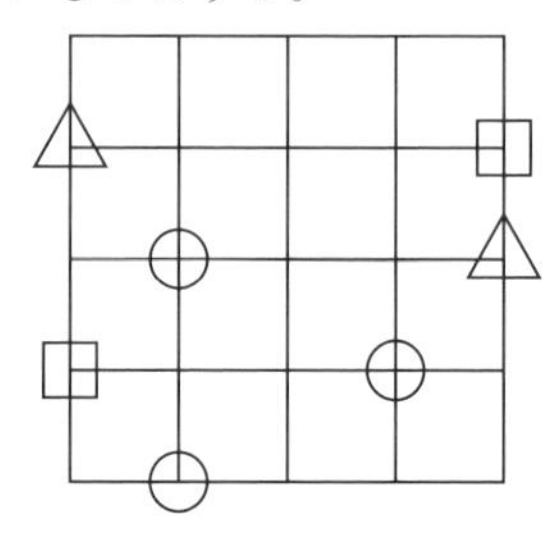

1 3通り
2 4通り
3 5通り
4 6通り
5 7通り

解説

図Iのように，3つの○記号をそれぞれA，B，Cとし，2か所の△記号をP，Qとする。

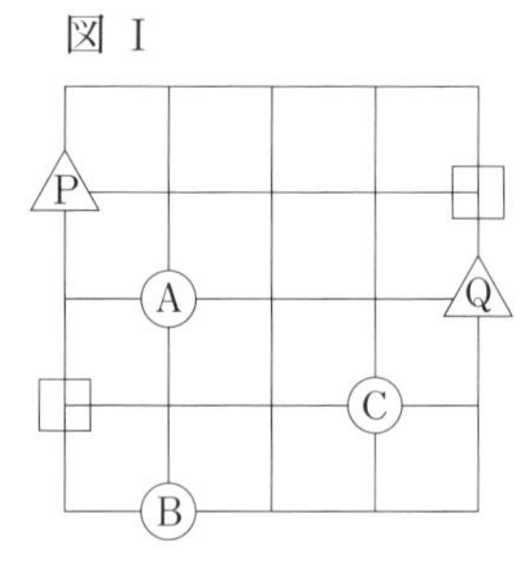

図I

「○→△→□→○→△→□→○」とたどるとき，3つの○記号A，B，Cの順序は，3！＝3×2×1＝6より，6通りあり，その6通りのすべてについてP，Qの順序が2通りあるから，A，B，CおよびP，Qの記号をたどる順序については全部で12通りが考えられる（実際にはそのそれぞれに□記号の順序が2通りずつある）。この12通りについて，実際に線分をたどってみればよい。

図IIに示すように，条件を満たすことができる経路は4通りしかなく，ほかの順序はすべて不可能である。

図II

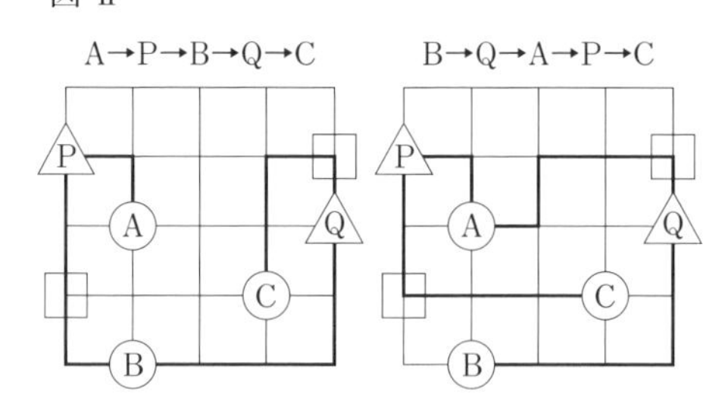

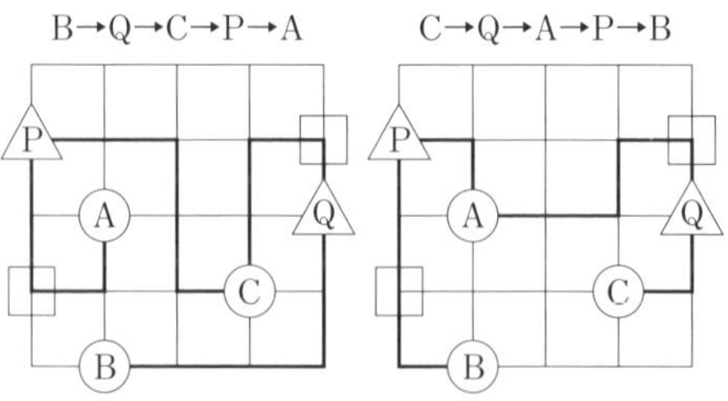

したがって，通過する記号の順序の選び方は4通りであり，正答は**2**である。

正答 **2**

高卒 地方初級

No. 38 判断推理 軌　跡 平成30年度

図のような，1辺の長さ a の正方形3枚で構成された図形を，直線 l に沿って滑ることなく1回転させる。このとき，点Pが描く軌跡として，正しいのはどれか。

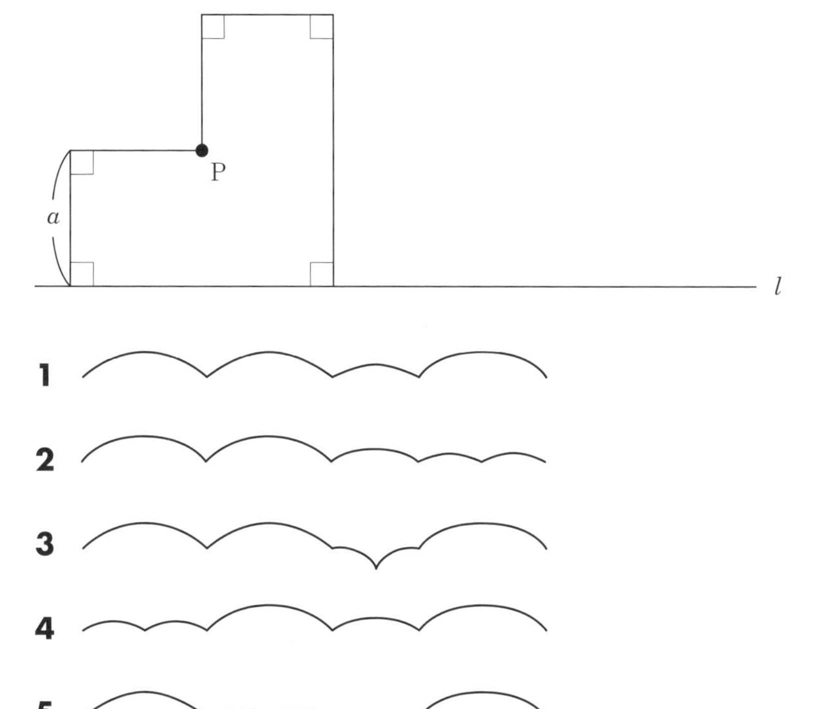

解説

問題の図形が直線 l 上を回転移動するとき，回転の中心は5か所の凸頂点になる。したがって，点Pの軌跡は5つの弧である。このうち，1番目，2番目，5番目の弧は，回転半径（$=\sqrt{2}a$），回転角度（$=90°$）とも等しいので，同一の弧となり，3番目と4番目は回転半径が小さく（$=a$），回転角度も45°である。

点Pの軌跡は図のようになり，正答は**3**である。

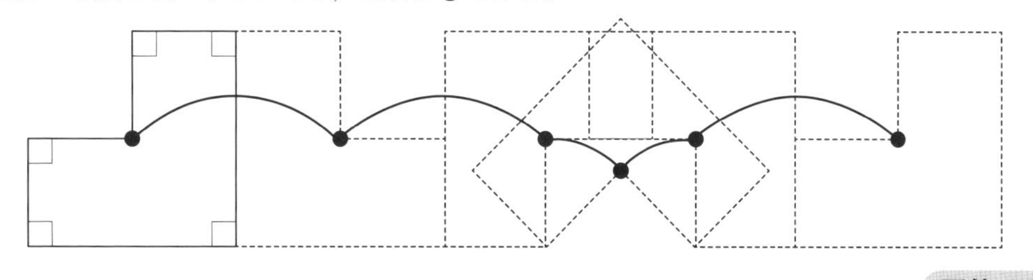

正答　**3**

高卒 地方初級

No.39 判断推理 立体を回転させたときの軌跡 平成18年度

図Ⅰのような円柱がある。この円柱の上面の中心Oを通る直径 l を引き，直径 l の一方の端点Xから底面に垂直に引いた線分と底面との交点をPとする。点Pから底面の円周上を時計回りに45°ずつ回転した位置に点Q，点Rを取る。次に，この円柱を直径 l が床面と垂直になるように図Ⅱのように置き，直径 l を軸として1回転させた。このとき，3点P，Q，Rが通った軌跡の長さについて，その大小関係を正しく示しているのはどれか。

図Ⅰ

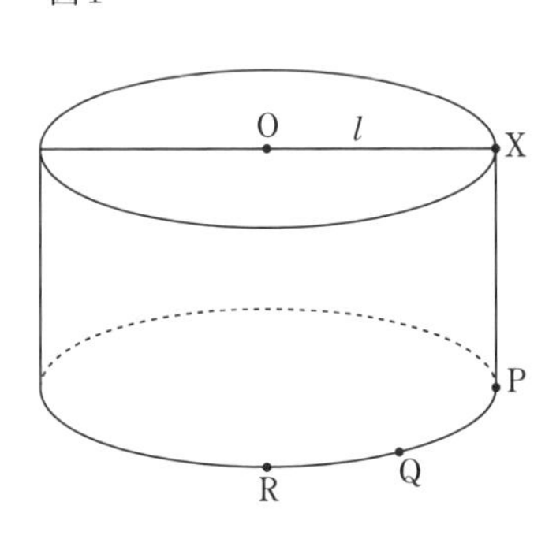

図Ⅱ

X P Q l O R

1 P＝Q＝R
2 P＝Q＜R
3 P＜Q＝R
4 P＜Q＜R
5 P＜R＜Q

解説

3点P，Q，Rの軌跡は円を描き，その回転中心はそれぞれ直径 l 上にある。そこでその中心を考えてみると，点Pの回転中心は点X，点Rの中心は点Oになる。3点P，Q，Rがある側の円の中心をTとすると，△ORTと平行な点Qを通る平面が直径 l と交わる点Yが点Qの回転中心である。つまり，点Pの回転半径はXP，点Qの回転半径はYQ，点Rの回転半径はORで，この回転半径の大小関係がそのまま軌跡の大小関係を表すことになる。点Yに相当する反対側の点をSとすれば，△YQS，△ORTは直角三角形である。XP＝YS＝OTで，

$YQ^2=YS^2+SQ^2=XP^2+SQ^2$

より，$XP^2<YQ^2$，したがって，XP＜YQである。また，

$OR^2=OT^2+TR^2$

だが，$YS^2=OT^2$，$SQ^2<TR^2$だから，$YQ^2<OR^2$，したがって，YQ＜ORである。

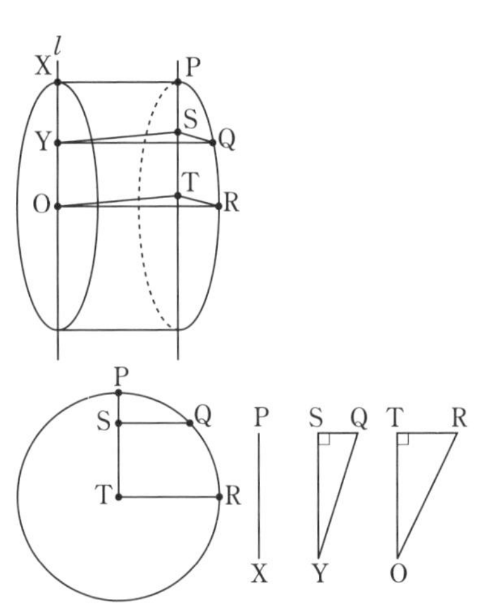

回転半径の大小はXP＜YQ＜ORだから，その軌跡の長さの大小関係もそのままP＜Q＜Rとなり，正答は**4**である。

正答 4

高卒

市役所初級

No. 40 判断推理 正四面体の切断面 平成25年度

図のような正四面体ABCDがあり，辺ABの中点をP，辺BCの中点をQ，辺ADの中点をRとする。この3点P，Q，Rを通る平面で切断したとき，その切断面の図形として正しいのはどれか。

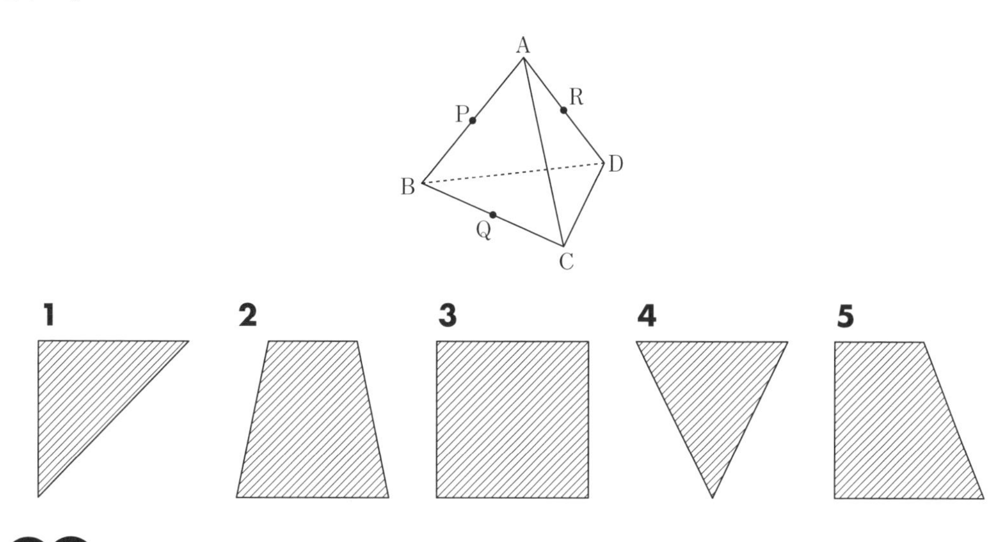

解説

立体を1つの平面で切断する場合，同一平面にある2点，PとQ，PとRを結ぶ直線分がその平面（面ABCと面ABD）での切り口となる。次に，面BCDでの切り口は，点Qを通り線分PRと平行な直線QSとなり，点Sは辺CDの中点である。また，面ACDでの切り口は線分PQと平行な直線RSとなる。PQ，QS，SR，RPはいずれも正四面体の辺の中点を結ぶ線分だから，いずれも正四面体ABCDの1辺の長さの$\frac{1}{2}$で，同一の長さである。また，正四面体の対称性から，四角形PQSRの内角はいずれも等しく，それぞれ90°である。

したがって，切断面となる四角形PQSRは正方形であり，正答は**3**である。

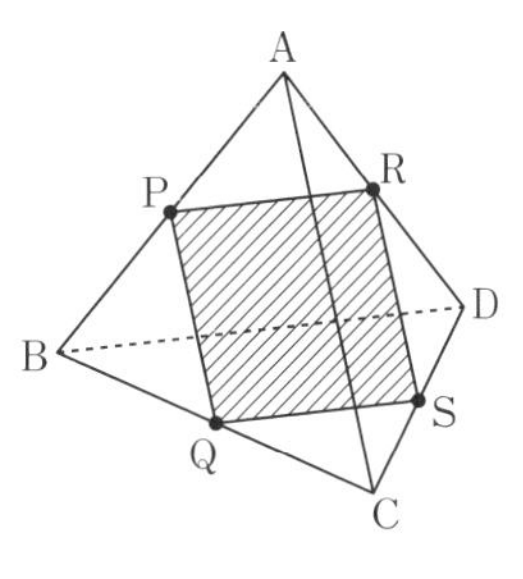

正答 3

判断推理　正八面体　平成30年度

図Ⅰのような正八面体があり，表面に「○」「●」の２つの記号が一つずつ描かれている。図Ⅱは，この八面体の展開図であり，「○」の記号が描かれている面がわかっている。このとき，「●」の記号が描かれている可能性がある面をすべて選んだものの組合せとして，最も妥当なのはどれか。

図Ⅰ

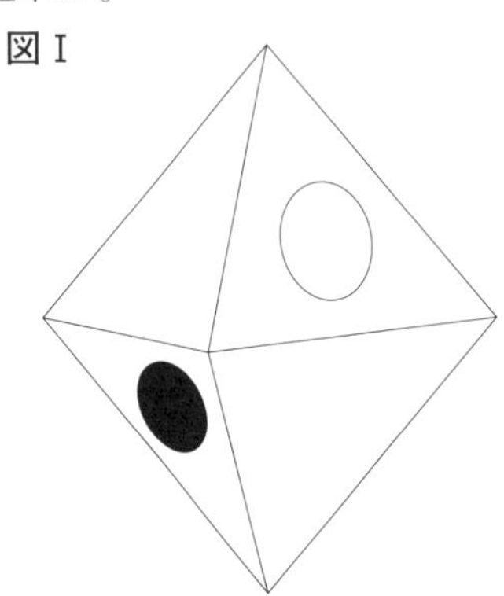

図Ⅱ

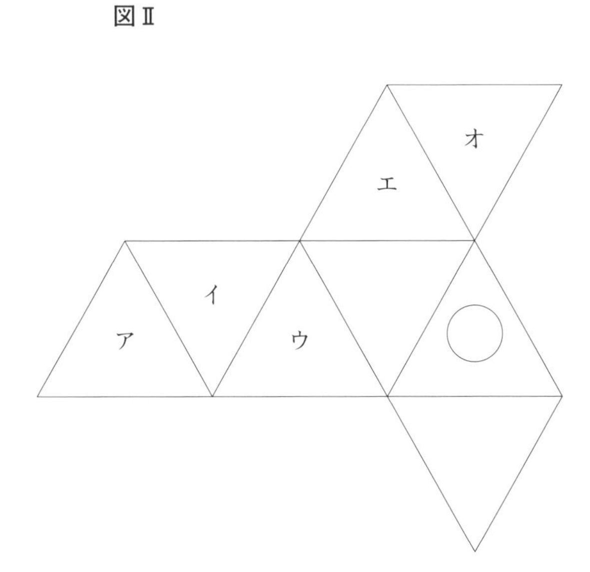

1　ア，ウ
2　イ，エ
3　エ，オ
4　ア，ウ，エ
5　イ，ウ，エ

解説

まず，**図Ⅱ**の展開図から正八面体を作る。

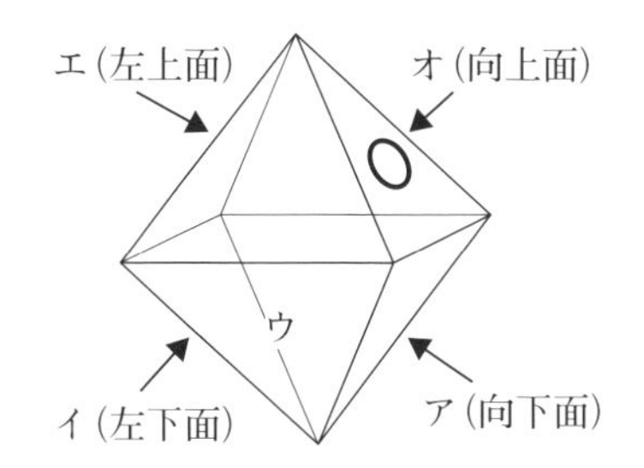

図Ⅰを見ると，○から頂点を越えて逆側に●があることがわかる。

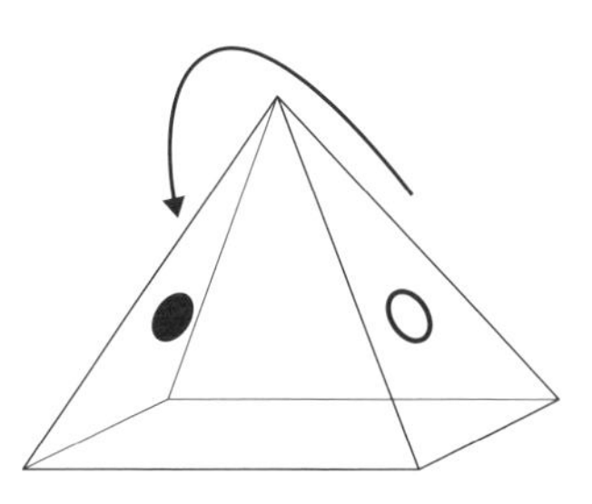

つまり，○の描かれた正三角形の３つの頂点を越えた３つの三角形が，●の描かれている可能性がある面となる。これは，アとウとエである。

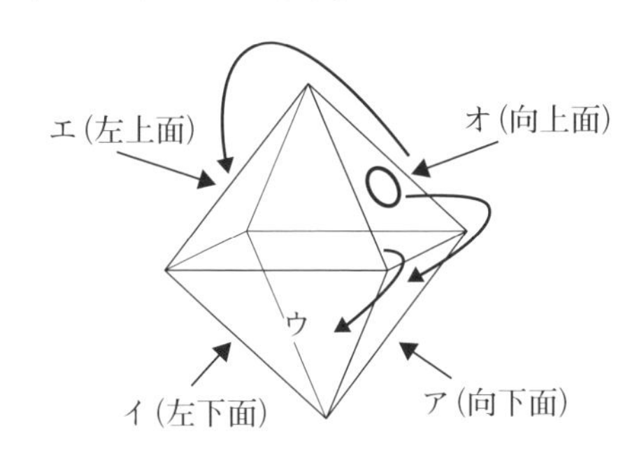

正答　4

高卒

No. 42 市役所初級

判断推理　立方体の切断　平成24年度

1辺の長さが4の立方体を，図の破線の部分で立方体の面と平行な平面で切断した。このとき，この立方体から切断された立体は何種類あることになるか。

1　4種類
2　5種類
3　6種類
4　7種類
5　8種類

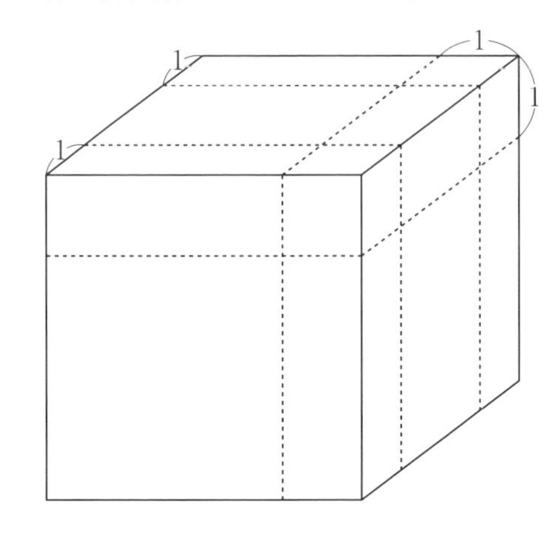

解説

1辺の長さが4の立方体を，問題図のように切断すると，

A：1×1×1の立体…2個
　（体積　1×2=2）
B：1×1×2の立体…1個
　（体積　2×1=2）
C：1×1×3の立体…4個
　（体積　3×4=12）
D：1×2×3の立体…2個
　（体積　6×2=12）
E：1×3×3の立体…2個
　（体積　9×2=18）
F：2×3×3の立体…1個
　（体積　18×1=18）

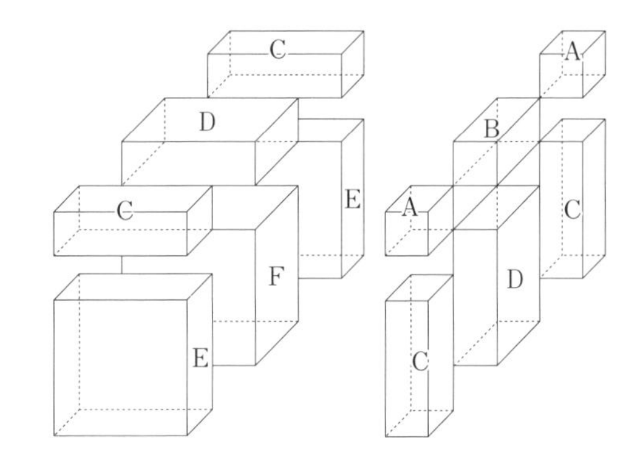

のように6種類（計12個）の立体に分割される。
　したがって，正答は**3**である。

正答　**3**

高卒 地方初級

No.43 判断推理 立方体の切断 平成22年度

図のように，白と黒に塗られた同じ大きさの小立方体を４個ずつ，互い違いに組み合わせて作られた大きな立方体がある。この大きな立方体を，４点A，B，C，Dを通る平面で切断したとき，切断されずに残る白と黒の小立方体の個数の組合せとして正しいのはどれか。

1 白＝０，黒＝１
2 白＝１，黒＝０
3 白＝１，黒＝１
4 白＝１，黒＝２
5 白＝２，黒＝１

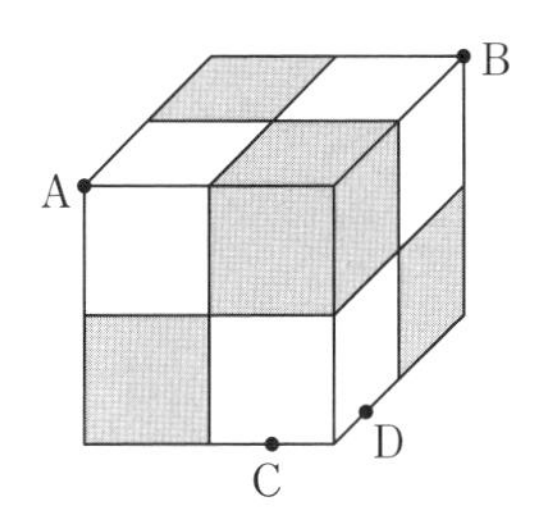

解説

４点A，B，C，Dを通る平面で切断した場合，大立方体の表面に切断面の切り口を表してみると図Ⅰのようになり（同一平面にある２点を直線で結べばよい），上段と下段の境界では点Pおよび点Qを通ることになる。これを上段と下段に分けて平面的に表せば図Ⅱとなり，それぞれ斜線で示した部分が切断面である。切断されない小立方体は，上段で黒が１個，下段で白が１個であり，正答は**3**である。

図Ⅰ

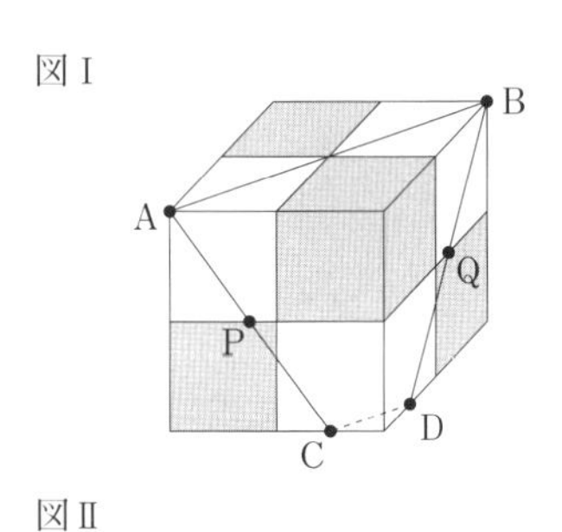

図Ⅱ

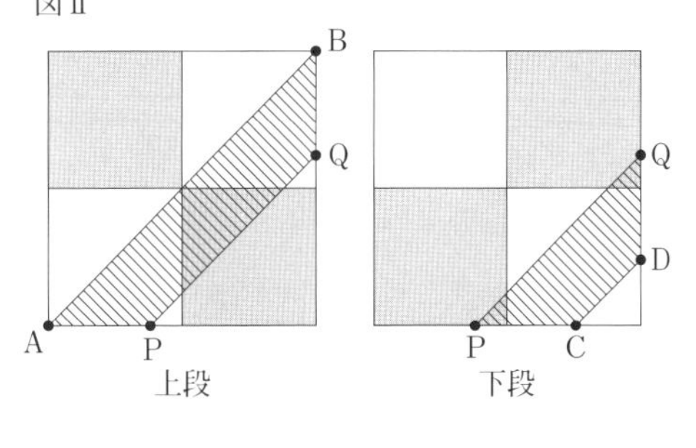

正答 3

高卒 No. 44 地方初級

判断推理　立体の切断　平成21年度

立方体ＡＢＣＤ－ＥＦＧＨに対して，まず３点ＡＦＨを通る平面で切断し，さらに３点ＢＤＧを通る平面で切断した。面ＡＢＤを含む立体について，切断した面を着色して，これをもとの平面ＢＣＧＦに対して垂直な方向から見たとき見える図は，次のうちどれか。

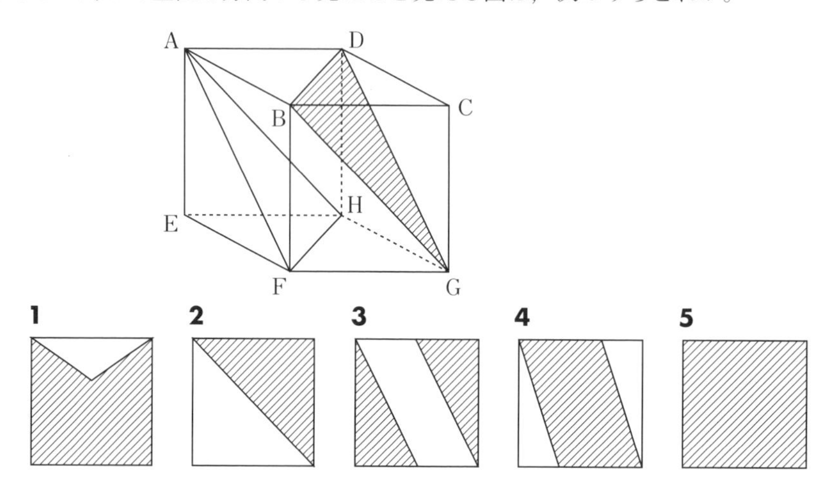

解説

もとの平面ＢＣＧＦに対して垂直な方向から見たとき，残った面ＢＦＧと切断後に着色された面ＢＤＧが次図のように見える。このとき，切断面ＡＦＨは反対側にあって見ることはできない。

したがって，正答は**2**である。

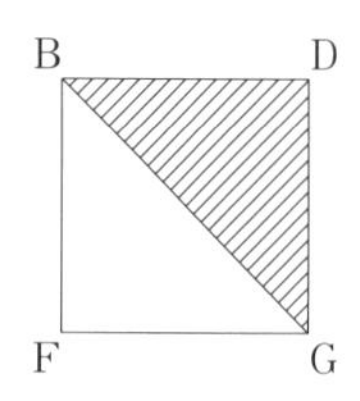

正答　2

高卒

No. 45　東京消防庁

判断推理　展開図　平成27年度

下の図のように，８つの正三角形がつながっている透明な紙に「２」という数字が書かれている。この紙を①から⑦の順に折りたたんでいき，⑦を折ったときに見える「２」の文字の向きとして，最も妥当なのはどれか。

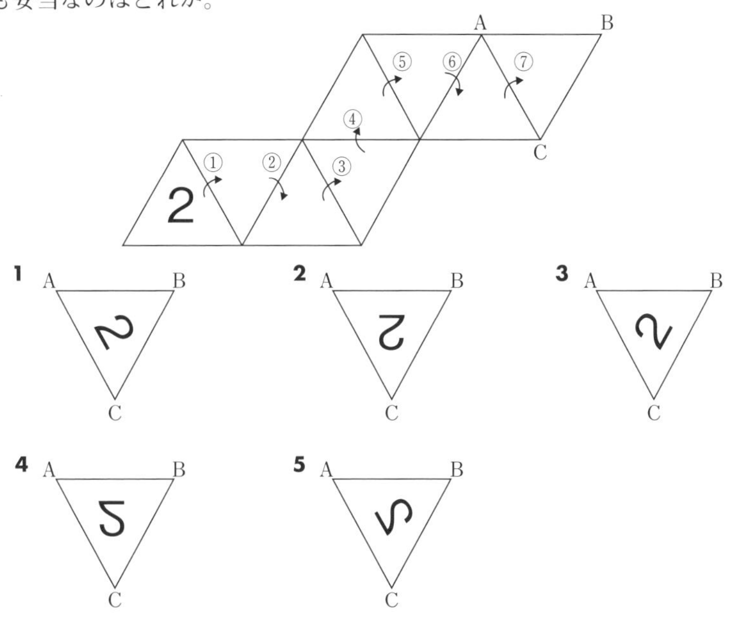

解説

折り返しながら「２」の数字を記入する。そのときに，折り目に関して対称になることに注意する。

①～③へ折り返す。

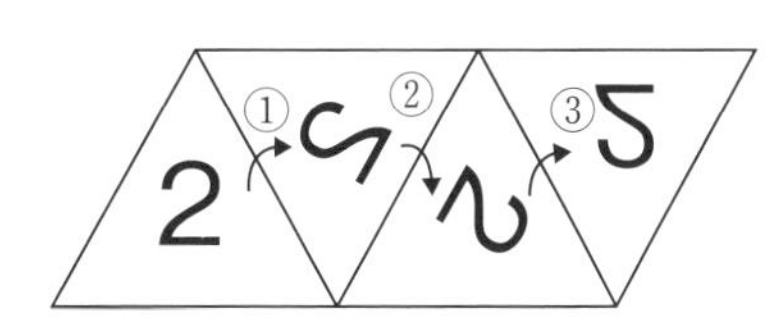

③～⑦へ折り返す。

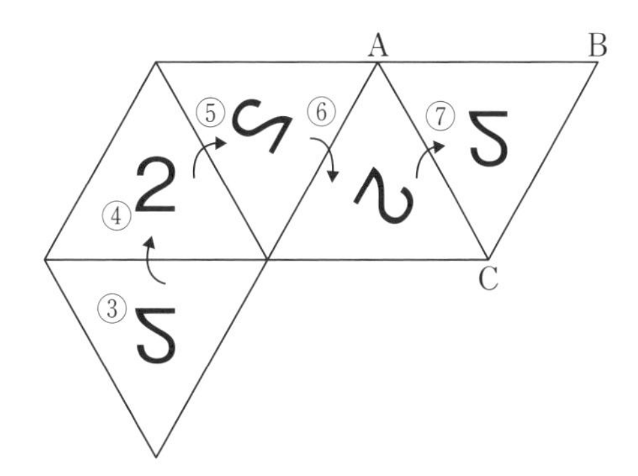

よって，正答は**4**である。

正答　4

大卒 No. 46 東京消防庁

判断推理　会社員の人数　令和元年度

ある会社の社員80人について，次のア～オのことがわかっているとき，都内に住んでおり勤続年数が10年未満の女性の人数として，最も妥当なのはどれか。

ア　都内に住んでいる者が53人おり，残りの者は都内には住んでいない。

イ　男性は42人いる。

ウ　勤続年数が10年以上の者は40人おり，男性で勤続年数が10年以上の者は24人いる。

エ　都内に住んでいない者のうち，女性は15人いる。また，都内に住んでおらず勤続年数が10年未満の者についてみると，女性が男性より３人多い。

オ　都内に住む勤続年数が10年以上の男性は21人いる。

1　10人
2　11人
3　12人
4　13人
5　14人

解説

キャロル図を作成して，各条件からわかることをうめていく。説明のために，a～h の文字で表す。例えば，都内以外の勤続10年未満の女性は h で表す。

e　10年　f
以上　未満
男　a　b
女　c　d
g　h
内：都内
外：都内以外

ア：都内は53人なので，都内以外は80−53=27［人］

イ：男性は42人なので，女性は80−42=38［人］

ウ：・勤続10年以上は40人なので，10年未満は80−40=40［人］
・勤続10年以上が40人で，勤続10年以上の男性は24人なので，勤続10年以上の女性は16人

エ：・都内以外が27人で，都内以外の女性は15人なので，都内以外の男性は27−15=12［人］
・都内以外の勤続10年未満の女性が男性よりも３人多いので，h=f+3［人］と表される。

オ：勤続10年以上の男性が24人で，都内の勤続10年以上の男性 a は21人なので，都内以外の勤続10年以上の男性 e=24−21=3［人］

10年
以上　12　未満
内：都内53
外：都内以外27
e=3
24　42
男　a=21　b　f
40　53　40
女　c　d
16　38　h=f+3
g　15

キャロル図からわかることを求めて図を完成させる。

・都内以外の男性は12人で，e=3なので，f=12−3=9［人］。さらに，h=f+3=9+3=12［人］。

・都内以外の女性は15人で，h=12なので，g=15−12=3［人］。

・勤続10年以上の女性は16人で，g=3なので，c=16−3=13［人］。

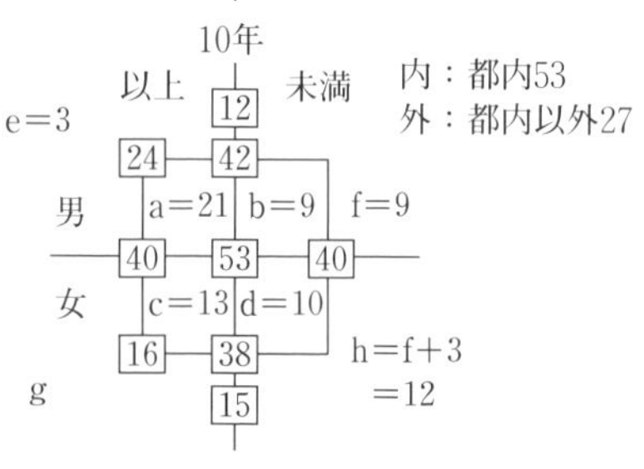

・女性は38人で，c=13，g=3，h=12なので，d=38−13−3−12=10［人］。

・勤続10年未満は40人で，d=10，f=9，h=12なので，b=40−10−9−12=9［人］。

以上より，求める都内の勤続10年未満の女性は10人である。

正答　1

大卒

No. 47 東京消防庁

判断推理　操作手順　平成26年度

AとBの2人が24個の小球を使い，次の①～③のルールに従ってゲームをした。

（ルール）

① A，Bが24個の小球から，交互に1個以上，5個以下の小球を取り，最後の小球を取った者が負けとする。

② Aが先手で開始する。

③ 一度取った小球は，元に戻すことはできない。

このルールでは，Aが最初にある個数の小球を取ればAが必ず勝つようにすることができるが，その数として，最も妥当なのはどれか。

1　1個
2　2個
3　3個
4　4個
5　5個

解説

「最後の小球を取った者が負け」となっているので，毎回少なくとも1個は取らなければならない（いわゆる「パス」はできない）と考えてよい。この場合，「1人が一度に取れる最大個数＋1」をセットとして考えるのがポイントである。一度に取ることができる最大個数は5個なので，6個をセットとして考えるのである。Bに最後の1個を取らせるようにすればよいので，Aとしては残っている小球が「6の倍数＋1」となるようにすればよい。Aは直前にBが取った個数との和が6となるように取っていけば，必ず最後に1個残り，それをBが取らなければならないからである。最初に24個あるので，Aは5個取って19個とすれば，その後はBが取った個数との和が6となるように取って，13個，7個と残していけば，必ず勝つことができる。

よって，正答は**5**である。

正答　5

							残り
A（先手）	○	○	○	○	○		19
B＋A	○	○	○	○	○	○	13
B＋A	○	○	○	○	○	○	7
B＋A	○	○	○	○	○	○	1
B	○	←Bの負け					

大卒 No. 48 市役所上・中級

判断推理　操作手順　平成24年度

白い玉と黒い玉が多数あり，中の見えない箱が３つある。箱の中に白のみ，黒のみ，白と黒となるように玉を入れ，それぞれの箱に「白」「黒」「白と黒」と書かれたラベルを貼ったが，箱の中身とラベルはいずれも一致していなかった。このとき次の⑴および⑵に入る文として正しいものの組合せはどれか。

「白」のラベルが貼られた箱から１つ玉を取り出すと，［　⑴　］。

「白と黒」のラベルが貼られた箱から１つ玉を取り出すと，［　⑵　］。

ア．玉の色によらずラベルを正しく貼り直せる

イ．玉の色によって，ラベルを正しく貼り直せる場合とそうでない場合がある

ウ．玉の色によらずラベルを貼り直すことはできない

	⑴	⑵
1	ア	イ
2	イ	ウ
3	ア	ウ
4	イ	ア
5	ウ	ア

解説

⑴「白」のラベルが貼られた箱には「黒のみ」または「白と黒」の玉が入っている。取り出した玉の色によって場合分けをする。

・取り出した玉が白のとき，箱の中身は「白と黒」である。よってラベルを貼り直せる。

・取り出した玉が黒のとき，箱の中身は「黒のみ」または「白と黒」のいずれかである。よってラベルは貼り直せない。

以上より，「白」のラベルが貼られた箱から１つ玉を取り出すと，「玉の色によって，ラベルを正しく貼り直せる場合とそうでない場合がある」…イ

⑵「白と黒」のラベルが貼られた箱には，「白のみ」または「黒のみ」の玉が入っている。

・取り出した玉が白のとき，箱の中身は「白のみ」である。よってラベルを貼り直せる。

・取り出した玉が黒のとき，箱の中身は「黒のみ」である。よってラベルを貼り直せる。

以上より，「白と黒」のラベルが貼られた箱から１つ玉を取り出すと「玉の色によらずラベルを正しく貼り直せる」…ア

ゆえに⑴にはイ，⑵にはアが入るので，正答は**4**である。

正答　4

大卒 No. 49 東京消防庁

判断推理　勝ち抜き戦　平成22年度

A～Fの６人が将棋の勝ち抜き戦に参加した。対戦表は次のとおりで，ア～カのことがわかっているとき，確実にいえることとして，最も妥当なのはどれか。

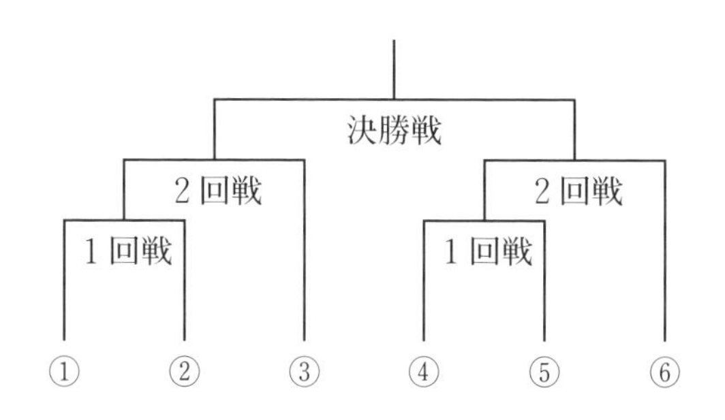

ア　優勝したのは⑤だった。
イ　ＢはＡに勝った。
ウ　ＣはＢに勝った。
エ　Ｄは２回戦でＦに負けた。
オ　ＥはＦに負けた。
カ　ＦはＣに勝った。

1　Ａは①である。
2　Ｂは②である。
3　Ｃは⑥である。
4　Ｄは③である。
5　Ｅは④である。

解説

ＦはＣ，Ｄ，Ｅの３人に勝っているので，優勝した⑤はＦである。ＤがＦに負けたのは２回戦だから，Ｄが⑥となる。ＣはＢに勝ってからＦに負けているので（トーナメント戦では負ければ終わりなので，負けた後に勝つことはない），④はＣではなくＥである。

ＢはＡに勝った後にＣに負けているので，Ｃが③となるが，Ａ，Ｂに関しては，①，②のどちらであるかは決まらない。したがって，**1**，**2**は確定できず，**3**，**4**は誤りで，正答は**5**である。

正答　**5**

大卒

No. 50 地方上級

判断推理　新聞4紙の購読状況　平成14年度

ある町の新聞（A新聞からD新聞の4紙）の購読状況について以下のことがわかっているとき，確実にいえることはどれか。

・A新聞をとっている家はB新聞もとっている。
・A新聞をとっている家はC新聞もとっている。
・B新聞とD新聞の両方をとっている家がある。
・C新聞とD新聞を両方とっている家はない。

1　C新聞をとっている家でB新聞をとっていない家がある。
2　B新聞をとっている家はA新聞をとっている。
3　B新聞をとっている家の中でC新聞をとっていない家がある。
4　B新聞をとっている家はC新聞もとっている。
5　D新聞をとっていてB新聞をとっていない家がある。

解説

与えられた文章を「p ならば q」の形の命題で読んでみて，記号化すると，

$A \to B$，$A \to C$，$B \cap D \neq \phi$，$C \cap D = \phi$

（Aは「A新聞をとっている」ことを表す。ϕ は空集合を表す）

これをベン図で書き表すと下のようになる。

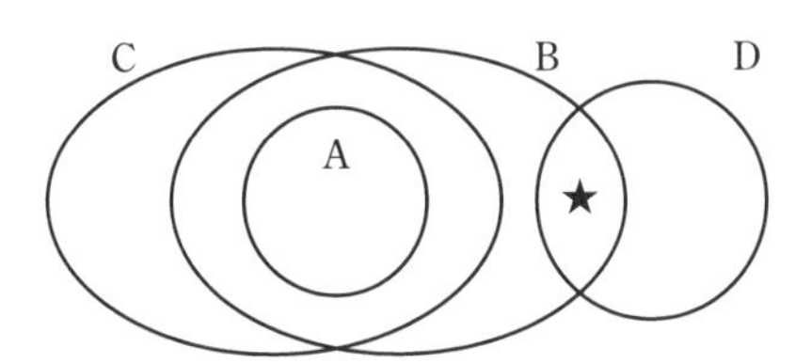

（★は家があることを示す）

1．下図のCの斜線部分が，一つも要素を持たないときもあるので確実ではない。
2．B新聞をとっていてA新聞をとっていない家がありうる。下図の②が反例。
3．正しい。★はB新聞をとっていて，C新聞をとっていない。
4．B新聞をとっているが，C新聞をとっていない家がありうる。④が反例。
5．下図のDの斜線部分が，一つも要素を持たないときもあるので確実ではない。

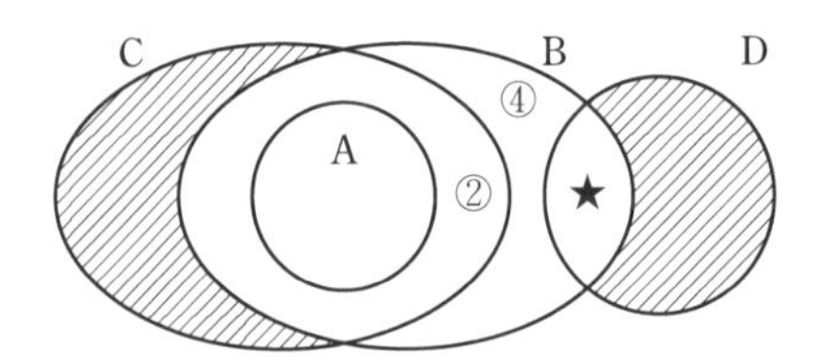

正答　3

大卒
No. 51
東京消防庁

判断推理 バレーボールのリーグ戦 平成28年度

A～Fの6チームがバレーボールのリーグ戦を行い，勝ち数によって順位をつけた。次のア～オのことがわかっているとき，確実にいえることとして，最も妥当なのはどれか。ただし，引き分けの試合はなく，同じ順位のチームはいなかったものとする。

ア　AはCに勝った。
イ　BはAより順位が上だった。
ウ　DはBに勝った。
エ　EはBに勝った。
オ　Fは3勝2敗だった。

1　AはFに勝った。
2　Bは5位であった。
3　Cは1勝4敗であった。
4　DはEに勝った。
5　EはFに勝った。

解説

まず，条件ア，ウ，エ，オをまとめると，**表Ⅰ**となる。1回戦総当たりで行うリーグ戦の場合，引分けと同順位がなければ，全勝，1敗，2敗，……，全敗，まで必ずいることになる。また，このときの2位は1位に負けており，3位以下には必ず勝っている（どの順位も自分より上位に負けている）。そうすると，BはAより順位が上（したがって，BはAに勝っている）なので，最下位（全敗）はCである。また，全勝（1位）および1敗（2位）はD，Eでなければならない。この結果，Fが3勝2敗なので，Aは1勝4敗，Bは2勝3敗である。したがって，AはC以外に負け，BはA，C以外に負け，FはA，B，Cに勝ち，となる。ただし，D，Eのどちらが1位であるか（要するにD，Eの対戦結果）は不明である。ここまでで**表Ⅱ**のようになる。

表Ⅰ

	A	B	C	D	E	F	勝	敗
A			○					
B				×	×			
C	×							
D		○						
E		○						
F							3	2

表Ⅱ

	A	B	C	D	E	F	勝	敗
A		×	○	×	×	×	1	4
B	○		○	×	×	×	2	3
C	×	×		×	×	×	0	5
D	○	○	○			○		
E	○	○	○			○		
F	○	○	○	×	×		3	2

よって，正答は**5**である。

正答　**5**

大卒 No.52 東京消防庁

判断推理　5人が所属する部活　平成24年度

A～Eの5人が，柔道部，テニス部，野球部，サッカー部，ラグビー部のいずれかに1人ずつ所属している。5人は以下のように発言しているが，1人だけがウソをついていることが分かった。このとき確実にいえることとして，最も妥当なのはどれか。

A「私は野球部に所属していて，Dはラグビー部に所属している。」
B「私はテニス部に所属している。」
C「Aは本当のことを言っている。」
D「Eはテニス部に所属している。」
E「Bはサッカー部に所属していない。」

1　Aはウソをついている。
2　Bが柔道部に所属している場合，Cはサッカー部に所属している。
3　Bがテニス部に所属している場合，Eは柔道部に所属している。
4　Cが野球部に所属している場合，Dはラグビー部に所属している。
5　Dはウソをついている。

解説

それぞれの部に所属しているのは1人ずつなので，BとEの2人がテニス部に所属していることはない。つまり，うそをついている1人はBまたはDであり，A，C，Eの発言は正しいことになる。Bの発言が正しい場合，**表Ⅰ**のようになるが，柔道部とサッカー部についてはそれぞれC，Eのどちらなのか確定しない。Dの発言が正しい場合，「Bはサッカー部に所属していない」というEの発言は正しいので，Bは柔道部，Cがサッカー部ということになる（**表Ⅱ**）。ここから，Aの発言は正しいので**1**は誤り，**4**はCが野球部ということはないので誤り，**3**，**5**は正しいとは限らないので，正答は**2**である。なお，Cの発言から，Aがうそをついているとするとこもうそをついていることになってしまうので，この点からA，Cの発言はともに正しいことがわかる。

表Ⅰ

	柔道部	テニス部	野球部	サッカー部	ラグビー部
A			○		
B		○			
C					
D					○
E					

表Ⅱ

	柔道部	テニス部	野球部	サッカー部	ラグビー部
A			○		
B	○				
C				○	
D					○
E		○			

正答　2

大卒
No. 53 東京消防庁
判断推理 配られたカード 平成23年度

A～Dの4人に，1～13までの数字が1つずつ書かれた13枚のカードを配った。配ったカードについて，ア～オのことがわかっているとき，最も妥当なのはどれか。

ア　Aには4枚配られ，すべて奇数である。
イ　Bには4枚配られ，13のカードを持っている。
ウ　Bの持っているカードの数字の合計は38である。
エ　Cには3枚配られ，1のカードを持っている。
オ　Cの持っているカードの数字の合計は21である。

1　Aは7のカードを持っている。
2　Aは9のカードを持っている。
3　Bは6のカードを持っている。
4　Bは9のカードを持っている。
5　Dは6のカードを持っている。

解説

Bに13，Cに1があるということは，残りの奇数のカードは3，5，7，9，11の5枚である。Bの13以外のカードの合計は25なので，奇数3枚または奇数1枚と偶数2枚のいずれかの組合せとなるが，Aが奇数4枚なのでBが持っている13以外の3枚の中に奇数は1枚しかありえない。そうすると，Cの1以外の2枚はどちらも偶数で，その2枚の合計が20となるのだから8と12を必ず持っていることになる（**表Ⅰ**）。8と12を除くと，Bが持っている13以外の3枚は(6，9，10)，(4，10，11)の2通りが考えられ，ここから4人が持っているカードの組合せは**表Ⅱ**あるいは**表Ⅲ**となる。以上から確実にいえるのは「Aは7のカードを持っている」という**1**だけである。

よって，正答は**1**である。

表Ⅰ

A					4枚	すべて奇数
B				13	4枚	合計38
C	1	8	12		3枚	合計21
D					2枚	

表Ⅱ

A	3	5	7	11	4枚	すべて奇数
B	6	9	10	13	4枚	合計38
C	1	8	12		3枚	合計21
D	2	4			2枚	

表Ⅲ

A	3	5	7	9	4枚	すべて奇数
B	4	10	11	13	4枚	合計38
C	1	8	12		3枚	合計21
D	2	6			2枚	

正答　1

大卒 No. 54 地方上級

判断推理 5人姉妹のうそつき問題 平成11年度

A～Eは５人姉妹で，それぞれ自分自身について次のように話しているが，次女と四女だけがうそをついている。

A：Bより年下である。

B：三女である。

C：Dより年上である。

D：次女である。

E：Aより年下である。

このとき確実にいえるものは，次のうちどれか。

1 Aは本当のことを言っている。

2 Aはうそを言っている。

3 Bは本当のことを言っている。

4 Cは長女である。

5 Eは五女である。

解説

次女はうそをついているのだから，自分のことを「次女である」とはいわない。だから，「次女である」という者がいれば，それはうそつきである。この場合，Dはうそつきである。しかも，もう１人のうそつきは四女とわかっているから，Dは四女と特定される。もう１人のうそつき（＝次女）はだれであるかわからないので，順に仮定して次表のように整理していく。

①次女＝Aの場合。A，Dをまず固定し，B，Eを入れて，Cを残る長女に入れる。Cの発言は他と矛盾しない。

②次女＝Bの場合。B，Dをまず固定する。A，Cに関してはCを年上としないと条件は満たされない。

③次女＝Cの場合。条件を満たす組合せはない。

④次女＝Eの場合。E，D，Bをまず固定する。A，Cは自動的に決まる。

	長女	次女	三女	四女	五女
①	C	A	B	D	E
②	C	B	A	D	E
③		C	B	D	
④	C	E	B	D	A

よって，正答は**4**である。

正答 4

判断推理　対応関係　平成28年度

A社～C社の3つの会社は，所有している原材料を互いに送り合い，それらをもとに自社製品を生産している。最近1か月間の原材料のやり取りについて，次のア～オのことがわかっているとき，確実にいえることとして，最も妥当なのはどれか。

ア　A社がB社とC社に送った原材料の合計は55トンだった。
イ　B社がA社とC社から受け取った原材料の合計は70トンだった。
ウ　B社は，A社とC社に対して，それぞれから受け取った原材料と同じ量を送り返した。
エ　C社がA社とB社から受け取った原材料の合計は45トンだった。
オ　C社はA社に送った原材料の2倍の量をB社に送った。

1　A社がB社に送った原材料の量は35トンである。
2　A社がB社とC社から受け取った原材料の合計は60トンである。
3　B社がC社に送った原材料の量は40トンである。
4　C社がA社とB社に送った原材料の合計は45トンである。
5　C社がB社に送った原材料の量は40トンである。

解説

表Ⅰのように，AからBへ x トン，AからCへ y トン，CからAへ z トン，CからBへ $2z$ トン，それぞれ送ったとする。BからAへは x トン，BからCへは $2z$ トン送っている。ここから，$x+y=55$…①，$x+2z=70$…②，$y+2z=45$…③，となる。②+③とすると，$x+y+4z=115$，となり，これと①から，$4z=60$，$z=15$，である。したがって，$x=40$，$y=15$，と決まり，**表Ⅱ**のようになる。

表Ⅰ

		送付先			
		A	B	C	
送り主	A		x	y	55
	B	x		$2z$	
	C	z	$2z$		
			70	45	

表Ⅱ

		送付先			
		A	B	C	
送り主	A		40	15	55
	B	40		30	70
	C	15	30		45
		55	70	45	

よって，正答は**4**である。

正答　4

大卒

No. 56 東京消防庁

判断推理　対応関係　平成27年度

A～Eの５人は，ある週の月曜日から金曜日までの５日間のうち，２日間ボランティアに参加することにした。各曜日に２人ずつ参加し，それぞれの曜日で参加する者の組合せが異なるようにしたところ，A～Eが次のように発言した。このとき，確実にいえることとして，最も妥当なのはどれか。

A「私は火曜日には参加しない。また，Eと一緒に参加することはない。」

B「私は水曜日に参加する。」

C「私は月曜日か火曜日のいずれか一方に参加するが，金曜日には参加しない。」

D「私は水曜日と金曜日には参加しないが，木曜日に参加する。」

E「私は水曜日に参加しないが，木曜日には参加する。」

1　Aは月曜日には参加しない。

2　Bは火曜日には参加する。

3　Cは火曜日には参加しない。

4　Dは月曜日には参加する。

5　Eは月曜日には参加する。

解説

まず，A～Eの発言を**表Ⅰ**にまとめる。木曜日はD，Eの２人と決まるので，A～Cは参加しない。Cは月曜日か火曜日のいずれか一方に参加し，木曜日と金曜日には参加しないので，水曜日に参加することになる。これで，水曜日はB，Cの２人と決まる（**表Ⅱ**）。

表Ⅰ

	月曜日	火曜日	水曜日	木曜日	金曜日	
A		×				２日
B			○			２日
C	△	△			×	２日
D			×	○	×	２日
E			×	○		２日
	２人	２人	２人	２人	２人	

表Ⅱ

	月曜日	火曜日	水曜日	木曜日	金曜日	
A		×	×	×		２日
B			○	×		２日
C	△	△	○	×	×	２日
D			×	○	×	２日
E			×	○		２日
	２人	２人	２人	２人	２人	

Aは火曜日，水曜日，木曜日に参加しないので，Aが参加するのは月曜日と金曜日である。AとEが共に参加することはないので，Eが参加するもう１日は火曜日である。月曜日と火曜日のもう１人はC，Dのいずれかであるが，Dが火曜日に参加すると木曜日と同一の組合せになってしまうので，月曜日のもう１人はD，火曜日がCとなり，**表Ⅲ**のようにすべて決定する。

よって，正答は**4**である。

表Ⅲ

	月曜日	火曜日	水曜日	木曜日	金曜日	
A	○	×	×	×	○	２日
B	×	×	○	×	○	２日
C	×	○	○	×	×	２日
D	○	×	×	○	×	２日
E	×	○	×	○	×	２日
	２人	２人	２人	２人	２人	

正答　4

大卒

No. 57 東京消防庁

判断推理　位置関係　平成22年度

ある教室には，次の図のように教壇から見て縦に３列，横に５列の，合計15の座席がある。Ａ～Ｆの６人の生徒が，ア～カのように教壇に向かって座っている。このとき，ア～カの条件を満たすＡ～Ｆの６人の座り方の組み合わせとして，最も妥当なのはどれか。

ア　ＡはＦの隣に座っている。

イ　ＢはＡの隣の隣に座っている。

ウ　ＣはＥのすぐ斜め後ろに座っている。

エ　ＤはＦのすぐ前に座っている。

オ　Ｅは教壇から見ると右端の列に座っている。

カ　Ｆは教壇から見ると右か左どちらかの端の列に座っている。

1　３通り　**2**　４通り　**3**　５通り　**4**　６通り　**5**　７通り

解説

Ｅは教壇から見て右端の列に座っており，ＣがＥのすぐ斜め後ろに座っているので，Ｅの席は右端の列の前から１番目，または２番目である。また，Ｆのすぐ前にＤが座っているので，Ｆは端の列で前から２番目，または３番目である。

Ｆが教壇から見て左端の列に座っている場合は，**図Ⅰ，図Ⅱ**のようにＦが前から２番目，３番目のどちらであってもＡ，Ｂ，Ｃ，Ｅの席を矛盾なく組むことが可能である。

Ｆが教壇から見て右端の列に座っている場合は，右端の列は前からＥ，Ｄ，Ｆとするしかないので，**図Ⅲ**の１通りしかない。

図Ⅰ

教　壇

				D
E	B		A	F
	C			

図Ⅱ

教　壇

E				
	C			D
	B		A	F

図Ⅲ

教　壇

E				
D	C			
F	A		B	

したがって，条件を満たすＡ～Ｆの座席配置は３通りであり，正答は**1**である。

正答　1

ある暗号で,「空（そら）」は「HPB」,「空気」は「ZRI」と表すことができるとき，暗号「DZGVI」が表すものとして，最も妥当なものはどれか。

1 雲
2 水
3 夢
4 地球
5 光

解説

与えられた暗号の「HPB」,「ZRI」はともに3文字だが,「空」と「空気」は1文字と2文字,「sora」と「kuuki」は4文字と5文字,「そら」と「くうき」は2文字と3文字で一致しない。

そこで，空と空気を英単語に直してみると,「SKY」と「AIR」でともに3文字となり一致する。

Aを表すものがZ，Yを表すものがBであるから，アルファベット順を逆に並べれば対応するのではないかと推測する。

変換前	A	B	C	D	E	F	G	H	I	J	K	L	M	N	O	P	Q	R	S	T	U	V	W	X	Y	Z
↓																										
変換後	Z	Y	X	W	V	U	T	S	R	Q	P	O	N	M	L	K	J	I	H	G	F	E	D	C	B	A

上の変換表にあてはめてみると，右のように成り立つ。

H P B　Z R I
↓ ↓ ↓　↓ ↓ ↓
S K Y　A I R

よって，暗号を解読すると,「DZGVI」は「WATER（水）」となる。

D Z G V I
↓ ↓ ↓ ↓ ↓
W A T E R

正答 2

大卒

No. 59 東京消防庁

判断推理　暗号　平成30年度

ある暗号で「庚火・壬木・甲火・戊水・辛土・庚金」が「みらいのゆめ」と読めるとき，暗号「丁水・乙金・甲火」が表すものとして，最も妥当なのはどれか。

1　こけい
2　こせい
3　こてい
4　そせい
5　とけい

解説

暗号は漢字２文字の６組で，それが「みらいのゆめ」６文字と一致しているので，漢字２文字の１組が，ひらがな１文字に対応していると推測できる。ひらがなをローマ字に直してみると，**庚火**(Mi)・**壬木**(Ra)・**甲火**(i)・**戊水**(No)・**辛土**(Yu)・**庚金**(Me)のように，庚がM（マ行）で，火がｉ（イ段）で一致しているので，左の文字が子音（五十音表の行）を，右の文字が母音（五十音表の段）を表しているのではないかと考えられる。そこで与えられた６組の文字を五十音表に当てはめてみる。

		あ	か	さ	た	な	は	ま	や	ら	わ
		甲				戊		庚	辛	壬	
あ	木									ら	
い	火	い						み			
う	土								ゆ		
え	金							め			
お	水					の					

以上により，子音（五十音表の行）は，十干：甲乙丙丁戊己庚辛壬癸，母音（五十音表の段）は，五行：木火土金水によって表されていることに気づくことができる。

		あ	か	さ	た	な	は	ま	や	ら	わ
		甲	乙	丙	丁	戊	己	庚	辛	壬	癸
あ	木										
い	火	い									
う	土										
え	金		け								
お	水				と						

規則に従って，「丁水・乙金・甲火」は**5**の「とけい」となる。

なお，本問では，知っていれば有利にはなるが，五行・十干の知識が無くとも解けるように作られているため「甲乙丙丁」まででで足りる。

正答　5

大卒

東京消防庁

No. 60 判断推理

正八面体の展開図

令和 3 年度

下の正八面体の展開図を組み立てたとき，他と異なるものとして，最も妥当なのはどれか。

1

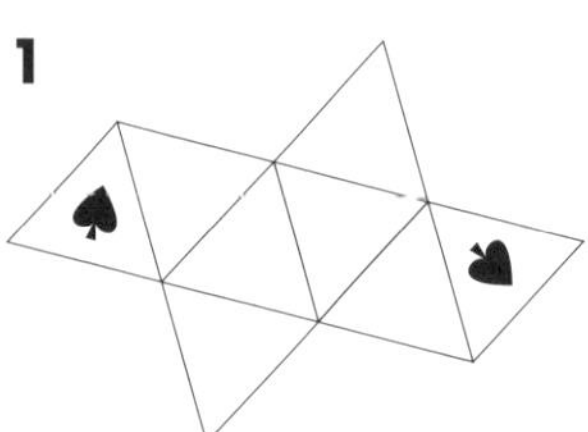

2

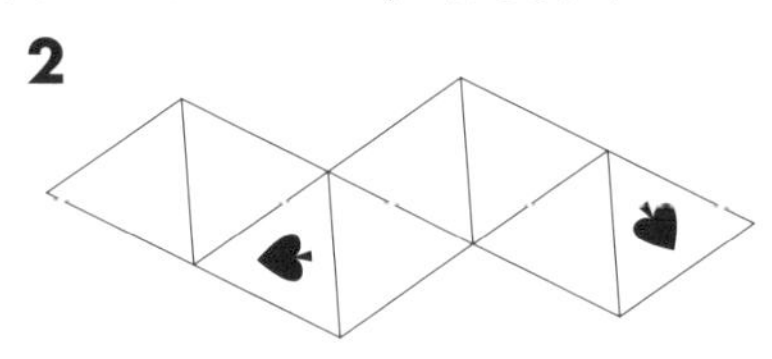

3

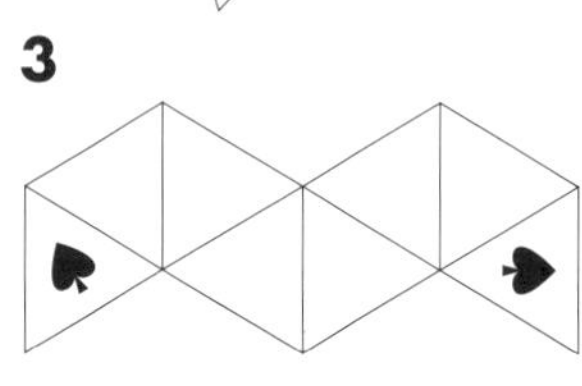

4

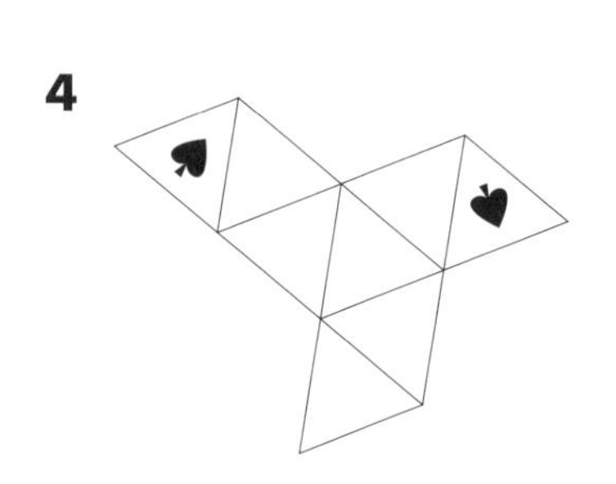

5

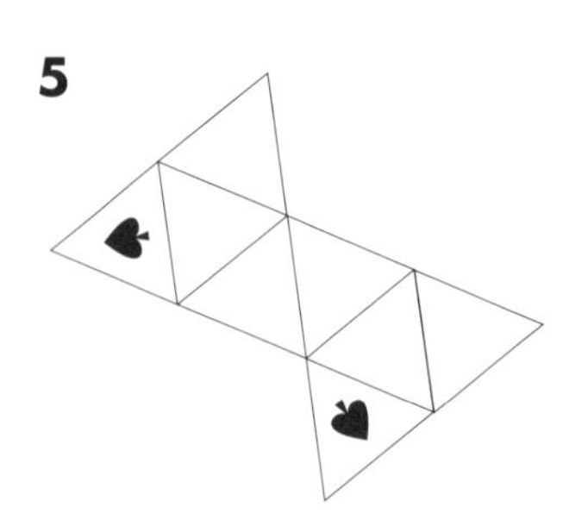

解説

「♠」のマークのついている面は以下のように 2 種類ある。

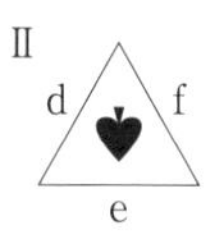

組み立てたときにⅡの辺 e がⅠのどの辺と重なるかを考える。重なる辺を線でつなぐと下記のようになる。

1

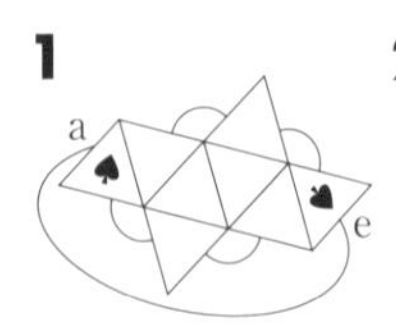

2

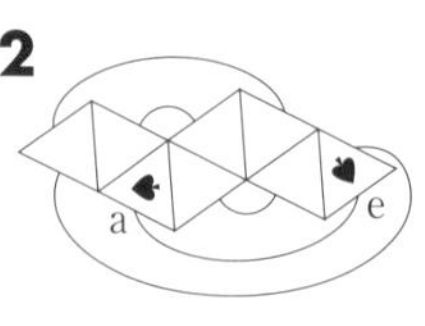

3

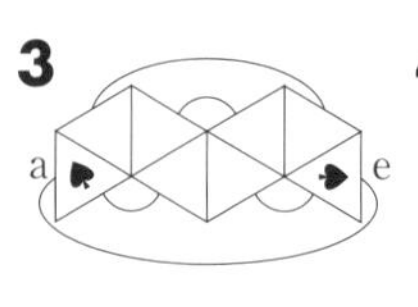

4

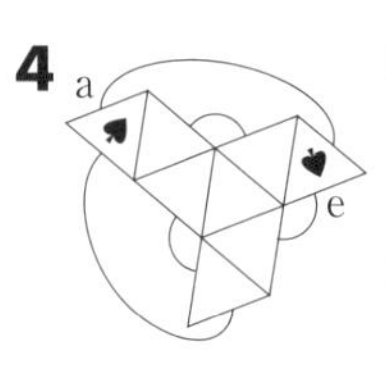

5

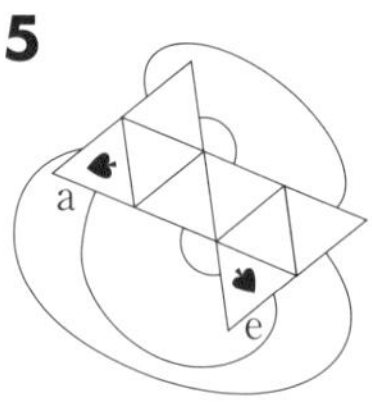

このとき，**1**，**2**，**3**，**5**は，e が a と重なっている。しかし，**4**だけは a とは重ならない。よって，正答は**4**である。

正答 4

判断推理　多面体　平成27年度

次のア～エの多面体のうち，一筆書きですべての辺をなぞることができる多面体のみをすべて選んだ組合せとして，最も妥当なのはどれか。

ア　立方体
イ　正八面体
ウ　三角すい
エ　三角柱

1　ア，イ
2　ア，ウ
3　イ
4　イ，ウ，エ
5　エ

解説

一筆書きが可能な図形は，奇点が0個（偶点のみ）または2個の図形であり，この点は立体図形でも変わらない。つまり，列挙されている多面体の各頂点がすべて偶点（偶数本の辺が集まっている）である，あるいは奇点（奇数本の辺が集まっている）が2個であれば，一筆書きですべての辺をなぞることが可能となる。そうすると，立方体，三角錐，三角柱はいずれもどの頂点にも3本の辺が集まっており，すべての頂点が奇点であるので，一筆書きは不可能である。これに対し，正八面体では各頂点に4本の辺が集まっており，すべての頂点が偶点となるので，一筆書きが可能である。

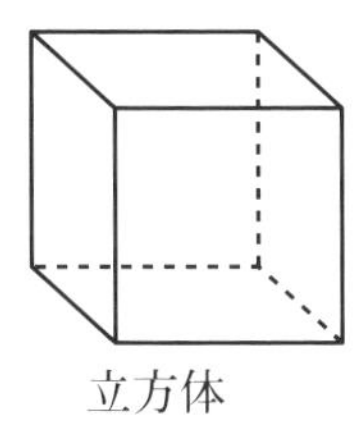
立方体

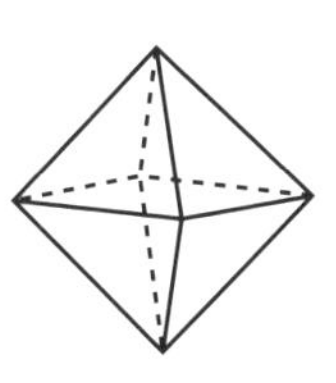
正八面体

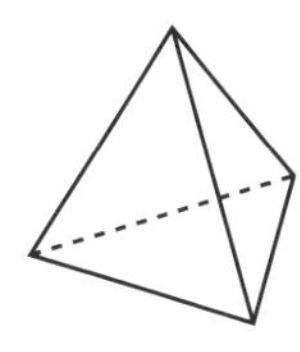
三角錐

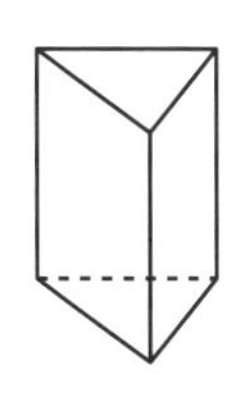
三角柱

よって，正答は**3**である。

正答　3

大卒

No. 62 東京消防庁

判断推理　対角線が通過する正方形の数　平成22年度

縦1cm，横1cmの正方形2,000個を平面上に重ねないように，かつ，隙間がないように並べて，縦40cm，横50cmの長方形を作った。この長方形に対角線を1本だけ引いたとき，対角線が通過する正方形の個数として，最も妥当なのはどれか。

1　40個
2　50個
3　60個
4　70個
5　80個

解説

図のように，対角線方向に縦4cm，横5cmの長方形を並べると，10段できる。この縦4cm，横5cmの長方形に対角線を引くと，1辺1cmの正方形を8個通過する。これが10段あるので，対角線が通過する正方形の個数は，8×10＝80より，80個である。

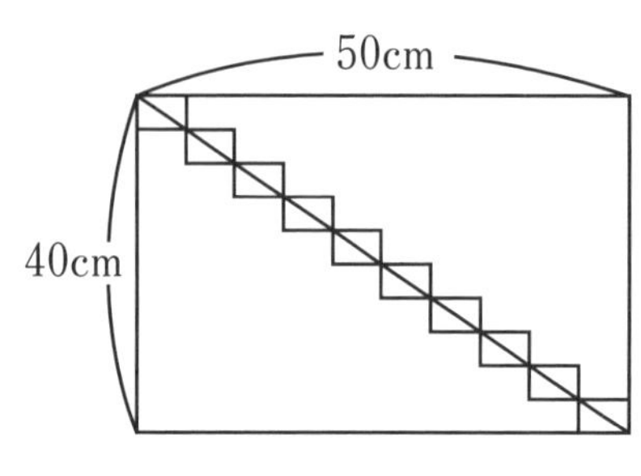

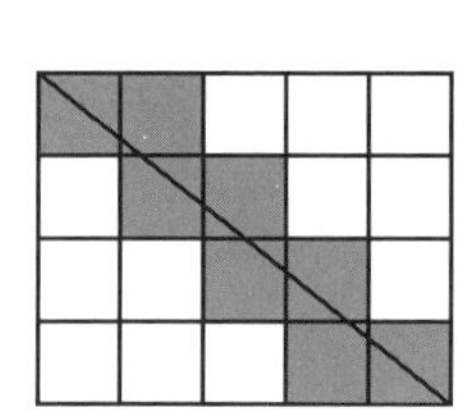

よって，正答は**5**である。

一般に，縦a個，横b個の正方形を敷き並べた長方形（ただしa，bの最大公約数は1，すなわちa，bは互いに素）に対角線を引いたとき，対角線が通過する正方形の個数は，$(a+b-1)$個である。

正答　5

図のように，正方形ABCDの辺AD上に，正方形ABCDと同じ大きさの正方形3つをL字型につなげた図形が置かれている。このL字型の図形が，正方形ABCDの周囲を矢印の方向に滑ることなく回転して，再び辺AD上に戻るとき，図形上の点Pが描く軌跡として正しいのはどれか。

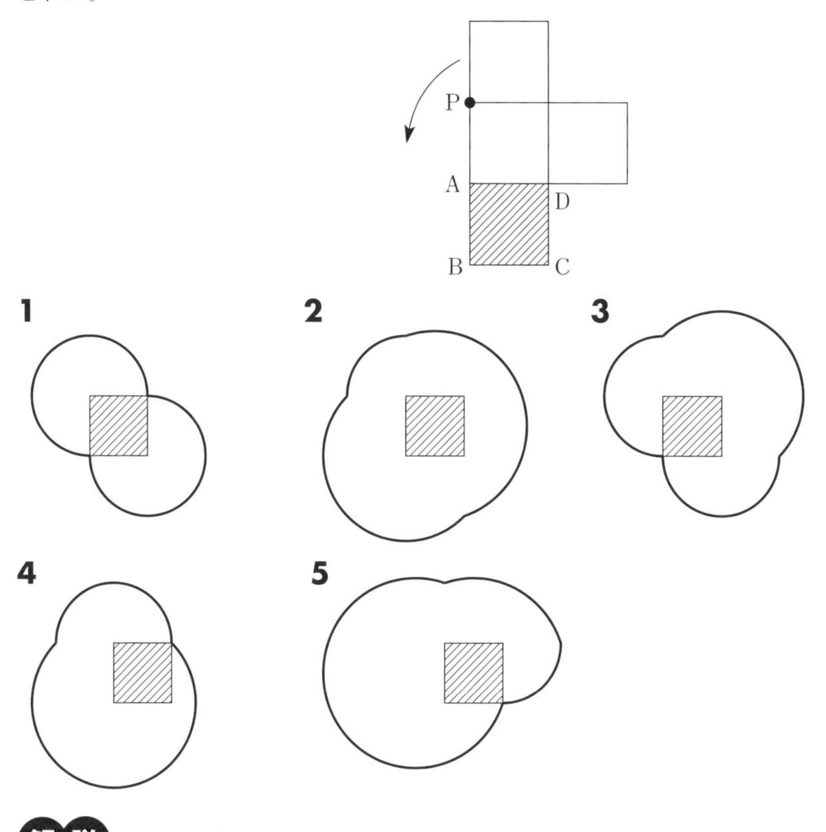

解説

正方形ABCDの周囲を回転するのはL字型の変則的図形なので，再び辺AD上に戻ったとき，最初の状態とは異なる配置となる。正方形ABCDの周囲をL字型の図形が回転していくと，次図のようになり，点Pの軌跡は太線の弧を描く。

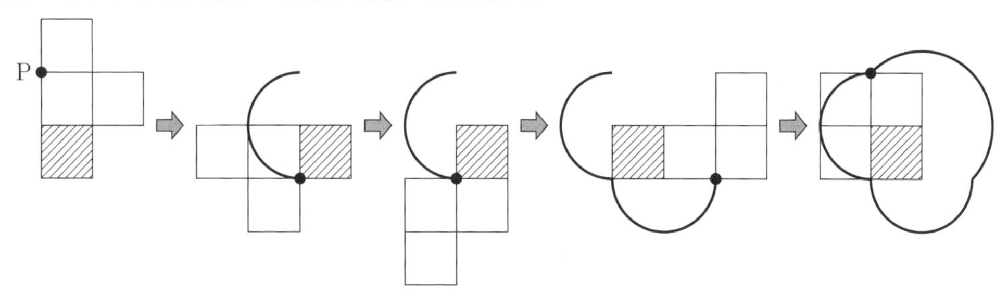

よって，この図より，正答は**3**である。

正答 **3**

No.64 判断推理　立方体　平成30年度

各面に○，●，×，■，◆の５種類の記号と何も描かれていない無地の面をもつ立方体Ａがある。ア～オの図のうち，４つは立方体Ａを異なる角度から見たものであるが，１つは記号の配置が異なる別の立方体Ｂである。立方体Ｂを示した図として，最も妥当なのはどれか。

ア
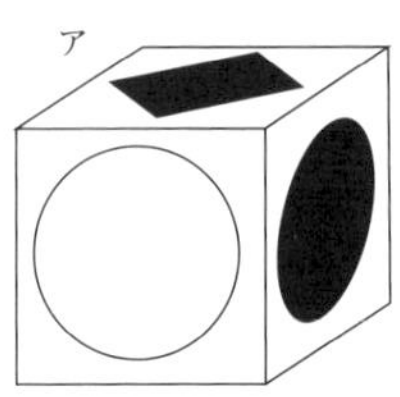
イ
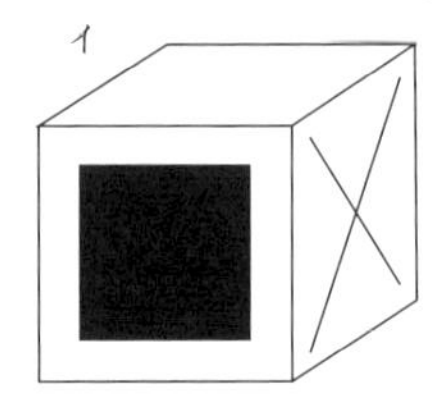
ウ
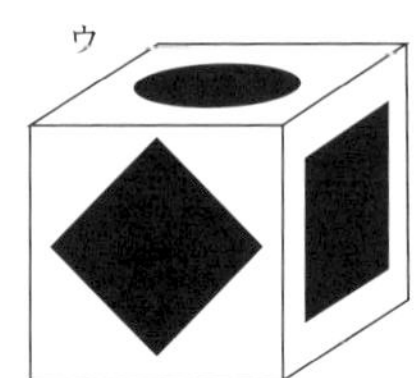
エ
オ
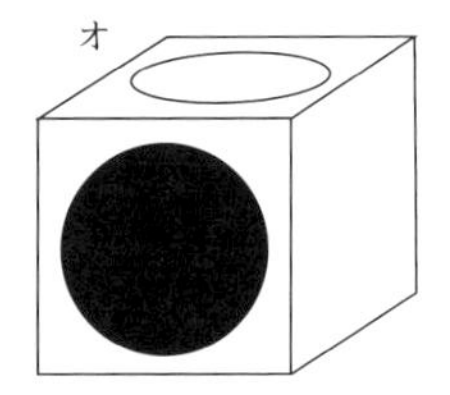

1　ア
2　イ
3　ウ
4　エ
5　オ

選択肢の５つの図のうち，4つは立方体Ａであるから，図を見比べて，異なるものを探し出せばよい。

まず，選択肢アとウの図は，●と◆を含むので，アをウに合わせて回転させると，

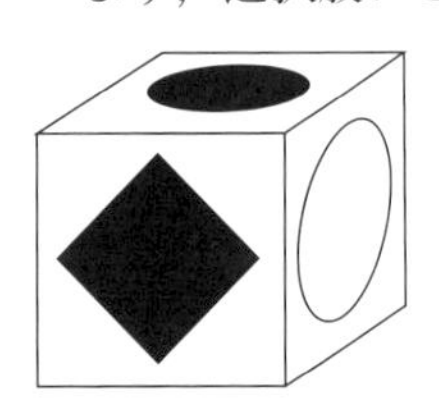

になる。これは，アの○の面が，ウの■の面と一致しないことを示し，アとウが異なることがわかる。つまり，アとウの一方が立方体Ａで，他方が立方体Ｂであることになる。

次に，アとオの図は，○と●を含むので，アをオに合わせて回転させると，

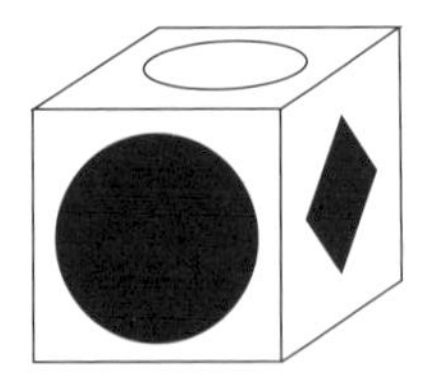

になる。これは，アの◆の面が，オの無地の面と一致しないことを示し，アとオが異なることがわかる。つまり，アとオの一方が立方体Ａで，他方が立方体Ｂであることになる。

以上より，ア～オに立方体Ｂは１つしかないのだから，アが立方体Ｂということになる。

正答　1

高卒

No. 65 市役所初級

数的推理　3ケタの整数　平成15年度

3ケタの整数がある。百の位の数を一の位の数へ，一の位の数を十の位の数へ，十の位の数を百の位の数へ入れ替えると，もとの数の2倍より10大きかった。このとき，各位の数の和は，次のうちどれか。

1　5
2　6
3　7
4　8
5　9

解説

もとの数の百の位の数を a，十の位の数を b，一の位の数を c とすると，

$100b+10c+a=2(100a+10b+c)+10$

$80b+8c=199a+10$

$8(10b+c)=199a+10$

$a=1$ のとき，$8(10b+c)=209$ で，209は8で割り切れないので，不適。

$a=2$ のとき，

$8(10b+c)=408$

$10b+c=51$

これより，$b=5$，$c=1$ となるから，各位の数の和は $2+5+1=8$ となり，**4**が正しい。

なお，$a=3$，4，5，6，7，8，9のとき，$199a+10$はすべて8の倍数ではない。

正答　**4**

高卒 地方初級

No. 66 数的推理 覆面算 平成21年度

A，B，Cは1～9までのそれぞれ異なる自然数であり，下の計算式が成り立っている。このとき，A，B，Cの和として正しいものは，次のうちどれか。

$$\begin{array}{rccc} & A & B & C \\ & A & B & C \\ + & A & B & C \\ \hline & C & C & C \end{array}$$

1 11
2 12
3 13
4 14
5 15

解説

まずCに着目すると，$C+C+C$の1ケタ目（一の位）がCとなっているので，$C=5$しかありえない。

このとき，$C+C+C=5+5+5=15$だから，$B+B+B+1$の1ケタ目は5となり，$B+B+B$の1ケタ目は4である。つまり，$B+B+B=14$，または，$B+B+B=24$であるが，14は3の倍数ではないので，$B+B+B=24$，$B=8$である。

そうすると，$A+A+A+2=5$より，$A=1$である。

したがって，$A+B+C=1+8+5=14$で，正答は**4**である。

正答 **4**

高卒

No. 67 市役所初級

数的推理　斜線部分に入る数　平成13年度

下図のマスにはある数字が入っており，一番下のマスには16が入っている。マスに入っている数は，接している上段の２つのマスの数の和とすると，斜線部分に入りうる数だけを示したのは次のどれか。ただし，一番上の４つのマスには１～４の数字が入っているものとする。

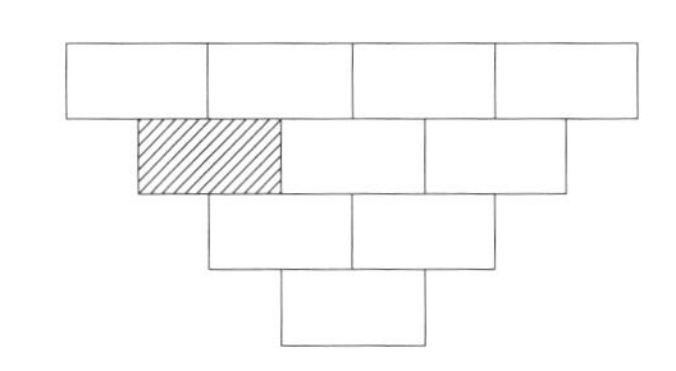

1　3，4，5
2　3，4，6
3　4，5，6
4　3，5，7
5　5，6，7

解説

下の図のように，最上段の数を a，b，c，d とすると，最下段は $a+3b+3c+d=3(b+c)+a+d$ となる。

$3(b+c)+a+d=16$……①

a，b，c，d は１～４のいずれかであるから，

$a+b+c+d=10$……②

①－②より，

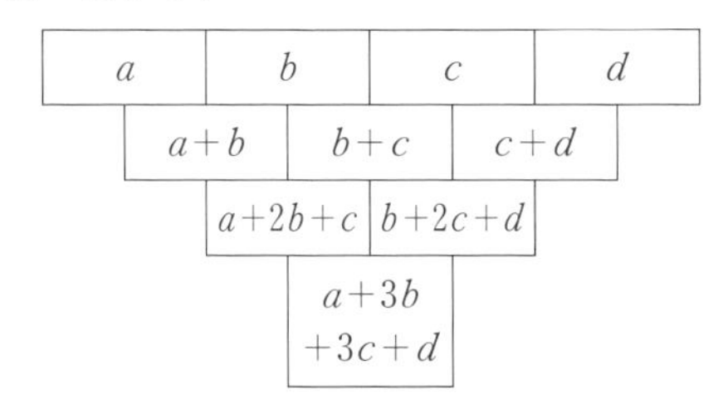

$2(b+c)=6$

$b+c=3$

②より，

$a+d=7$

したがって，b，c は１と２，a，d は３と４で，

$(a, b, c, d)=(3, 1, 2, 4)$，
$(4, 1, 2, 3)$，
$(3, 2, 1, 4)$，
$(4, 2, 1, 3)$

となり，$a+b$ の取りうる値は４，５，６である。

よって，**3**が正しい。

正答　3

高卒 地方初級

No. 68 数的推理 魔方陣 平成12年度

図のように１～９の数字を並べると，どの正方形の四隅の数字の合計も20になる。このとき，Aに入る数字はどれか。

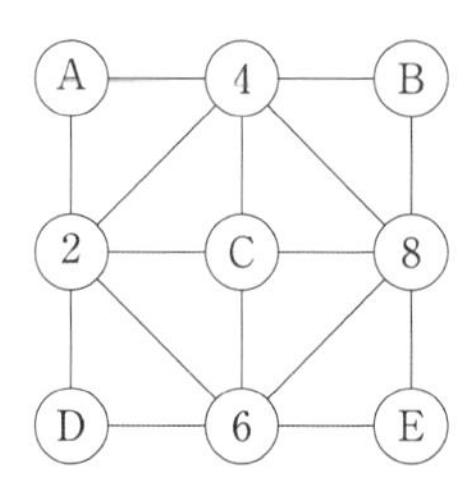

1 1
2 3
3 5
4 7
5 9

解説

左上，右上，左下，右下の小正方形より①，②，③，④のようになる。

$A+4+C+2=20$ ……①
$4+B+8+C=20$ ……②
$2+C+6+D=20$ ……③
$C+8+E+6=20$ ……④

ここで，①と②より⑥が，③と④より⑦が，また，②と④より⑧が導き出せる。

$A=B+6$ ……⑥
$D=E+6$ ……⑦
$B=E+2$ ……⑧

一方，外側の大きな正方形より⑨となり，⑥と⑦を代入すると⑩となる。

$A+B+E+D=20$ ……⑨
$B+E=4$ ……⑩

⑧と⑩より$B=3$，$E=1$となるので，①～④に代入すると，(A，B，C，D，E)=(9，3，5，7，1）とわかる。

よって，**5**が正しい。

正答 5

高卒

No. 69 市役所初級 数的推理 2つのポンプによる注水時間 平成28年度

ある水槽を満水にするのに，ポンプAだけで注水すると20時間かかり，ポンプBだけで注水すると30時間かかる。ポンプAとポンプBを同時に使用してこの水槽に注水するとき，満水となるまでにかかる時間は何時間か。

1 11時間
2 12時間
3 13時間
4 14時間
5 15時間

解説

ポンプAを使用すると，1時間に水槽の$\frac{1}{20}$だけ注水できる。ポンプBだと，1時間に水槽の$\frac{1}{30}$だけ注水できる。ポンプA，Bを同時に使用した場合，

$$\frac{1}{20}+\frac{1}{30}=\frac{3}{60}+\frac{2}{60}=\frac{5}{60}=\frac{1}{12}$$

より，1時間に水槽の$\frac{1}{12}$だけ注水することになる。

したがって，満水となるまでにかかる時間は12時間$\left(=1\div\frac{1}{12}\right)$となり，正答は**2**である。

正答 **2**

高卒

東京消防庁

No. 70 数的推理 旅人算 平成30年度

公園を1周するサイクリングコースがある。Aさんは時速20kmで，Bさんは時速12kmで1周したら，Bさんの方が10分間だけ多く時間がかかった。このコースの1周の距離として，最も妥当なのはどれか。

1 4 km
2 5 km
3 6 km
4 7 km
5 8 km

解説

コースの1周を x kmとする。Aさんの1周にかかる時間は$\frac{x}{20}$時間，Bさんの1周にかかる時間は$\frac{x}{12}$時間，10分は$\frac{10}{60}$時間なので，時間についての方程式を立てると

$$\frac{x}{20}=\frac{x}{12}-\frac{10}{60}$$

$$6x=10x-20 \text{（両辺を120倍した）}$$

$$-4x=-20$$

$$x=5$$

以上より，コース1周は5 kmとなる。

正答 2

文章理解 判断推理 数的推理 資料解釈 政治 経済 社会 世界史 日本史 地理

No. 71 数的推理　船の所要時間　平成23年度

川の上流にあるＰ地点と，下流にあるＱ地点を往復している２隻の船Ａ，Ｂがある。川の流れの速さは一定であり，静水での船の速さは，Ａが川の流れの速さの２倍で，Ｂは川の流れの速さの４倍である。ＡがPQ間を往復するのに１時間かかるとすると，ＢがPQ間を往復するのにかかる時間として，正しいのはどれか。

1　20分
2　24分
3　28分
4　32分
5　36分

解説

川の流れの速さをxとすると，静水での船の速さは，Ａが$2x$，Ｂが$4x$である。船が川を下るときの速さは「船速＋流速」となり，上るときの速さは「船速－流速」となるから，Ａの下りの速さは$2x+x=3x$，上りの速さは$2x-x=x$，Ｂの下りの速さは$4x+x=5x$，上りの速さは$4x-x=3x$となる。

ここで，Ａが下りにかかる時間と上りにかかる時間を考えると，速さの比とかかる時間の比は逆比の関係となるので，下りの速さ：上りの速さ$=3x:x=3:1$より，下りの時間：上りの時間＝1：3である。Ａは往復するのに１時間＝60分かかるので，これを1：3に分けると，下りの時間：上りの時間＝1：3＝15分：45分，である。

次に，ＡとＢを比較すると，下りの速さは，Ａ：Ｂ$=3x:5x=3:5$だから，下りにかかる時間は，Ａ：Ｂ＝5：3で，Ａは15分かかるから，Ａ：Ｂ＝5：3＝15分：９分，となり，Ｂが下りにかかる時間は９分である。上りの速さを比較すると，Ａ：Ｂ$=x:3x=1:3$，したがって，上りの時間の比は，Ａ：Ｂ＝3：1となる。Ａは上りに45分かかるので，Ａ：Ｂ＝3：1＝45分：15分となり，Ｂが上りにかかる時間は15分である。

以上から，ＢがPQ間を往復するのにかかる時間は，９分＋15分＝24分となり，正答は**2**である。

正答　2

高卒

No. 72　市役所

数的推理　価格と利益　令和2年度

ある商品を200個仕入れ，５割の利益を見込んで定価をつけたが，１個も売れなかった。そこで，定価の２割引きとしたところ，200個すべてが売れ，利益総額は16,400円となった。この商品１個当たりの仕入れ値はいくらか。

1　410円
2　480円
3　550円
4　620円
5　690円

解説

商品１個の仕入れ値をxとすると，200個仕入れた場合の仕入れ総額は$200x$円である。これに５割の利益を見込んで定価をつけた場合，200個全部が売れた場合の売上総額は，$200x\times(1+0.5)=300x$となる。これをすべて２割引きで売ったのだから，その売上総額は，$300x\times(1-0.2)=240x$であり，ここから利益を考えると，$240x-200x=16400$，$40x=16400$，$x=410$となり，この商品１個当たりの仕入れ値は410円である。

したがって，正答は**1**である。

正答　**1**

高卒

地方初級

No.73 数的推理　本のページ数　平成23年度

1冊の本を4日間で読み切ることにし，1日目は全体の$\frac{1}{4}$，2日目は残りの$\frac{1}{3}$を読んだ。さらに，3日目は残りの$\frac{3}{7}$を読み，4日目は3日目より22ページ多く読んで，全部を読み終えた。この本のページ数として，正しいのはどれか。

1　230ページ
2　256ページ
3　282ページ
4　308ページ
5　334ページ

解説

3日目に読んだのは2日目までに読んだ残りの$\frac{3}{7}$だから，4日目には$\frac{4}{7}$が残っていたことになる。4日目は3日目より22ページ多く読んだのだから，この22ページが$\frac{1}{7}$に当たる。したがって，2日目が終わったときに残っていたページ数は，$22\div\frac{1}{7}=154$より，154ページである。

2日目に読んだのは，1日目に読んだ残り$\frac{3}{4}$のうち$\frac{1}{3}$だから，全体の$\frac{2}{4}=\frac{1}{2}$を2日目までに読み終えたことになる。したがって，この本のページ数は，$154\times2=308$〔ページ〕である。

正答　4

高卒

東京消防庁

No. 74 数的推理 確率 令和元年度

☆，○，△，◇の図柄が描かれたカードがそれぞれ，☆が2枚，○が1枚，△が1枚，◇が1枚ある。この5枚のカードを無作為に1枚ずつ選び，左から順に1列に並べるとき，同じ図柄が連続して並ばない確率として，最も妥当なのはどれか。

1 $\frac{8}{15}$

2 $\frac{3}{5}$

3 $\frac{2}{3}$

4 $\frac{11}{15}$

5 $\frac{4}{5}$

解説

同じ図柄が連続して並ぶものが少ない（☆☆のみ）ので，余事象の考え方を使って求める。

☆2枚を☆$_1$，☆$_2$として区別すると，5枚のカードの並べ方は全部で5!=120［通り］。

同じ図柄が連続して並ぶのは，（i）☆☆ - - - ，（ii）- ☆☆ - - ，（iii）- - ☆☆ - ，（iv）- - - ☆☆の4通りで，☆☆の並べ方は☆$_1$☆$_2$と☆$_2$☆$_1$の2通り，その他の○，△，◇の並べ方は3!=6［通り］。よって，同じ図柄が連続して並ぶ並べ方は$4\times2\times6=48$［通り］になる。

以上より，同じ図柄が連続して並ぶ確率は，$\frac{48}{120}=\frac{2}{5}$となる。よって，同じ図柄が連続して並ばない確率は，$1-\frac{2}{5}=\frac{3}{5}$である。

正答 2

(別解)

☆を☆$_1$，☆$_2$のように区別しないで考える。5枚のうち☆の位置の決め方は$_5C_2=10$［通り］，その中で☆☆が連続して並ぶのは，上の（i）～（iv）の4通りなので，同じ図柄が連続して並ぶ確率は，$\frac{4}{10}=\frac{2}{5}$となる。後は同様に，同じ図柄が連続して並ばない確率は$1-\frac{2}{5}=\frac{3}{5}$と求まる。

高卒

No. 75 市役所初級

数的推理　円筒形容器の底面積と水の深さ　平成25年度

２つの円筒形の容器A，Bがある。底面積の比は，A：B＝3：2であり，容器Aには深さ18cm，容器Bには深さ８cmまで水が入っている。今，容器Aから容器Bにある量の水を移したところ，２つの容器に入っている水の深さが等しくなった。このとき，容器に入っている水の深さとして，正しいのはどれか。

1　12cm
2　13cm
3　14cm
4　15cm
5　16cm

解説

容器Aの底面積を $3x\text{cm}^2$，容器Bの底面積を $2x\text{cm}^2$ とすると，容器Aに入っている水の体積は $54x\text{cm}^3$，容器Bに入っている水の体積は $16x\text{cm}^3$ で，合計 $70x\text{cm}^3$ である。容器Aから容器Bにある量の水を移すことにより，２つの容器に入っている水の深さが等しくなったのだから，その深さは，$70x\text{cm}^3$ の水を底面積 $5x\text{cm}^2$ の容器に入れたときの水の深さと同じである。

$70x \div 5x = 14$ より，水の深さは14cmであり，正答は**3**である。

正答　**3**

高卒

市役所初級

No. 76 数的推理　食塩水の濃度　平成26年度

濃度17％の食塩水が200g ある。これに水を加えて濃度10％の食塩水にしたい。加える水の量として，正しいのはどれか。

1　120g
2　140g
3　160g
4　180g
5　200g

解説

濃度が17％から10％へ$\frac{10}{17}$となるためには，食塩水全体の量が$\frac{17}{10}$倍になればよい。$200\times\frac{17}{10}=340$ だから，$340-200=140$ より，140g の水を加えればよい。

したがって，正答は**2**である。

正答　2

高卒

No.77 東京消防庁 数的推理 平面図形 平成29年度

下の図のように，点Pから円Oに引いた接線の接点をA，Bとし，劣弧AB上の点をCとする。∠APB＝50°のとき∠ACBの角度として，最も妥当なのはどれか。

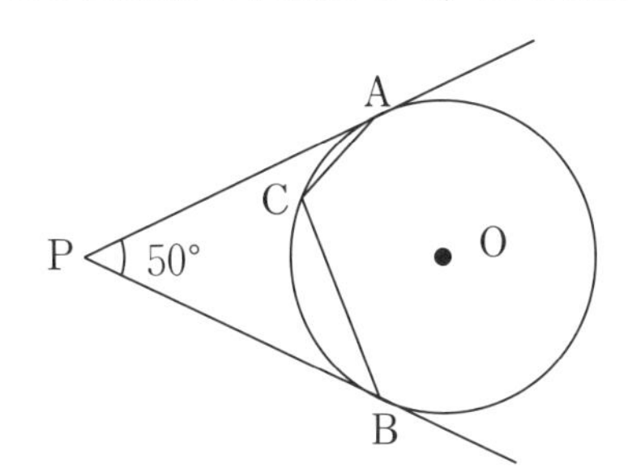

1 100°
2 105°
3 110°
4 115°
5 120°

解説

接線と半径は垂直に交わる。

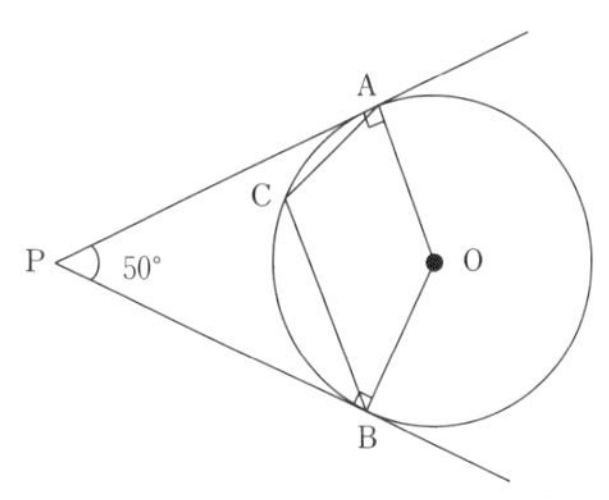

四角形の内角の和は360°なので，∠AOB（左側）＝360°－50°－90°－90°＝130°
一周分の角度は360°なので，∠AOB（右側）＝360°－130°＝230°

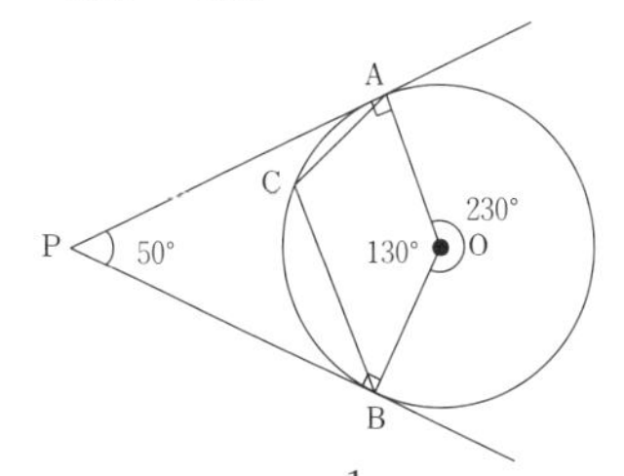

円周角の定理より，同じ弧によってつくられる円周角は，中心角の$\frac{1}{2}$なので，

∠ACB＝230×$\frac{1}{2}$＝115°

（参考）上記の過程をまとめると，
次のような公式を作ることができる。

∠ACB＝$\frac{1}{2}$（180°＋∠APB）

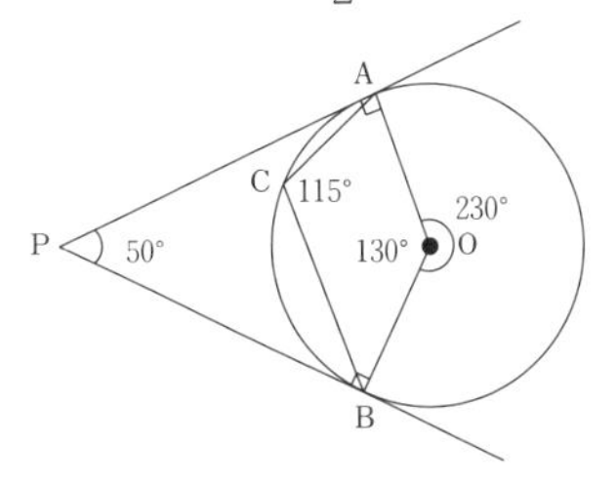

正答 4

高卒 地方初級

No.78 数的推理　多角形の分割　平成13年度

次の多角形は，すべて正方形に分割することができるが，最低いくつに分割することができるか。

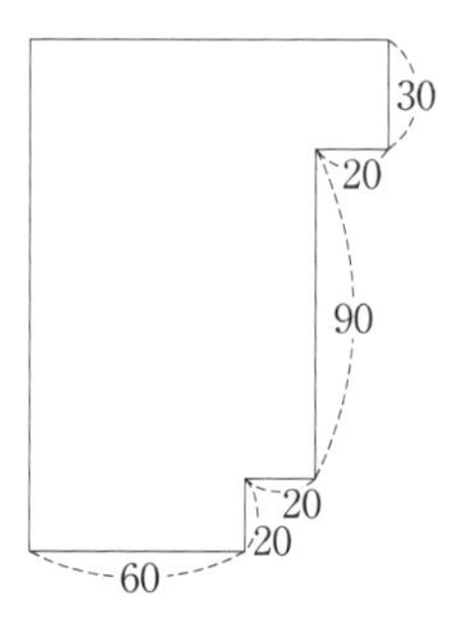

1　6個
2　7個
3　8個
4　9個
5　10個

なるべく大きい正方形を，位置を考えながら作っていくと，次のように最低7個に分割できる。

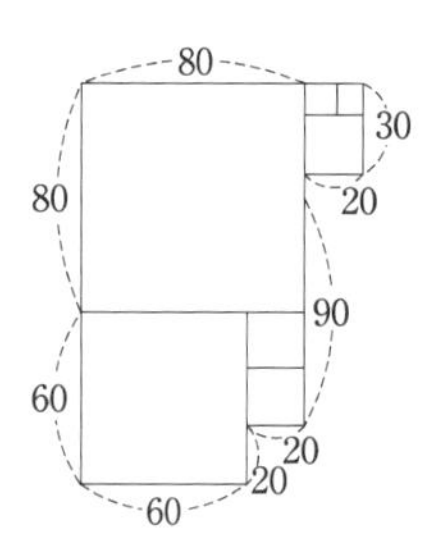

よって，**2**が正しい。

正答　2

高卒

No. 79 東京消防庁

数的推理　円すいの体積　平成30年度

下の展開図の円すいの体積として，最も妥当なのはどれか。

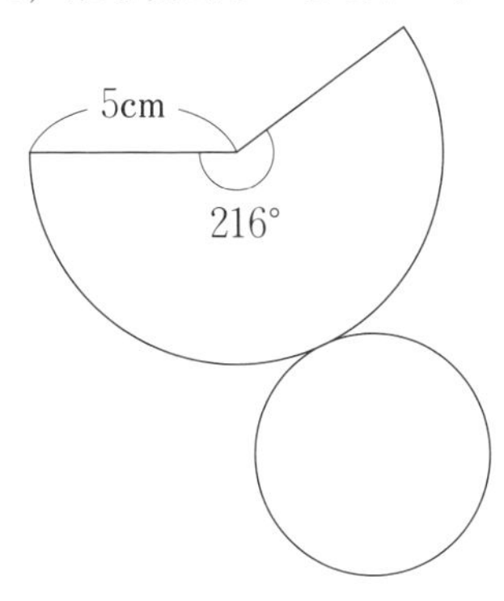

1　$9\pi \text{cm}^3$
2　$10\pi \text{cm}^3$
3　$11\pi \text{cm}^3$
4　$12\pi \text{cm}^3$
5　$13\pi \text{cm}^3$

解説

側面の扇形の弧の長さは，$10\pi \times \frac{216}{360} = 6\pi$ ［cm］

底面の円の半径を $r$cm とすると，円周の長さが，
弧の長さに等しいので，$2\pi r = 6\pi$ より，$r = 3$ ［cm］

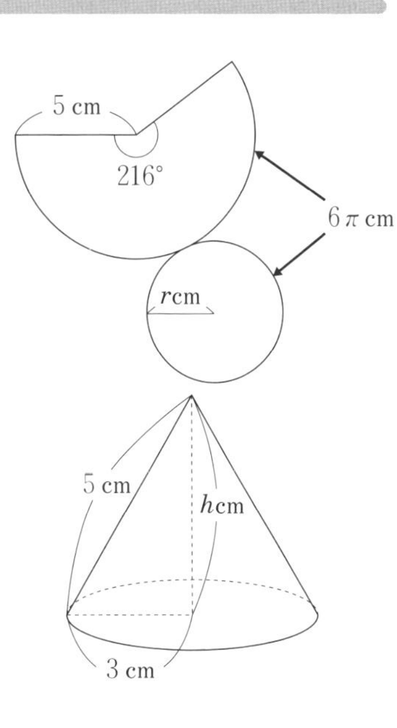

円すいの高さを $h$cm とすると，
三平方の定理より，$h = \sqrt{5^2 - 3^2} = \sqrt{16} = 4$ ［cm］

円すいの体積は，

$3 \times 3 \times \pi \times 4 \times \frac{1}{3} = 12\pi$ ［cm^3］

正答　4

高卒

地方初級

No. 80 数的推理 立方体の切断と角度 平成20年度

次の図のような立方体を，３点A，F，Hを通る平面で切断した。このとき，頂点Cを含む側の立体で，頂点Aに集まるすべての面の，頂点Aにおける角度の和として正しいものは，次のうちどれか。

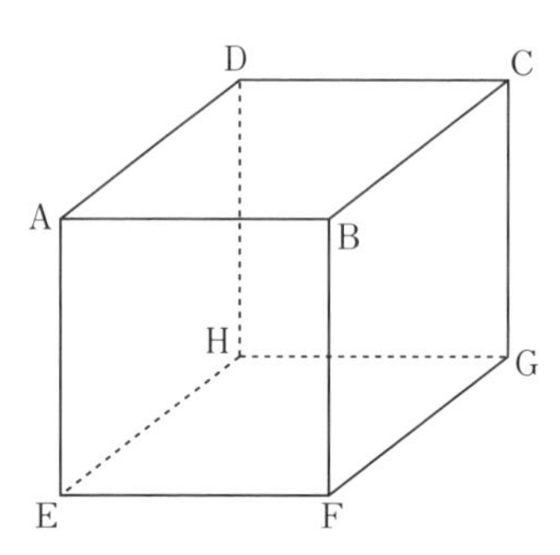

1 180°
2 210°
3 240°
4 270°
5 300°

解説

立方体ABCD－EFGHを，３点A，F，Hを通る平面で切断すると，頂点Cを含む側の立体は，次の図のようになる。頂点Aに集まる面の頂点Aにおける角度は，∠DAB＝90°，∠BAF＝45°，∠DAH＝45°および∠FAH＝60°である。∠FAHについては，△AFHはAF＝AH＝FH（もとの立方体の各面の対角線に該当する）より正三角形なので，その１内角は60°となる。したがって，そのすべての角度の和は，90＋45×2＋60＝240より，240°で，正答は**3**である。

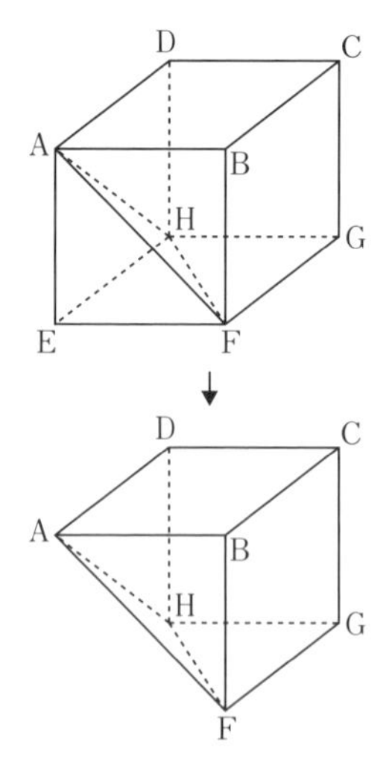

正答 3

文章理解 判断推理 数的推理 資料解釈 政治 経済 社会 世界史 日本史 地理

高卒

No. 81 地方初級

数的推理　直方体を分割した立体の体積　平成15年度

図のような AB＝20cm，AD＝10cm，AE＝5cm の直方体を，B から辺 AD 上の点 P を通って，点 H へ最短経路で結ぶ線で分割したとき，点 A のあるほうの立体の体積はいくらか。

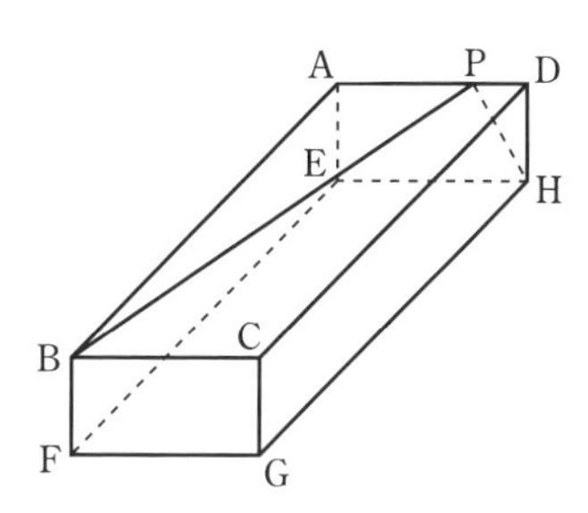

1　$450cm^3$
2　$500cm^3$
3　$550cm^3$
4　$600cm^3$
5　$650cm^3$

解説

切り口は下図のようになり，PD＝FQ であるから，分割された 2 つの立体の体積は等しい。

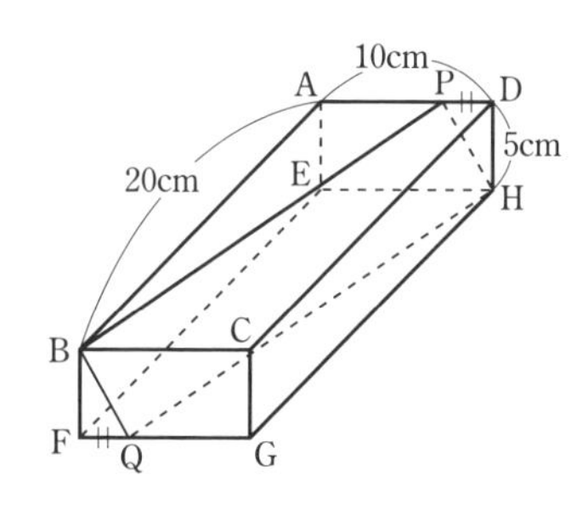

よって，$\frac{1}{2}\times 20\times 10\times 5=500$〔$cm^3$〕となり，**2** が正しい。

正答　**2**

文章理解　判断推理　数的推理　資料解釈　政治　経済　社会　世界史　日本史　地理

高卒 東京消防庁

No. 82 数的推理 場合の数 平成30年度

赤，青，白のカードがそれぞれ３枚ずつある。これらのカードの中から３枚を選び，左から右へ順に並べていく。赤の次は必ず青のカード，青の次は必ず白のカードを並べるものとする。カードの並べ方の場合の数として，最も妥当なのはどれか。ただし，同じ色のカードどうしは区別がつかないものとする。

1　１通り
2　３通り
3　５通り
4　７通り
5　９通り

樹形図で検討する。白の次は赤青白すべてのカードが並べられることに注意する。

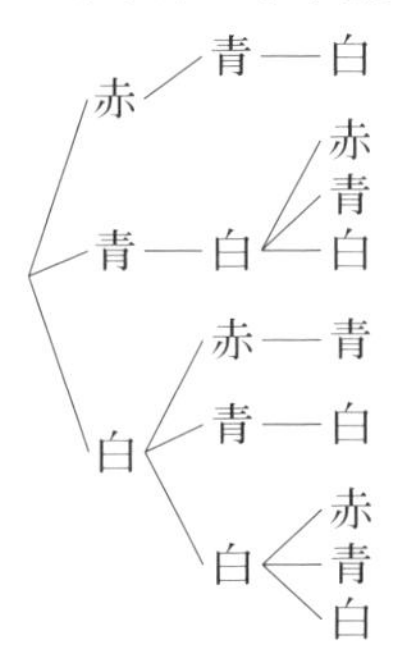

樹形図より，９通りの並べ方がある。

正答　**5**

数的推理　整数問題　平成27年度

100～999までの整数で，次の条件を満たす数はいくつあるか。

・１の位が０でない。

・１の位と10の位の数が異なっている。

・10の位と100の位の数が異なっている。

1 549
2 585
3 621
4 657
5 693

解説

「１の位が０でない」ので１の位は１～９の９通りのいずれかである。100の位が１～９の９通り，10の位が０～９の10通りなので，「１の位が０でない」数字は９×10×９＝810〔個〕ある。

この中で１の位と10の位が同じなのは，11，22，33……99と９通りあり，おのおのの100の位は９通りあるので，９×９＝81〔個〕となる。同様に10の位と100の位が同じなのも81個ある。この中ですべての位が同じ111，222，333……999の９個は重複して数えている。したがって，810個の中で２つ目の条件の「１の位と10の位の数が異なっている」と３つ目の条件の「10の位と100の位の数が異なっている」に該当するのは810－(81＋81－9)＝657〔個〕となる。

よって，正答は**4**である。

正答 4

大卒 No. 84 東京消防庁

数的推理　自然数　令和元年度

連続する3つの2桁の自然数a, b, cがある。$a^2+b^2+c^2$の一の位が2となるa, b, cの組合せの数として，最も妥当なものはどれか。

1　7通り
2　8通り
3　9通り
4　10通り
5　11通り

解説

連続する3つの自然数の真ん中の数nとすると，a, b, cはそれぞれ$n-1$, n, $n+1$と表される。これらを代入して計算する。

$$a^2+b^2+c^2$$
$$=(n-1)^2+n^2+(n+1)^2$$
$$=n^2-2n+1+n^2+n^2+2n+1$$
$$=3n^2+2$$

$3n^2+2$の一の位が2となるのは，n^2の一の位が0であればよい。

ここで，a, b, cは2桁の自然数なので$n-1$が10以上，$n+1$が99以下であり，$11 \leqq n \leqq 98$となる。このなかで，n^2の一の位が0になるのは，n=20, 30, 40, 50, 60, 70, 80, 90であり，題意を満たすnは8つ存在する。

たとえば，n=20のとき，a=19, b=20, c=21であり1つのnに対してa, b, cは1通り存在する。よって，求めるa, b, cの組合せは8通りとなる。

正答　2

大卒

No. 85 東京消防庁

数的推理 整数 平成24年度

4で割ると1余り，7で割ると4余り，8で割ると5余る自然数のうち，最小のものを9で割ったときの余りとして，最も妥当なのはどれか。

1 8
2 7
3 6
4 5
5 4

解説

4で割ると1余り，7で割ると4余り，8で割ると5余るのだから，その数に3を加えれば，4でも7でも8でも割り切れる数（4，7，8の公倍数）になる。つまり，この自然数は，（4，7，8の公倍数）－3の中で最小の数だから，（4，7，8の最小公倍数）－3である。4，7，8の最小公倍数は56だから，この自然数は，56－3＝53であり，53÷9＝5…8なので，正答は**1**である。

正答 1

大卒

No. 86 市役所上・中級

数的推理　整数の性質　平成16年度

A，B，C の3人がいて，A が10枚のカードにそれぞれ1から10までの数字を記入する。B は A が作ったカードに書かれた数をそれぞれ n 進法に書き直して，別の10枚のカードに記入する。C は10進法で A のカードの合計と B のカードの合計をそれぞれ求める。すると，B のカードの合計は A のカードの合計より12大きかった。B は何進法で記入したか。

1　5進法
2　6進法
3　7進法
4　8進法
5　9進法

解説

B が A のカードの数字を n 進法で書き直したとき，$n-1$ までの数は10進法の数と同じになる。n 以上の数になると，もとの10進法の数と n 進法の数とでは，n 進法の数を10進法の数とみなして両者を比べてみると，$10-n$ 以上の差がある。

5進法だと，5から7までの数ですでに $5\times3=15$ の差がついてしまうので，これは不正解である。

6進法では $4\times5=20$ の差がつくので不正解である。

7進法だとすると，

10進法の数…	7	8	9	10	
	3	3	3	3	…差
7進法の数…	10	11	12	13	

n 進法の数を10進法の数とみなした場合のおのおのの差は等しく3で，差の合計は $3\times4=12$ となり，これが正しい。

よって正答は**3**である。

正答　**3**

数的推理 不等式 平成23年度

ある品物を25個仕入れ，原価の2割の利益を見込んで定価を設定し，販売した。しかし，売れ残りが発生したので，定価の4割引で販売したところすべて売れた。後ほど調べると，あと1個でも定価で販売できていなかった場合，赤字となっていたことがわかった。定価で販売した品物は何個か。

1 13個
2 14個
3 15個
4 16個
5 17個

解説

原価を a 円とすると，定価は$1.2a$円となり，その定価を4割引した値段は，$1.2a\left(1-\frac{4}{10}\right)=0.72a$〔円〕である。

また，原価 a 円で，25個仕入れたのだから，仕入れ総額は，$25a$円である。

定価で販売した品物を x 個とすると，4割引で販売したのは$25-x$〔個〕である。

問題文より，現実には赤字は発生していないのだから，(売り上げ)≧(仕入れ総額)であり，

$1.2ax+0.72a(25-x)\geqq 25a$ ……①

一方，あと1個定価で売れなかった場合を考える。この場合，定価で販売した品物は$x-1$〔個〕となり，4割引で販売したのは$25-(x-1)=26-x$〔個〕である。

このとき，赤字となるのだから，(仕入れ総額)＞(売り上げ) であり，

$25a>1.2a(x-1)+0.72a(26-x)$ ……②

①と②を併せて，

$1.2ax+0.72a(25-x)\geqq 25a>1.2a(x-1)+0.72a(26-x)$

各辺を a で割り，展開して，まとめると，

$0.48x+18\geqq 25>0.48x+17.52$ ……③

③の$0.48x+18\geqq 25$より，

$x\geqq 14.5\cdots$ ……④

③の$25>0.48x+17.52$より，

$15.5\cdots>x$ ……⑤

④と⑤から，x は自然数なので，$x=15$となる。

以上より，定価で15個販売しており，正答は**3**である。

正答 3

大卒 No. 88 東京消防庁

数的推理　正答数　令和元年度

AとBがテストを受けたとき，BはAの2倍より10問少なく解答し，正答数はBのほうがAより10問多かった。また，このときの正答率はAは8割，Bは6割であった。Aの正答数として，最も妥当なのはどれか。

1　24問
2　32問
3　40問
4　48問
5　56問

解説

Aがx問解答したとすると，Bが解答したのは，$2x-10$問である。Aの正答率は8割，Bの正答率は6割であるので，A，Bの正答数はそれぞれ，$\frac{8}{10}x$問，$\frac{6}{10}(2x-10)$問となる。正答数はBのほうがAより10問多かったので，方程式を立てることができる。

$$\frac{8}{10}x+10=\frac{6}{10}(2x-10)$$
$$8x+100=6(2x-10)$$
$$8x+100=12x-60$$
$$-4x=-160$$
$$x=40$$

Aの正答数は，$\frac{8}{10}x=\frac{8}{10}\times 40=32$［問］となる。

正答　2

文章理解 判断推理 数的推理 資料解釈 政治 経済 社会 世界史 日本史 地理

数的推理　計算式　令和元年度

次の計算式のA～Eには，それぞれ0～9のうち異なる整数が当てはまる。Bに当てはまる整数として，最も妥当なのはどれか。ただし，同一の記号には同一の整数が当てはまるものとする。

$$\begin{array}{r} ABCD \\ +\ DABE \\ \hline DECAD \end{array}$$

1　1
2　3
3　5
4　7
5　9

解説

一の位でD＋E＝Dとなっているので，Eは「0」となる。また，計算結果の万の位であるDは繰り上がってできた数字なので「1」となる。

$$\begin{array}{r} ABC1 \\ +\ 1AB0 \\ \hline 10CA1 \end{array}$$

万の位へ1繰り上がるのでAは「8」か「9」であるが，「9」の場合，計算結果が「10…」となっているので，百の位からの繰り上げはないことになる。しかし，百の位がB＋Aとなっており，Bは2～8までのいずれかの整数であることから，Aが「9」となると確実に繰り上がることになる。よってAは「8」となる。

$$\begin{array}{r} 8BC1 \\ +\ 18B0 \\ \hline 10C81 \end{array}$$

十の位から百の位へ繰り上がっているとき，十の位よりC＋B＝18となるが，残りの数字でこの式を満たすCとBはない。よって，十の位から百の位へは繰り上がっていない。

十の位よりC＋B＝8（①），百の位よりB＋8＝10＋C（②）となる。②はB－C＝2となるので①②を連立すると，B＝5，C＝3となる。

$$\begin{array}{r} 8531 \\ +\ 1850 \\ \hline 10381 \end{array}$$

よって，Bは「5」なので，正答は**3**である。

正答　3

大卒
No. 90　市役所上・中級
数的推理　方程式　平成27年度

ホールケーキを，男児，女児，大人の合計10人で分けることにした。図のように，中心から扇形状に切り分けることとし，扇形の中心角を，男児は40°，女児は50°，大人は30°とした。男児，女児，大人はそれぞれ１人以上いるとすると，大人の人数として可能性があるのは次のうちどれか。

1　３人または４人
2　４人または５人
3　５人または６人
4　６人または７人
5　７人または８人

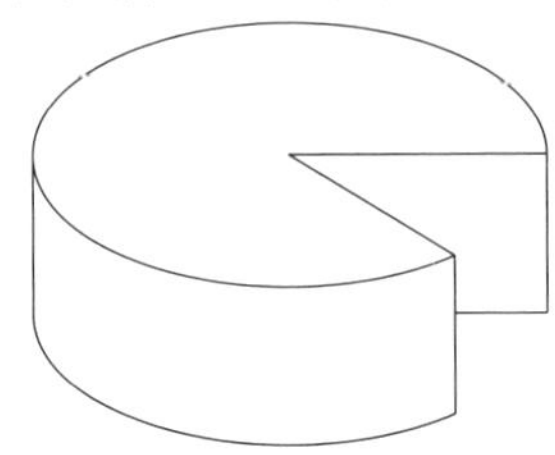
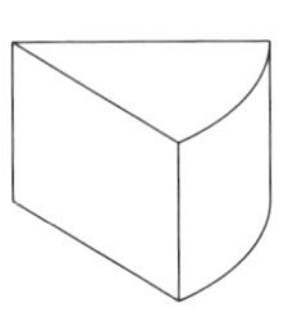

解説

男児 x 人，女児 y 人としてみる。

(1)　大人が３人のとき，$\begin{cases} x+y=7 \\ 40x+50y=360-30\times3=270 \end{cases}$ となる。

$x+y=7$ より，$y=7-x$ となり，これを $40x+50y=270$ に代入すると，
$40x+50(7-x)=270 \Rightarrow 40x+350-50x=270 \Rightarrow 10x=80 \quad \therefore\ x=8$
このとき，$y=-1$ となって不適である。

(2)　大人が４人のとき，$\begin{cases} x+y=6 \\ 40x+50y=240 \end{cases}$ となる。

$x+y=6$ より，$y=6-x$ となり，これを $40x+50y=240$ に代入すると，
$40x+50(6-x)=240 \Rightarrow 40x+300-50x=240 \Rightarrow 10x=60 \quad \therefore\ x=6$
このとき，$y=0$ となって不適である。

(3)　大人が５人のとき，$\begin{cases} x+y=5 \\ 40x+50y=210 \end{cases}$ となる。

$x+y=5$ より，$y=5-x$ となり，これを $40x+50y=210$ に代入すると，
$40x+50(5-x)=210 \Rightarrow 40x+250-50x=210 \Rightarrow 10x=40 \quad \therefore\ x=4$
このとき，$y=1$ となって条件を満たす。

(4)　大人が６人のとき，$\begin{cases} x+y=4 \\ 40x+50y=180 \end{cases}$ となる。

$x+y=4$ より，$y=4-x$ となり，これを $40x+50y=180$ に代入すると，
$40x+50(4-x)=180 \Rightarrow 40x+200-50x=180 \Rightarrow 10x=20 \quad \therefore\ x=2$
このとき，$y=2$ となって条件を満たす。

(5)　大人が７人のとき，$\begin{cases} x+y=3 \\ 40x+50y=150 \end{cases}$ となる。

$x+y=3$ より，$y=3-x$ となり，これを $40x+50y=150$ に代入すると，
$40x+50(3-x)=150 \Rightarrow 40x+150-50x=150 \Rightarrow 10x=0 \quad \therefore\ x=0$
これは不適である。

(6)　大人が８人のとき，$\begin{cases} x+y=2 \\ 40x+50y=120 \end{cases}$ となる。

$x+y=2$ より，$y=2-x$ となり，これを $40x+50y=120$ に代入すると，
$40x+50(2-x)=120 \Rightarrow 40x+100-50x=120 \Rightarrow 10x=-20 \quad \therefore\ x=-2$
これは不適である。
以上から，大人の人数として可能性があるのは５人または６人である。
よって，正答は**3**である。

正答　3

大卒

No. 91　東京消防庁

数的推理　速さ・時間・距離　平成28年度

A君は，はじめ全体の6分の1の距離を時速12kmで，残った距離の5分の3の距離を時速36kmで，最後に残った距離を時速18kmで移動した。このとき，全体を移動したときの平均の速さとして，最も妥当なのはどれか。

1　時速21.0km
2　時速21.4km
3　時速21.6km
4　時速21.8km
5　時速22.0km

解説

距離を具体的に設定してみればわかりやすい。たとえば，全体の距離を216kmとすると，その$\frac{1}{6}$は36km，残り（180km）の$\frac{3}{5}$は108km，最後が72kmとなる。これにかかった時間を考えると，$36\div12+108\div36+72\div18=3+3+4=10$，より，10時間である。216kmの距離に10時間かかっているので，その平均の速さは，$216\div10=21.6$，より，時速21.6kmである。

よって，正答は**3**である。

正答　3

大卒 No. 92 地方上級

数的推理　仕事算　平成27年度

AとBの２台のポンプがある。一定時間当たりの注水量はAはBの2.5倍である。AとBをともに用いると20時間で満水になる水槽がある。この水槽に初めはAとBの２台のポンプで注水を始めたが，途中でポンプAが故障したため，その後はポンプBのみを用いて注水をしたところ30時間で満水になった。このときポンプAが故障したのは注水を開始してから何時間後か。

1　13時間後
2　14時間後
3　15時間後
4　16時間後
5　17時間後

解説

Bの１時間当たりの仕事量を$2x$と置くと，Aの１時間当たりの仕事量は$5x$となる。AとBをともに用いると１時間当たりの仕事量は$7x$なので，この仕事量で20時間注水すると$140x$となり，これが水槽の量となる。

AとBの２台のポンプで注水していた時間をt時間とすると，ポンプBのみで注水していた時間が$30-t$時間となり，これで$140x$の水を入れたことになる。これより，

$$7xt+2x(30-t)=140x$$
$$t=16$$

となり，ポンプAが故障したのは16時間後である。

よって，正答は**4**である。

正答　4

大卒

No. 93 東京消防庁

数的推理　仕事算　平成22年度

ある作業を３時間で終えるのに，機械Ａだけを動かすと５台，機械Ｂだけを動かすと10台必要になる。機械Ａを８台と機械Ｂの何台かを同時に動かして同じ作業を１時間で終えたいとき，機械Ｂの台数として，最も妥当なのはどれか。

1　10台
2　12台
3　14台
4　16台
5　18台

解説

３時間で作業を終えるのに機械Ａ５台が必要なのだから，機械Ａ１台が１時間に行なえるのは，全体の$\frac{1}{3}\times\frac{1}{5}=\frac{1}{15}$である。同様に，機械Ｂ１台が１時間に行えるのは，$\frac{1}{3}\times\frac{1}{10}=\frac{1}{30}$である。したがって，機械Ａ８台で１時間に行えるのは，$\frac{1}{15}\times8=\frac{8}{15}$であり，残りの$\frac{7}{15}$を機械Ｂで行うことになる。$\frac{7}{15}\div\frac{1}{30}=14$より，機械Ｂは14台必要ということになり，正答は**3**である。

正答　**3**

大卒

No. 94 東京消防庁

数的推理 利益率 平成30年度

ある商品を定価の８％引きで売ったところ，原価の15％の利益になった。このとき，定価は原価の何％の利益を見込んでつけていたか，その割合として，最も妥当なのはどれか。

1 21％
2 22％
3 23％
4 24％
5 25％

解説

原価を a 円，定価は原価の x％の利益を見込むとすると，$a\times(1+\frac{x}{100})$ が定価を表し，その定価に $(1-\frac{8}{100})$ を掛けると，定価から８％引きをした売価が求められる。また，原価の15％は，$\frac{15}{100}a$ であり，これが利益を表す。

「売価－原価＝利益」であるから，これをもとに式を立てると，

$$a\times(1+\frac{x}{100})\times(1-\frac{8}{100})-a=\frac{15}{100}a$$

両辺を a で割って，

$$\frac{100+x}{100}\times\frac{92}{100}-1=\frac{15}{100}$$

両辺に10000を掛けて，

$$92(100+x)-10000=1500$$

これを展開して解くと，

$$9200+92x-10000=1500$$
$$92x=2300$$
$$x=25$$

以上より，定価は原価の25％の利益を見込んでつけていたとわかる。

正答 **5**

大卒 No. 95 東京消防庁

数的推理 確率 平成27年度

正十二面体の各面に，1～12までの数字を1つずつ記したサイコロがある。このサイコロを2回振り，1回目に出た目の数をA，2回目に出た目の数をBとするとき，$\frac{A+B}{4}$が整数となる確率として，最も妥当なのはどれか。ただし，どの面も出る確率は等しいものとする。

1 $\frac{7}{48}$

2 $\frac{1}{6}$

3 $\frac{3}{16}$

4 $\frac{5}{24}$

5 $\frac{1}{4}$

解説

$\frac{A+B}{4}$が整数となるのは，A+Bが4の倍数となるときである。サイコロは正十二面体で1～12までの目が1つずつなので，4の倍数としては，4，8，12，16，20，24の6通りがある。それぞれについて目の組合せを考えると，

4＝（1，3），（2，2），（3，1）…3通り
8＝（1，7），（2，6），（3，5），（4，4），（5，3），（6，2），（7，1）…7通り
12＝（1，11），（2，10），（3，9），（4，8），（5，7），（6，6），（7，5），（8，4），（9，3），（10，2），（11，1）…11通り
16＝（4，12），（5，11），（6，10），（7，9），（8，8），（9，7），（10，6），（11，5），（12，4）…9通り
20＝（8，12），（9，11），（10，10），（11，9），（12，8）…5通り
24＝（12，12）…1通り

となり，3＋7＋11＋9＋5＋1＝36より，36通りある。正十二面体のサイコロを2回振ると，その目の出方は全部で$12^2=144$より，144通りあるので，求める確率は$\frac{36}{144}=\frac{1}{4}$となる。

よって，正答は**5**である。

正答 5

大卒

No.96 東京消防庁

数的推理 確率 平成25年度

A，B，Cの情報伝達者がいる。情報は，AからBを経由してCに伝達する。情報の種類は○か×の2種類である。3人とも受け取った情報をそのまま伝達する確率は80%とする。いま，Aが○という情報を受け取ったとき，Cが×という情報を受け取る確率として，最も妥当なのはどれか。

1 8%
2 16%
3 24%
4 32%
5 40%

解説

「Aが○という情報を受け取ったとき，Cが×という情報を受け取る」場合としては，①Aは○という情報をBに送ったが（=80%），Bは×という情報をCに送った（=20%），②Aが×という情報をBに送り（=20%），Bはそのまま×という情報をCに送った（=80%），という2通りがありうる。①となる確率は，0.8×0.2=0.16より，16%，②となる確率は，0.2×0.8=0.16より，やはり16%である。したがって，「Aが○という情報を受け取ったとき，Cが×という情報を受け取る確率」は，16+16=32より，32%となる。

よって，正答は**4**である。

正答 4

大卒

No. 97 東京消防庁

数的推理 確率 平成23年度

コインを投げて表が出るか裏が出るかを当てるゲームで，当たると1点獲得，はずれると1点減点になる。0点から開始して9回目終了時に3点になっている確率として，最も妥当なのはどれか。

1 $\frac{7}{128}$

2 $\frac{7}{64}$

3 $\frac{21}{128}$

4 $\frac{31}{256}$

5 $\frac{1}{8}$

解説

コインを投げて，当たると1点獲得，はずれると1点減点で，9回行って得点が3点ということは，当たりの回数がはずれの回数より3回多くなければならない。つまり，9回のうち6回が当たり，3回がはずれである。9回のうち3回はずれる場合の数は，異なる9個のうちから3個を選ぶ組合せと考えればよいから，

$${}_9C_3=\frac{9\times8\times7}{3\times2\times1}=84$$

より，84通りある。毎回，

当たりとはずれの2通りがあるので，9回行えば全部で，$2^9=512$より，512通りあることになる。

したがって，その確率は，

$$\frac{84}{512}=\frac{21}{128}$$

となる。

よって，正答は**3**である。

正答 **3**

大卒
東京消防庁

No. 98 数的推理 確率 平成22年度

袋の中に同じ大きさの15個の玉が入っており，その内訳は赤玉３個，白玉12個である。この中から玉を１個ずつ取り出して左から順に横一列に15個全部を並べるとき，赤玉が３個連続して並ぶ確率として，最も妥当なのはどれか。

1 $\frac{1}{45}$　**2** $\frac{1}{40}$　**3** $\frac{1}{35}$

4 $\frac{1}{30}$　**5** $\frac{1}{25}$

解説

赤玉３個と白玉12個を横１列に並べると，赤玉と白玉の配列は横に並んだ15個のうちの３個が赤玉だから，その位置の組合せを考えればよく，${}_{15}C_3=\frac{15\times14\times13}{3\times2\times1}=5\times7\times13=455$より，455通りある。赤玉３個が連続して並ぶのは，左から（1，2，3）番目，（2，3，4）番目，……，（13，14，15）番目というように，13通りある。

したがって，その確率は$\frac{13}{5\times7\times13}=\frac{1}{35}$で，正答は**3**である。

正答 3

大卒

東京消防庁

No. 99 数的推理 濃度 平成26年度

薬品Xと薬品Yを1：9の割合で含む混合薬Pが500g，薬品Xと薬品Yを7：3の割合で含む混合薬Qが1000gある。この2種類の混合薬を使って，薬品Xと薬品Yを9：11の割合で含む混合薬Rを作る。このとき，作ることができる混合薬Rの最大量として，最も妥当なのはどれか。

1 400g
2 600g
3 800g
4 1000g
5 1200g

解説

この場合，薬品X，Yのうちの一方の濃度だけを考えればよい。そこで，薬品Xについて考えると，混合薬Pでは，X：Y＝1：9だから，薬品Xは10％，混合薬Qでは，X：Y＝7：3だから，薬品Xは70％である。このP，Qを使って，X：Y＝9：11の割合とするのだから，薬品Xが，$\frac{9}{9+11}=\frac{9}{20}=45$〔％〕となるようにすればよい。次図のように，(45－10)：(70－45) ＝35：25＝7：5となるので，PとQの量の比はその逆比である，P：Q＝5：7で混ぜ合わせればXが45％含まれる混合薬となる。その最大量は，Pの500gすべてを使用すれば，Qは700g使用することができるので，1,200gである。

よって，正答は**5**である。

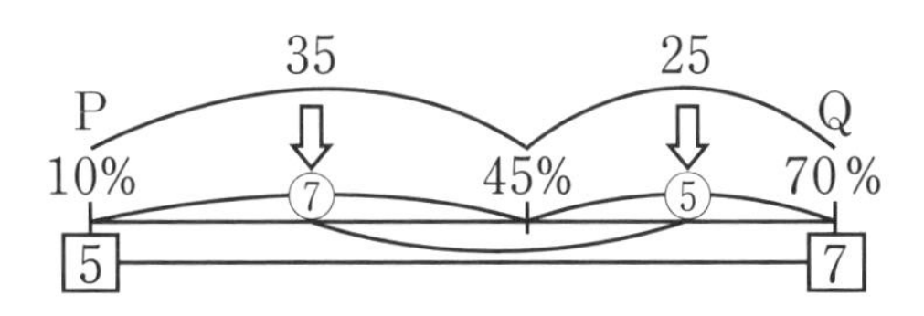

正答 5

大卒 東京消防庁

No. 100 数的推理 平面図形の面積 平成28年度

△ABCにおいて辺BCを2：1に内分する点をP，辺ABを1：3に内分する点をQ，線分APと線分CQとの交点をRとする。このとき，△AQRの面積と△CPRの面積の比として，最も妥当なのはどれか。

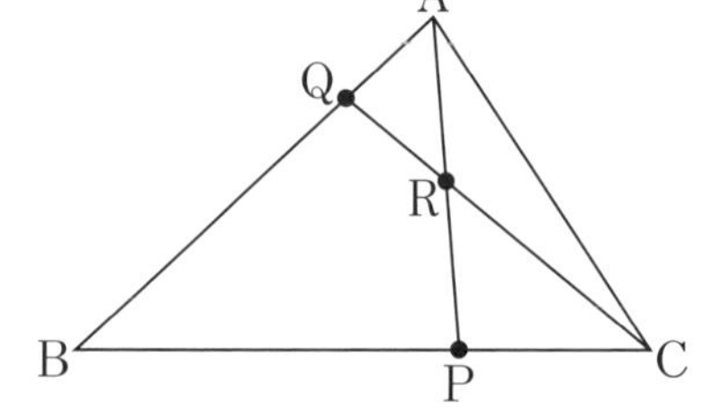

1 1：1
2 2：3
3 1：2
4 3：5
5 4：9

解説

点Pを通り，線分CQに平行な線分が辺ABと交わる点をGとする。CQ//PGより，QG：GB＝CP：PB＝1：2である。また，AQ：QB＝1：3だから，AQ：QG：GB＝1：1：2となる。そして，PG//RQより，AR：RP＝AQ：QG＝1：1である。$\triangle ABP=\frac{2}{3}\triangle ABC$であり，$\triangle AQR=\frac{1}{4}\times\frac{1}{2}\triangle ABP$より，$\triangle AQR=\frac{1}{12}\triangle ABC$である。一方，$\triangle ACP=\frac{1}{3}\triangle ABC$で，AR：RP＝1：1より，$\triangle CPR=\frac{1}{2}\triangle ACP$だから，$\triangle CPR=\frac{1}{2}\times\frac{1}{3}\triangle ABC=\frac{1}{6}\triangle ABC$となる。したがって，$\triangle AQR:\triangle CPR=\frac{1}{12}\triangle ABC:\frac{1}{6}\triangle ABC=\frac{1}{12}:\frac{1}{6}=1:2$となる。

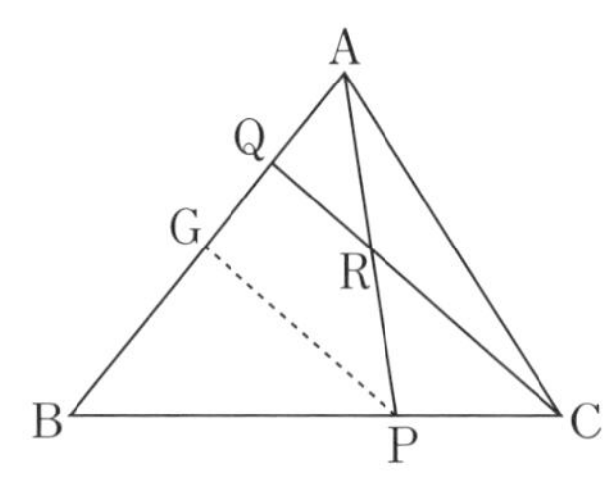

よって，正答は**3**である。

正答 **3**

参考：三角形の部分面積

$$\triangle ADE=\frac{AD}{AB}\times\frac{AE}{AC}\triangle ABC$$

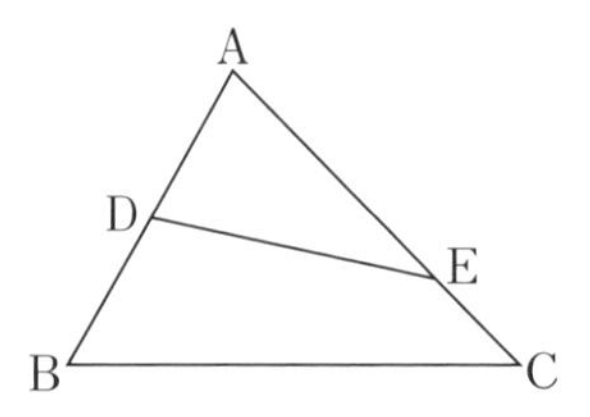

数的推理　平面図形　平成25年度

下の図において，点Oは円の中心，A，B，C，D，Eは円周上の点，∠ACBの角度は35°であるとき，∠BEDの角度として，最も妥当なのはどれか。

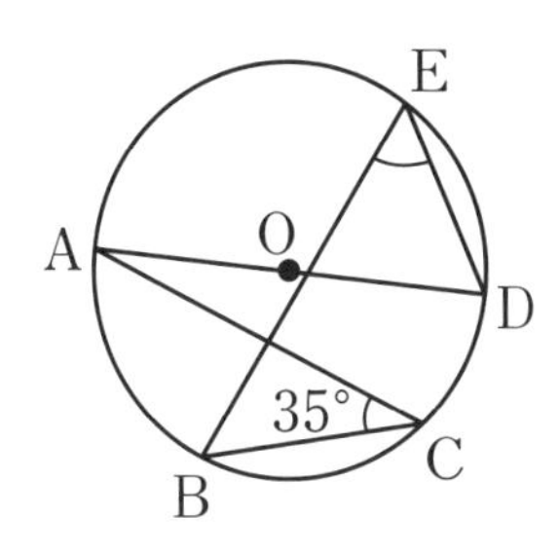

1　35°
2　45°
3　55°
4　65°
5　75°

図のように，点AとEを結ぶと，∠AEB＝∠ACB＝35°である（円周角の定理）。また，線分ADは円Oの直径なので，∠AED＝90°である（半円弧に対する円周角は90°）。したがって，∠BED＝∠AED－∠AEB＝90°－35°＝55°である。

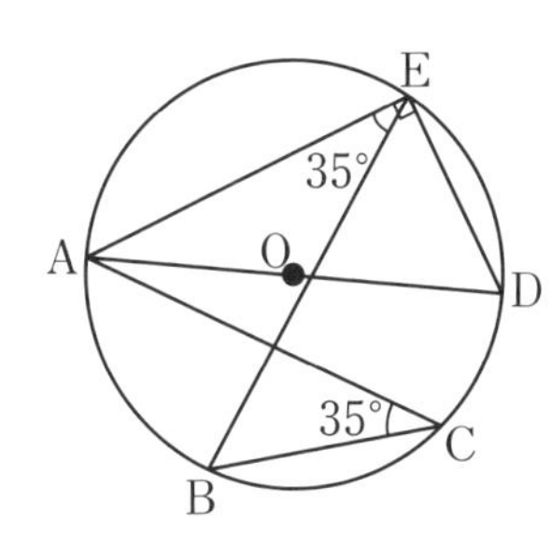

よって，正答は**3**である。

正答　3

大卒 No.102 地方上級

数的推理 面積比 平成30年度

図のように中心角が90°の扇形ABCがある。この扇形の弧ABを5等分して，点D，点Eから AC に垂線を下ろす。このとき，図の斜線部の面積は扇形ABCの面積の何倍か。

1 $\frac{1}{4}$倍

2 $\frac{4}{15}$倍

3 $\frac{1}{3}$倍

4 $\frac{3}{8}$倍

5 $\frac{2}{5}$倍

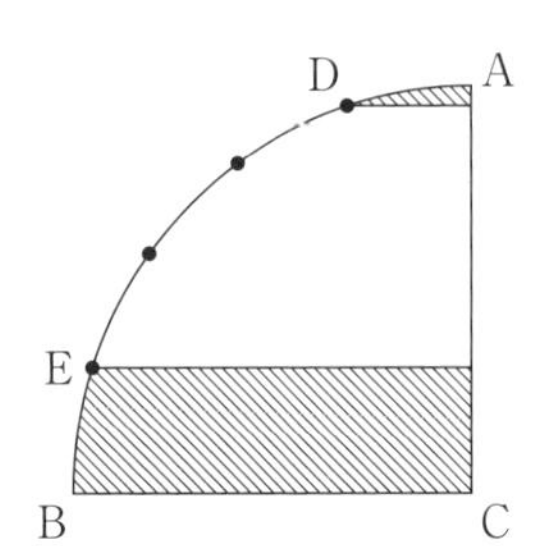

解説

Dから AC に下ろした垂線との交点をF，Eから AC に下ろした垂線との交点をG，BCに下ろした垂線との交点をHとする。

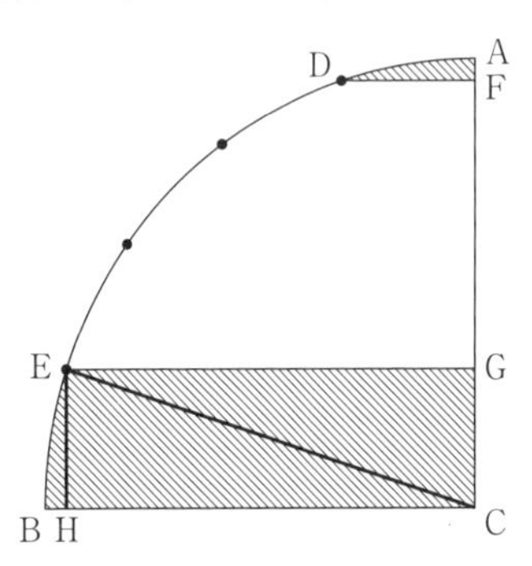

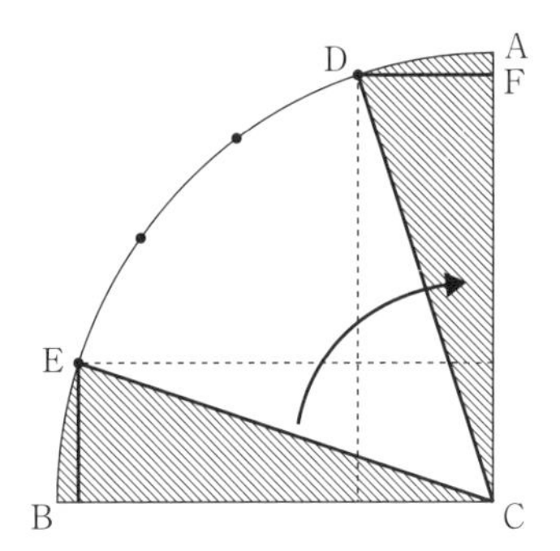

ここで，扇形EBCの面積は扇形ABCの$\frac{1}{5}$である。また扇形EBCの一部である△CEHと△ECGは合同である。この△ECGをDFとCGが重なるように移動させると，扇形ADCを作ることができ，この面積も同様に全体の$\frac{1}{5}$となる。

以上より，求める面積は扇形ABCの$\frac{2}{5}$倍となるので，正答は**5**である。

正答 5

大卒

No. 103 東京消防庁

数的推理　立方体の断面の面積　平成27年度

下の図のような，１辺６cmの立方体がある。この立方体を点A，B，Cを通る平面で切断したとき，その断面の面積として，最も妥当なのはどれか。

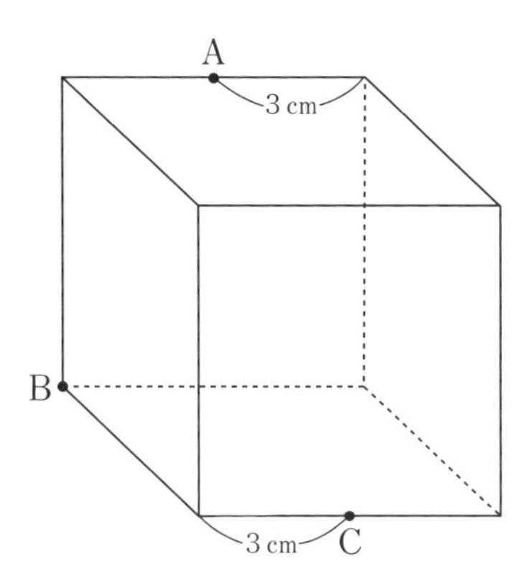

1　$6\sqrt{6}$cm²
2　$6\sqrt{15}$cm²
3　$18\sqrt{5}$cm²
4　$18\sqrt{6}$cm²
5　45cm²

解説

立体の切断面を考える場合，①同一平面上の２点は直線で結ぶ，②平行な面には平行な切断線ができる，の２点が基本事項となる。そこで，同一平面上にある点Aと頂点B，頂点Bと点Cをまず直線で結ぶ。上面には点Aを通りBCと平行な切断線ができるので，この切断線は頂点Dを通ることになる。また，手前の面で点Cを通りABと平行な直線を考えると，やはり頂点Dを通ることになる。この四角形ABCDは辺の長さがすべて等しいので，ひし形である。ひし形の面積は，（対角線どうしの積）$\times\frac{1}{2}$だから，AC×BD$\times\frac{1}{2}$を求めればよい。ACは１辺６cmの立方体の面の対角線と等しいので$6\sqrt{2}$，BDは１辺６cmの立方体の対角線なので$6\sqrt{3}$だから，$6\sqrt{2}\times6\sqrt{3}\times\frac{1}{2}=18\sqrt{6}$より，$18\sqrt{6}$cm²。

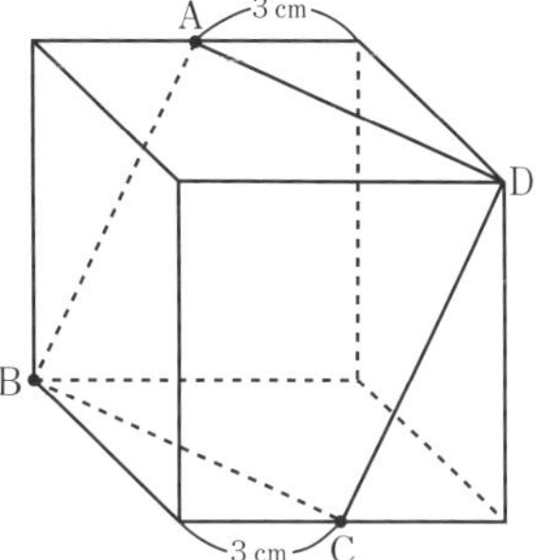

よって，正答は**4**である。

《参考》

１辺の長さaの正方形の対角線は$\sqrt{2a}$，１辺の長さaの立方体の（立体の）対角線は$\sqrt{3a}$である。

正答　4

高卒

No. 104 東京消防庁

資料解釈　工場立地件数とその面積　平成30年度

下のグラフは，工場立地件数と工場立地面積の推移をまとめたものである。このグラフから判断できることとして，最も妥当なのはどれか。

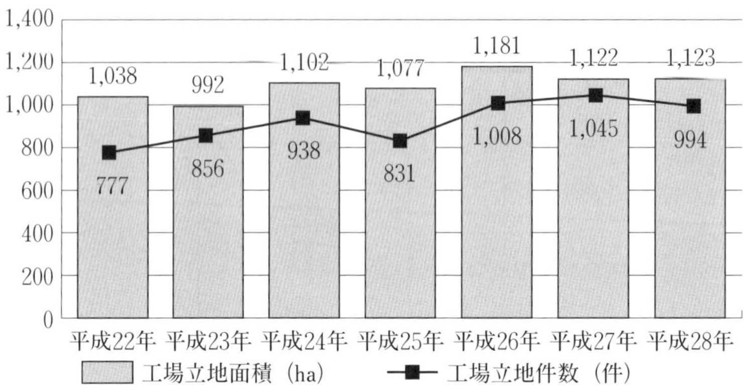

1　平成23年において，工場立地件数当たりの工場立地面積の値は前年を上回っている。

2　平成23年から平成28年の期間において，前年と比較して，工場立地面積が最も多く増加しているのは平成26年である。

3　グラフ中の期間において，工場立地件数当たりの工場立地面積の値が最も高いのは平成27年である。

4　平成26年の工場立地件数の対前年増加率は20％を超えている。

5　グラフ中の期間において，工場立地面積の平均は1,100haを超えている。

解説

1　誤り。22年から23年の「工場立地件数当たりの工場立地面積」$=\frac{\text{面積}}{\text{件数}}$を検討する。分母の件数は増加して，分子の面積は減少している。つまり，$\frac{\text{面積}}{\text{件数}}$の値は減少し，前年を下回る。

2　誤り。「工場立地面積の増加数」＝当年の面積－前年の面積を検討する。

26年の面積－25年の面積＝1,181－1,077=104

24年の面積－23年の面積＝1,102－992=110

よって，26年よりも23年方が多く増加している。

3　誤り。「工場立地件数当たりの工場立地面積」$=\frac{\text{面積}}{\text{件数}}$について，例えば，26年は27年に比べて分母の件数は小さく，分子の面積は大きい。つまり，$\frac{\text{面積}}{\text{件数}}$の値は27年よりも26年の方が大きく，27年は最高ではない。

4　正しい。「平成26年の工場立地件数の対前年増加率」$=\left(\frac{\text{26年の件数}}{\text{25年の件数}}-1\right)\times 100$［%］で表される。

$\left(\frac{1,008}{831}-1\right)\times 100 \fallingdotseq 21$［%］よって，20％を超えている。

5　誤り。22年から28年の面積を1,100hPaを基準にして表すと，順に，－62，－108，＋2，－23，＋81，＋22，＋23である。負の数の和は－62－108－23＝－193，正の数の和は＋２＋81＋22＋23＝＋128よって，面積の平均は1,100hPaを下回る。

正答　4

高卒

No. 105 東京消防庁

資料解釈　降水量のグラフ　平成30年度

下のグラフは，東京都の降水量を月別に調べ，１月からの累計をまとめたものである。このグラフから判断できることとして，最も妥当なものはどれか。

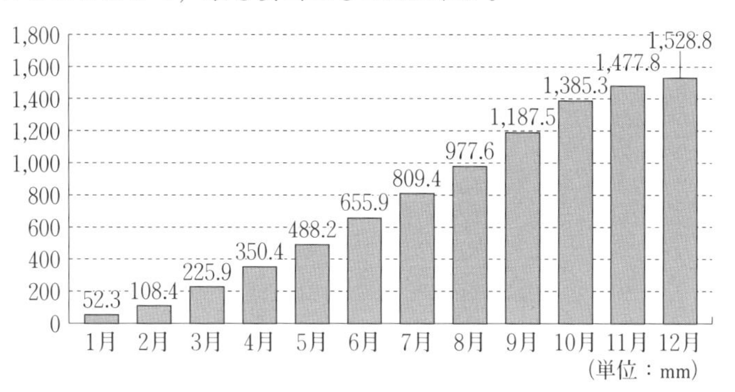

1　１年の中で降水量が最も多かったのは７月である。

2　１月から６月までの降水量の平均は，７月から12月までの降水量の平均を上回る。

3　11月の降水量よりも12月の降水量の方が多かった。

4　９月と10月の２か月間の降水量は400mm 以上であった。

5　１年間の中で降水量が最も少なかったのは１月である。

解説

1　誤り。グラフは１月からの累計を表しているので，例えば７月の降水量は，「７月までの累計降水量」－「６月までの累計降水量」＝809.4－655.9=153.5［mm］となる。

また，９月の降水量は，「９月までの累計降水量」－「８月までの累計降水量」＝1187.5－977.6=209.9［mm］となる。よって，降水量は７月よりも９月が多い。

2　誤り。１月から６月までの降水量の合計は655.9mm，7月から12月までの降水量の合計は「12月までの累計降水量」－「６月までの累計降水量」＝1528.8－655.9=872.9［mm］となる。

１月から６月までと，7月から12月まではともに６か月であるので，合計が下回る１月から６月までは，平均も下回る。

3　誤り。11月の降水量は，「11月までの累計降水量」－「10月までの累計降水量」＝1477.8－1385.3=92.5［mm］。12月の降水量は，「12月までの累計降水量」－「11月までの累計降水量」＝1528.8－1477.8=51.0［mm］となる。よって，降水量は11月よりも12月が少ない。

4　正しい。９月と10月の降水量の合計は，「10月までの累計降水量」－「８月までの累計降水量」＝1385.3－977.6=407.7［mm］となる。よって，９月と10月の降水量の合計は，400㎜以上となる。

5　誤り。１月の降水量は52.3mm，12月の降水量は，「12月までの累計降水量」－「11月までの累計降水量」＝1528.8－1477.8=51.0［mm］となる。よって，降水量は１月よりも12月が少ない。

正答　4

文章理解　判断推理　数的推理　資料解釈　政治　経済　社会　世界史　日本史　地理

高卒 東京消防庁

No.106 資料解釈 工業統計 平成30年度

下の表は，平成17年から平成26年までの工業統計の調査結果である。この表から判断できる正しいもののみをすべて選んだものとして，最も妥当なものはどれか。

	事業所数	従業者数（単位：人）	製造品出荷額（単位：億円）
平成17年	133,621	7,305,133	2,860,630
平成18年	136,917	7,494,312	3,064,740
平成19年	140,973	7,806,315	3,280,069
平成20年	136,097	7,618,941	3,267,264
平成21年	127,004	7,085,735	2,581,545
平成22年	124,520	7,061,000	2,824,241
平成23年	120,723	6,807,864	2,765,669
平成24年	121,942	6,854,404	2,815,983
平成25年	120,533	6,868,748	2,852,742
平成26年	118,491	6,839,201	2,966,015

ア　表中の期間で事業所１か所当たりの製造品出荷額が最も多い年は平成19年である。

イ　表中の平成18年から平成26年の期間で，製造品出荷額の対前年減少率が最も大きいのは平成20年である。

ウ　事業所１か所当たりの製造品出荷額は平成25年より平成26年の方が多い。

1　ア　　**2**　イ　　**3**　ウ

4　ア，イ　　**5**　ア，ウ

解説

ア　誤り。「事業所１か所当たりの製造品出荷額」$=\frac{出荷額}{事業所数}$を検討する。５桁目で四捨五入をして，４桁で計算をする。19年は，$\frac{3,280,000[億円]}{141,000}=23.3\cdots$　26年は，$\frac{2,966,000[億円]}{118,500}=25.0\cdots$

よって，事業所１か所当たりの製造品出荷額は19年よりも26年が多い。

イ　誤り。「平成20年の製造品出荷額の対前年減少率」$=\frac{19年の出荷額-20年の出荷額}{19年の出荷額}\times100$［%］で表される。５桁目で四捨五入をして，4桁で計算をする。

平成20年の対前年減少率は，$\frac{3,280,000-3,267,000}{3,280,000}\times100=\frac{13,000}{3,280,000}\times100$

平成21年の対前年減少率は，$\frac{3,267,000-2,582,000}{3,267,000}\times100=\frac{685,000}{3,267,000}\times100$

20年の分数を21年と比べてみると，分母は大きく，分子は小さいので，20年の方が21年よりも小さい。よって，対前年減少率は20年よりも21年が大きい。

ウ　正しい。「事業所１か所当たりの製造品出荷額」$=\frac{出荷額}{事業所数}$を検討する。

25年は，$\frac{2,852,742[億円]}{120,533}$　26年は，$\frac{2,966,015[億円]}{118,491}$

26年の分数を25年と比べてみると，分母は小さく，分子は大きいので，26年の方が25年よりも大きい。よって，事業所１か所当たりの製造品出荷額は25年より26年の方が多い。

正答　3

高卒

地方初級

No. 107 資料解釈 穀物生産量と小麦生産量 平成17年度

図は，A，B，C，D，E 5か国の穀物生産量と小麦生産量を1980年と2000年とで比較したものである。この図からいえることとして正しいものは，次のうちどれか。ただし，小麦生産率とは，穀物生産量に占める小麦生産量の割合（%）である。

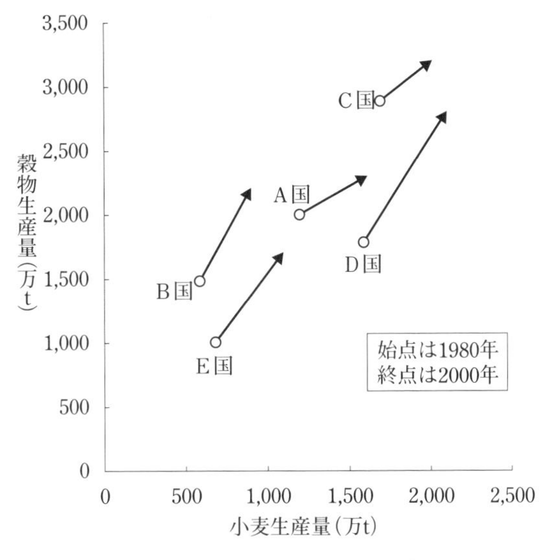

1 1980年における穀物生産量が最も多いのはD国，最も少ないのはE国である。

2 2000年における小麦生産量を見ると，C国はB国の3倍を超えている。

3 1980年における小麦生産率が最も大きいのはC国である。

4 2000年における小麦生産率が最も小さいのはB国である。

5 1980年から2000年にかけての穀物生産量の増加率を見ると，C国はA国を上回っている。

解説

1．1980年における穀物生産量が最も多いのはC国（2,900万t），最も少ないのはE国（1,000万t）である。

2．2000年における小麦生産量は，C国が2,000万t，B国が900万tとなっており，前者は後者の3倍には達していない。

3．小麦生産率の大小は，原点と当該点（矢印の始点または終点）とを結ぶ直線の傾きを比較することで判断できる。すなわち，この傾きが大きいほど小麦生産率は小さいといえる。したがって，原点と矢印の始点とを結ぶ直線の傾きを比較して，1980年における小麦生産率が最も大きいのはD国であることがわかる。

4．正しい。原点と矢印の終点とを結ぶ直線の傾きを比較して，2000年における小麦生産率が最も小さいのはB国であることがわかる。

5．1980年から2000年にかけての穀物生産量の増加率を見ると，C国が $\frac{3200}{2900}-1 \fallingdotseq 0.10$，A国が $\frac{2300}{2000}-1=0.15$ であるから，C国はA国を下回っている。

正答 4

文章理解 判断推理 数的推理 資料解釈 政治 経済 社会 世界史 日本史 地理

高卒 地方初級

No.108 資料解釈 古紙回収率など 平成13年度

表は，1990年と1998年におけるA～E 5か国の古紙回収量，古紙消費量，古紙回収率を示している。この表に関する以下の記述のア～エの部分について，すべて正しいものを組み合わせているのは，次のうちどれか。ただし，古紙回収率$=\dfrac{\text{古紙回収量}}{\text{紙消費量}}$とする。

1990年

	古紙回収量(万t)	古紙消費量(万t)	古紙回収率(%)
A国	1205	961	42.6
B国	318	304	21.3
C国	1527	1478	45.9
D国	1631	1204	38.5
E国	982	880	15.7

1998年

	古紙回収量(万t)	古紙消費量(万t)	古紙回収率(%)
A国	1659	1254	53.5
B国	780	842	41.3
C国	2166	1963	63.2
D国	2580	2122	55.3
E国	1207	1236	23.6

- 1990年において，E国の紙消費量はB国のそれの[ア]（3倍，4倍）を超えている。
- 1998年において紙消費量に占める古紙消費量の割合が最も高い国は[イ]（C国，A国）である。
- 5か国全体での古紙回収量，古紙消費量を見ると，1990年は[ウ]（回収超過，消費超過），1998年は[エ]（回収超過，消費超過）となっている。

	ア	イ	ウ	エ
1	3倍	A国	回収超過	消費超過
2	4倍	C国	回収超過	回収超過
3	4倍	A国	回収超過	消費超過
4	4倍	C国	回収超過	消費超過
5	3倍	A国	回収超過	回収超過

解説

ア．紙消費量$=\dfrac{\text{古紙回収量}}{\text{古紙回収率}}$であるから，紙消費量は1990年においてはE国が$\dfrac{982}{0.157}\fallingdotseq 6250$［万t］，B国が$\dfrac{318}{0.213}\fallingdotseq 1490$［万t］となっており，$6250>1500\times4>1490\times4$であるから，E国はB国の4倍を超えている。

イ．アと同様にして1998年における紙消費量を計算すると，A国3100万t，B国1890万t，C国3430万t，D国4670万t，E国5110万tとなっており，この値と古紙消費量の値を用いて紙消費量に占める古紙消費量の割合を計算するとA国は$\dfrac{1254}{3100}\fallingdotseq 0.40$，C国は$\dfrac{1963}{3430}\fallingdotseq 0.57$，同様に計算してB国0.45，D国0.45，E国0.24となっている。したがって，この割合が最も高いのはC国である。

ウ，エ．1990年にはどの国も回収超過であり，計算するまでもなく，5か国全体でも回収超過である。1998年にはB国とE国が消費超過となっているがその超過量はどちらの国もわずかであり，やはり計算するまでもなく5か国全体では回収超過である。

よって，**2**が正しい。

正答 2

高卒 地方初級

No. 109 資料解釈 交通事故の負傷者数など 平成12年度

次の表はある年の年齢別の交通事故の負傷者数と死亡者数をまとめたものである。この表から正しくいえるものはどれか。ただし，人口10万人当たりの死亡者数および負傷者数は，小数第2位を四捨五入した数値である。

	総人口（千人）	死者		負傷者	
		人数	人口10万人当たり	人数	人口10万人当たり
0～6歳	8374	130	1.6	24983	
7～15歳	12509	165	1.3	52297	
16～24歳	16071	2026	12.6	244230	
0～24歳	36954	2321		321510	
全年齢	126166	9640		958925	

1　0～24歳の人口10万人当たりの負傷者数を多い順に並べると，16～24歳，0～6歳，7～15歳となる。

2　0～24歳の人口10万人当たりの負傷者数を多い順に並べると，7～15歳，0～6歳，16～24歳となる。

3　人口10万人当たりの死亡者数を比べると，0～24歳と25歳以上では0～24歳のほうが多い。

4　人口10万人当たりの負傷者数を比べると，0～24歳と25歳以上では25歳以上のほうが多い。

5　16～24歳の交通事故死亡者は，およそ同年齢層の8,000人に1人である。

解説

人口10万人当たりの負傷者数（x 人とする）の出し方は，比を利用するとわかりやすい。「人口：負傷者数＝10万：x」となるから「x＝負傷者数×10万÷人口」である。これをもとに年齢層別に計算すると，0～6歳が298.3人，7～15歳が418.1人，16～24歳が1519.7人となる。

1，**2**とも誤りである。0～24歳と25歳以上との比較では，25歳以上のデータは直接与えられていないから，「全年齢のデータ－0～24歳のデータ」を計算しなければならない。上記同様に計算すれば，人口10万人当たりの死亡者数は，0～24歳が6.3人，25歳以上が8.2人であり，同負傷者数は，前者が870.0人，後者が714.5人となる。

3，**4**とも誤りである。

5では，16071千：2026＝x：1を計算して x を求める。2026x＝16071千だから，x＝7932.4。およそ8,000人に1人であり正しいことがわかる。

よって，**5**が正しい。

正答　5

文章理解 判断推理 数的推理 資料解釈 政治 経済 社会 世界史 日本史 地理

高卒 地方初級

No. 110 資料解釈 海洋汚染の発生件数など 平成12年度

次のグラフはある国の海洋汚染の発生件数と被害額をまとめたものである。グラフの外側の数字は，発生件数・被害額とも98年を100とする指数で示した合計であり，グラフの中の数値はいずれも構成比（%）を示している。正しくいえるものはどれか。

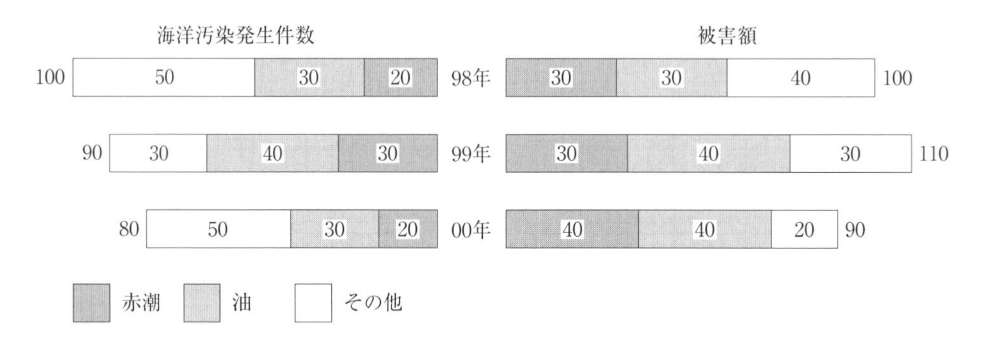

1 赤潮の１件当たりの被害額は年々減少している。
2 赤潮の発生件数は年々増加している。
3 油汚染の１件当たりの被害額は年々増加している。
4 油汚染の発生件数は年々減少している。
5 油汚染の１件当たりの被害額が一番多かったのは98年である。

解説

98年の発生件数を仮に100件・被害額を100億円としてほかの年がどうなるか計算して正誤を判別する。99年の赤潮の発生件数は，全体の指数90に構成比の30%＝0.3をかけた27，同被害額は110×0.3＝33億円となる。同様に計算した結果を整理すると，赤潮・油・その他の順に，

〈発生件数〉
98年：20・30・50
99年：27・36・27
00年：16・24・40

〈被害額〉
98年：30・30・40
99年：33・44・33
00年：36・36・18

となる。１件当たりの被害額は，被害額を発生件数で割ればよい。

1．赤潮の１件当たりの被害額は，98年1.5，99年1.2，00年2.3なので誤り。
2．赤潮の発生件数は，98年20，99年27，00年16なので誤り。
3．油汚染の１件当たりの被害額は，98年1.0，99年1.2，00年1.5なので正しい。
4．油汚染の発生件数の推移は，30→36→24なので誤り。
5．98年の油汚染の１件当たりの被害額は1.0，99年は1.2，00年は1.5なので誤り。
よって，**3**が正しい。

正答 3

大卒

No. 111 東京消防庁

資料解釈　使用済みパソコンの回収量と再資源化　令和元年度

下の表は，使用済みパソコンの回収量と再資源化実績をまとめたものである。これらの表から判断できることとして，最も妥当なのはどれか。

家庭から廃棄された使用済みパソコンの回収量と再資源化実績

	回収重量(t)	回収台数(台)	再資源化処理量(t)	資源再利用量(t)
デスクトップ型パソコン本体	597.6	58,334	547.0	413.4
ノートブック型パソコン	384.7	127,563	365.0	216.6
CRT ディスプレイ装置	245.5	13,951	245.5	170.6
液晶ディスプレイ装置	829.6	89,558	771.2	584.0

法人（企業など）から廃棄された使用済みパソコンの回収量と再資源化実績

	回収重量(t)	回収台数(台)	再資源化処理量(t)	資源再利用量(t)
デスクトップ型パソコン本体	318.7	31,205	264.4	221.1
ノートブック型パソコン	139.1	52,040	127.3	89.9
CRT ディスプレイ装置	46.9	2,892	46.9	32.2
液晶ディスプレイ装置	246.0	34,805	197.6	159.5

1　家庭から廃棄された使用済みパソコンの回収重量の合計は，法人から廃棄された使用済みパソコンの回収重量の 3 倍を上回る。

2　法人から廃棄されたノートブック型パソコンの回収台数当たりの回収重量は，1 台につき 3 kg に満たない。

3　デスクトップ型パソコン本体の回収重量に対する再資源化処理量の割合は，法人から廃棄された使用済みパソコンが，家庭から廃棄された使用済みパソコンの割合を上回る。

4　家庭と法人のノートブック型パソコンを合計した再資源化処理量に対する資源再利用量の割合は，70％を上回る。

5　法人から廃棄された使用済みパソコンの合計についてみると，再資源化処理量と資源再利用量の差は，100t を下回る。

解説

1．誤り。小数第 1 位で四捨五入して計算する。
家庭の合計は598＋385＋246＋830＝2,059，法人の合計は，319＋139＋47＋246＝751，
法人の合計の 3 倍は，751×3＝2,253であり，家庭の合計は法人の合計の 3 倍を下回る。

2．正しい。小数第 1 位で四捨五入した後，kg の単位に直して計算する。
法人のノートブック型パソコンの 1 台当たりの回収重量は，$\frac{139,000\ [\text{kg}]}{52,000\ [\text{台}]}=\frac{139}{52}=2.6\cdots$より，3kg に満たない。

3．誤り。小数第 1 位で四捨五入して計算する。デスクトップ型パソコン本体の回収重量に対する再資源化処理量の割合は，法人が$\frac{264}{319}=0.8\cdots$，家庭が，$\frac{547}{597}=0.9\cdots$より，法人が家庭を下回る。

4．誤り。小数第 1 位で四捨五入して計算する。家庭と法人のノートブック型パソコンを合計した再資源化処理量に対する資源再利用量の割合は，$\frac{217+90}{365+127}=\frac{307}{492}=0.6\cdots$より，70％を下回る。

5．誤り。小数第 1 位で四捨五入して計算する。
法人の再資源化処理量の合計は264＋127＋47＋198＝636，資源再利用量の合計は，221＋90＋32＋160＝503，その差は，636－503＝133で100t を上回る。

正答　2

大卒

東京消防庁

No.112 資料解釈 携帯電話等の販売台数 令和元年度

下のグラフは，携帯電話とスマートフォンの販売台数の対前月比をまとめたものである。このグラフから判断できることとして，最も妥当なのはどれか。ただし，携帯電話とは，スマートフォンとスマートフォン以外の携帯電話すべての合計である。

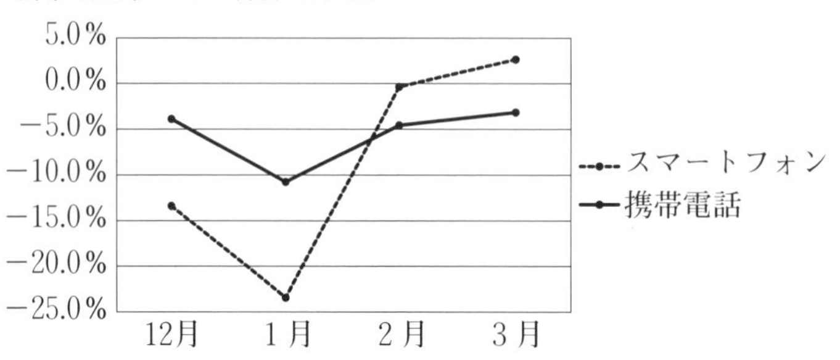

1 3月は，前月に比べて携帯電話に占めるスマートフォンの販売台数の割合が増加している。

2 2月は，前月に比べて携帯電話に占めるスマートフォン以外の携帯電話の販売台数の割合が増加している。

3 1月は，前月に比べて携帯電話に占めるスマートフォンの販売台数の割合が増加している。

4 12月は，前月に比べて携帯電話に占めるスマートフォン以外の携帯電話の販売台数の割合が減少している。

5 表中の期間において，携帯電話に占めるスマートフォンの販売台数の割合が最も低いのは12月である。

解説

1．正しい。2月から3月の「携帯電話に占めるスマートフォンの割合」$=\frac{\text{スマホ}}{\text{全携帯}}$を検討する。分母の全携帯の増加率は0％を下回っているので減少しているが，分子のスマホの増加率は0％を上回っているので増加している。つまり，$\frac{\text{スマホ}}{\text{全携帯}}$の値は増加する。

2．誤り。1月から2月の$\frac{\text{スマホ以外}}{\text{全携帯}}$を検討する。分母の全携帯の増加率は0％を下回っているので減少している。「全携帯＝スマホ＋スマホ以外」なので，スマホの増加率がほぼ0％（増減なし）ということは，全携帯の減少数とスマホ以外の減少数はほぼ等しいことになる。

この減少数をaとする。1月の割合をとすると，2月の割合はとなり1月より減少する。

（補足）1月のスマホ以外を$100x$とすると2月のスマホ以外は$95x$，1月のスマホを$100y$とすると2月のスマホ以外はおよそ$100y$と表せる。ここで，$\frac{\text{スマホ以外}}{\text{全携帯}}$の逆数を検討する。

1月$=\frac{100x+100y}{100x}=1+\frac{y}{x}<$ 2月$\frac{95x+100y}{95x}=1+\frac{100x}{95y}$大小逆転し，1月＞2月となる。

3．誤り。12月から1月の$\frac{\text{スマホ}}{\text{全携帯}}$を検討する。分母の全携帯の増加率は−10％ほどであるが，分子のスマホの増加率は−24％である。つまり，$\frac{\text{スマホ}}{\text{全携帯}}$の値は減少する。

4．誤り。11月から12月の$\frac{\text{スマホ以外}}{\text{全携帯}}$を検討する。分母の全携帯の増加率は−4％ほどである。一方，スマホの増加率は−13％ほどである。これは，「全携帯＝スマホ＋スマホ以外」なので，スマホ以外の増加率は−4％よりも大きいことを意味する。つまり，$\frac{\text{スマホ以外}}{\text{全携帯}}$の値は増加する。

5．誤り。**3**で検討したように，$\frac{\text{スマホ}}{\text{全携帯}}$は12月よりも1月の方が低い。

正答 1

大卒

No. 113 東京消防庁

資料解釈 ゲーム業界の市場規模 令和元年度

下の表は，世界のゲーム業界の市場規模をまとめたものである。この表から判断できることとして，最も妥当なのはどれか。

	家庭用ゲーム	スマホゲーム
日　　本	3,302	9,453
北　　米	12,259	8,932
ヨーロッパ	10,879	4,627
そ　の　他	6,977	21,675

（単位：億円）

1　世界合計に占める家庭用ゲームの割合に関して，日本の割合は20％を超える。
2　家庭用ゲームの世界合計は，スマホゲームの世界合計を上回る。
3　家庭用ゲームに対するスマホゲームの割合に関して，その他よりも日本の方が高い。
4　家庭用ゲームとスマホゲームの合計に関して，世界合計に占める日本の割合は20％を下回る。
5　家庭用ゲームとスマホゲームの合計に関して，北米はヨーロッパの２倍を上回る。

解説

1．日本が20％を超えているのであれば，日本を除いた他の合計は日本の数値の４倍を下回っていることになる。日本の数値は3,302〔億円〕であるのに対し，北米だけでも４倍近くあるので，明らかに４倍は超えている。つまり，日本の割合は20％を下回っている。

2．家庭用ゲームとスマホゲームの数値を比較すると，家庭用ゲームの日本とその他の合計と，スマホゲームの日本の値がよく似ており，家庭用ゲームの北米と，スマホゲームの北米とヨーロッパの合計がよく似ている。よって，表中のそれ以外の値，つまり，家庭用ゲームのヨーロッパの値とスマホゲームのその他の値を比較すればよい。すると，スマホゲームのその他の値のほうが明らかに大きいので，スマホゲームの世界合計のほうが多いとわかる。

3．家庭用ゲームに対するスマホゲームの値は，日本は３倍弱だが，その他は家庭用ゲームを約7,000と考えても，３倍以上ある。よって，その他のほうがスマホゲームの割合は高い。

4．妥当である。日本の家庭用ゲームとスマホゲームの合計は3302＋9453＝12755となるので，約13,000〔億円〕である。日本を除いた他の合計が日本の数値の4倍の約52,000〔億円〕を超えていれば，日本の割合は20％を下回っている。概数計算でも明らかに超えているので，日本の割合は20％を下回っている。

5．北米とヨーロッパの値を比較すると，スマホゲームは２倍近いが，家庭用ゲームは1,380〔億円〕高いだけである。よって，合計に関しては，北米はヨーロッパの２倍を上回ってはいない。

正答　4

大卒

No. 114 東京消防庁

資料解釈　出火原因別火災件数　平成28年度

下の表は，平成21年から25年までのある地域の主な出火原因別火災件数をまとめたものである。この表から判断できることとして，最も妥当なのはどれか。

主な出火原因＼年	21年	22年	23年	24年	25年
放火	441	394	339	259	250
たばこ	201	185	183	157	177
天ぷら油	104	89	85	79	71
火遊び	27	31	53	36	46
ガスこんろ・レンジ	77	65	61	92	86

1　主な出火原因による火災合計件数は，25年は21年に対し２割以上減少した。
2　主な出火原因による火災合計件数は，22年以降前年に対し連続して減少している。
3　たばこが出火原因の火災件数は，22年以降前年に対し連続して減少している。
4　火遊びが出火原因の火災件数は，この５年間で25年が最も多い。
5　主な出火原因を火災件数の多い順にみると，21年から25年まで同じ順で変わらない。

解説

1. 正しい。21年における主な出火原因による火災合計件数は，441＋201＋104＋27＋77＝850，より，850件である。25年は，250＋177＋71＋46＋86＝630，より，630件である。850×0.8＝680＞630より，減少率は2割を超えている。
2. 24年の場合，主な出火原因による火災合計件数は，259＋157＋79＋36＋92＝623，より，623件だから，25年（＝630件）は前年より増加している。
3. 25年は24年より増加している。
4. 火遊びが出火原因の火災件数が最も多いのは23年である。
5. 21～23年は，３番目に多いのが「てんぷら油」であるのに対して，24，25年では，３番目に多いのは「ガスこんろ・レンジ」である。

正答　1

大卒

No. 115 東京消防庁

資料解釈　新エネルギーによる発電供給量　平成28年度

下のグラフは，2007年から2011年までの新エネルギー（3電種）による発電供給量をまとめたものである。このグラフから判断できることとして，最も妥当なのはどれか。

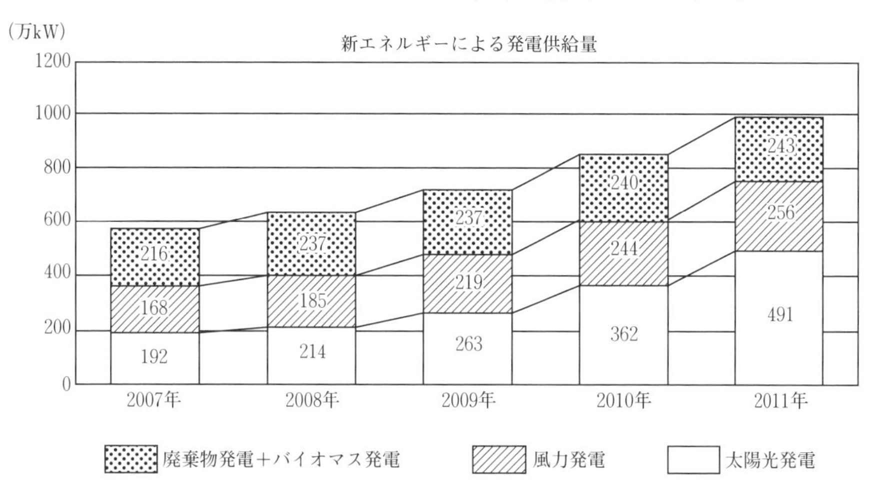

1　2011年の3電種の合計発電供給量は，2007年の3電種の合計発電供給量の2倍を超えている。

2　3電種ともすべての年で前年の発電供給量を超えている。

3　2007年の発電供給量に対し，2011年の発電供給量の伸びが最も小さいのは廃棄物発電＋バイオマス発電である。

4　太陽光発電供給量で前年に対する伸長率が最大なのは2011年である。

5　3電種の合計発電供給量は，2008年以降毎年，前年に対し15％以上増加している。

解説

1．2007年における3電種の合計発電供給量は，192＋168＋216＝576，より，576万kWである。2011年における3電種の合計発電供給量は1,000万kW未満なので，2倍に達しない。

2．「廃棄物発電＋バイオマス発電」の場合，2008年と2009年では変化していない（2009年は2008年を超えていない）。

3．正しい。「廃棄物発電＋バイオマス発電」の場合，2007年は3電種の中で最も多く，2011年は最も少ないのだから，最も伸びが小さいのは「廃棄物発電＋バイオマス発電」である。

4．2011年の場合，491÷362≒1.356，より，増加率は約35.6％である。これに対し，2010年は，362÷263≒1.376，より，増加率は約37.6％で，2011年より2010年の方が増加率は大きい。

5．2007年に対する2008年の増加率は，（214＋185＋237）÷576≒1.104，より，約10.4％である。

正答　3

文章理解　判断推理　数的推理　資料解釈　政治　経済　社会　世界史　日本史　地理

No.116 資料解釈　実数　図　平成17年度

図は，ある地域で処理されるゴミを一般ゴミとビン・缶・その他に分け，それぞれの処理量と全体でのリサイクル率の推移を示したものである。この図に関する記述ア～ウの正誤を正しく組み合わせているのは次のうちどれか。ただし，ビン・缶・その他はすべてがリサイクルされている（リサイクル率＝100%）とする。

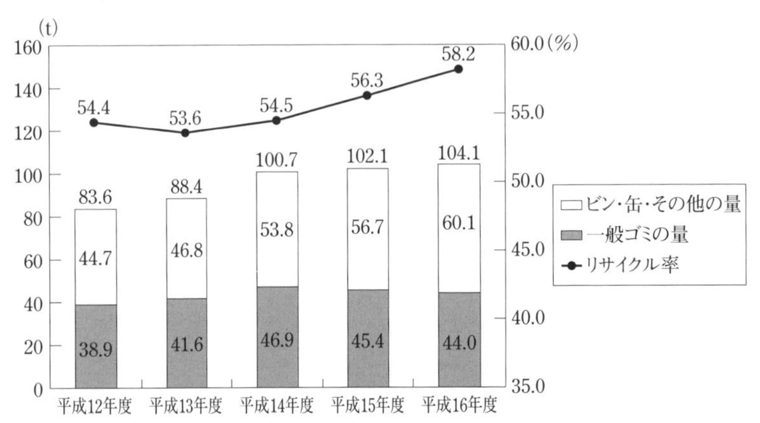

ア　ゴミ全体に占めるビン・缶・その他の割合は毎年増加している。
イ　一般ゴミのリサイクル量は平成14年度のほうが13年度より多い。
ウ　一般ゴミのリサイクル率は常に２%以下である。

	ア	イ	ウ
1	正	誤	正
2	正	正	誤
3	誤	正	正
4	誤	正	誤
5	誤	誤	誤

解説

ア．誤り。総ゴミ処理量に占めるビン・缶・その他の割合は，平成12年度が$\frac{44.7}{83.6}≒0.535$，13年度が$\frac{46.8}{88.4}≒0.529$となっており，この間にわずかではあるが減少している。

イ．正しい。ビン・缶・その他はすべてがリサイクルされているのだから，一般ゴミのリサイクル量は「総ゴミ処理量×リサイクル率－ビン・缶・その他の量」で計算される。したがって，一般ゴミのリサイクル量は，平成13年度が88.4×0.536－46.8≒0.582［t］，14年度が100.7×0.545－53.8≒1.08[t]となっていて14年度のほうが多い。

ウ．誤り。一般ゴミのリサイクル率は$\frac{一般ゴミのリサイクル量}{一般ゴミの量}$で計算される。したがって，平成14年度において，一般ゴミのリサイクル率は$\frac{1.08}{46.9}≒0.023$となり，２%を上回っている。

以上より，**4**が正しい。

正答　4

大卒

No. 117 東京消防庁

資料解釈　四輪車販売台数　平成27年度

下の表は，2010年から2012年までの，アジア主要国の四輪車販売台数をまとめたものである。この表から判断できることとして，最も妥当なのはどれか。

（単位：千台）

	2010年			2011年			2012年		
	乗用車	トラック・バス	計	乗用車	トラック・バス	計	乗用車	トラック・バス	計
中国	13,758	4,304	18,062	14,472	4,033	18,505	15,495	3,811	19,306
インド	1,871	1,168	3,039	2,510	777	3,287	2,774	803	3,577
日本	4,212	744	4,956	3,525	685	4,210	4,572	797	5,369
韓国	1,218	248	1,466	1,316	263	1,579	1,294	237	1,531
マレーシア	544	62	606	535	65	600	552	76	628
インドネシア	541	223	764	602	292	894	781	335	1,116
タイ	347	454	801	390	400	790	950	430	1,380

1　2011年と2012年の「乗用車」販売台数をみると，すべての国で前年を上回っている。

2　2010年に対する2012年の「乗用車」販売台数の伸張率が最も高いのは，中国である。

3　「トラック・バス」販売台数をみると，日本の「トラック・バス」販売台数は，すべての年で表中の国のなかで２番目に多い。

4　「乗用車」販売台数と「トラック・バス」販売台数をみると，各年ともすべての国で「乗用車」販売台数の方が多い。

5　表中の国の「トラック・バス」販売台数の合計に対する，中国の「トラック・バス」販売台数の比率をみると，すべての年で中国が50％を上回っている

解説

1．2011年の日本とマレーシア，2012年の韓国は前年を下回っている。

2．2010年に対する2012年の「乗用車」販売台数を見ると，タイだけが２倍を超えており，伸び率はタイが最も大きい。

3．「トラック・バス」の販売台数では，いずれの年も中国，インドは日本より多い。

4．2010年，2011年のタイでは，「乗用車」販売台数より「トラック・バス」販売台数のほうが多い。

5．正しい。2010～2012年のいずれの年も，表中で中国を除く６か国の「トラック・バス」販売台数の合計は3,000千台未満である。６か国の「トラック・バス」販売台数の合計より中国の６か国の「トラック・バス」販売台数の合計のほうが多いので，50％を上回っている。

正答　5

大卒

No. 118 東京消防庁

資料解釈　社会保障給付費　平成26年度

下の表は，社会保障給付費とその内訳及び社会保障給付費が国民所得に占める割合についてまとめたものである。この表から判断できることとして，最も妥当なのはどれか。

（単位　10億円）

区　　分		平成７年度	平成12年度	平成17年度	平成22年度
社会保障給付費		64,719	78,133	88,488	104,679
	医療	24,052	25,998	28,161	32,919
	年金	33,499	41,201	46,829	52,971
	福祉その他	7,168	10,934	13,498	18,789
社会保障給付費が国民所得に占める割合（%）		17.54	21.01	23.65	29.71

1　表の各年度のうち，「社会保障給付費」に対する「医療」の比率が最も大きいのは，平成12年度である。

2　表の各年度のうち，「社会保障給付費」に対する「福祉その他」の比率が最も小さいのは，平成12年度である。

3　表の各年度で，国民所得が最も小さいのは，平成12年度である。

4　平成７年度の「医療」「年金」「福祉その他」の金額をそれぞれ100とした指数でみると，平成22年度は「医療」の金額の指数が最も小さい。

5　「福祉その他」の平成12年度，17年度，22年度をみると，それぞれの５年前に対する増加率が最も大きいのは，平成22年度である。

解説

1. $\frac{26}{78}=\frac{1}{3}\fallingdotseq 33.3$%であることから，平成12年度における「社会保障給付費」に対する「医療」の比率は33.3%未満である。これに対し，平成７年度は，$\frac{24}{65}>\frac{24}{72}>\frac{1}{3}\fallingdotseq 33.3$%で，33.3%を超えており，平成７年度の比率のほうが大きい。

2. 平成12年度を平成７年度と比較すると，「社会保障給付費」は約1.2倍であるが，「福祉その他」は約1.5倍となっている。つまり，「社会保障給付費」に対する「福祉その他」の比率は平成12年度より平成７年度のほうが小さい。

3. 平成22年度の「社会保障給付費」は平成12年度の約1.34倍であるが，「社会保障給付費が国民所得に占める割合」は1.4倍を超えている。このことは，平成22年度の国民所得は平成12年度より小さいことを表している。

4. 正しい。平成22年度の「医療」の金額は，平成7年度の1.4倍未満である。これに対し，「年金」は1.5倍以上，「福祉その他」は２倍以上となっており，「医療」が最も小さいというのは正しい。

5. 「福祉その他」の平成12年度，17年度，22年度を見ると，平成12年度だけが５年前の1.5倍を超えており，５年前に対する増加率は平成12年度が最も大きい。

正答　4

大卒

No.119 東京消防庁

資料解釈　1世帯当たりの支出額　平成26年度

下の図は，１世帯当たりの１か月間の支出額４項目についてまとめたものである。この表から判断できることとして，最も妥当なのはどれか。

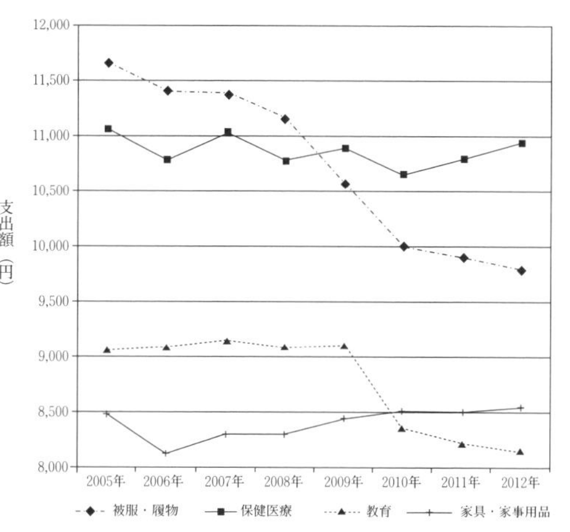

1　各項目の支出額について，最多の年と最少の年の支出額の差が最も大きいのは，「教育」である。

2　2006年から2012年までの各項目について，それぞれの前年の支出額に対する減少率をみると，最も大きいのは，2009年の「被服・履物」である。

3　2006年から2012年までの「保健医療」の支出額は，対前年増加率の合計が対前年減少率の合計よりも大きい。

4　「被服・履物」と「教育」の支出額の差が最も小さいのは，2010年である。

5　「保健医療」と「家具・家事用品」の支出額の差が最も大きいのは，2007年である。

解説

1．「教育」の場合，最多と最少との差は約1,000円であるが，「被服・履物」では2,000円近い差がある。

2．2008～2009年の「被服・履物」を示す直線の傾きより，2009～2010年の「教育」を示す直線の傾きの方が大きい。このことは，2008～2009年の「被服・履物」の減少額より2009～2010年の「教育」の減少額のほうが大きいことを示している。そして，支出額は2008年の「被服・履物」より2009年の「教育」のほうが少ないのだから，2009年の「被服・履物」の対前年減少率より，2010年の「教育」の対前年減少率のほうが大きいことになる。

3．2005年～2012年の間で，「保健医療」の支出額が最大なのは2005年，最小なのは2010年でその差は400円程度であるから，2005年の支出額の４％未満である。したがって，各年における対前年増減率はこれより小さいことになる。各年の対前年増減率がこの程度に小さい場合，対前年増加率の合計が対前年減少率の合計よりも大きければ，2012年の支出額は2005年の支出額より大きくなる。

4．2010年における「被服・履物」と「教育」の支出額の差は1,500円以上であるが，2009年はその差が1,500円未満であり，2009年のほうが小さい。

5．正しい。図から判断する限り，2007年における「保健医療」と「家具・家事用品」の支出額の差は2,700円を超えている。ほかにこれより差が大きい年はないので，2007年が最大というのは正しい。

正答　5

大卒
地方上級

No. 120 資料解釈 世界各地域の人口推移 平成 11年度

次の表は，世界の各地域の人口の推移を表したものである。この表からいえることとして，妥当なものはどれか。

（単位：百万人）

	1960年	1970年	1980年	1990年	2000年
アジア	1,702	2,149	2,642	3,186	3,489
アフリカ	282	364	476	633	739
ヨーロッパ	605	656	693	722	728
アメリカ	416	509	610	718	783
オセアニア	16	19	23	26	29
世界人口	3,021	3,697	4,444	5,285	5,768

※2000年は推計。

1　世界人口に占めるヨーロッパの人口の割合は，いずれの年も15%を上回っている。

2　10年ごとの人口増加数を見ると，いずれも，最も多いのはアジアであり，次いで多いのはアフリカである。

3　世界人口に占めるアメリカの人口の割合は，いずれの年も10年前に比べて上昇している。

4　2000年におけるヨーロッパの人口は，1960年におけるそれよりも20%以上増加している。

5　世界人口の増加率が最も高いのは1980年から1990年までの10年間であり，次いで高いのは1970年から1980年までの10年間である。

解説

1．たとえば1990年の世界人口の15%を計算してみると，$5285\times0.15=793$となり，722人では15%に達していないことがわかる。

2．たとえば60年→70年を見ると，最大はアジアの447百万人だが，次はアメリカの93百万人となっている。

3．70年は$\frac{509}{3697}=0.1377$なのに対し80年は$\frac{610}{4444}=0.1372$であり，構成比は減少している。

4．正しい。$605\times1.2=726$より，確かに20%以上増加が見込まれている。

5．70年→80年は，$\frac{4444}{3697}-1=0.2$より，20%増であり，80年→90年は，$\frac{5285}{4444}-1=0.19$より，19%増である。

正答　4

大卒

No.121 東京消防庁

資料解釈 タブレット端末出荷台数 平成30年度

下の表は，2016年度のタブレット端末国内出荷台数と各四半期における前年度比及び前々年度比をまとめたものである。この表から判断できることとして，最も妥当なのはどれか。

	第１四半期（４－６月）	第２四半期（７－９月）	第３四半期（10－12月）	第４四半期（１－３月）
出荷台数（2016年度）	157,000台	166,000台	247,000台	177,000台
前年度比	116.2％	102.3％	89.6％	60.3％
前々年度比	96.3％	88.3％	98.4％	65.6％

1　第１四半期において，前々年度より前年度の方がタブレット端末国内出荷台数は増加している。

2　前年度において，第２四半期におけるタブレット端末国内出荷台数は第１四半期から減少している。

3　前々年度において，タブレット端末国内出荷台数が最も多いのは第３四半期である。

4　前年度の第４四半期のタブレット端末国内出荷台数は，30万台を下回っている。

5　前年度のタブレット端末国内出荷台数の合計は，2016年度のタブレット端末国内出荷台数の合計を下回っている。

解説

1．第１四半期において，2016年は前年同比116.2％で157,000台なので，前年度は明らかに157,000台より少ない。同様に前々年度比96.3％で157,000台なので，前々年度は明らかに157,000台より多い。よって前年度は前々年度より減少している。

2．第２四半期は第１四半期に比べて，2016年度の実数が多く，前年度比の増加分は小さいので，前年度の台数は明らかに第２四半期のほうが多い。

3．第３四半期の前々年度比は98.4％なので，前々年度の台数は25万台程度である。第４四半期の前々年度比は65.6％なので，177000÷0.65≒270000となり，27万台程度なので，第４四半期のほうが多い。

4．正しい。177000÷0.60≒295000となり，30万台を下回っている。

5．2016年度は，前年度比で，第１四半期は16.2％，第２四半期は2.3％増加しているが，第３四半期は10.4％，第４四半期は39.7％減少している。しかも第３四半期は出荷台数が多いので，減少幅も大きい。したがって，明らかに前年度の出荷数台数の合計のほうが上回っている。

正答　4

大卒 No.122 東京消防庁

資料解釈 全国用途別ガス販売量 平成25年度

下の図は，2011年下半期の全国用途別ガス販売量をまとめたものである。この図から判断できることとして，最も妥当なのはどれか。

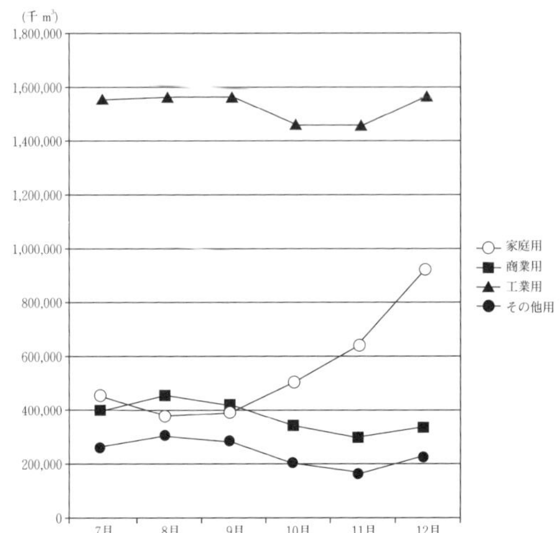

1 図中の期間で，最も販売量が多い月の販売量と，最も販売量が少ない月の販売量との差が最も大きいのは，「工業用」である。

2 図中の期間で，全ガス販売量合計が２番目に多いのは，10月である。

3 「家庭用」の販売量の10月，11月，12月の対前月増加率は，どれも40％を超えている。

4 図中のどの月でも，「工業用」の販売量は，その月の全ガス販売量合計の60％を超えている。

5 図中のどの月でも，「商業用」の販売量は，その月の「工業用」の販売量の15％を超えている。

解説

1．「工業用」の場合，数値は1,400,000～1,600,000千m^{3}の間に収まっているから，その差は200,000千m^{3}以内である。これに対し，「家庭用」の場合は，400,000千m^{3}以上の開きがあるので，最も販売量が多い月の販売量と，最も販売量が少ない月の販売量との差は「家庭用」のほうが大きい。

2．10月と８月を図で比較すると，「家庭用」は10月のほうが100,000千m^{3}強程度多いが，「工業用」，「商業用」，「その他用」の３用途合計では８月のほうが200,000千m^{3}以上多いので，全体では８月のほうが多い。また，12月を見ると，「商業用」，「その他用」は10月とほぼ等しいが，「工業用」，「家庭用」は明らかに12月のほうが多い。したがって，10月が２番目に多いとはいえない。

3．10月の「家庭用」販売量が500,000千m^{3}だとしても，増加率40％（＝1.4倍）なら，11月は700,000千m^{3}を超えていなければならない。

4．11月の場合を考えると，「工業用」販売量が全ガス販売量合計の60％を超えているならば，「工業用」販売量が1,500,000千m^{3}だとしても，他の３用途の合計が1,000,000千m^{3}未満でなければならないが，他の３用途の合計は明らかに1,000,000千m^{3}を超えている。

5．妥当である。「工業用」販売量が1,600,000千m^{3}だとしても，その15％は240,000千m^{3}であり，各月の「商業用」販売量は300,000千m^{3}以上あるから，15％を超えているというのは正しい。

正答 5

大卒

No. 123 東京消防庁 資料解釈 小学校と中学校の構成 令和2年度

下のグラフは，小学校と中学校の構成（学校数，学級数，教員数，児童・生徒数）をまとめたものである。このグラフから判断できることとして，最も妥当なのはどれか。

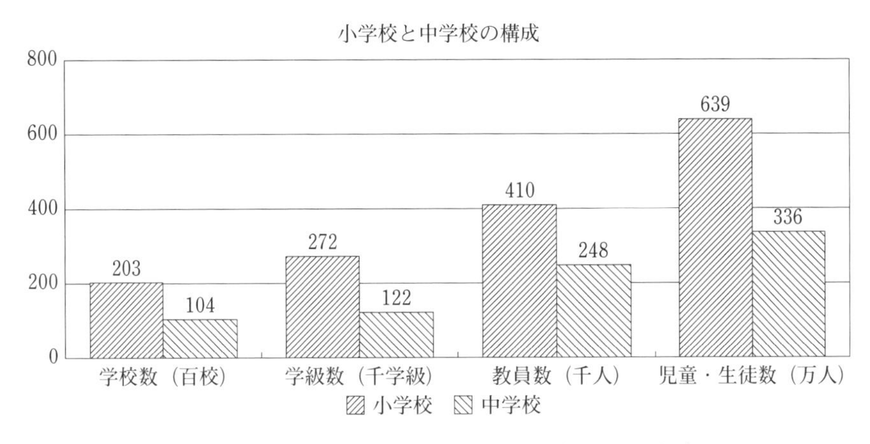

1 中学校１校当たりの学級数は，小学校１校当たりの学級数よりも多い。

2 小学校１校当たりの教員数は，中学校１校当たりの教員数よりも多い。

3 小学校１校当たりの児童・生徒数は，中学校１校当たりの児童・生徒数よりも多い。

4 小学校の教員１人当たりの児童・生徒数は，中学校の教員１人当たりの児童・生徒数よりも多い。

5 小学校１学級当たりの児童・生徒数は，中学校１学級当たりの児童・生徒数よりも多い。

解説

百校，千学級など，本問には単位があるが，同じように計算される数値同士の比較をするときは，単位は無視できる。本問でも，203百校を203などとして計算していく。

1．誤り。小学校，中学校の１校当たりの学級数はそれぞれ，$\frac{272}{203}=1.3\cdots$，$\frac{122}{104}=1.1\cdots$である。よって，中学校のほうが少ない。

2．誤り。小学校，中学校の１校当たりの教員数はそれぞれ，$\frac{410}{203}=2.0\cdots$，$\frac{248}{104}=2.3\cdots$である。よって，小学校のほうが少ない。

3．誤り。小学校，中学校の１校当たりの児童・生徒数はそれぞれ，$\frac{639}{203}=3.1\cdots$，$\frac{336}{104}=3.2\cdots$である。よって，小学校のほうが少ない。

4．正しい。小学校，中学校の教員１人当たりの児童・生徒数はそれぞれ，$\frac{639}{410}=1.5\cdots$，$\frac{336}{248}=1.3\cdots$である。よって，小学校のほうが多い。

5．誤り。小学校，中学校の１学級当たりの児童・生徒数はそれぞれ，$\frac{639}{272}=2.3\cdots$，$\frac{336}{122}=2.7\cdots$である。よって，小学校のほうが少ない。

正答 4

大卒 No.124 東京消防庁

資料解釈　農業産出額　平成23年度

次のグラフは，農業産出額（耕種）を表したものである。1980年と2007年を比較したとき，農業産出額の増加量が一番大きい耕種として，最も妥当なのはどれか。なお，小数点第2位を四捨五入しているため，2007年の構成比合計は99.9%になる。

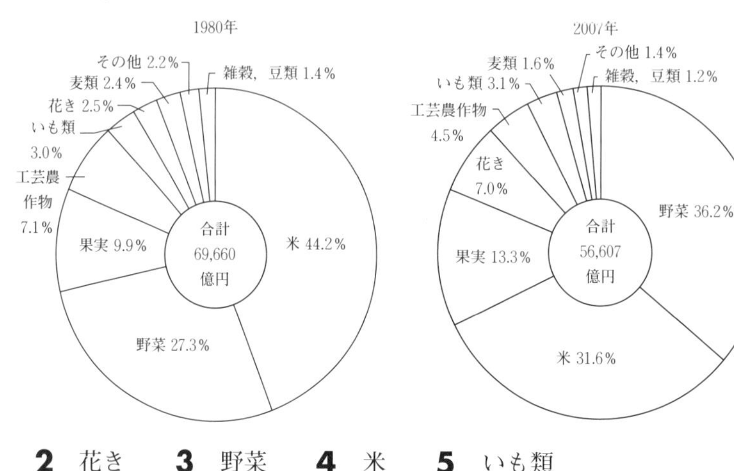

1　果実　**2**　花き　**3**　野菜　**4**　米　**5**　いも類

解説

2007年の農業産出合計額は56,607億円，1980年は69,660億円であり，2007年は1980年と比較すると，56607億÷69660億$\fallingdotseq\frac{4}{5}$である。したがって，2007年の農業産出額が1980年を上回るためには，2007年における構成比が1980年の$\frac{5}{4}$倍を上回っている必要がある。米の場合は2007年のほうが構成比が小さいので，1980年より減少していることは明らかである。いも類は3.0%から3.1%で，$\frac{31}{30}<\frac{5}{4}$だから，やはり減少している。また，2007年における果実の農業産出額は，

56607億$\times0.133\fallingdotseq69660\times\frac{4}{5}\times0.133=69660\times0.133\times\frac{4}{5}$となるから，（1980年の農業産出合計額）$\times\left(2007年の構成比\times\frac{4}{5}\right)$とすれば求められる。したがって，$\left(2007年の構成比\times\frac{4}{5}\right)-$（1980年の構成比）が最大となる品目が，農業産出額の増加量が一番大きい耕種である。

そうすると，果実：$13.3\times\frac{4}{5}-9.9=10.64-9.9=0.74$，花き：$7.0\times\frac{4}{5}-2.5=5.6-2.5=3.1$，野菜：$36.2\times\frac{4}{5}-27.3=28.96-27.3=1.66$となる。

以上から，農業産出額の増加量が最も大きいのは花きである。
よって，正答は**2**である。

正答　2

大卒

No. 125 横浜市

資料解釈　従業者規模別の構成比　平成9年度

下表は，ある産業について，従業者の規模別に事業所数と従業者数の構成比を表している。この産業の事業所数は全体で1,000か所であったとすると，この産業の全体の従業者数としてありうる人数は次のうちどれか。

従業者規模別事業所数および従業者数（構成比）

従業者規模	事業所数(%)	従業者数(%)
総数	100	100
1～4人	70	20
5～9人	15	15
10～14人	5	10
15～19人	5	15
20人以上	5	40

1　2,500人
2　4,000人
3　5,500人
4　7,000人
5　8,500人

従事者規模に幅が明示されているので，全従業者数の範囲を求める。各従業者規模において制限が求まるので，表の上から順に制限を求める。全従業者数を n とすると，1～4人の従業者規模では，

$700\times1\leqq0.2n\leqq700\times4$　$3500\leqq n\leqq14000$

さらに，5～9人の従業員規模では，

$150\times5\leqq0.15n\leqq150\times9$　$5000\leqq n\leqq9000$

となる。他の従業員規模から得られる条件を記すと，

10～14人…$5000\leqq n\leqq7000$

15～19人…$5000\leqq n\leqq6333$

20人以上…$2500\leqq n$

以上の条件から，正答は**3**とわかる。

正答　3

大卒
東京消防庁

No.126 資料解釈 特定目的別研究費の推移 令和3年度

下のグラフは，平成19年度から平成28年度の自動車・同附属品製造業における特定目的別研究費の推移についてまとめたものである。このグラフから判断できることとして，最も妥当なのはどれか。

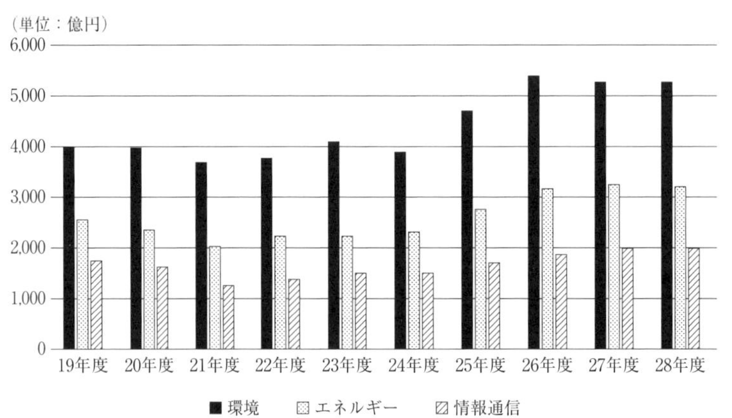

1　エネルギーと情報通信の研究費を合わせた額が，環境の研究費の額を超えた年度はない。

2　平成19年度に比べて平成28年度は，グラフ中の3つの研究費を合わせた額が4割以上増加している。

3　環境の研究費がエネルギーの研究費の2倍を超えた年度はあるが，情報通信の研究費の3倍を超えた年度はない。

4　グラフ中の3つの研究費を合わせた額が，1兆円を超えた年度はない。

5　環境の研究費が最も少なかった年度と最も多かった年度を比較すると，3割以上増えている。

解説

実数に関するグラフなので，グラフの数字を直接比較すればよい。その際，グラフの線を目盛りとして活用すると，実際に計算しなくても比較することができる。

1．平成19年度は環境の研究費が4,000〔億円〕に対して，エネルギーの研究費が約2,500〔億円〕，通信情報の研究費が約1,750〔億円〕なので，エネルギーと情報通信の研究費を合わせた額が約4,250〔億円〕となり，環境の研究費を超えている。

2．4割は$\frac{2}{5}$であるが，平成19年度の$\frac{2}{5}$以上増えている項目はない。

3．環境の研究費がエネルギーの研究費の2倍を超えた年度はない。

4．すべての数値が高い平成26年度以降でチェックする。たとえば平成27年度は環境の研究費が5,000〔億円〕を超えており，エネルギーの研究費が3,000〔億円〕を超えており，情報通信の研究費が2,000〔億円〕なので，合計額は1兆円を超えている。

5．正しい。

正答　5

No.127 政治 社会契約説 平成18年度

次のA～Cは，それぞれ，ホッブズ，ロック，ルソーのうちのだれかが主張したものである。A～Cを主張した人名の組合せとして正しいものはどれか。

A　既存のすべての特権を放棄して対等の立場で人々が設立した「共同の力」すなわち新しい政治体を一般意志という最高意志（主権）の指導の下に置くべきである。

B　政治社会を運営するためには良法の制定が必要であるとして，国王・上院・下院からなる議会に最高権力を与え，もしも立法権と，行政権を持つ国王との間に矛盾が生じれば，立法権が優位すると述べ，また，立法部や行政部が契約を結んだ目的を破壊するような行動をとれば，革命を起こしてもよい，という革命権（抵抗権）を是認している。

C　自然状態にあっては人間は生存のために自分の能力を無制限に行使しうる自由（自然権）を持つ。しかし，この状態においては，「万人の万人に対する闘争」の状態になる。そこで利己心の最大の実現のために，人間は理性を働かせて逆に自然権の一部を放棄し，相互に契約を結び，人々を代表する一つの意志に服従する。

	A	B	C
1	ルソー	ロック	ホッブズ
2	ロック	ホッブズ	ルソー
3	ホッブズ	ルソー	ロック
4	ルソー	ホッブズ	ロック
5	ロック	ルソー	ホッブズ

解説

ホッブズ，ロック，ルソーは社会契約説の思想家。社会契約説は封建制を否定し，個人の権利を主張する近代的なブルジョアジーの政治思想として成立発展した考え方で，社会や国家は人民の契約によって成立したとする。

A：ルソーの主張である。キーワードは「一般意志」。全員による一般意志の形成を説き，その一般意志への絶対服従，人民主権，直接民主制を説いた。主著は『社会契約論』。

B：ロックの主張である。キーワードは「革命権（抵抗権）」。イギリスの名誉革命を擁護した。主著は『市民政府二論』。

C：ホッブズの主張である。キーワードは「万人の万人に対する闘争」。唯名論と機械論を基礎として，抽象的本質を否定したことにより，政治論をまったく非神学的根拠から構築した。主著は『リヴァイアサン』。

正答　1

高卒 地方初級

No.128 政治 基本的人権 平成17年度

日本国憲法の基本的人権に関する次の記述のうち，正しいものはどれか。

1 思想良心の自由は基本的人権の一つとして保障されているが，他の人権と同様に，内心にとどまる場合であっても，公共の福祉による制限を受ける。

2 信教の自由は，大日本帝国憲法下でも保障されていた。

3 職業選択の自由は，自らが就きたいと思う職業に関する権利であり，精神的自由権に分類される。

4 生存権は，大日本帝国憲法下でも制限的に保障されていたが，日本国憲法によって絶対的に保障された。

5 教育を受ける権利は，自らが学びたいと思う学問に関する権利であり，精神的自由権に分類される。

解説

1．思想良心の自由（憲法19条）は，内心にとどまる場合には，絶対的に保障される。内心にとどまる限り，他者の人権との衝突はないからである。

2．正しい。国家神道を臣民に強制していたが，その一方で信教の自由を認めていた（大日本帝国憲法28条）。

3．職業選択の自由（憲法22条１項）は，経済的自由権の一つである。

4．生存権は，大日本帝国憲法下では保障されておらず，日本国憲法になって初めて規定（保障）された（同25条１項）。

5．教育を受ける権利（同26条１項）は，社会権に分類される。

正答 2

高卒

No. 129 地方初級

政治 表現の自由の機能 平成13年度

基本的人権の「表現の自由」に関する記述として正しいものは，次のうちどれか。

1 「表現の自由」は，主に講演，出版物などにおける表現を保障したものであり，経済的自由権に分類される。

2 「表現の自由」は，民主政の根幹を支えるという，その重要な意義に鑑みて，検閲などいかなる制約も許されない。

3 「表現の自由」は，精神的自由権という側面を持つと同時に，経済的自由権という側面を持つ，包括的な権利である。

4 「表現の自由」は，憲法上「集会，結社及び言論，出版の自由」をまとめたものであり，「表現の自由」という語句は憲法上使われていない。

5 「表現の自由」は，精神的自由権の一つであるが，それが法律や条例によって制約されることもある。

解説

1．「表現の自由」は，人間の精神活動の当然の結果が表現であるとして，精神的自由権に分類される。

2．「表現の自由」に対して，「検閲」は絶対的に禁止されている（憲法21条２項）が，人権一般が服する「公共の福祉」による制約は存在する。

3．**1**で述べたように「表現の自由」は精神的自由権である。「新しい人権」の根拠となる包括的権利の例としては，憲法13条の幸福追求権が挙げられる。

4．憲法21条には，「集会，結社及び言論，出版その他一切の表現の自由は，これを保障する」と規定されている。

5．正しい。表現が外部に向けてなされることから，他者の人権との関係で制約されることがある。例としては，著作権法や美観条例などが挙げられる。

正答　5

高卒 地方初級

No.130 政治 衆議院と参議院 平成20年度

衆議院と参議院に関する次の記述のうち，妥当なものはどれか。

1 衆議院と参議院は互いに独立して意思決定を行うものとされ，法律案の先議権は衆議院に，予算の先議権は参議院に，それぞれ与えられている。

2 衆議院で可決した法案を参議院が否決した場合，衆議院が一定の要件を満たして再可決すれば，それが国会の議決となる。

3 衆議院には解散があるが，参議院には解散が存在しないため，主権者である国民の意思を忠実に反映させるために参議院議員の任期は衆議院議員より短い4年とされている。

4 内閣不信任の決議が衆議院で可決され，参議院で否決された場合，両院協議会を開催しても意見が一致しなければ，衆議院の議決が国会の議決となる。

5 国政調査権は衆議院には認められているが，参議院には認められていない。

解説

1. 法律案は，衆参どちらの議院が先に審議してもかまわない。予算については衆議院に先議権がある。

2. 正しい。出席議員の3分の2以上の多数で再可決すれば法律となる（憲法59条2項）。

3. 衆議院に解散があり，参議院に解散がないのは事実であるが，衆議院議員の任期は4年，参議院議員の任期は6年となっており，参議院議員のほうが長い。

4. 内閣不信任決議権は衆議院だけに認められているため，両院に意見の不一致が生じることはない。

5. 国政調査権は各議院に与えられている。

正答 2

No.131 政治 法律案 平成13年度

法律案に関する記述として正しいものは，次のうちどれか。

1　衆議院はすべての法律案の議決について優越が認められているため，参議院が否決したり，一定の期間内に議決されないときは，衆議院の議決が国会の議決となる。

2　衆議院と参議院で異なった議決をした場合に，直ちに両院協議会を開かねばならず，意見が一致しないときは，衆議院の議決が国会の議決となる。

3　法律案の発案については国会だけのものであり，内閣からの発案は認められていない。

4　衆議院と参議院で意見が異なった場合，衆議院で出席議員の３分の２以上の多数で再び可決したときは，法律となる。

5　衆議院と参議院で意見が異なった場合，衆議院で出席議員の過半数で再び可決したときは，法律となる。

解説

1．法律案に関して，議決面に衆議院の優越があるのは確かであるが，衆参両院の意見が異なった場合に，必ず衆議院の意見（議決）に基づき法律が成立するのではない。意見が異なった場合で，当該法律案の成立が必要とされる場合にのみ，厳格な要件の下で認められる（憲法59条２項・４項参照）。さらなる審議の必要がある場合には，継続審議になる場合もある。

2．衆参両院で意見が異なった場合に開催される両院協議会は，予算の議決，条約の承認そして内閣総理大臣の指名については必要的である（同60条２項，61条，67条２項）が，法律案の場合には衆議院の裁量に任され，必ず開催されるものではない（同59条３項）。

3．内閣は法案提出権を持つ（同72条，内閣法５条）。争いはあるが，議院内閣制の趣旨などから，内閣の法案提出権は認められると解する。

4．正しい。議決面における衆議院の優越である（同59条２項・４項）。

5．法律案についての衆議院の優越の要件は，「出席議員の３分２以上の多数」による再可決である。

正答　4

高卒 東京消防庁

No.132 政治 政党政治 平成30年度

政党政治に関する次の記述で，[A]～[E]に当てはまる語句の組合せとして，最も妥当なのはどれか。

政党は，国民のさまざまな意見や要求をくみあげて，国民の支持を求める。選挙によって，議席の多数を獲得した政権を担当する政党のことを[A]といい，[A]や政府の政策を批判し，行政を監視するなどの重要な役割を担う政党を[B]という。政党政治の形態として，従来のイギリスやアメリカのように有力な政党が対抗する[C]，ドイツのように3つ以上の政党が競争する[D]がある。[D]の下での政権運営は，[E]になりやすい。

	A	B	C	D	E
1	与党	野党	多党制	三大政党制	連立政権
2	野党	与党	多党制	三大政党制	連立政権
3	与党	野党	二大政党制	多党制	単独政権
4	野党	与党	二大政党制	多党制	単独政権
5	与党	野党	二大政党制	多党制	連立政権

解説

A　与党：政権政党ともいう。日本のような議院内閣制の下では，選挙を通じて議会で多数議席を得た政党が内閣総理大臣を選出し，政権政党，つまり与党になる。

B　野党：与党以外の政党が野党である。政権の外にあって与党と対立する政党である。

C　二大政党制：有力な大政党が二つ存在し政権獲得を競合し合う政治状態。イギリスの保守党と労働党，アメリカ合衆国の共和党と民主党が代表例である。

D　多党制：小党分立制ともいい，いくつかの政党が政権獲得を目指して競合する政治状態である。フランス・イタリア・日本などもこの形である。

E　連立政権：連立内閣ともいう。多党制（小党分立制）の下で形成されやすく，2019年現在の日本では，自民党と公明党が政権与党となって連立政権（内閣）をつくっている。

よって**5**が妥当である。

正答　5

No.133 政治 二大政党制と多党制 平成17年度

二大政党制と多党制に関する次のア～カの記述のうち，正しいもののみを挙げているものはどれか。

ア　アメリカやイギリスは多党制である。
イ　日本やイタリアは多党制である。
ウ　多党制では，二大政党制に比べて死票が多くなる。
エ　二大政党制では，野党の存在により連立政権になりやすく，政局が安定しにくい。
オ　二大政党制では，多党制の場合よりも選挙費用がかかることが特徴である。
カ　二大政党制では，多様な国民の意思を反映しにくい。

1　ア，ウ
2　ア，オ
3　イ，エ
4　イ，カ
5　ウ，エ

解説

ア：アメリカもイギリスも二大政党制である。アメリカは共和党と民主党，イギリスは労働党と保守党の二大政党である。
イ：正しい。
ウ：死票が多いのは小選挙区制の特徴であり，政党制とは直接関係ない。
エ：連立政権になりやすいのは，小党が分立する多党制の下でのことである。
オ：選挙費用がかかるのは，選挙区が広い大選挙区制の特徴であり，政党制とは直接関係ない。
カ：正しい。選択肢が大きく2つに絞られてしまうことから，多様な国民の意見が反映されないという特徴がある。
以上より，正しいものはイとカなので，正答は**4**である。

正答　4

高卒
市役所初級

No.134 政治 地方自治体の長 平成12年度

わが国の地方自治体の長とアメリカ合衆国の大統領に共通する権限として，正しいものは次のうちどれか。

1 有権者の直接選挙によって選出される。
2 議会に対する拒否権を持っている。
3 議会に法律案・条例案を提出できる。
4 議会の解散を要求できる。
5 議会に対して予算の提出権を持っている。

解説

地方自治において行政権を担う地方自治体の長の地位は，地方議会に対して種々の権限を持つことから国会に対する内閣総理大臣と同様の地位を，また住民から選出される点で，国民から選出される大統領と同様の地位を兼ね備えているといえる。アメリカの大統領制では，大統領は国民から間接選挙によって選出されて(**1**)，行政権を担い，厳格な三権分立が行われる。よって，議会に対しても日本の内閣が国会に対して有するような権限は有しない(**3**～**5**)。両者に共通するのは，議会の制定した法律・条例に対して拒否権を有することである。

よって，**2**が正しい。

正答 2

政治　司法制度　平成17年度

わが国の司法制度に関する次の記述のうち妥当なのはどれか。

1　裁判所は，民事上の争いや犯罪について裁くが，行政の措置に対する不服については，行政機関に設けられた行政裁判所が終審に至るまで裁判を行う。

2　裁判の公正を保ち国民の司法への信頼を得るため，裁判は公開が原則とされており，国民に裁判の傍聴の自由が認められている。

3　国民が司法に参加する制度として裁判員制度が導入されたが，これは犯罪事実の認定については裁判官が加わらず裁判員のみで有罪・無罪の決定を行う制度である。

4　裁判官には職権の独立が認められているが，量刑が覆されることもある。

5　裁判所は，ある法律に関連した具体的な事件が起きていなくても，その法律が憲法に違反するかどうかについて審査することができる。

解説

1．司法権が帰属する通常裁判所は，民事上の争いや犯罪（刑事事件）についてだけでなく，行政の措置に対する不服（行政事件）についても裁判を行う（憲法76条1項）。行政機関も裁判を行うことはできるが，終審として裁判を行うことはできない（同条2項後段）。

2．正しい。裁判は公開が原則とされており（憲法82条1項），これは国民に裁判の傍聴を認めるということである。

3．裁判員制度における犯罪事実の認定については，裁判官が加わって，裁判員とともに有罪・無罪の決定が行われる（裁判員の参加する刑事裁判に関する法律67条1項）。

4．弾劾裁判所（憲法64条）は，罷免の訴追を受けた裁判官を裁判する裁判所であり，通常裁判所の系列から独立した権限を持つ裁判所である。よって，弾劾裁判所と通常裁判所とは扱う事件が重ならないから，弾劾裁判所の裁判によって通常裁判所の行った事実認定や量刑が覆されることはない。

5．判例は，現行制度の下においては，裁判所が具体的な事件を離れて抽象的に法律が憲法に違反するかどうかについて審査することはできないとする（最大判昭27・10・8〈警察予備隊事件〉）。

正答　2

高卒
東京消防庁

No.136 政治 基本的人権 平成29年度

日本国憲法における基本的人権に関する記述として，最も妥当なのはどれか。

1 憲法は法の下の平等を定め，生まれによって決定される人種，性別等の差別を禁じているが，自分で選択することのできる信条に関する差別については禁止していない。

2 言論や出版の自由は個人の人格形成に不可欠であることから憲法で保障されているが，集会の自由は他の人の権利と衝突するおそれがあるため，憲法で保障されていない。

3 憲法は信教の自由を保障しているが，宗教団体が国から特権を受けることや国が宗教的活動をすることを禁止している。

4 憲法は財産権の保障を規定し，また近代憲法においては個人の財産権は絶対不可侵のものと考えられているため，財産権に制限を加えることは許されない。

5 憲法は外国へ移住する自由を保障しているが，国籍を離脱する自由までは保障していない。

解説

1. 信条とは政治や人生に関する信念のことである。日本国憲法は第14条の１項において，「すべて国民は，法の下に平等であって，人種，信条，性別，社会的身分又は門地により，政治的，経済的又は社会的関係において，差別されない」としており，信条による差別も，人種，性別等の差別と同様に禁止している。

2. 集会の自由とは，共同の目的のために，多くの人が一時的に集合し，集団行動をしたり講演会を開いたりする自由である。言論・出版の自由とともに民主主義にとって重要な自由であり，日本国憲法は第21条１項において「集会，結社及び言論，出版その他一切の表現の自由は，これを保障する」として，法律の留保なしにその自由を保障している。

3. 正しい（憲法第20条）。

4. 日本国憲法は第29条１項で財産権を保障しているが，社会・公共の利益のためには財産権も制限されるという立場に立っており，正当な補償があれば公共のために私有財産を制限することができるとしている（憲法第29条３項）。

5. 日本国憲法第22条２項は，「何人も，外国に移住し，または国籍を離脱する自由を侵されない」として，外国へ移住する自由と同様に，国籍離脱の自由も保障しているが，無国籍となるような場合の離脱は認めていない。

正答 3

高卒

市役所初級

No. 137 政治 各国の政治 平成16年度

各国の政治についての次の記述のうち，正しいものはどれか。

1 イギリスでは議院内閣制が採用されているが，内閣の首班指名，下院の解散については，形式的にも実質的にも国王にその権限がある。

2 アメリカでは，行政権は大統領に属しており，大統領は議会に対し法案提出権を有し，下院を解散することができる。

3 フランスでは，大統領と首相が併存し，立法権を有する議会からの信任によって選出される首相の力のほうが強くなっている。

4 ドイツでは，議会は連邦議会と連邦参議院による二院で構成されており，議会の多数派を占める党の党首が首相に選出され，大統領は存在しない。

5 中国では，従来の社会主義を維持しつつも，市場原理をとり入れようとしており，外国の資本や技術の導入を目的に「経済特区」を設置し，さらに「経済特区」に次ぐ対外開放政策として，「経済開発区」を指定した。

解説

1．内閣の首班には，下院の多数党の党首が指名され，下院の解散権は内閣が持つ。

2．アメリカの大統領制では，厳格な三権分立が貫かれており，議会と内閣はそれぞれに独立している。したがって，大統領は法案提出権も下院の解散権も有しない。

3．フランスでは，国民の選挙によって選出される大統領の権限のほうが強大であり，大統領が首相の任免権を持つ。

4．ドイツもフランスと同様に大統領と首相が併存するが，大統領は国家元首として儀礼的な役目を果たすのみで，議会が選出した首相の権限のほうが強大となっている。

5．正しい。経済特区は1979年以降，経済開発区は84年以降，指定されている。

正答 5

大卒
No. 138 東京消防庁
政治 民主政治の原理 令和3年度

民主政治の基本原理に関する記述として，最も妥当なものはどれか。

1 ホッブズは『リヴァイアサン』において，人間の自然状態は，「万人の万人に対する闘争状態」に陥ってしまうことから，自然権を国家に全面委譲する社会契約を結ぶべきだと主張した。

2 ロックは『社会契約論』において，個人の自由な契約によって成立する共同社会では，その構成員の総意である一般意思が重視されると主張し，直接民主制に影響を与えた。

3 ルソーは『法の精神』の中で，国家権力の抑制と均衡をはかり，政府が権力を濫用しないために，立法・行政・司法の三権分立を主張し，近代憲法に影響を与えた。

4 クック（コーク）は，人間は自然状態でも一定の秩序はあるが，自然権を確実にするために社会契約を結び，政府が国民の権利を侵害する場合には抵抗権を行使できると主張した。

5 モンテスキューは，「国王といえども神と法のもとにある」というブラクトンの言葉を引用し，コモン・ローに従うべきであるという法の支配を主張した。

解説

1．妥当である。ホッブズは，自然権を自己保存の権利としてとらえ，人々が自然権を互いに行使しあうと，闘争状態に陥り，かえって自己保存が危ぶまれるとした。そして，この矛盾を回避し，人々が平和に共存するには，自然法（理性の命令）に従って，社会契約を結んで国家を創設し，自然権を国家に全面的に委譲しなければならないとした。

2．ロックではなく，ルソーに関する記述。一般意思とは，公共善を願う全人民共通の意思のこと。ルソーは人民が持つ主権は代表されえないと考え，直接民主制を理想とした。また，議会政治のもと，イギリス人は「選挙の時だけ自由で，後は奴隷」だと批判した。

3．ルソーではなく，モンテスキューに関する記述。ルソーは人民が有する主権は不可分と考えており，権力分立には否定的だった。

4．クックではなく，ロックに関する記述。ホッブズの社会契約説が絶対王政を正当化する理論だったのに対し，ロックは『市民政府二論』において，人民には抵抗権（革命権）があるとした。

5．モンテスキューではなく，クックに関する記述。クックは，イギリス議会が国王に提出した権利請願の起草者でもある。この権利請願が無視されたことから，後にピューリタン革命が勃発した。

正答 1

大卒

No. 139 地方上級

政治　人権制約の性質　平成27年度

次の５つの記述のうち，人権の制約として他の４つとは異なる性質を持つものはどれか。

1　オートバイの運転手に対して，その道路走行上の安全のために，ヘルメットの着用を義務づけること。

2　自制心を抑えることのできない者のために，賭博を禁止すること。

3　青少年に対し，その健全な育成を図ることを目的として，有害な図書等を指定し，その販売を規制すること。

4　受動喫煙が，発がんリスク等健康に害を及ぼす可能性があることから，公共施設における喫煙を禁止すること。

5　健全な判断力を持たない未成年者が政治的抗争に巻き込まれることを防止するため，未成年者の選挙運動への参加を禁止すること。

解説

本問は，人権の制約のうちの，いわゆるパターナリスティックな制約に関する理解を問うものである。本来，人権の制約は人権相互の矛盾・衝突を調整するために必要とされるものである。したがって，自分の不利になることや自己加害などについては，それが他者の人権との矛盾・衝突を生じない限り国家はそれに介入しないのが原則である。しかし，場合によっては，国家が後見的な立場から例外的に介入して，人権に対する必要最小限度の制約が認められると解されている。これが，パターナリスティックな制約である。

そこで本問を見てみると，**1**～**3**と**5**は，いずれも本人にとって不利にならないようにするための制約であり，パターナリスティックな制約に当たる。これに対して，**4**は他人の健康に害を及ぼす行為を制限するという意味で人権相互の矛盾・衝突を調整するための制約といえるため，パターナリスティックな制約ではない。

よって，正答は**4**である。

正答　**4**

大卒 No. 140 市役所上・中級

政治　国会　平成18年度

次の文は国会について述べたものである。下線部の記述のうち正しいものはどれか。

両議院は，各々その A総議員の4分の1以上の出席がなければ，議事を開き議決をすることができない。両議院の議決は，この憲法に特別の定めがある場合を除いては，B出席議員の過半数でこれを決し，可否同数のときは，議長の決するところによる。両議院は，各々その会議の記録を保存し，C記録は常に公表し，かつ一般に頒布しなければならない。両議院の会議は，公開を原則とするが，D出席議員の4分の3以上の多数で議決したときは，秘密会を開くことができる。E秘密会の記録については，一切公表する必要がない。

1　A
2　B
3　C
4　D
5　E

解説

1．誤り。議事を開き議決をするために必要な数（定足数）は，両議院各々その総議員の3分の1以上の出席であって，4分の1以上ではない（憲法56条1項）。
2．正しい（同56条2項）。
3．誤り。両議院は，各々その会議の記録を保存しなければならないが，秘密会の記録の中で特に秘密を要すると認められるものについては，公表・頒布の必要はない（同57条2項）。
4．誤り。秘密会を開くことができるのは，出席議員の3分の2以上の多数で議決したときであり，4分の3以上ではない（同57条1項）。
5．誤り。秘密会の記録の中で特に秘密を要すると認められるものについて，公表・頒布の必要はないのであって，一切公表しなくてもよいというわけではない（同57条2項）。

正答　2

大卒

No. 141 東京消防庁

政治 違憲審査制度 平成30年度

我が国の違憲審査制度に関する記述して，最も妥当なのはどれか。

1 我が国の違憲審査制度は，大日本帝国憲法に定められていた制度をそのまま引き継いだものであるが，日本国憲法に明文規定は存在しない。

2 我が国の違憲審査制度は，特別に設けられた憲法裁判所が，具体的事件とは別に法令の審査を行うものである。

3 我が国では，違憲審査権を行使できるのは最高裁判所だけであり，最高裁判所が「憲法の番人」と呼ばれているのもそのためである。

4 我が国では，直接国民を代表する地位にない裁判所が，国民の代表者で構成される国会により定められた法律に対して違憲の判断を下すのは妥当でないため，法律の条項そのものが違憲とされたことはない。

5 我が国の違憲審査制度では，その対象とされるのは法律だけに限定されず，命令や規則，そして処分も含まれる。

解説

1．違憲審査制度は大日本帝国憲法にはなかった制度である。日本国憲法はその第81条で違憲法令審査権を規定している。

2．日本では，憲法裁判所など違憲審査のための特別な裁判所は設置されておらず，違憲審査は，通常の裁判所が具体的訴訟に付随して行う（憲法第81条）。

3．最高裁判所が「憲法の番人」と呼ばれているのは，違憲法令審査の最終的な判断を決定する終審裁判所だからであり，違憲法令審査権は下級裁判所にも認められている（憲法第81条）。

4．憲法第81条は，違憲法令審査権を「一切の法律，命令，規則又は処分が憲法に適合するかしないかを決定する権限」としており，法律もその対象であることが明文化されている。今までにも，刑法，薬事法，公職選挙法，郵便法等々の条項に違憲判決が出されている。

5．正しい（憲法第81条）。

正答 5

大卒
No. 142 市役所上・中級
政治　日本の外交　平成23年度

わが国の外交に関する次の記述のうち，妥当なものはどれか。

1　2009年の政権交代で民主党政権が誕生すると，沖縄の普天間基地移設問題が大きな政治的争点となった。民主党政権は沖縄県外への基地移設をめざしたが，アメリカの強い反対にあって実現せず，2011年には辺野古沖で工事が着工された。

2　ロシア（旧ソ連）は，1951年のサンフランシスコ講和条約でわが国が千島列島の領有権を放棄した後，北方領土にも進出して実効支配を開始した。しかし，2010年には日露間で合意が成立し，平和条約締結後の二島返還という基本方針が再確認された。

3　尖閣諸島は，日清戦争後の下関条約でわが国の領土に編入されたが，第二次世界大戦後に成立した中華人民共和国は，これを無効としてその領有権を主張している。2010年には，尖閣諸島沖で中国漁船が海上保安庁の巡視船に衝突し，問題が再燃した。

4　韓国は竹島に軍隊を駐留させるなどして，同島の実効支配を続けている。わが国はこの問題を解決すべく，国際司法裁判所への提訴を提案したが，韓国側がこれを拒否し，現在に至っている。

5　北朝鮮による日本人拉致や核開発などの問題を受けて，国際連合の安全保障理事会は数回にわたり北朝鮮に対する経済制裁を決議してきた。わが国は国際協調を重視して，現在のところ独自の制裁は実施していない。

解説

1．沖縄の普天間基地移設問題に関して，民主党の鳩山首相は「最低でも県外」をめざすとしていたが，基地を受け入れる自治体が見つからず，最終的には県内の辺野古沖への移設を進めることになった。アメリカの強い反対にあって，県外移設が挫折したわけではない。また，2012年1月現在，辺野古沖移設については環境影響評価の評価書が国から沖縄県に提出された段階であり，工事は着工されていない。

2．ロシア（旧ソ連）は，1945年にわが国がポツダム宣言を受諾し，無条件降伏した直後に北方領土へ上陸した。それ以降，同国が北方領土を実効支配し続けている。また，2010年にはメドベージェフ大統領が国後島を訪問したことから，日露関係は悪化した。当然，選択肢にあるような合意はなされていない。

3．尖閣諸島は，1895年の閣議決定に基づいてわが国の領土に編入された。これは国際法にいう「先占の法理」（＝無主地の領有権はこれを最初に実効支配した国に属するとする法理）に基づく措置であり，わが国は下関条約によって尖閣諸島の領有権を得たわけではない。また，中華人民共和国が同諸島の領有権を主張し始めたのは，1970年代以降のことである。その背景には，周辺海域における石油の発見があるといわれている。

4．正しい。竹島は，「歴史的事実に照らしても，かつ国際法上も明らかにわが国の固有の領土である」とするのが，わが国の基本的立場である。

5．国際連合の安全保障理事会が，北朝鮮に対する経済制裁を決議してきたのは事実である。しかし，わが国はこの安保理決議に基づく制裁に加えて，独自の制裁も北朝鮮に科しており，北朝鮮籍の船舶の寄港禁止，輸出入の全面禁止，北朝鮮籍の者の原則入国禁止などの措置をとってきた。

正答　4

大卒

No. 143 東京消防庁

政治　日本の司法制度　令和元年度

我が国の裁判所や裁判官に関する記述として，最も妥当なのはどれか。

1　最高裁判所は長官を含めた10名の裁判官で構成されるが，最高裁判所のすべての裁判官は内閣の指名に基づき天皇が任命する。

2　下級裁判所の裁判官は，内閣が指名した者の名簿の中から天皇が任命するが，簡易裁判所については一般市民の中から選ばれた者が裁判官として登用される場合がある。

3　憲法は，すべて裁判官はその良心に従い独立してその職権を行使し，憲法及び法律にのみ拘束されると規定し，裁判官の独立を保障している。

4　明治憲法においては特別裁判所が禁止されていたが，特別な事件だけを扱う家庭裁判所があることからわかるように，現行憲法では特別裁判所の設置は禁止されていない。

5　裁判の公正さを確保するために，憲法が裁判の公開を保障していることから，判決や対審などを含む裁判が非公開とされることはない。

解説

1．最高裁判所は長官を含めた15人の裁判官で構成される。内閣の指名に基づき天皇が任命するのは最高裁判所長官だけである（日本国憲法６条２項）。最高裁判所の長官以外の裁判官は，内閣が任命し（同79条１項），その任免については天皇が認証する（同７条５号）。

2．下級裁判所の裁判官は，すべて最高裁判所が指名した者の名簿によって内閣が任命する（同80条１項）。簡易裁判所も下級裁判所の一つなので，同様に，最高裁判所が指名した者の名簿によって内閣が任命する。一般市民の中から登用されることはない。

3．妥当である（同76条３項）。

4．特別裁判所とは，通常の裁判所から独立して特殊の人または事件を扱い終審の裁判を行う機関のことで，明治憲法の下では，軍法会議，皇室裁判所などが認められていた。日本国憲法は，最高裁判所と下級裁判所で構成される司法裁判所に全ての司法権を与え，特別裁判所の設置を禁止している（同76条１項，２項）。家庭裁判所は，家庭事件の審判・調停，少年事件の裁判などを扱う特殊な裁判所だが，下級裁判所の一つであり，特別裁判所ではない。

5．裁判の公正を期するため，憲法が裁判を公開法廷で行うとしていることは正しい（同82条１項）。しかし，裁判所が，裁判官の全員一致で，公の秩序又は善良の風俗を害する恐れがあるとした場合には，対審は公開しなくてもよい。ただし，政治犯罪，出版に関する犯罪，基本的人権の侵害が問題となっている場合の裁判の対審は常に公開しなければならない（同82条２項）。ちなみに，対審とは，裁判官の前で行われる事件の審理や，原告と被告・弁護人との弁論のやり取りのことである。

正答　3

大卒 No. 144 東京消防庁

政治 日本の司法 平成23年度

日本の裁判所の司法に関する記述として，最も妥当なのはどれか。

1 原告としての国民，起訴された行政の陳述を聞き，公法を裁くのが刑事裁判である。

2 裁判所には，最高裁判所と五種の下級裁判所とがある。

3 国民の権利の保障を十分にするため，同じ事案について３回まで裁判を受けることができる。これを対審制という。

4 訴訟を起こした原告と起こされた被告との争いを裁くのが民事裁判である。

5 裁判所の機能を国民が直接監視する機会として，弾劾裁判という制度を設けている。

解説

1．本肢は行政裁判についての説明である。刑事裁判は，公訴を提起した検察官，起訴された被告人の主張を聞き，刑罰法令を適用実現する裁判である。

2．下級裁判所は，高等裁判所，地方裁判所，家庭裁判所および簡易裁判所の４種である（裁判所法２条１項）。

3．同じ事案について３回まで裁判を受けることができるのは，三審制である。本肢の対審制とは，対立する当事者が法廷に出頭して裁判官の面前で双方に主張・立証を尽くさせて行う審理の方法である。

4．正しい。

5．裁判所の権能を国民が直接監視する機会としては，裁判の公開の制度が設けられている（憲法82条）。裁判官に対する弾劾裁判とは，罷免の訴追を受けた裁判官を辞めさせるかどうか判断する制度である（同64条，78条）。

正答 4

大卒

No. 145 東京消防庁

政治　基本的人権　令和4年度

日本国憲法が定める基本的人権の保障に関する記述として，最も妥当なのはどれか。

1　思想・良心の自由も他の人権と同様に，内心にとどまる場合であっても，公共の福祉による制限を受ける。

2　憲法は政教分離原則を採用していることから，国家と宗教は完全に分離しなければならず，一切のかかわりを排除している。

3　学問の自由の内容は，学問研究の自由，研究発表の自由，義務教育の無償であり，学問的活動や成果の発表などが公権力から干渉されないように保障されている。

4　憲法は，国籍離脱の自由を認めているが，無国籍者になる自由までは認めておらず，国籍法は，外国籍の取得を日本国籍離脱の要件としている。

5　選挙権の基本原則のうち，普通選挙の原則は，財力を選挙権の要件としないことであり，平等選挙の原則は，性別を選挙権の要件としないことである。

解説

1. 「思想・良心の自由」のような内心の自由は，他人の権利と衝突するものではないため，絶対的に無制約である。

2. 政教分離原則は，国が宗教活動を行うことを禁止し，国が宗教団体に特恵的な扱いをすることを禁止するものである。しかしながら，現実には，地方公共団体が行う地鎮祭など，その行為が世俗的・習俗的行事であると判断されれば，違憲ではないと認められる場合もある(1977年津地鎮祭訴訟最高裁判決)。

3. 学問研究の自由，研究発表の自由が，自由権の一つである「学問の自由」に含まれることは正しい。さらに，それを教える教授の自由も学問の自由に含まれる。しかし，義務教育の無償は，自由権ではなく，社会権の一つである「教育を受ける権利」に対応するために国家が保障すべきものである。

4. 妥当である。

5. 普通選挙の原則は，財力だけではなく，性別や身分などによって選挙権を制限せず，すべての成年者に選挙権を与える原則である。平等選挙の原則とは，選挙人の投票の価値の平等を保障するものである。

正答　4

大卒

No. 146　東京消防庁

政治　衆議院と参議院　令和2年度

我が国の衆議院と参議院に関する記述として，最も妥当なのはどれか。

1　衆議院が解散されたときは，参議院は同時に閉会となるが，国に緊急の必要があるときは，参議院は，自ら緊急集会を開くことができる。

2　参議院の緊急集会において採られた措置は，臨時のものであるから，次の国会開会の後10日以内に衆議院の同意がない場合には，その効力を失う。

3　衆議院で可決し，参議院でこれと異なった議決をした法律案は，衆議院で出席議員の過半数で再び可決したときは法律となる。

4　予算案及び条約案は，先に衆議院に提出しなければならない。

5　内閣は，衆議院または参議院で不信任の決議案を可決したときは，10日以内に衆議院が解散されない限り，総辞職をしなければならない。

解説

1．参議院の緊急集会は，内閣が「国に緊急の必要がある」と判断して開会を求めるもの（日本国憲法第54条２項但書）で，参議院が自ら開くものではない。

2．正しい（同第54条３項）。

3．法律案の議決が両院で異なった場合，衆議院で出席議員の３分の２以上の多数で再び可決したときは，法律となる」（同第59条２項）。

4．予算案については衆議院の先議が認められている（同60条１項）が，条約案についての先議権はない（同61条）。

5．内閣が総辞職しなければならないのは衆議院で不信任の決議案が可決し，または信任の決議案が否決された場合（同69条）である。

正答　2

大卒

No. 147 東京消防庁

政治　イギリスの政治制度　平成26年度

イギリスの政治制度に関する記述として，最も妥当なのはどれか。

1　イギリス議会は終身議員からなる下院と国民が直接選んだ議員からなる上院から構成され，下院の優位の原則が確立している。

2　イギリスでは伝統的に法の支配の原則が発達しており，法の支配を実現するため，厳しい改正手続きを必要とする成文憲法をもっている。

3　イギリスは立憲君主制の国であるが，国王の権限は一部に限定されており，首相の任命などの人事権は与えられていない。

4　イギリスの下院は，内閣の不信任決議権を持つが，これに対して，内閣は総辞職または，下院の解散によって国民の意思を問うことができる。

5　イギリスでは保守党の一党支配が確立しており，保守党内で現政権に対立する勢力が影の内閣を組織して，次の政権に備えることが慣例となっている。

解説

1．下院と上院の構成員に関する説明が逆である。

2．イギリスには成文憲法が存在しない。

3．イギリス国王は首相を任命する。

4．正しい。

5．イギリスは二大政党制の国であり，20世紀以降は主に保守党と労働党との間で政権が争われてきた。2010年の下院選挙で両党とも過半数の議席を獲得できなかったことから（ハング・パーラメント），両党は第三党である自由民主党と連立政権樹立に向けた協議を行った結果，保守党のキャメロン党首を首班とした保守党・自由民主党連立政権が成立した。現在はメイ首相率いる保守党と，民主統一党との閣外協力による少数党内閣が政権を担っている(2018年 9 月現在)。

正答　4

文章理解 判断推理 数的推理 資料解釈 政治 経済 社会 世界史 日本史 地理

大卒 No. 148 東京消防庁

政治　各国の政治体制　平成24年度

世界で見られる政治体制に関する記述として，最も妥当なのはどれか。

1 アメリカの大統領制は厳格な三権分立制がとられているため，大統領は議会の解散権や法案提出権，法案に対する拒否権などを有していない。

2 中東から北アフリカ，中央アジアなどのイスラム諸国では，伝統的なイスラムの教えを段階的に現代に即したものにしていく運動が台頭し，この運動はイスラム原理主義とよばれる。

3 中国では，立法権をもつ中国共産党大会を国家権力の最高機関とする民主集中制がとられ，その下に行政機関である国務院と司法機関の最高人民法院が置かれている。

4 中南米や東アジアの国々では，現在も人権より経済開発を優先させる開発独裁体制により経済発展を進めており，これらの国では民主化がまったく進んでいない。

5 イギリスの議会は，上院（貴族院）と，国民が直接選んだ議員からなる下院（庶民院）で構成され，下院優位の原則が確立している。

解説

1. アメリカの大統領は議会の解散権や法案提出権を有していないが，法案拒否権については認められている。

2. イスラム原理主義とは，イスラムの教えの原点に立ち返り，厳格な宗教的戒律の下で政治・経済・社会の活動を行っていこうとする運動のことである。原理主義の立場から見れば，伝統的なイスラムの教えを現代に即したものにしていくことは，いわば宗教の堕落ということになる。

3. 中国では，立法権を持つ全国人民代表大会が国家権力の最高機関とされている。確かに中国共産党の影響力は絶大であるが，形式上，国家機構と党機構は区別されており，中国共産党大会が国家権力の最高機関とされることはない。

4. 中南米や東アジアの国々では，現在では民主化が一定程度進んでおり，かつてのような開発独裁はあまり見られなくなった。国際復興開発銀行（IBRD）や国際通貨基金（IMF）も，融資に際して民主化を条件とすることが多く，各国の民主化の動きを後押ししている。

5. 妥当である。イギリスは二院制の発祥の地であり，議会は上院（貴族院）と下院（庶民院）から構成されている。また，1911年の議会法（国会法）によって下院優位の原則が確立されており，上院の否決権は制限されている。

正答　5

No. 149 経済 経済学者 令和元年度

経済学者に関する次のア～ウの正誤の組合せのうち，最も妥当なのはどれか。

ア　イギリスの経済学者アダム・スミスは「雇用・利子および貨幣の一般理論」を著し，不況を克服するために，政府が公共事業などを行って有効需要を創出するべきであると主張した。

イ　ドイツの経済学者マルクスは「資本論」を著し，資本家が労働者の賃金を搾取する資本主義経済の矛盾を強調し，公正な社会を実現することを目標として，社会主義経済の理念を唱えた。

ウ　イギリスの経済学者ケインズは「諸国民の富（国富論）」を著し，個人や企業が自己の利益だけを追求する経済活動は，「見えざる手」に導かれて結果的に社会全体にとってプラスになることを主張した。

	ア	イ	ウ
1	正	正	誤
2	正	誤	正
3	正	誤	誤
4	誤	正	正
5	誤	正	誤

解説

ア.「アダム・スミス」ではなく「ケインズ」の記述なので，誤り。アダム・スミスの主著は『諸国民の富（国富論）』であり，国富とは一国民が年々消費する生活必需品と便益品の総体であり，今日の国民所得にほぼ相当する。国富を増加させる方法として論じられたのが分業論と資本蓄積論であり，ここから「貯蓄は最高の美徳」という考え方が誕生した。彼は国富増進策として，神の〈見えざる手〉に導かれる経済的自由を主張した。

イ．正しい。マルクスは『資本論』において資本主義経済を生産財生産部門と消費財生産部門に分けて再生産様式を分析した。彼は社会の実在的土台が物質的生産諸力の総体であり，法律や政治の上部構造は経済的基礎の変化でくつがえるという唯物史観を主張した。

ウ.「ケインズ」ではなく「アダム・スミス」の記述なので，誤り。ケインズの主著は『雇用・利子および貨幣の一般理論』であり，1930年代の世界的大不況の中で従来の考え方にとって代わる理論を展開した。その問題における政府の役割が積極的に評価された。

以上を正しく組み合わせているのは**5**である。

正答　5

高卒 地方初級

No.150 経済 GDPの定義 平成25年度

国民経済計算で用いられる経済指標のGDPに関する記述として妥当なのはどれか。

1 GDPは，ある一時点における経済価値の蓄積であるストック指標で表すことができる。

2 日本のGDPには，日本人が海外で得た所得も含まれている。

3 名目GDPから物価変動を除いたものが実質GDPである。

4 国内所得はGDPから中間生産物を差し引いて求めることができる。

5 国内総生産であるGDPは，国内総所得から国内総支出を差し引くことでも求めることができる。

解説

1．GDPは，ある一定期間に生み出された経済活動から得られる価値（フロー）で表される。

2．GDPは一定期間内に国内で生み出された付加価値の総額であり，たとえば日本人が海外で得た所得は日本のGDPには含まれない。一方，外国人が日本で得た所得は日本のGDPに含まれる。

3．妥当である。

4．GDP（国内総生産）から固定資本減耗を差し引くと国内純生産が得られ，ここから間接税を差し引き，補助金を足し合わせる（あるいは「間接税－補助金」を差し引く）ことで，国内所得が求められる。

5．国内総生産（GDP），国内総所得（GDI），国内総支出（GDE）はそれぞれ事後的に等しくなる関係にあり（GDP＝GDI＝GDE），これを三面等価の原則という。

正答 3

高卒 No. 151 市役所初級

経済　需要・供給曲線　平成17年度

次の図は，市場におけるある商品の需要と供給を表すグラフである。次の文中の空欄A，Bに当てはまる語句の組合せとして正しいものはどれか。

「消費者の所得が上昇すると，この商品の均衡価格は（　A　），均衡数量は（　B　）。」

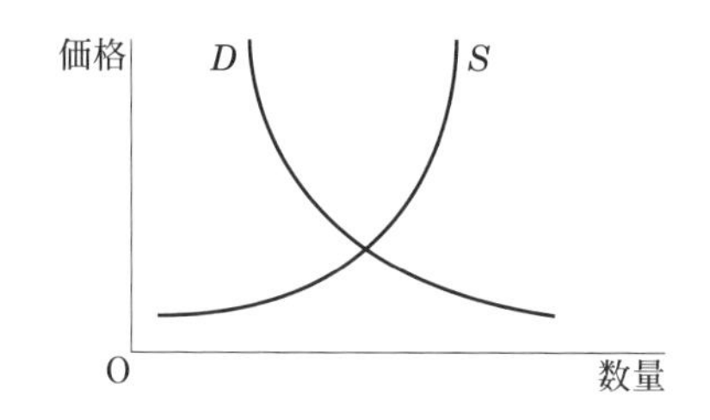

	A	B
1	上昇	増加する
2	上昇	減少する
3	下降	変わらない
4	下降	増加する
5	変わらない	減少する

解説

グラフの D は需要曲線，S は供給曲線である。消費者の所得が上昇すると，消費者（＝需要者）には余裕ができることから，同じ価格でもそれまでの需要量より増加する（$Q_1 \to Q_2$）。全体では，$D \to D'$ となることから，均衡点は $E \to E'$ になる。よって，均衡価格は上昇し，均衡数量は増加する。

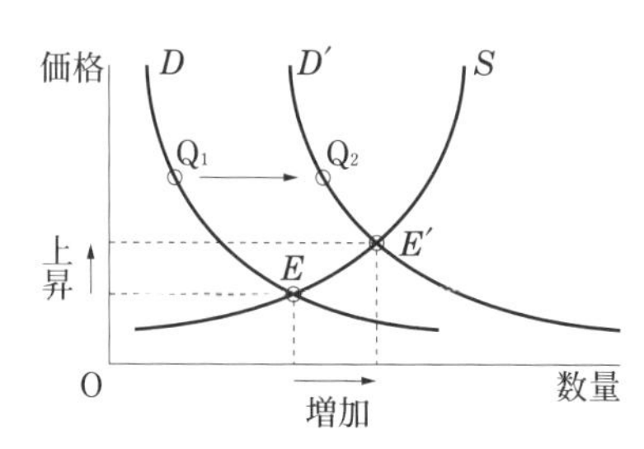

以上より，Aは「上昇」，Bは「増加」となるので，正答は**1**である。

正答　1

高卒 東京消防庁

No.152 経済 国際経済機構 令和3年度

国際経済機構に関する記述として，最も妥当なのはどれか。

1 国際通貨基金（IMF）は，為替相場の安定や，発展途上国への開発資金の長期融資を通じて，世界貿易の促進と拡大を目的としている。

2 国際復興開発銀行（IBRD）は，戦災国の復興と，先進国間の経済協力のための短期資金を融資することを目的として設立された。

3 経済協力開発機構（OECD）は，開発援助委員会（DAC）を下部機構にもち，経済成長の維持と発展途上国の経済発展を援助することを目的に設立された。

4 世界貿易機関（WTO）は，第二次世界大戦後に設立された世界貿易の中核的機関だったが，1995年に関税と貿易に関する一般協定（GATT）に改組された。

5 国連貿易開発会議（UNCTAD）は，北半球の発展途上国と南半球の先進工業国の間の経済格差から生じる南北問題を解決するために開催され，発展途上国は一般特恵関税の撤廃などを求めた。

解説

1. 国際通貨基金（IMF）は国際通貨問題に関する協議および協力のための機関であり，為替相場の安定を目的としていることは正しい。しかし，発展途上国に経済開発資金等の長期融資を行うのは国際復興開発銀行（IBRD）であり，国際通貨基金（IMF）が行うのは，国際収支の赤字国に対する一時的な短期融資である。

2. 国際復興開発銀行（IBRD）は第二次世界大戦によって破壊された経済の復興を援助することを主目的に設立された国連の専門機関であるが，1960年代以降は途上国の開発援助に重点が置かれ，発展途上国や新興国への長期資金の供給を行っている。

3. 妥当である。

4. 改組の方向が逆である。第二次世界大戦後，国際的な自由貿易の拡大を目的として調印された関税と貿易に関する一般協定（GATT）が，1995年，世界貿易機関（WTO）に発展改組した。

5. 国連貿易開発会議（UNCTAD）が，南北の経済格差を是正し南北問題を解決するために設立された機関であることは正しい。南北問題とは，北半球の高緯度地方に先進国が多く，それより南の中低緯度地方に発展途上国が多いことからその名がついた。また，発展途上国側が求めたのは，途上国への一般特恵関税の実施である。

正答 3

高卒 No. 153 市役所初級

経済 地方財政 平成24年度

地方財政に関する記述として，妥当なのはどれか。

1 地方財政は，住民から徴収する地方税と国からの地方交付税等で成立しているが，地方財政において，一般財源における地方税の割合は神奈川や愛知，大阪といった大都市圏のほうが地方よりも低い傾向がある。

2 地方交付税は使途が決められており，国会で金額が決定され，交付される。

3 地方債とは地方公共団体が発行する公債であり，大規模事業や災害復旧事業などに用いられ，特に使途は決められていない。

4 三位一体改革において，地方へは地方交付税が交付されており，平成16年度以降，その額は年々増え続けている。

5 歳出面において，公債費の割合が低いほど財政は硬直しているといえる。

解説

1．地方税の占める割合が高いのは大都市圏のほうである。財政力の強い地方公共団体は地方交付税の比重が小さくなり，これにより財源調整が行われている。

2．地方交付税は税源の偏在による財政力の格差を是正し，全国水準の行政サービスを維持させるため交付されるものであり，使途が決められているわけではない。使途が決められているのは国庫支出金である。また，地方交付税は地方財政計画の歳入と歳出の差額を補てんする形で金額が決定される。

3．妥当である。

4．三位一体改革では，地方交付税の改革が盛り込まれており，見直し・縮小が図られている。なお，地方交付税の推移を見ると，平成16年度に17兆201億円であったが，平成19年度には15兆2,027億円まで減少している。それ以降は増加傾向にある。

5．歳出における公債費の割合が高いほど，財政が硬直化している。

出典：平成24年版『地方財政白書』

正答 3

高卒 地方初級

No. 154 経済 金 融 平成23年度

金融に関する記述として，妥当なのはどれか。

1 マネーサプライとは，市場に流通している通貨の総量であり，現金通貨などが含まれるが，普通預金は含まれない。

2 日本銀行が貨幣を発行しており，金と兌換することができる。

3 信用創造とは，預金・貸付の繰り返しによって，銀行機構全体として預金の何倍かの貸付けを行うことである。

4 直接金融とは企業が資金調達を外部の金融機関からの借入れによって行うことで，間接金融とは企業が株式や債券などの発行によって個人その他から直接に資金を調達することである。

5 不況期になると，中央銀行は市中銀行に対して売りオペを行い，また預金準備率を引き上げる。

解説

1．マネーサプライとは，市場に流通している貨幣供給量をさしている。マネーサプライは，一般的に現金通貨，預金通貨（普通・当座預金など），定期性預金，譲渡性預金で構成される。

2．日本の中央銀行である日本銀行は銀行券を発行することができる唯一の発券銀行である。この銀行券は日本銀行による強制通用力を持つ不換紙幣であり，兌換紙幣ではない。

3．妥当である。

4．直接金融と間接金融の説明が逆である。直接金融は自ら株式や債券を発行して，市場から直接資金を調達することであり，間接金融は金融機関から間接的に資金を調達することである。

5．不況期にとられる金融政策は，公定歩合（政策金利）の引下げ，預金準備率の引下げ，買いオペである。これらの政策はいずれも市場に出回る貨幣量を増加させるものであり，これによって不況となっている市場を刺激する。

正答 3

高卒

No. 155 東京消防庁

経済　外国為替市場　平成30年度

外国為替市場と為替レートに関する次の記述で，［A］～［E］に当てはまる語句の組合せとして最も妥当なのはどれか。

外国為替市場における自国通貨と外国通貨の交換比率を為替レートといい，現在の主要通貨の為替レートは，外国為替市場における通貨の需要と供給の関係によって決まる［A］となっている。

例えば，１ドル＝200円が１ドル＝100円になると，［B］に対する［C］の価値が高まり，［D］となる。

日本の輸出が増加した場合，日本が獲得した［B］を外国為替市場で［C］に交換するため，［C］への需要が高まる一方，［B］への需要が減少するため，［E］になる傾向がある。

	A	B	C	D	E
1	固定相場制	円	ドル	円安・ドル高	円高・ドル安
2	固定相場制	ドル	円	円安・ドル安	円安・ドル高
3	変動相場制	円	ドル	円高・ドル安	円安・ドル高
4	変動相場制	ドル	円	円高・ドル安	円高・ドル安
5	変動相場制	ドル	円	円高・ドル安	円安・ドル高

解説

A　変動相場制：固定相場制とは，かつて円が１ドル＝360円と決まっていたように，為替相場を一定の値に固定しておく制度のことをいう。ドル危機を経て，ほとんどの国が1973年に固定相場制から変動相場制に移行し，1976年にはIMF（国際通貨基金）が変動相場制を正式に承認した。

B　ドル，C　円，D　円高・ドル安：１ドル＝200円が１ドル＝100円になるということは，１円＝200分の１ドルが１円＝100分の１ドルになるということなので，円のドルに対する価値が高まり，円高ドル安になったといえる。

E　円高・ドル安：為替相場は各国通貨に対する需要と供給の関係で決まるので，需要の高まる円が高く，需要が減少するドルが低くなる円高・ドル安になる。

よって**4**が妥当である。

正答　4

高卒
地方初級

No. 156 経済 日本銀行の役割 平成16年度

日本銀行の役割として誤っているものは次のうちどれか。

1 日本銀行は，国内の景気対策である金融政策を実施する主体である。

2 日本銀行は，市中銀行に対してその資金の受入れ，貸出しを行う。

3 日本銀行は，支払準備率操作を行い，国内の景気の調整を行う。

4 日本銀行は，発行された国債を引き受ける。

5 日本銀行は，日本銀行券を独占的に発行する。

解説

日本の中央銀行である日本銀行の役割は，①唯一の発券（＝日本銀行券の発行）銀行（**5**），②政府の銀行，③銀行の銀行（**2**）である。ここで，銀行の銀行とは，われわれが市中銀行に金の預入れや資金の借入れをするように，市中銀行の資金の預入れ，借入れを扱うことである。また，日本銀行は景気対策としての金融政策を行う（**1**）。金融政策には，公定歩合操作（金利政策），公開市場操作，支払準備率操作の３つがある。このうち支払準備率操作とは，銀行その他の金融機関は，顧客からの預金の引出しに備えて一定の支払準備を保有しなければならないが，預金などの一定割合（支払準備率）の資金を無利子で強制的に中央銀行に預け入れさせ，この準備率を随時上下に変更することによって，銀行の信用拡大のベースになる現金準備額を直接増減して，その与信活動を調節し，もって景気を調整しようとする政策手段である（**3**）。国が発行する国債については，日本銀行の引受けを認めると，場合によってはそのために日銀券（紙幣）の発行がなされることがあり，その結果，社会の貨幣流通量が増加してインフレを引き起こすことがあるので，日銀引受けを禁止し，国債は市中銀行で引き受けなければならないとされている（市中消化の原則，財政法５条）。

よって，正答は**4**である。

正答 **4**

高卒

No. 157 地方初級

経済 1980年代以降の日本経済 平成16年度

1980年代以降におけるわが国を中心とした経済の動向に関する次の文中のA～Eに入る語句の組合せとして正しいのはどれか。

1980年代前半，日本経済は［ A ］の下で輸出が伸びたことなどから貿易黒字が増大し，各国との間で貿易摩擦が生じた。こうした中で，主要先進国（G５）は，1985年の［ B ］で外国為替市場に協調して介入することを決定し，これを契機に急速に［ C ］となった。わが国はこの時期以降，内需主導型経済への構造転換を図ることとし，［ D ］をとった。このため，設備投資が伸び，消費も活発になったが，地方で［ E ］の高騰が引き起こされた。

	A	B	C	D	E
1	ドル安・円高	プラザ合意	ドル高・円安	金融引き締め政策	消費者物価
2	ドル安・円高	ウルグアイ・ラウンド	ドル高・円安	金融緩和政策	土地などの資産価格
3	ドル高・円安	プラザ合意	ドル安・円高	金融引き締め政策	消費者物価
4	ドル高・円安	プラザ合意	ドル安・円高	金融緩和政策	土地などの資産価格
5	ドル高・円安	ウルグアイ・ラウンド	ドル安・円高	金融引き締め政策	土地などの資産価格

解説

A.「ドル高・円安」が入る。1980年代前半のアメリカではレーガン政権の下で金利の高い状態になっており，ドル高になっていた。

B.「プラザ合意」が入る。アメリカが膨大な「双子の赤字（財政赤字と経常収支赤字）」を抱える中でのドル高，高金利は国際経済の大きな不安定要因であったため，1985年９月，先進５カ国蔵相会議（G５）が開かれ，ドル高是正に向けた合意（プラザ合意）がなされた。

C.「ドル安・円高」が入る。プラザ合意をきっかけとして，急速にドル高の修正が進んだ（円は１年で70円も高くなった）。日本では，円高により輸出不振に陥った。

D.「金融緩和政策」が入る。円高不況に対応するため，公定歩合は６回にわたって引き下げられ，1987年２月には2.5％まで下がった。

E.「土地などの資産価格」が入る。金融緩和政策の影響による株価，地価の上昇が発生し，いわゆるバブルが発生した。

以上から，正答は**4**である。

正答 4

大卒
No. 158　市役所上・中級
経済　株式会社　平成30年度

株式会社に関する次の記述のうち，妥当なものはどれか。

1　株式を取得した者は株主になるが，株主になるためには制限があり，法人が株主になることはできない。

2　株式会社の利益は税金や配当に当てられるとともに内部留保され，設備の投資などに充てられる。

3　株式会社の安定さを表す指標として自己資本比率があり，この比率は銀行から資金を借りることで高まる。

4　日本経済の指標として日経平均株価があるが，これは地方の証券取引所を含めたすべての上場企業の株価である。

5　近年，コーポレートガバナンスの強化が強く言われるようになったことから，社外取締役を置くことは禁止されている。

解説

1．前半の記述は正しい。株式を保有すれば株主になることができ，法人も株主になることができる。

2．妥当である。

3．前半の記述は正しい。自己資本比率とは「自己資本÷（自己資本＋他人資本）」で求めれる指標である。銀行から借りた資金は他人資本であることから，銀行から資金を借り入れると自己資本比率は下がる。

4．前半の記述は正しい。日経平均株価とは，東京証券取引所第一部上場銘柄から選定された225銘柄を用いて算出される指標である。

5．前半の記述は正しい。コーポレートガバナンスを強化する観点から，社外取締役を置くようにする規律の整備が進められている。

正答　2

大卒

No. 159 東京消防庁

経済　経済学説　平成26年度

経済学説に関する記述として，最も妥当なのはどれか。

1　「諸国民の富（富国論）」を著したアダム・スミスは，人々が利益だけを追求すると市場経済が崩壊してしまうので，政府の「見えざる手」によって市場を望ましいほうに調整すべきであると論じた。

2　「経済学および課税の原理」を著したリカードは，未熟な自国産業育成のため保護関税を課して他国の商品の輸入を防ぐ必要があるという保護貿易論を説いた。

3　「経済発展の理論」を著したシュンペーターは，新しい製品の開発や生産方式の導入により，創造的破壊を繰り返しながら資本主義は発展すると述べた。

4　「資本論」を著したケインズは，資本家階級による労働者階級の「搾取」が資本主義経済の根底にあると論じ，資本主義体制は打倒されるべきであると主張した。

5　20世紀後半に「選択の自由」を著したフリードマンは，不況は有効需要の不足によると考え，有効需要を生み出すための財政政策の有効性を主張した。

解説

1．アダム＝スミスは『諸国民の富』で，私的利益追求を肯定し，それによって成り立つ市場の自律的な作用を「見えざる手」と表現し，それが社会全体の厚生の調和をもたらすと主張した。

2．リカードは「経済学および課税の原理」で比較生産費説を提示し，自由貿易論を説いた。

3．正しい。

4．選択肢の記述は，ケインズではなく，マルクスの学説である。

5．「選択の自由」はフリードマンの主著の一つだが，選択肢に示されているのは「有効需要」の語から推測できるようにケインズの学説である。

正答　3

文章理解 判断推理 数的推理 資料解釈 政治 経済 社会 世界史 日本史 地理

大卒
No.160
市役所上・中級

経済　市場の失敗　平成28年度

市場メカニズムを通じた資源配分が非効率的であるとき市場の失敗と呼ばれ，効率性の観点から政府の介入が正当化される。次のA～Eは政府の介入の種類，ア～オはその例である。介入の種類とその例の組合せとして妥当なのはどれか。

A　競争の維持・促進を図る。
B　大規模な設備投資が必要なために自然独占になる産業へ介入する。
C　取引きの当事者間で情報量に偏りがある状況に対処する。
D　外部性を是正する。
E　公共財を供給する。

ア　警察・消防サービスは，利用者から対価を徴収することが困難であり，十分な量が供給されないため，民間企業ではなく，政府が提供する。
イ　高速道路を通行する自動車の騒音を規制するために，政府が特に通行量が多く，騒音が発生する時間帯に通行する自動車に対して混雑税を課税する。
ウ　公共事業の入札に参加する企業が，談合で入札額や受注企業をあらかじめ取り決めることを政府が禁止する。
エ　消費者が食品の品質を判断できない場合，質のよいものと悪いものが同じような価格となり，よい品質のものが出回りにくくなるため，政府が食品検査を実施して食品会社に品質表示を義務づける。
オ　ガス産業は規模の経済が働くため，政府が参入規制をして地域独占とし，料金を規制する。

	A	B	C	D	E
1	イ	ウ	エ	ア	オ
2	イ	オ	ア	ウ	エ
3	ウ	エ	オ	ア	イ
4	ウ	オ	エ	イ	ア
5	オ	エ	ウ	イ	ア

解説

ア：「利用者から対価を徴収することが困難であり」は「非排除性」と呼ばれる，公共財が持つ性質の一つであるから，Eである。
イ：外部不経済（騒音）とピグー税（混雑税）に関する記述であるから，Dである。
ウ：談合で入札額や受注企業をあらかじめ取り決める行動は競争の維持や促進を損なう行動なので，それを禁止する行動はAである。
エ：消費者は食品の品質を判断できないが，生産者はそれを判断できることが原因であるから，Cである。
オ：規模の経済とは，固定費用の存在などにより，大量生産することによって平均費用が低下することであるから，Bである。
よって，正答は**4**である。

正答　4

大卒

No. 161 市役所上・中級

経済　外部不経済　平成25年度

次の文は外部不経済が生じている市場に関する記述である。文中の空欄ア～ウに当てはまる語句の組合せとして妥当なものはどれか。

右図は縦軸に価格，横軸に数量をとり，右下がりの需要曲線*D*と右上がりの社会的限界費用曲線（*SMC*），私的限界費用曲線（*PMC*）を描いたものである。外部不経済が発生している場合，*PMC*はA，Bのうち（　ア　）であり，数量は本来の社会的最適取引量と比べて（　イ　）なっている。

そこで，最適な取引量を実現させるため，政府が課税を行うことで（　ア　）が*SMC*（　ウ　）ことになる。

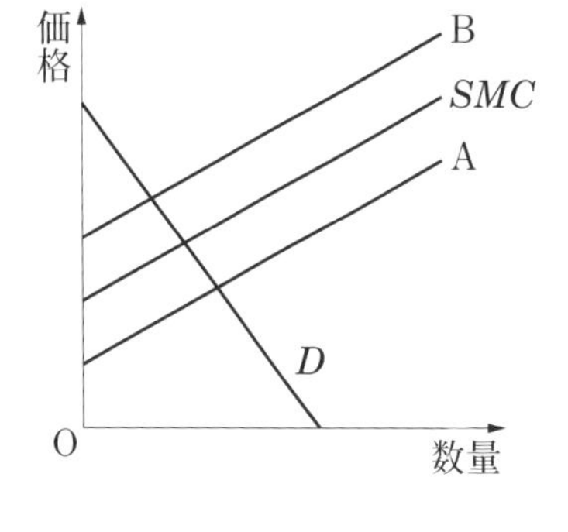

	ア	イ	ウ
1	A	多く	を上回る
2	A	少なく	を下回る
3	A	多く	と一致する
4	B	少なく	を上回る
5	B	多く	と一致する

解説

外部性とは経済活動の費用や便益が他の経済主体に対して及ぶことである。つまり，外部不経済は取引当事者以外に負の外部効果が及ぶことであり，具体例として公害が挙げられる。

企業は外部不経済を考慮しないため過剰生産することから，*SMC*の下方に*PMC*が来るため，アはAとなる。

しかし，余剰は社会的に要している費用で測定するため，社会的に最適な取引量は*Q*点の取引量となる。ここで余剰最大化が達成されていることから，イは「多く」となる。

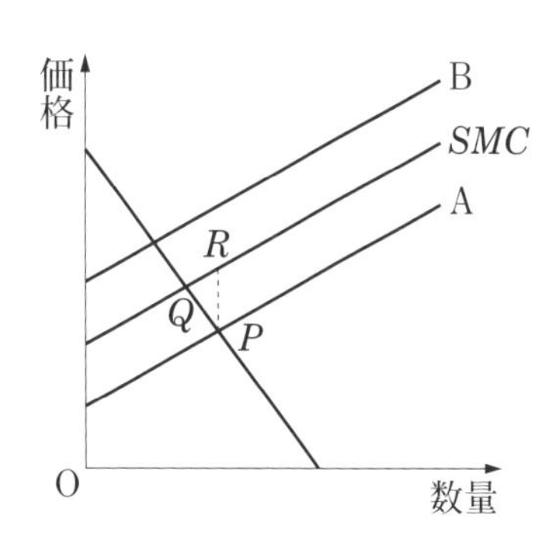

政府が社会的に最適量を実現させるためには，単位当たり*RP*だけ課税する（このような課税をピグー税という）。これによって，*PMC*を*SMC*に一致させる必要がある。したがって，ウには「と一致する」が当てはまる。

以上より，正答は**3**である。

正答　3

大卒
No.162　東京消防庁

経済　45度線分析　平成22年度

次の図は，ある国の経済を横軸に国民所得 Y，縦軸に総需要 D 及び総供給 S をとり，均衡国民所得を Y^*，完全雇用国民所得を Y_F で表したものである。以下の文章中の［　A　］～［　C　］に入る語句の組み合わせとして，最も妥当なのはどれか。

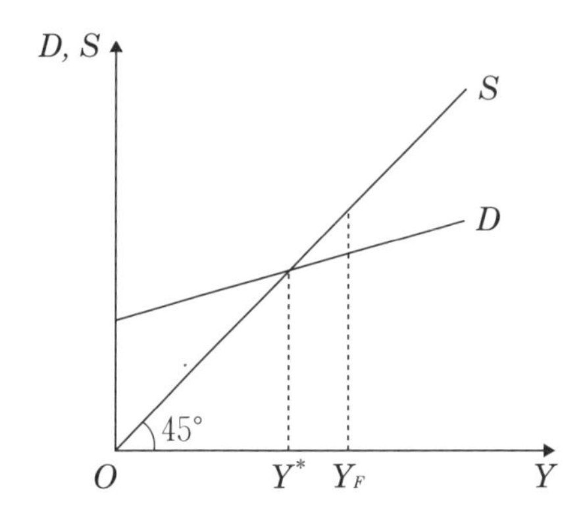

この国の経済では［　A　］・ギャップが発生しており，この［　A　］・ギャップを解消し，完全雇用国民所得 Y_F を実現するためには［　B　］や［　C　］を実施すればよい。

	A	B	C
1	インフレ	増税	金融引締め
2	インフレ	増税	金融緩和
3	インフレ	減税	金融緩和
4	デフレ	増税	金融引締め
5	デフレ	減税	金融緩和

解説

この国では，完全雇用国民所得 Y_F から垂直に見て，総供給が総需要を上回っているので，デフレ・ギャップ（A）が生じている。デフレ・ギャップを埋めるためには，総需要を増大させる減税（B）や金融緩和（C）を実施すればよい。

よって，正答は**5**である。

正答　5

大卒

No. 163

東京消防庁

経済　インフレーション　令和元年度

インフレーションに関する次の記述で，［A］～［C］に当てはまる語句の組合せとして，最も妥当なのはどれか。

物価が持続的に上昇することをインフレーションといい，原因別にみると，総需要の増加に総供給が追いつかないために生じる［A］・インフレーションと，賃金や原材料価格などの上昇や硬直化によって生じる［B］・インフレーションに分類される。また，不況下で失業率が高いにもかかわらず物価の上昇が進行することを［C］という。

	A	B	C
1	ディマンド・プル	コスト・プッシュ	デフレ・スパイラル
2	ディマンド・プル	コスト・プッシュ	スタグフレーション
3	コスト・プッシュ	ディマンド・プル	スタグフレーション
4	クリーピング	ハイパー	デフレ・スパイラル
5	ハイパー	クリーピング	スタグフレーション

解説

A．ディマインド・プル・インフレーションは需要インフレともいう。ディマインド・プル・インフレーションには，赤字公債発行などによる財政インフレや銀行の過度の貸付による需要超過によって起こる信用インフレ，輸出の急激な増大により外貨準備がたまって起こる輸出インフレなどがある。

B．コスト・プッシュ・インフレーションは費用インフレともいう。コスト・プッシュ・インフレーションには，賃金・原材料・燃料などのコストの上昇によって起こるコスト・インフレや産業構造の成長格差が著しい場合に起こる生産性格差インフレ，石油価格の高騰による石油インフレに代表される輸入インフレなどがある。

C．スタグフレーションはスタグネーション（景気停滞）とインフレーションの合成語である。かつては，不況になれば物価が下がるのが経済学の常識であった。しかし，近年は，国の不況対策のための財政出動や，寡占体制による管理価格の形成などにより，不況になっても物価が上がる現象が起きるようになった。特に石油危機のときは，石油価格の高騰による物価上昇と世界同時不況が同時進行し，スタグフレーションという言葉がよく使われるようになり，「資本主義の新しい病気」と言われた。クリーピング・インフレは，「静かなインフレ」「しのびよるインフレ」ともいわれ，第2次世界大戦後の先進工業国で特徴的にみられた，緩やかで慢性的に続くインフレのこと。ハイパー・インフレは，第一次世界大戦後のドイツや第二次世界大戦後の日本で起きたような，短期間に物価が数十倍にも高騰する超インフレーションのこと。デフレ・スパイラルは，デフレーションとスパイラル（らせん）の合成語で，1990年代後半の日本でみられたような，物価下落の継続と不況が相互に作用して，らせん階段を降りるように不況が深刻化していく現象のことである。

よって**2**が正しい。

正答　2

大卒
市役所上・中級

No.164 経済 外国為替 平成20年度

外国為替に関する次の説明のうち，正しいのはどれか。

1 輸入が増えると円の需要が増し，円高になる。

2 輸出が増えると円の需要が減り，円安になる。

3 円高のときは，外貨預金をする人が増える。

4 円高のときは，外国での製品競争力が高まる。

5 円高のとき，短期的に業績が上昇するのは，価格の上昇が製品数量の減少より遅いためだである。

解説

1．輸入が増えると円の需要が減り，円安になる。外国製品を購入する場合に，外国通貨で決済するとすれば，輸入の増加によって，外国通貨の需要が増える（円の需要が相対的に減る）からである。

2．輸出が増えると円の需要が増え，円高になる。**1**と逆になる。

3．正しい。すでに円高であれば，これ以上円高になるよりは円安に進む可能性が高いと考え，為替差益を得ようとする人が増え，外貨預金をする人が増えると考えられる。

4．円高のときは外国での製品競争力は低下する。

5．円高のとき，短期的に業績が上昇するのは，価格の上昇（為替レートの低下）が製品数量の減少より早いためである。為替レートが変化すると輸出入財価格は直ちに変わるが，それが輸出入数量に影響を与えるまでにはラグが存在する。このことにより，短期的には経常収支の黒字（ここでは業績）が拡大する（Ｊカーブ効果）。

正答 3

経済　効用　平成20年度

次の記述のうち，妥当なもののみをすべて挙げているものはどれか。

ア　日給10,000円の仕事を休んで，入場料が5,000円の遊園地に行ったときの機会費用は15,000円である。

イ　お茶を２杯飲んだとき，１杯目と２杯目の効用は変わらない。

ウ　購入した映画の前売りチケットをなくしたとき，２枚目は購入しないほうが合理的である。

エ　服に興味があり家電製品に興味がない人でも，服が増えてくると家電製品が欲しくなる。

1　ア，イ
2　ア，エ
3　イ，ウ
4　イ，エ
5　ウ，エ

解説

ア：正しい。

イ：一般に，２杯目のお茶から得られる効用は１杯目のお茶から得られる効用より小さい（限界効用逓減の法則）。

ウ：映画鑑賞で得られる効用（総便益）がチケット２枚分の代金より大きければ，２枚目を購入するほうが合理的である。

エ：正しい。

よって，正答は**2**である。

正答　2

大卒 No. 166 地方上級

経済　企業の資金調達　平成28年度

企業の資金調達に関する次の記述のうち，妥当なものはどれか。

1　日本では，企業が外部から資金を調達する主な方法は銀行借り入れであったが，近年では株式・債券による資金調達が増加している。家計の金融資産の内訳を見ても，株式・債券が現金・預金よりも大きな割合を占めている。

2　企業の設備投資などの資金を銀行借り入れで調達する場合，小口で短期の資金を需要するため，銀行は大口で長期の資金を預金として集め，それを小口で短期の資金に変えて企業に貸し付けている。

3　企業の内部留保は資産運用に充てて利子収入を得たり，資金の調達などに充てられている。資金調達を銀行借り入れでなく内部留保で賄えば，利子率が上昇しても資金調達の機会費用は増加しない。

4　外部資金を供給する債権者と株主のうち，企業収益が債務の元利合計額を上回った場合に利益を得るのは債権者である。また，企業が倒産した場合には，債権者が負債の返済を受ける前に株主が出資金を回収できる。

5　資本市場を通じた資金調達には，経営者を規律づける役割がある。日本では株主への情報公開など，資本市場を通じたコーポレート・ガバナンス（企業統治）の強化が図られている。

解説

1．長期的には株式・債券による資金調達が増加しているが，2012年末からの景気持ち直し以降を見ると，特に量的・質的金融緩和導入後は銀行借り入れが最も大きく伸びている。また，日本銀行によれば，家計の金融資産の52.7％が現金・預金であり，株式・債券は11.2％である（2015年９月）。

2．企業の設備投資などの資金を銀行借り入れで調達する場合，大口で長期の資金を需要するため，銀行は小口で短期の資金を預金として集め，それを大口で長期の資金に変えて企業に貸し付けている。

3．内部留保を資産運用すれば利益が得られる。利子率の上昇は資産運用による収益の増加を意味するので，利子率が上昇すれば内部留保の機会費用は上昇する。

4．企業収益が債務の元利合計額を上回った場合に利益を受けるのは債権者ではなく，配当を得る株主である。また，企業が倒産した場合に株主が出資金を回収できるのは，債権者が負債の返済を受けた後である。

5．正しい。

正答　5

No. 167 東京消防庁 経済 日本の財政 平成30年度

我が国の財政に関する記述として，最も妥当なのはどれか。

1 財政には資源配分の機能があり，累進課税制度によって徴収した税を，社会保障制度を通じて国民に再分配することで，格差の是正を図っている。

2 政府が設ける予算は，収入と支出を総合的に管理する一般行政に関わる予算である特別会計と，特定の事業の実施や特定の資金を運用するための予算である一般会計に大別される。

3 第二次世界大戦前の我が国は，直接税の比重が高かったが，戦後のシャウプ勧告を受けて，間接税中心主義に改められた。

4 租税の形として，公平・中立・簡素の３つの基本原則を満たす税制が望ましいとされ，このうち中立の原則とは，課税が個人や企業の経済活動をできるだけ妨げないという原則である。

5 財政法は，第４条で建設国債の発行を禁じており，政府は発行年度ごとに財政法にもとづかない特例法を制定して建設国債を発行している。

解説

1．財政に資源配分の機能がある点は正しいが，後半の記述にある例は所得再分配機能に関するものであり，問題文後半の記述を資源配分機能の例として解釈すると誤りである。ちなみに，資源配分機能の例としては，公共財の供給や外部性への対応などがある。

2．一般の歳入歳出を経理する会計を一般会計といい，特定の事業を行う場合，あるいは特定の資金を保有してその運用を行う場合，その他特定の歳入をもって特定の歳出に充て一般の歳入歳出と区分して経理する必要がある場合に設けられるのが特別会計である。

3．第二次世界大戦前の日本は，間接税の比重が高かったが，戦後のシャウプ勧告を受けて，直接税中心主義に改められた。

4．妥当である。

5．財政法第４条は原則として国債の発行を禁じているが，同条ただし書きにおいて建設国債の発行を認めている。政府が発行年度ごとに財政法に基づかない特例法を制定して発行しているのは，建設国債ではなく，特例国債（赤字国債）である。

正答　4

大卒 No. 168 地方上級

経済　近年の日本経済　平成27年度

近年の日本経済に関する次の記述のうち，妥当なものをすべて挙げた組合せはどれか。

ア　アベノミクスによる量的・質的金融緩和で，名目賃金のみならず実質賃金も上昇した結果，消費者の購買意欲も堅調に推移している。

イ　日本銀行が国債を積極的に買い入れた結果，国債の日本銀行保有率が上昇した。特に長期国債の買入れを行ったため，平均国債保有期間が伸長した。

ウ　2014年の国と地方の基礎的財政収支は，黒字となった。

エ　法人実効税率を引き下げた。外形標準課税を廃止したので，赤字企業の負担は軽減された。

オ　2014年は円安により輸出額が増加し，原油価格の下落などもあったが，貿易収支は赤字となった。

1　ア，ウ
2　ア，エ，オ
3　イ，ウ
4　イ，オ
5　ウ，エ，オ

解説

ア：一般労働者の１人当たり名目賃金は緩やかに上昇したが，実質賃金は労働分配率の低下と交易条件の悪化を背景に伸び悩んだ。また，個人消費については2014年１－３月期に生じた消費税率引上げに伴う駆け込み需要を受けて，同年夏以降は支出抑制傾向が強まり，持ち直しに足踏みが見られる状況になった。

イ：正しい。

ウ：2014年の国ならびに国と地方の基礎的財政収支は赤字である。ちなみに，同年の地方の基礎的財政収支は黒字である。

エ：外形標準課税は廃止されておらず，平成27年度税制改正でむしろ拡大された。

オ：正しい。

よって，正答は**4**である。

（参考資料：『平成26年版経済財政白書』『日本経済2014-2015』）

正答　4

No.169 社会 日本の公的年金制度 平成28年度

わが国の公的年金制度に関する記述として，妥当なのはどれか。

1 国民年金は20歳以上の国民を対象とする年金制度であり，国民はこれに加入するか加入しないかを自ら選択することができる。

2 厚生年金はサラリーマンや公務員を対象とする年金制度であり，その加入者は所得の多寡とは無関係に定額の保険料を負担する。

3 現役世代の納めた保険料が現在の年金受給者への支払いに当てられているため，少子高齢化の進展とともに年金財政が悪化しつつある。

4 不正アクセスによる情報流出事件を受けて日本年金機構が廃止され，現在では厚生労働省が公的年金の運営事務を行っている。

5 高齢者の生活保障を手厚くするため，厚生年金の完全支給開始年齢が65歳から60歳へと段階的に引き下げられている。

解説

1．20歳以上の全国民は国民年金への加入が義務づけられている。

2．厚生年金の保険料は報酬比例とされており，報酬（年収）の一定割合が保険料として徴収される。これに対して，保険料が定額とされているのは，国民年金の場合である。

3．妥当である。わが国の公的年金制度は世代間扶養の仕組みをとっており，現役世代の納めた保険料が現在の年金受給者への支払いに当てられている。この仕組みの下で少子高齢化が進むと，高齢者の増加によって年金の支給総額が増える一方，保険料や税金を負担すべき現役世代が減少するため，年金財政は悪化へと向かう。

4．日本年金機構は社会保険庁の廃止に伴い2010年に設立された。不正アクセスによる情報流出事件はあったが，これによって同機構が廃止されたという事実はない。公的年金の運営事務は，現在も日本年金機構が行っている。

5．高齢化の進展で年金財政が悪化していることなどを受けて，厚生年金の支給開始年齢は60歳から65歳へと段階的に引き上げられつつある。

正答 3

高卒

地方初級

No. 170 社会 社会保障制度 平成17年度

社会保障に関する次の記述のうち，正しいものはどれか。

1 最低限度の生活ができない人のために公的扶助が行われるが，これは年金，各種手当など他の法律による給付に優先してなされている。

2 介護保険制度の見直しが行われ，保険料を支払う者が，これまで40歳以上の人だったのが20歳以上の人へと引き下げられた。

3 サラリーマンには厚生年金，公務員には共済年金，自営業者には国民年金が適用され，国民全体で統一された年金制度がない。

4 医療保険についても，たとえば自営業者などに適用される国民健康保険と会社員とその家族に適用される健康保険組合とでは，一部負担金の割合が違うなどの格差が存在している。

5 社会保障は大きく，社会保険，公的扶助，社会福祉，公衆衛生に分けられ，高齢社会において社会保障の重要性は増大している。

解説

1．日本では公的扶助は生活保護としてなされているが，生活保護は，まず，土地・預貯金などの資産や働ける場合はその能力，その他あらゆるものを最低生活維持のために活用し，さらに扶養義務者の援助，年金，各種手当など，他の法律による給付を優先し，それでもなおかつ生活に困窮する場合に初めて受けることができる（保護の補足性）。

2．近年，介護保険制度の見直しが行われたが，保険料の支払い開始年齢は引き下げられなかった。

3．日本の年金制度は，従来，厚生年金保険，共済組合，国民年金などに分立していたが，昭和60年の改正により全国民共通の基礎年金が導入され，厚生年金や共済組合は，その上乗せとして報酬比例の年金を支給する制度に再編成された。なお，厚生年金と共済年金に分かれていた被用者の年金制度は，平成27年からは厚生年金に統一されている。

4．このような負担金割合についての差は存在しない。

5．正しい。

正答 5

高卒

東京消防庁

No.171 社会 民族運動や独立運動 令和3年度

近年世界中で起きている民族問題や独立運動に関する記述として，最も妥当なのはどれか。

1 アメリカのトランプ前大統領がイスラエルの首都をエルサレムと認定した。

2 イギリス北部のスコットランドではイギリスからの独立を住民投票で可決し，政府もこれを承認したため，独立が達成された。

3 中国北部では少数民族のクルド人が独立の是非を問う住民投票を行い，賛成多数で独立が可決された。

4 フランス北東部のカタルーニャ自治州では独立を目指す住民投票が行われ，賛成多数で独立が可決されたが，フランス政府はこれを認めなかった。

5 ラオスではイスラム系の少数民族ロヒンギャが迫害を受け，多くの難民がミャンマーに逃れている。

解説

1. 妥当である。

2. スコットランドでは，2014年に，イギリスからの独立の是非を問う住民投票が行われたが，残留支持が上回る結果となった。その後，イギリスのEU離脱の方針が決まってから再び独立を求める声が強まっている。

3. クルド人は中国ではなく，トルコ・イラン・イラク・シリアなどにまたがるクルディスタンに居住する民族である。かつてオスマン帝国内にあったクルディスタンは，第一次大戦後にさまざまな協定・条約によって分断されたため，現在も自治・独立の要求が強い。2017年にはイラクのクルディスタン地域において，イラク政府が反対する中，イラクからの分離独立の是非を問う住民投票が行われ，独立賛成が9割を上回った。しかし，住民投票が実施されると，イラクおよびその周辺国が制裁に乗り出したため，独立に向けての協議には至らなかった。

4. カタルーニャ地方は，フランスではなく，スペイン北東部の地中海に面する自治州で，州都はバルセロナである。2010年代に独立運動が盛んになった。2017年の独立住民投票の結果，独立賛成が9割を超え，州議会は独立を宣言したが，中央政府は憲法違反としてそれを認めず，州の自治権の一部を停止した。

5. ロヒンギャは，ラオスではなく，ミャンマー西部ラカイン州のイスラーム系少数民族である。1960年代の軍事クーデター以降抑圧が強まったが，2017年以降の武力弾圧で大量の難民が生まれ，隣接するバングラデシュで避難生活を続けている。

正答 1

高卒

市役所初級

No. 172 社会 IT用語とその意味 令和元年度

次のA～Cの説明に該当するIT用語の組合せとして妥当なのはどれか。

A　インターネットを介して不特定多数の人々から資金調達すること。

B　自動車，家電，ロボット，施設などあらゆるものをインターネットにつなげ，情報のやり取りをすること。

C　情報通信技術を活用した革新的な金融サービスのこと。

	A	B	C
1	クラウドファンディング	IoT	フィンテック
2	クラウドファンディング	フィンテック	IoT
3	IoT	クラウドファンディング	フィンテック
4	IoT	フィンテック	クラウドファンディング
5	フィンテック	IoT	クラウドファンディング

解説

A.「クラウドファンディング」の説明である。クラウドファンディングとは，群衆を意味する「crowd」と資金調達を意味する「funding」を組み合わせて造られた言葉である。一般企業は金融機関から資金を調達することが多いが，ベンチャー企業などではクラウドファンディングの手法を用いて資金を調達するケースが増えている。

B.「IoT」の説明である。「Internet of Things」の略語で，「モノのインターネット」とも呼ばれる。自動車の走行情報をインターネット経由で集め，これをもとにカーナビで渋滞情報や迂回路の情報を提供するなどの例が，これに該当する。

C.「フィンテック」の説明である。フィンテックとは，金融を意味する「finance」と技術を意味する「technology」を組み合わせて造られた言葉である。インターネットを利用して資金の貸し手と借り手を直接つなぐなどの例が，これに該当する。

以上より，正答は**1**である。

正答　1

高卒

No. 173　地方初級

社会　家族の機能　平成13年度

家族の機能に関する次の記述の空欄ア～オにA～Eの語を補充するとき，ウに入る語として正しいものはどれか。

家族は社会に対して，また個人に対して，さまざまな働きをしている。そうした働きのことを「機能」という。世界的視野からみると，家族という集団・家族という制度には，大きく分けて5つの機能があるといわれてきた。それは，A：性的機能，B：社会化機能，C：経済機能，D：情緒安定機能，そして，E：福祉機能［保健医療機能］である。これらは伝統的な家族には大なり小なり観察される機能である。ところが，このような家族機能を現代家族にそのまま当てはめるとなると，大きな問題につきあたる。（　ア　）についてみると，もはや社会化のエージェントは学校や塾・スポーツクラブそしてマス・メディアへと主軸が移動しつつあるし，また，（　イ　）についてみれば，少産化傾向やディンクスに示されるように子供を産むことが家族の必要条件ではなくなってきている。そして（　ウ　）も，第一次産業中心の時代とは異なって，生活維持の責任を家族が負うという形で，いまはかろうじて消費の単位であるにすぎない。このように，（　エ　）や（　オ　）のように家族にとって必ずしも本質的でない機能は外部に排出され，家族でなければ果たせない専門的な機能の重要性は増すという考え方がでてきている。

1　A
2　B
3　C
4　D
5　E

解説

家族の機能と現代社会でのその変容についての出題である。文中の5つの家族の機能とは，A：性的機能――結婚という制度は，その範囲内において性を許容するとともに，婚外の性を禁止する機能を果たす。これによって性的な秩序が維持されるとともに，子供を産むことによって，社会の新しい成員を補充する，B：社会化機能――家族は子供を育てて，社会に適応できる人間に教育する機能を持つ。子供は家族の中で人間性を形成し，文化を内面化して社会に適応する能力をつけていく，C：経済機能――共同生活の単位としての家族は生産と消費の単位として機能する，D：情緒安定機能――家族がともに住む空間は，外部世界から一線を引いたプライベートな場として定義され，安らぎの場・憩いの場として機能する，そしてE：福祉機能［保健医療機能］――家族は家族成員のうちで働くことのできない病人や老人を扶養し援助する働きをする，である。現代社会においては，環境の変化から，それまでの伝統的な考え方が当てはまらないように変化しつつあり，その機能は絞られてきているといえる。

正解は，順に，B，A，C，B，C（エとオは順不同）となる。

よって，**3**が正しい。

正答　3

高卒

市役所初級

No. 174 社会 持続可能な開発 平成16年度

「持続可能な開発」の解釈について，正しいものはどれか。

1 「持続可能な開発」とは，近年枯渇が懸念されている原油などの化石燃料についての問題である。

2 「持続可能な開発」とは，地球規模で貧困を撲滅しようとする考え方であり，現在の先進国と発展途上国間の経済格差をなくすことを理想としている。

3 「持続可能な開発」のためには，環境と開発とが共存しうるものであるとの前提に立ち，環境保全を考慮した節度ある開発をする必要がある。

4 「持続可能な開発」のためには，深刻化しているごみ問題などの環境問題を解決したうえで，住みやすい快適な生活のための開発が必要である。

5 「持続可能な開発」のためには，脱工業化を図り，第1次産業を重視した経済に立ち返る必要がある。

解説

「持続可能な開発」とは，「環境と開発に関する世界委員会」が1987年に公表した報告書「Our Common Future」の中心的な考え方として取り上げられた概念で，「将来の世代の欲求を満たしつつ，現在の世代の欲求も満足させるような開発」のことをいう。この概念は，環境と開発を互いに反するものではなく共存しうるものとしてとらえ，環境保全を考慮した節度ある開発が重要であるという考えに立つものである。1990年代になってオゾン層の破壊，地球温暖化，熱帯林の破壊や生物の多様性の喪失など地球環境問題が極めて深刻化し，世界的規模での早急な対策の必要性が指摘され，1992年には「国連環境開発会議」（地球サミット）が開催され，環境分野での国際的な取組みに関する行動計画である「アジェンダ21」を採択した。その地球サミット開催から10年後の2002年8～9月に，アジェンダ21の見直しや新たに生じた課題などについて議論を行うため，「持続可能な開発に関する世界首脳会議」（ヨハネスブルク・サミット）が開催され，「持続可能な開発に関するヨハネスブルク宣言」が採択されたのである。

よって，**3**が正しい。

正答 3

高卒

No. 175 市役所初級

社会　環境問題　平成15年度

環境問題に関する次の記述のうち，正しいものの組合せはどれか。

ア　環境問題は，各国の利害が一致しないためにその解決は難しい。

イ　環境を破壊し環境問題を引き起こすのは，特定の個人や企業のみである。

ウ　環境を破壊する物質は，すべて自然界になかったものであり，そのため自然には分解されることがないために，いつまでも残り環境に影響を与えることになる。

エ　環境問題については，将来起こる可能性のあるものもあり，その被害の範囲や程度は未知数である。

オ　環境問題の特徴として，変化が急速に起きること，そして影響が局地的であることが挙げられる。

1　ア，ウ
2　ア，エ
3　イ，オ
4　イ，エ
5　ウ，オ

解説

ア．正しい。たとえば，環境問題の要因となる産業がその国にとってどれだけの比重を占めるかや，その国の産業などにも大きくかかわる問題であり，必ずしも全体が同じ意見になることは期待できない。

イ．誤り。環境破壊は，特定の企業や人に限られない。たとえば，環境問題の原因の一つとされる石油などの化石燃料の消費は，一般人も行っている。

ウ．誤り。近年の環境問題の大きな課題となっている地球温暖化の要因となる物質は，二酸化炭素である。

エ．正しい。たとえば，新しい事業を行うことで，それが環境にどのような影響を与えるかは事前に知ることはできないのである。

オ．誤り。環境問題の特徴として，変化がゆっくりであること，そして影響が非局地的であることが挙げられる。

よって，**2**が正しい。

正答　2

高卒

東京消防庁

No.176 社会 話題のキーワード 平成30年度

近年話題のキーワードに関する次の記述として，最も妥当なのはどれか。

1 「Society5.0」とは，生理的欲求，安全欲求，社会的欲求，尊厳欲求，自己実現欲求の5つを指す。

2 「3R」とは，リデュース（ごみの減量），リフューズ（過剰包装の拒絶），リサイクル（ごみの資源としての再利用）の3つのRの総称である。

3 「戦略的環境アセスメント」とは，政策（ポリシー），計画（プラン），平和（ピース）の3つのPを対象とする環境アセスメントである。

4 「レッドリスト」とは，人によって本来の生息・生育地以外の地域に持ち込まれた，生態系を脅かす侵略的な生き物のリストのことである。

5 大規模災害が発生した場合には，「公助」による支援には限界があるため，「自助・共助」も必要である。

解説

1. 「Society5.0」は，内閣府の第5期科学技術基本計画において提唱された「目指すべき未来社会」のコンセプトで，狩猟社会，農耕社会，工業社会，情報社会に次ぐ第5の社会を意味する。それは，AI（人工知能），IoT，ロボット，ビッグデータ等の新技術をあらゆる産業や社会生活に取り入れてイノベーションを創出し，一人一人のニーズに合わせる形で社会的課題を解決する新たな社会であるとしている。生理的欲求等々はマズローの欲求5段階説の欲求である。

2. 「3R」はリデュース（ごみの減量），リユース（再使用），リサイクル（再資源化）の3つのRの総称である。

3. 「戦略的環境アセスメント」とは，個別の事業実施に先立つ，政策（ポリシー），計画（プラン），プログラムの3つのPを対象とする環境アセスメントである。

4. レッドリストとは，絶滅の恐れのある野生生物のリストのことである。環境省・農林水産省が，日本国内で生態系や人，農林水産業に悪い影響を及ぼす恐れのある生物について作成するリストは，「生態系被害防止外来種リスト」という。

5. 妥当である。「自助」とは「自分で自分の身を守ること」，「共助」とは「顔の見える範囲内における地域コミュニティで災害発生時に力を合わせること」，「公助」とは「行政による救助・支援」。災害による被害を最小限にできる社会にするために必要な取り組みである「自助」「共助」「公助」の三つを「防災の三助」という。

正答 **5**

大卒
No. 177
市役所上・中級
社会　労働市場　平成30年度

労働市場に関する次の記述のうち，妥当なものを選んだ組合せはどれか。

ア．不況によって企業の労働需要が減少しても，賃金が低下せず，不況前の水準に維持されていれば，失業は発生しにくい。

イ．経済全体で企業の求人数が求職者数を上回っても，企業と求職者の間のミスマッチが拡大すれば，失業率は低下しにくい。

ウ．失業保険の給付額を増加したり，給付を受けられる期間を延ばしたりすると，離職率の低下や就職率の上昇を通じて，失業率は低下する。

エ．解雇規制の強化は，現在雇用されている労働者が解雇されにくくする効果と，企業に新規採用を促す効果があり，いずれの効果も失業率の低下要因となる。

オ．失業期間の長期化は，就業意欲や技能が低下することによって，失業者の就業を困難にして経済的困窮を招き，社会全体の生産性の低下をもたらしやすい。

1　ア，ウ
2　ア，オ
3　イ，エ
4　イ，オ
5　ウ，オ

解説

ア：市場経済では財の価格が均衡価格を上回った状態では，売れ残り（超過供給）が生じてしまう。労働市場もこれと同じ。労働需要が減少し，労働需要曲線が左方にシフトすれば，それに応じて賃金が低下しないと，失業者は増加する。

イ：妥当である。雇用のミスマッチとは，企業の求人内容と求職者の能力や求職者が求める仕事内容などにずれが生じている状態のことである。たとえ企業が求人数を増加しても，求職者がその仕事に適さない場合，あるいはその仕事を求めていない場合には，雇用は増えないので，失業率も低下しない。

ウ：失業保険の給付額が上昇したり給付期間が長くなったりすれば，よりよい条件での転職をめざして離職しやすくなるし，妥協せずに転職活動を続けることもたやすくなる。

エ：解雇規制の強化に新規採用を促す効果はない。むしろ，企業が新規採用に消極的になる懸念がある。

オ：妥当である。失業期間を長期化させないための就業促進政策が求められる。

よって，イとオが妥当であるので，正答は**4**である。

正答　4

大卒 No.178 市役所上・中級

社会 COP21とパリ協定 平成28年度

COP21とパリ協定に関する次の記述について，下線部の内容が妥当なのはどれか。

2015年11月，パリで気候変動枠組み条約第21回締約国会議（COP21）が開催された。この会議では，ア二酸化炭素排出量が世界第１位であるアメリカ合衆国が不参加となり，全締約国の参加は実現しなかったが，京都議定書に続く，2020年以降の新しい温暖化対策の枠組みを定めるパリ協定が採択された。この協定では，イ先進国と途上国の両方に，温室効果ガス排出量の削減目標を５年ごとに作成し提出することが義務づけられるとともに，ウ削減目標を達成しない国に対しては，罰則を適用すると定められた。

日本は，パリ協定に先駆けて約束草案を提出し，エ2030年度の温室効果ガス排出量を2013年度とほぼ同じ水準に維持することを国際公約とした。なお，日本では，オ1990年代以降，再生可能エネルギーの導入や省エネルギー化が進展したため，2012年度における温室効果ガスの総排出量（確定値）は，京都議定書の基準年に比べて減少していた。

1 ア
2 イ
3 ウ
4 エ
5 オ

解説

ア：気候変動枠組み条約第21回締約国会議（COP21）には，アメリカ合衆国を含む196か国・地域が参加し，パリ協定に合意した。また，2007年以降，二酸化炭素排出量が世界第１位の国は中国である。

イ：妥当である。京都議定書では，先進国のみが義務を引き受け，途上国は義務を引き受けることはなかった。これに対して，パリ協定では，先進国のみならず途上国も義務を引き受けることとなった。

ウ：加盟国には，温室効果ガスの削減目標を５年ごとに作成し提出することが義務づけられたが，その達成までは義務づけられていない。したがって，削減目標を達成できなかったとしても，罰則が適用されることはない。

エ：日本が提出した約束草案では，2030年度の温室効果ガス排出量を2013年度比で26.0％削減するとされた。

オ：2012年度におけるわが国の温室効果ガス総排出量（確定値）は，京都議定書の基準年に比べて6.5％増加していた。なお，わが国は「温室効果ガス排出量の６％削減」という京都議定書の目標を達成しているが，これは森林吸収源や排出量取引などの制度を活用した結果である。

以上より，正答は**2**である。

正答 2

大卒 地方上級

No.179 社会 近年の日本の電力事情 平成28年度

近年のわが国の電力事情に関する次の記述のうち，下線部の内容が妥当なものはどれか。

わが国では，2011年3月の東日本大震災以降，すべての原子力発電所が停止されていたが，2015年8月，九州電力の川内原発が再稼動した。ア原子力規制委員会による新規制基準が整備されていなかったことから，政治判断で再稼動が決定された。

2012年7月，再生可能エネルギー固定価格買取制度が実施され，イ太陽光，地熱，風力などについて買取りが始まったが，このうち最も多く買取りされたのは風力であった。同制度では，ウ買取価格が一般の電力小売料金に上乗せされていることから，国民負担軽減が必要とされた。現在，法改正に向けた準備が進められている。

2016年4月より，電力の小売りが全面自由化された。エ現在販売を認可されているのは10大電力会社に限られているが，すでに販売競争が始まっている。また，オ政府は現在，10大電力会社に送配電部門の分社化を義務づける法律の制定を準備しており，これが実現すれば，電力小売事業における競争がさらに激しくなると見込まれる。

1 ア
2 イ
3 ウ
4 エ
5 オ

解説

ア：原子力規制委員会による新規制基準は，2013年7月から施行されている。川内原発の再稼動も，原子力規制委員会が新規制基準を満たしていると判断したことを受けて実現した。

イ：固定価格買取制度の下で最も買取りが進んだのは，太陽光発電であった。その背景には，電気事業者に全量買取りが義務づけられていること，太陽光発電の買取価格が割高に設定されていることなどがあった。なお，現在では買取価格の適正化をめざして，買取価格の引下げが進められている。

ウ：正しい。固定価格買取制度の下では，再生可能エネルギー源を用いて発電された電力の買取りに要した費用を，電気事業者が電力小売料金に上乗せして回収するものとされている。

エ：2016年4月から電力の小売が全面自由化され，10大電力会社（東京電力や関西電力など）以外の企業も電力小売市場に参入できるようになった。これまでに，都市ガス，ガソリン，通信事業などを営んできた企業の参入が実現している。

オ：2015年6月，改正電気事業法が成立した。これにより，2020年には10大電力会社に発送電分離が義務づけられ，さらに2020年以降，電力小売りの料金規制が撤廃されることが決まった。

よって，正答は**3**である。

正答 3

文章理解 判断推理 数的推理 資料解釈 政治 経済 社会 世界史 日本史 地理

大卒 No. 180 市役所上・中級

社会　日本の領土問題　平成25年度

日本の領土を巡る問題に関するア〜エの記述のうち，妥当なもののみをすべて挙げているのは，次のうちどれか。

ア　北方領土については，1956年の日ソ共同宣言で平和条約締結後に全島を日本に返還するものとされているが，現在はロシアがこれを実効支配している。

イ　竹島については，第二次世界大戦直後から韓国が領有権を主張し始めたが，現在に至るまで日本がこれを実効支配している。

ウ　尖閣諸島については，1970年代から中国政府や台湾当局が領有権を主張し始め，2012年に日本がこれを国有化した際には抗議運動も起こった。

エ　沖ノ鳥島については，中国はこれを岩にすぎないと主張しており，日本の領土とは認めているものの，排他的経済水域を設定することはできないとしている。

1　ア，イ
2　ア，ウ
3　イ，ウ
4　イ，エ
5　ウ，エ

解説

ア：誤り。日ソ共同宣言では，平和条約締結後に歯舞，色丹両島を日本に返還するものとされた。北方領土のうち，国後，択捉両島の返還については約束されていない。

イ：誤り。日本は，遅くとも江戸時代初期に当たる17世紀半ばには，竹島の領有権を確立していた。しかし，1952年になると，韓国が李承晩ライン（国境線）を一方的に設定して竹島をそのライン内に取り込み，現在に至るまで実効支配を続けている。

ウ：妥当である。尖閣諸島については，近海における石油等の資源埋蔵の可能性が明らかになった1970年代から，中国政府や台湾当局が領有権を主張し始めた。また，2012年に東京都が尖閣諸島購入の方針を発表すると，国がこれに先んじて同諸島をその所有者から購入し，国有化したが，これを受けて中国や台湾では抗議運動が活発化した。

エ：妥当である。中国は，沖ノ鳥島は島ではなく岩であり，排他的経済水域を設定することはできないと主張している。そして，沖ノ鳥島の排他的経済水域内で，海洋調査をたびたび実施している。

以上より，ウとエが妥当であり，**5**が正答となる。

正答　**5**

社会　日本の自然災害　平成28年度

わが国の自然災害に関する次の記述のうち，妥当なものはどれか。

1　わが国は世界有数の火山大国であり，100山を超える活火山が存在している。そのうち24時間体制で常時監視・観測しているのは，富士山を含む10山程度にすぎない。

2　わが国近海の海底では，海洋プレートが大陸プレートの下に潜り込んでいるため，ひずみが蓄積して大地震が起こることがある。東日本大震災も，こうして起こったものである。

3　竜巻は，太陽熱によって暖められた平地から強風が吹き出し，これが山地に当たって流れが乱れることで生じる場合が多い。わが国でも，竜巻は平地よりも山間部で頻繁に起こっている。

4　わが国の天気予報は，最小でも一辺50キロメートルの正方形のマス目（メッシュ）を単位として行われているため，数キロメートル程度の範囲で起こる局地的大雨を予測することは困難である。

5　雪崩には，新雪が滑り落ちる表層雪崩と積雪面すべてが滑り落ちる全体雪崩がある。地面との摩擦が大きい全体雪崩のほうが，流下スピードが速く，被害の及ぶ範囲も広い。

解説

1．24時間体制で常時監視・観測している活火山は，富士山を含む50山に上る。なお，日本の活火山数は111山（2018年９月現在）に上るが，これは世界の火山の７％に当たる。

2．正しい。東日本大震災は，太平洋プレート（海洋プレート）と北米プレート（大陸プレート）の境界に当たる深い溝（海溝）で起きたプレート境界型地震（海溝型地震）であった。

3．竜巻のメカニズムはまだ完全には解明されていないが，空気が暖められることで発生した積乱雲の影響であることは間違いないとされている。したがって，太陽熱によって暖められた平地において，強い上昇気流が生じて竜巻が発生しやすいといえる。

4．気象庁の天気分布予報は，一辺20kmの正方形のマス目（メッシュ）を単位として行われている。また，民間の気象事業者では１kmメッシュ単位で予報を行うものもある。後者については，精度はともかく，局地的大雨（いわゆるゲリラ豪雨）を予測することも可能である。

5．全体雪崩のほうが，積雪底面と地面との摩擦抵抗によって流下スピードが抑えられる。表層雪崩の場合，雪の上を雪が滑り落ちる形となるため，摩擦抵抗が小さく，流下スピードは速くなる。なお，被害の及ぶ範囲が広いのは，流下する雪の総量が多い全体雪崩の特徴である。

正答　2

大卒
No. 182 東京消防庁
社会　公職選挙法改正　平成30年度

近年の公職選挙法改正に関する次のア～ウの記述のうち，正しいもののみをすべて選んだものとして，最も妥当なのはどれか。

ア　公職選挙法が改正され，2017年の衆議院議員選挙から，衆議院の定数が「０増10減」の465議席となった。

イ　「１票の格差」を解消するため，衆議院の比例代表の定数を削減することが検討されていたが，2017年の衆議院議員選挙において削減は見送られた。

ウ　「１票の格差」をゼロにする「ドント式」が，2020年以降に導入されることが決まった。

1　ア
2　イ
3　ウ
4　ア，イ
5　ア，イ，ウ

解説

ア：正しい。

イ：2016年に，衆議院議員の定数を，小選挙区で６，比例代表で４の合計10減らして465議席とする改正公職選挙法が成立し，2017年の衆議院議員選挙から適用された。

ウ：2016年成立の改正公職選挙法とその関連法で，「１票の格差是正と衆院定数の10減」とともに導入が決まったのは「ドント式」ではなく，「アダムズ方式」である。「アダムズ方式」とは，小選挙区の都道府県別，比例代表のブロック別の議席配分において，人口比がより反映されやすい議席配分方式であり，2020年の国勢調査後に導入し，その後は10年ごとの国勢調査のたびに計算し直すことが決まった。ドント式は，比例代表制において当選議員の配分を政党の得票数に比例して決める配分方法であり，すでに1983年の参議院議員選挙から採用されている。

よって**1**が妥当である。

正答　**1**

大卒
No. 183 地方上級
社会 近年の中国経済 平成28年度

中国経済に関する次の記述のうち，妥当なものはどれか。

1 近年，中国の経済成長率は７％程度で推移しているが，2015年に中国政府は「新常態」（ニューノーマル）をめざす方針を打ち出し，経済成長率の目標を10％に引き上げるとした。

2 地方から都市への人口流入が拡大しているが，農村戸籍者は都市戸籍者に比べて公的サービスの受給が制限されているため，戸籍制度の改革を求める声が強まっている。

3 地方政府による都市開発や企業・個人の不動産投資熱を受けて，銀行借入れ以外の資金調達（シャドーバンキング）が拡大してきたが，その背景には，中国政府が銀行による融資に制限を加えておらず，銀行の貸出金利が著しく割高になったことがある。

4 生産年齢人口が増加する一方で，賃金水準が低く抑えられているため，中国の対外輸出および対内直接投資は増加傾向で推移しており，特にわが国の対中直接投資は増加を続けている。

5 人民元は長らく固定相場制をとっていたが，人民元の国際化を図るため，2015年には完全変動相場制への移行が行われ，政府介入は行われないようになった。

解説

1. 「新常態」とは，中国が経済成長鈍化局面に入ったことを受けて打ち出された新方針で，経済成長の速度よりもその中身と効率性を重視するとしたものである。2018年の政府方針でも，2018年の経済成長率の目標は6.5％程度とされている。

2. 正しい。中国では，都市住民の生活を安定させるため，農村戸籍と都市戸籍が区別されており，農村から都市への移動が制限されている。地方から都市に流入した者は，農村戸籍のまま都市で労働者となるため，都市住民と同等の公的サービス（社会保障など）を受けることができず，戸籍格差として問題になっている。

3. 中国では，銀行の貸出金利が政府によって制限されているため，銀行はリスクの高い事業に融資することをためらいがちである。そこで，旺盛な不動産投資熱に応えるため，投資ファンドのような形式をとるシャドーバンキングが発達し，政府の規制を受けずに，高利で融資を行うようになった。

4. 中国では，2011年をピークとして生産年齢人口が頭打ちとなり，さらに近年の経済成長で労働需要が増加したことから，賃金水準が上昇傾向にある。また，中国の対外投資（国内から海外への投資）および対内投資（海外から国内への投資）は増加傾向で推移しているが，わが国の対中直接投資は，2012年をピークとして低下傾向に転じている。特に2014年には，比較可能な1985年以降で最大の落ち込みを記録した。日中関係の悪化，人件費や土地使用料の上昇，中国政府の政策転換（優遇産業の見直し）などが原因と見られている。

5. 人民元は，2015年７月，固定為替相場制から管理変動相場制に移行した。これにより，一定の変動幅が許容されることとなったが，完全変動相場制とは異なり，政府（通貨当局）の介入によって変動幅を抑える仕組みも設けられている。

正答 2

大卒 東京消防庁

No. 184 社会 民族・地域紛争 令和元年度

民族・地域紛争問題に関する記述として，最も妥当なのはどれか。

1 国連は，オーストラリアの人種隔離政策であるアパルトヘイトの廃絶といった，人権問題の解決に貢献している。

2 民族・地域紛争による難民の保護のため難民条約が制定されたが，難民の受け入れに積極的でない我が国では，同条約を批准していない。

3 アフリカのスーダンでは1970年代以降内戦が続いていたが，2011年の住民投票の結果，南スーダンが独立し国連への加盟も認められた。

4 国連の専門機関である，国連教育科学文化機関（UNESCO）が中心となって国際的な人道援助活動を進めている。

5 第二次世界大戦後，パレスチナの地にアラブ人国家イスラエルが誕生し，ユダヤ人側はこれを認めず，四次に及ぶ中東戦争が発生した。

解説

1．国連が国際人権規約の採択や女子差別撤廃条約の設定など，人権問題解決のための活動を行っていることは正しいが，アパルトヘイトは，南アフリカ共和国で1948年から1991年まで行われていた人種差別政策である。

2．難民条約（難民の地位に関する条約）は1951年に採択され，1954年に発効した。日本が難民受け入れに消極的であることは正しいが，難民条約については1982年に加入した。

3．妥当である。

4．国連教育科学文化機関（UNESCO）は，教育・科学・文化等を通じて国家間の協力を促進し，世界の平和と安全を図るための専門機関である。「経済的，社会的，文化的又は人道的性質を有する国際問題を解決すること」は国連の目的（国連憲章１条３項）であり，総会は国連児童基金（UNICEF），国連難民高等弁務官事務所（UNHCR）などの機関を設立して人道援助活動を行っている。

5．1948年にパレスチナの地に建国されたイスラエルはユダヤ人国家である。そして，それを認めないパレスチナの地に住んでいたアラブ人との間の対立がパレスチナ問題である。

正答 3

大卒

No. 185 東京消防庁

社会　海洋プラスチックごみ問題　令和2年度

近年の海洋プラスチックごみ問題に関する記述として，最も妥当なのはどれか。

1　海洋プラスチックごみが，波や紫外線等の影響で5 mm以下の小さな粒子となったものを，マイクロプラスチックという。

2　マイクロプラスチックは，世界中で観測されているが，まだ日本周辺の海では観測されていない。

3　陸上から流出した海洋プラスチックごみの発生量ランキング（2010年推計）で，上位1位～4位はヨーロッパの国々が占めていた。

4　世界経済フォーラム報告書（2016年）によると，「すでに海洋プラスチックごみの量が海にいる魚の量を上回っている」とされている。

5　放出された海洋プラスチックごみは，自然界の中で時間とともに分解されるとされている。

解説

1．正しい。マイクロプラスチックは洗顔料や歯磨き粉にスクラブ剤として使われてきたプラスチックの粒子や合成繊維の衣料の洗濯からも発生している。

2．環境省が2016年度に全国10地点で実施した調査によると，我が国の海岸に漂着したごみのうち，容積および個数ベースではプラスチック類が最も高い割合を占めていた。日本周辺海域でもマイクロプラスチックは観測されており，世界の海の27倍の個数が存在したという調査結果もある。

3．海洋プラスチックごみの主要排出源は東アジア地域および東南アジア地域だという推計が出されている。欧州ではプラスチックを削減する戦略がとられており，使い捨てプラスチック製品の流通を2021年までに禁止する法案を2019年に採択した。

4．海洋における魚とプラスチックの比率（重量ベース）は2014年時点で5：1だが，2050年にプラスチックごみの重量が魚の重量を超えると試算された。

5．プラスチックごみは分解されてマイクロプラスチックとなり，汚染物質が表面に吸着したり，誤食で海洋生物の体内に取り込まれるなどの悪影響をおよぼしている。これを防ぐためには植物由来の生分解性プラスチックに代替していく必要がある。

正答　1

高卒
No. 186 地方初級
世界史　キリスト教の歴史　平成17年度

キリスト教の成立と発展に関する次の記述のうち，正しいものはどれか。

1　パレスティナに生まれたイエスは，ローマに対する反逆者として訴えられ，十字架にかけられ処刑されたが，その死後，弟子達の間でイエスが復活したとの信仰が生まれた。

2　キリスト教はペテロ，パウロたち使徒によって伝道が行われ，3世紀頃までに帝国全土に広がり，この間に『新約聖書』がヘブライ語からラテン語に翻訳された。

3　キリスト教がローマ帝国全体に拡大したため，テオドシウス帝は，313年，ミラノ勅令でキリスト教を公認した。

4　第4回十字軍ではジェノヴァ商人の要求によって，聖地回復の目的を捨て，コンスタンティノープルを占領してラテン帝国を建てた。

5　マルティン=ルターは，「人は信仰のみによって救われる」として，ローマ教会の免罪符販売を批判してローマ教皇から破門されたが，神聖ローマ皇帝カール5世の保護を受けて『新約聖書』のドイツ語訳を完成させた。

解説

1. 正しい。

2. 『新約聖書』は，キリストの言行を記した福音書，使徒の活動を述べた使徒行伝や書簡などが2世紀頃にまとめられたもので，ラテン語ではなくコイネーと呼ばれるギリシア語で記された。コイネーはヘレニズム世界の共通語で，アッティカ方言をもとにしたギリシア語である。なお『旧約聖書』の原典はヘブライ語で記されているが，紀元前3世紀にエジプトのアレクサンドリアでギリシア語に翻訳された。

3. テオドシウス帝ではなくコンスタンティヌス帝である。キリスト教徒は，ネロ帝の迫害からディオクレティアヌス帝の迫害まで多くの迫害を受けながらも，これ以上禁止すれば帝国の統一が維持できないまでにローマ帝国全土に拡大した。そこでコンスタンティヌス帝はキリスト教の信仰の自由を認めた。なお，テオドシウス帝は，392年，キリスト教を国教とした皇帝である。

4. ジェノヴァではなくヴェネツィアの商人である。ヴェネツィア商人は十字軍の輸送を請け負っていたが，第4回十字軍では，彼らの要求に迫られて，通商上のライバルであったコンスタンティノープルを攻略した。

5. 神聖ローマ皇帝カール5世ではなくザクセン選帝侯である。カール5世は，むしろルターを弾圧する側であり，ヴォルムスの帝国議会に呼び出し自説の撤回を迫った。

正答　1

高卒

No. 187 市役所初級

世界史 ルネサンス・宗教改革 平成23年度

ルネサンス・宗教改革に関する記述として，妥当なのはどれか。

1 ルネサンスは，イベリア半島からイスラーム勢力を追放することに成功したスペインで始まり，イタリアへと波及した。

2 ルネサンスは，古代ギリシャ・ローマの古典文化の研究を通じて，神や教会を中心とした生活をあらためて復興しようとする文化運動である。

3 ルネサンスでは，中国で発明された羅針盤，火薬，活版印刷術などの技術が改良され，ヨーロッパ社会に大きな影響を与えた。

4 ルターは，免罪符の販売を批判したことからカトリック教会から破門されたが，神聖ローマ皇帝によって保護され，聖書のドイツ語訳を完成した。

5 イエズス会は，ヨーロッパだけでなく海外でもカトリックの布教活動を行ったが，中国では宣教師の来航は一切禁じられた。

解説

1. ルネサンスは，地中海交易で栄え，十字軍以来，ビザンツ文化やイスラーム文化と接する機会の多かったイタリアで最初に始まった。イベリア半島からイスラーム勢力を駆逐する運動はレコンキスタ（国土再征服運動）と呼ばれ，キリスト教を海外へ布教しようとするエネルギーは「大航海時代」と呼ばれるヨーロッパ世界の拡大へと発展した。

2. ルネサンスは，神や教会を中心とする中世的な生き方ではなく，人間のありのままの生き方を追求しようとする文化運動である。ただ，運動の保護者はメディチ家やローマ教皇，あるいは国王であったため，その性格は貴族的であり，社会そのものを批判する力にはならなかった。

3. 妥当である。いわゆるルネサンスの三大発明（改良）である。羅針盤は遠洋航海を可能にし，火薬は，ヨーロッパで火砲が発明されて戦術を一変させ，騎士が没落する一因となった。グーテンベルクによって改良された活版印刷術は，書物を安価にそして迅速に発行できるようにさせ，新しい思想を普及させる力となった。

4. ルターを保護したのはザクセン選帝侯で，ルターはヴァルトブルグ城にかくまわれ，ここで聖書のドイツ語訳を完成させた。神聖ローマ皇帝カール５世（在位1519～56年）は，ルターを弾圧した側で，1521年，ヴォルムスの国会にルターを召還して，自説の撤回を迫ったが，ルターはこれを拒否した。

5. 明末から清初にかけて多くのイエズス会宣教師が中国に来航した。1601年には，マテオ=リッチ（1552～1610年）が中国で初めて布教を認められ，北京に最初の教会を建て，明末には約15万人の信者を獲得したといわれる。清朝では，アダム=シャール（1591～1666年），フェルビースト（1623～88年），ブーヴェ（1656～1730年），カスティリオーネ（1688～1730年）などが来航し，暦の改定や地図の作成など，その科学的知識が重用された。しかし1724年，それまで中国文化を尊重し，孔子の崇拝や祖先の祭祀などの伝統的儀礼（典礼）を容認してきたイエズス会の布教方法をローマ教皇が否定したため，雍正帝はキリスト教の布教を禁止した（典礼問題）。

正答 3

高卒

東京消防庁

No. 188 世界史 15~17世紀のヨーロッパ諸国 平成26年度

15~17世紀のヨーロッパ諸国の世界進出に関する記述として，最も妥当なのはどれか。

1 1492年，スペインの援助を受けたコロンブスの艦隊は，アフリカ南端の喜望峰に達して，海路でインドに行けることを明らかにした。

2 17世紀になると，オランダはインドネシアを拠点に東インド会社を設立するなどして，東アジアでの貿易の実権を握った。

3 宗教改革に対抗するために結成されたプロテスタント系のイエズス会は，アジアでの布教を積極的に行い，1549年にはザビエルが日本に到着した。

4 イギリスはスペインの無敵艦隊に勝利し，その領土であったインドやオーストラリアを植民地として世界中に領土を広げ，「日の沈まない帝国」といわれた。

5 16世紀前半にポルトガルはアメリカ大陸に進出し，インカ帝国やアステカ文明などを武力で征服し，これらを滅ぼした。

解説

1．コロンブスは，大地は球形というトスカネリの説に従って大西洋を西に向かって進めば「インド」に着くと信じ，アメリカ大陸を発見した。1488年アフリカ南端の喜望峰に達したのはポルトガル人のバルトロメウ・ディアスである。

2．正しい。

3．プロテスタントが進めた宗教改革に対してカトリックが改革のためにイエズス会を設立した。

4．スペインは1494年のトルデシリャス条約に基づき，その前に定められた教皇子午線を150km 西へ移動させた境界から西へ植民地を拡大したので，インドやオーストラリアは範囲外。

5．インカ帝国やアステカ文明を滅ぼしたのはスペインである。

正答 2

高卒

東京消防庁

No.189 世界史 フランス革命 平成30年度

フランス革命に関する次の記述で，［A］～［D］に当てはまる語句の組合せとして，最も妥当なのはどれか。

革命以前のフランスは聖職者・貴族・平民の身分からなり，その大多数は［A］の平民であった。［B］とアメリカの独立に刺激を受けて，国王の圧政に抗した［A］の改革派の人びとは，1789年7月14日に［C］を襲撃した。この事件がきっかけとなり，議会は近代市民社会の原理を主張する内容の［D］を採択した。

	A	B	C	D
1	第一身分	啓蒙思想	バスティーユ牢獄	人権宣言
2	第一身分	アンシャン・レジーム	バスティーユ牢獄	独立宣言
3	第三身分	啓蒙思想	ヴェルサイユ宮殿	独立宣言
4	第三身分	アンシャン・レジーム	ヴェルサイユ宮殿	独立宣言
5	第三身分	啓蒙思想	バスティーユ牢獄	人権宣言

解説

A：「第三身分」。聖職者が第一身分，貴族が第二身分である。

B：「啓蒙思想」。啓蒙思想とは理性を絶対視し，理性という光で従来の慣習・制度・社会の問題を批判・否定し，あらたな合理的思想を展開する懐疑的な態度のことをいう。啓蒙思想の普及とアメリカの独立戦争で，フランスでは革命を求める機運が高まった。

「アンシャン・レジューム（旧制度）」とは，16世紀からフランス革命までのフランスの政治・社会制度のことである。

C：「バスティーユ牢獄」。バスティーユは絶対王政による抑圧の象徴とされていた。ヴェルサイユ宮殿はルイ14世の命で建設され，フランス革命勃発まで王宮とされていた。

D：「人権宣言」。フランス革命の理念をあらわす宣言。人間の自由・平等，国民主権，法の支配，三権分立，私有権の不可侵などが規定されている。「独立宣言（アメリカ）」とは，イギリス本国と植民地軍が対立するなかで採択された宣言で，基本的人権や革命権について述べ，ロックの政治理論の影響が強い。

正答 5

高卒 地方初級

No.190 世界史 ヨーロッパの出来事 平成15年度

ヨーロッパの出来事に関するA～Eの記述を古い順に並べた組合せとして，正しいのはどれか。

A　宗教改革は，ドイツの修道士ルターが，「九十五カ条の論題」を発表してローマ教会を批判したことから始まった。

B　フランス革命は，ルイ16世が特権身分に対する課税を行おうとして三部会を召集したことから始まった。

C　ウィーン体制は，ナポレオン没落後のヨーロッパを再組織するために，オーストリア外相のメッテルニヒが主導して結成された。

D　三十年戦争は，ボヘミアの新教徒の反乱をきっかけに起こった宗教戦争であり，各国が新教徒保護の名目で干渉したため，国際戦争となった。

E　ルネッサンスは，ビザンツやイスラム圏に継承されていたギリシア・ローマの古典が，地中海交易でイタリアに伝えられて引き起こされた。

1　A－C－E－D－B
2　E－A－D－B－C
3　A－E－B－C－D
4　A－D－E－B－C
5　E－A－B－C－D

解説

A. 1517年である。当時，ヴィッテンベルク大学の神学教授だったルターが，「人は信仰によってのみ救われる」として，ローマ教会が行っていた免罪符（贖宥状（しょくゆう））の販売を批判した文書を教会で発表したのが宗教改革の始まりである。

B. 1789年である。財政難に悩むルイ16世は，テュルゴーやネッケルを起用して財政改革を図った。貴族はこれに抵抗して，1615年以来開かれていなかった三部会の召集を国王に認めさせたのがフランス革命の始まりである。

C. 1815年である。ウィーン体制は，フランス革命前の王朝を正統とする正統主義に立脚して再建されたヨーロッパの国際秩序である。オーストリア外相（後に宰相）のメッテルニヒが指導的地位を占めた。

D. 1618～1648年である。三十年戦争は，神聖ローマ帝国内のボヘミア（ベーメン）のプロテスタント貴族による抵抗から始まった。これにデンマーク，スウェーデン，フランス，オランダがプロテスタント側を支援して参戦したため全面戦争となった。

E. 14世紀である。ルネッサンスは，地中海交易によってイスラム圏からもたらされたギリシア・ローマの古典を原典から学び直すことから始まった。1453年のビザンツ帝国（東ローマ帝国）の滅亡により多くの学者たちがイタリアに移住してきたことも影響している。

よって，**2**が正しい。

正答　2

文章理解 判断推理 数的推理 資料解釈 政治 経済 社会 世界史 日本史 地理

No. 191 世界史 イギリス産業革命 平成24年度

イギリスの産業革命に関する記述中の空欄ア～オに入る語句の組合せとして，妥当なのはどれか。

イギリスの産業革命は，［ア］工業における技術革新から始まった。次いで，［イ］が動力として利用されるようになると生産は飛躍的に拡大し，交通・運輸機関として［ウ］が急速に普及した。産業革命によって資本家と労働者の貧富の差は［エ］し，資本家は貿易政策として［オ］を主張した。

	ア	イ	ウ	エ	オ
1	毛織物	石油と電気	蒸気機関車	拡大	保護貿易
2	木綿	石炭と蒸気	電気機関車	縮小	保護貿易
3	木綿	石油と電気	電気機関車	拡大	自由貿易
4	毛織物	石炭と蒸気	蒸気機関車	縮小	自由貿易
5	木綿	石炭と蒸気	蒸気機関車	拡大	自由貿易

解説

ア．木綿工業である。イギリスの産業革命は木綿工業における織布機械と紡績機械の交互の発明から始まった。毛織物工業は産業革命以前のイギリスの主要工業である。

イ．石炭と蒸気である。1769年にワットが改良した蒸気機関が水力に代わる動力として使われるようになると生産性が飛躍的に向上した。軽工業を中心とし，石炭と蒸気を動力とする技術革新を第一次産業革命というのに対して，19世紀後半の，重工業を中心として，石油と電気を新しい動力とする技術革新を第二次産業革命ともいう。

ウ．蒸気機関車である。1825年にスティーヴンソンが蒸気機関車を実用化したことから，鉄道がこれまでの運河による水運に代わって主要な輸送手段となった。

エ．拡大である。産業革命によって産業資本家が地主や商人に代わって経済力や政治力を強めた一方，没落した手工業者や土地を失った農民は工場労働者として過酷な労働を強いられ，貧富の差は拡大していった。

オ．自由貿易である。産業資本家たちは，自由に経済的利益を追求することが社会全体にとっても利益になるという考え方を持ち，重商主義政策を批判して自由貿易を主張した。しかし，遅れて産業革命が始まったドイツなどの後発国は，自国の産業を守るための保護貿易を主張した。

以上より，正答は**5**である。

正答 5

高卒 地方初級

No. 192 世界史 冷 戦 平成23年度

冷戦に関する記述として，妥当なのはどれか。

1 1947年，アメリカのトルーマン大統領は，共産主義の進出とソ連の拡大を阻止するための封じ込め政策を宣言した。

2 1950年に勃発した朝鮮戦争では，アメリカ軍は大韓民国を支援し，ソ連は朝鮮民主主義人民共和国側を支援して人民義勇軍を派遣した。

3 1962年，ソ連がキューバにミサイル基地を建設しようとしたのに対して，アメリカはミサイルの搬入を阻止したことから，米ソの間で局地的な戦闘が開始された。

4 1965年，アメリカは北ベトナムへの北爆を開始し，南ベトナム解放民族戦線のベトナム統一を支援した。

5 1989年，マルタ会談でアメリカのレーガン大統領とソ連のエリツィン大統領は，軍縮を促進することに合意し，冷戦の終結を宣言した。

解説

1. 妥当である。トルーマン=ドクトリンである。これは1947年３月12日の議会演説の中で表明されたもので，ギリシャ，トルコへの共産主義の進出を阻止し，自由主義世界を防衛するのはアメリカの義務であることを宣言した。直ちにギリシャ，トルコへの軍事援助を開始し，冷戦の端緒となった。

2. 韓国側に立って戦争に参加したのは，アメリカを中心とする16か国で構成された国連軍である。また，北朝鮮側を直接的に支援したのはソ連ではなく中華人民共和国である。戦争が勃発すると，国連安全保障理事会が招集され，ソ連が欠席のまま，アメリカの提案に基づいて韓国軍を支援するためマッカーサーを総司令官とする国連軍が組織された。国連軍が中国国境近くまで迫ると，中国は人民義勇軍を派遣して国連軍を押し戻し，その後，38度線を挟んで戦況は一進一退を繰り返した。

3. キューバ危機に関する記述であるが，直前で戦争は回避された。アメリカ大統領のケネディは，基地の撤去を要求し，キューバを海上封鎖してミサイルの搬入を実力をもって阻止しようとしたことから，米ソ間の軍事衝突の危機に直面した。衝突は直前になって回避され，ソ連はキューバのカストロ政権の維持を条件にミサイルを撤去した。

4. 南ベトナム解放民族戦線はベトナム民主共和国（北ベトナム）と連携してベトナム統一をめざす組織で，1960年に結成された。アメリカによる北ベトナムへの爆撃（北爆）は，攻勢を強める解放戦線への北からの補給路を断つためにとられた作戦で，これを機にベトナム戦争は本格化した。

5. マルタ会談は，アメリカのブッシュ大統領（父）とソ連のゴルバチョフ書記長との間で行われた。マルタ会談は，1989年の東欧革命，同年11月のベルリンの壁崩壊を受けて，12月，地中海のマルタ島で行われた米ソ首脳会談である。

正答 1

高卒

No. 193 市役所初級

世界史　第二次世界大戦後のアジア　平成28年度

第二次世界大戦後のアジアに関する記述として妥当なのはどれか。

1　第二次世界大戦後の沖縄はアメリカ軍の直接軍政下に置かれたが，サンフランシスコ平和条約によって日本に返還された。

2　朝鮮戦争は，南北統一をめざした北朝鮮軍の侵攻で始まったが，アメリカとソ連は戦争に介入しなかった。

3　中国では，土地改革で農民の支持を得た共産党が，アメリカの支援を受けた国民党を大陸から追放して，国共内戦に勝利した。

4　東南アジアでは，戦後直ちにタイが独立を宣言して植民地から脱却し，インドネシアとベトナムは，国民投票によって独立を達成した。

5　インドでは，ヒンドゥー教徒を主体とするパキスタン共和国とイスラーム教徒を主体とするインド連邦に分かれて，イギリスから独立した。

解説

1．日本の敗戦後，沖縄が本土と切り離されてアメリカ軍の直接軍政下に置かれたことは正しい。サンフランシスコ平和条約（1951年）で日本は独立を回復したものの，沖縄は，小笠原諸島・奄美諸島とともにアメリカの施政権下に置かれた。その後，ベトナム戦争で沖縄の米軍基地が前線基地となったことを背景に祖国復帰運動が本格化し，1971年に沖縄返還協定が調印され，翌72年５月15日に沖縄の施政権が日本に返還されて本土復帰が実現した。

2．戦後の朝鮮半島は，北緯38度線を境界にして南側はアメリカ，北側はソ連の占領下に置かれ，1948年に南では大韓民国（韓国）が，北では朝鮮民主主義人民共和国（北朝鮮）が成立して南北に分断された。朝鮮戦争（1950～53年）は，50年，北朝鮮軍が南北統一をめざして38度線を突破して始まった。アメリカは国連軍の中心として，韓国軍を支援して戦争に介入したが，ソ連は戦闘機や武器を北朝鮮に供与したものの，直接戦争に介入することはなかった。戦争に介入したのは中国で，人民義勇軍を派遣して北朝鮮軍を支援した。

3．妥当である。内戦に勝利した共産党を中心に，1949年，毛沢東を主席，周恩来を首相とする中華人民共和国を樹立。内戦に敗れた国民党は台湾に逃れ，中華民国を維持した。

4．タイは東南アジアで唯一，ヨーロッパ列強の植民地とならなかった国である。また，インドネシアとベトナムは国民投票ではなく旧宗主国との戦いに勝利して独立を達成した。インドネシアは，1945年８月，スカルノを指導者にインドネシア共和国の成立を宣言したが，これを認めない旧宗主国オランダとの武力闘争の末，49年に独立を達成した。ベトナムは，45年９月にホー=チ=ミンがベトナム民主共和国の独立を宣言したが，旧宗主国フランスはこれを認めず，インドシナ戦争（1945～54年）となった。フランスは民主共和国と54年にジュネーヴ協定を結んで撤退したが，アメリカは55年にベトナム共和国を樹立し，北緯17度線を境に民主共和国と対立して南北の分断が固定化した。その後，75年に南のベトナム共和国が崩壊して統一が達成され，翌76年にベトナム社会主義共和国が成立した。

5．インドでは，1947年にインド独立法が制定されてインド連邦とパキスタン共和国に分かれて独立したが，ヒンドゥー教徒を中心としたのがインド連邦で，イスラーム教徒を中心としたのがパキスタン共和国である。

正答　3

大卒

No. 194 東京消防庁

世界史 ローマ共和政からローマ帝国 平成22年度

ローマ共和政からローマ帝国までの歴史に関する記述として，最も妥当なのはどれか。

1 3回にわたるポエニ戦争に勝利したローマは，征服地を属州として統治する一方，各地の奴隷を解放し民主化を推進していった。

2 ローマの軍事力低下に危機感をいだいたグラックス兄弟は，大土地所有者の土地を没収して無産市民に分配し，改革に成功した。

3 ディオクレティアヌス帝は，帝国を四分して国防を強化し，さらにミラノ勅令を出しキリスト教を公認した。

4 オクタヴィアヌスは，エジプトの女王クレオパトラがアントニウスと結んで領土を拡大しようとしたので，アクティウムの海戦でこれを破り，地中海世界を統一した。

5 コンスタンティヌス帝は，ニケーア公会議においてアタナシウス派を異端とし，アリウス派を正統としていった。

解説

1．3回にわたるポエニ戦争（前264～前146年）は，フェニキア人の植民都市カルタゴとの戦争で，ローマにとって初めての海外遠征である。第1次ポエニ戦争で勝利したローマはシチリアなどの海外領土を獲得し，総督を派遣して統治させた。このような海外領土を属州と呼んだが，奴隷を解放して民主化することはなく，総督は属州の住民に対して厳しく税を取り立て，私腹を肥やす者が続出した。

2．グラックス兄弟の改革は失敗した。兄（ティベリウス，前162頃～前133年）は前133年に護民官となり，大土地所有者から土地を没収して無産市民へ配分し，土地所有農民を再建しようとしたが，元老院の反対にあって殺害された。ローマでは，これ以後，市民どうしが相争う「内乱の百年」といわる混乱状態が続いた。弟（ガイウス，前153～前121年）は前123年に護民官となり兄の改革を継承したが，再び元老院の反対にあい，仲間とともに殺害された。

3．ミラノ勅令（313年）を出してキリスト教を公認したのはディオクレティアヌス帝（在位：284～305年）ではなく，コンスタンティヌス帝（在位：324～337年）である。ディオクレティアヌス帝は，帝国を正帝と副帝を2人ずつで治める四帝分治制（テトラルキア）を採用し，また，キリスト教に対しては帝国全土での「大迫害」（303年）を行った。

4．正しい。

5．ニケーア公会議（325年）で正統とされたのはアタナシウス派で，異端とされたのがアリウス派である。アタナシウスの説は後に三位一体説として確立され，異端とされたアリウス派は，ゲルマン民族の中に広まっていった。

正答 4

大卒 No. 195 地方上級

世界史 13～17世紀頃のユーラシア大陸 平成27年度

13～17世紀頃のユーラシア大陸について述べた次の記述について，下線部分が正しいものの組合せとして妥当なものはどれか。

モンゴル帝国は，13世紀後半にはヨーロッパとアジアにまたがる史上最大の領域を形成した。そして，ア ユーラシア大陸を支配下に収めたモンゴル族により陸海の交通路が整備され，東西交流が活発化したのである。しかし，イ ムスリム商人たちは交易することを許されず，陸海交通路はモンゴル人たちが独占した。

やがてモンゴルが衰えると各地に新しい勢力が成長したが，東西文化の交流は引き続き盛んになった。

東アジアでは，14世紀後半に中国を統一した明が17世紀まで続いた。ウ ヨーロッパから火薬や羅針盤が伝わり，中国からは当時世界で最も進んでいた天文学が西アジアに伝わった。

南アジアでは，エ 15世紀に成立したマラッカ王国が海上貿易の中心として繁栄し，ムスリム商人たちが多く通商に訪れた。

西アジアでは，オスマン=トルコ帝国が成長し，14世紀にはヨーロッパへの進出も図った。オ しかし，ビザンツ帝国との戦いに敗れ，ヨーロッパへ領土を広げることはできなかった。

1 ア，エ
2 ア，オ
3 イ，ウ
4 イ，オ
5 ウ，エ

解説

ア：正しい。大都（現在の北京）を中心とする幹線道路に沿って約10里ごとに駅を置き，往来する官吏に駅の周辺の住民に馬・食糧などを提供させる駅伝制（ジャムチ）は，チンギス=ハンが創設し，元代に完備された。また，元朝は新水路を開いて江南から大都に至る大運河を整備し，都市に市舶司を置いて海上交通路を掌握した。これらはモンゴル民族が商品の流通を重視したことを示しており，東西文化の交流にも大きな役割を果たした。

イ：チンギス=ハンは，当時中央アジア一帯を商業圏として活躍していたムスリム商人と提携し，資金・物資の援助を得ていた。駅伝制によって帝国内の交通が便利・安全になるとムスリム商人による陸上交易が盛んになり，元代には，西アジアとの海上貿易も盛んで，ムスリム商人の往来も活発化した。

ウ：火薬・羅針盤・活版印刷術はルネサンスの三大発明といわれるが，火薬と羅針盤は中国から西方に伝わり，アラビア人によってヨーロッパにもたらされた。また天文学や医学などの自然科学では，イスラム文化がギリシャ文化以上の新生面を開拓し，それがヨーロッパや中国に流入した。

エ：正しい。イスラム教徒は商船貿易が盛んになるとともに東南アジアに進出した。マラッカ半島に成立したマラッカ王国は，改宗して東南アジア最初のイスラム国家となった。

オ：オスマン=トルコ帝国は1453年にコンスタンティノープルを占領し，1000余年にわたって近東を支配したビザンツ帝国は滅亡した。その後16世紀半ばのスレイマン１世の下で最盛期を迎え，ウィーンを包囲し，プレヴェザの海戦に勝って地中海の制海権を握り，アジア・アフリカ・ヨーロッパにまたがる大帝国となり，東西貿易の要地を押さえてその利益を独占した。

よって，正答は**1**である。

正答 1

大卒

No. 196

市役所上・中級

世界史　帝国主義時代の列強　平成24年度

帝国主義の時代の列強に関する次の記述のうち，妥当なものはどれか。

1　イギリスは，ダイヤモンドと金の獲得をねらって南アフリカ戦争を起こしたが，ブール人に敗れた。

2　フランスはアフリカ横断政策を推進してイギリスとの間にモロッコ事件を起こして対立した。

3　ドイツはヴィルヘルム２世の「世界政策」でバルカン方面へ進出する３Ｂ政策を推進してイギリスと対立した。

4　ロシアは日露戦争に敗れたため，バルカン方面への南下政策を強め，ボスニア・ヘルツェゴヴィナを併合した。

5　アメリカも海外進出をめざすようになり，モンロー宣言で中国分割への参加を表明した。

解説

1．南アフリカ戦争（1899〜1902年）でイギリスは勝利し，ブール人のトランスヴァール共和国とオレンジ自由国をケープ植民地に併合し，南部アフリカ一帯に覇権を確立した。ブール人は，オランダ東インド会社が中継地としたケープ地域に入植した主にオランダ人の子孫で，ケープ植民地がイギリス領になると彼らは北へ移動してトランスヴァール共和国とオレンジ自由国を建てた。両地域で金とダイヤモンドが発見されたことが南アフリカ戦争のきっかけとなった。

2．モロッコ事件ではなくファショダ事件（1898年）である。フランスがアルジェリア，チュニジアからサハラ砂漠を経てジブチ，マダガスカルにいたるアフリカ横断政策を推進しようとして，イギリスのアフリカ縦断政策と衝突したのが，1898年に起こったファショダ事件である。モロッコ事件（1905年，1911年）は，フランスのモロッコ支配に対するドイツの挑戦で，いずれも失敗して，モロッコはフランスの保護国となった。

3．正しい。

4．日露戦争（1904〜05年）に敗れたロシアがバルカン半島への進出を強めたのは事実であるが，ボスニア・ヘルツェゴヴィナを併合したのはオーストリアである。この２州はスラブ系住民が大半を占めていたため，オーストリアは，国内のスラブ系民族にロシアの影響が及ぶのを恐れて，1908年，管理下にあったボスニア・ヘルツェゴヴィナを併合したのである。

5．モンロー宣言ではなく国務長官ジョン＝ヘイ（任：1898〜1905年）の「門戸開放」宣言で，中国の門戸開放・機会均等・領土保全を提唱し，中国分割に乗り遅れたアメリカが，中国市場への進出を表明した宣言である。モンロー宣言は，第５代大統領モンロー（任：1817〜25年）が，1823年の年頭教書で，メッテルニヒがラテンアメリカ諸国の独立運動に干渉しようとしたのに対して，アメリカ大陸とヨーロッパの相互不干渉を宣言したものである。

正答　3

大卒

No. 197　東京消防庁

世界史　アフリカ分割　平成23年度

帝国主義下のアフリカ分割に関する記述として，最も妥当なのはどれか。

1　ドイツのコンゴ進出を機に，ヨーロッパ列強が対立したためドイツのビスマルクが1884～1885年にベルリン会議を開催し，先に占領した国がその土地を領有できるというアフリカ植民地化の原則が定められた。

2　イタリアは20世紀に入るとあらたな植民地獲得をめざし，２度にわたり，フランスのモロッコ支配に挑戦するモロッコ事件を起こした。

3　19世紀なかば，リヴィングストンやオランダ人のタスマンが中央アフリカを探検して事情を紹介すると，列強は競ってアフリカへ進出した。

4　イギリスは，エジプトのカイロとカメルーン，さらにケープタウンを結ぼうとする縦断政策である３C 政策をすすめた。

5　フランスは，1881年にチュニジアを保護国にし，さらにサハラ砂漠地域をおさえ，アフリカ横断政策をすすめた。この計画はイギリスの縦断政策と衝突し，1898年にファショダ事件が起こった。

解説

1. ドイツではなくベルギーのコンゴ進出がきっかけである。1884～85年のベルリン会議（ベルリン＝コンゴ会議）は，ベルギーのレオポルド２世によるコンゴ領有宣言をきっかけに起こった列強間の対立を調停するため，ドイツのビスマルクが開催した。この会議では，先に占領した国がその土地を領有できるという原則（勢力範囲の原則）と，ある地域を植民地にする場合，その地域でのヨーロッパ人の権益と通商，航行の自由を保証できなければならないという原則（実効支配の原則）という二大原則が取り決められた。

2. モロッコ事件（第一次1905年・第二次1911年）を引き起こしたのはイタリアではなくドイツである。ドイツは，カメルーンなどの植民地を獲得したが，いずれも経済的価値が乏しく，新たな植民地としてねらったのがモロッコだった。しかし，イギリスが二度ともフランスを支援したので，ドイツの目論見は失敗し，1912年，モロッコはフランスの保護国となった。

3. タスマンは中央アフリカを探検していない。アメリカの探検家スタンリーである。タスマンはオランダの探検家。東インド会社の命で，1642～43年にかけてオーストラリア周辺を探検してタスマニア，ニュージーランドを発見した。リヴィングストンはイギリス人宣教師。1840年，宣教を目的に南アフリカに渡り，以後，帰国を挟みながら３回にわたる探検を行った。スタンリーはウェールズ生まれのジャーナリスト。

4. イギリスの3C 政策は，カイロ（Cairo），ケープタウン（Capetown），カルカッタ（Culcutta）を結ぶ地域への進出を図ろうとする政策。ドイツのベルリン（Berlin），ビザンティウム（Byzantium：イスタンブル），バグダード（Bagdad）を結ぶ3B 政策に対して名づけられた。

5. 正しい。

正答　5

大卒 No. 198 東京消防庁

世界史　世界恐慌　令和元年度

20世紀前半に起こった世界恐慌に関する記述として，最も妥当なのはどれか。

1　1941年のニューヨーク株式市場における株価の暴落を原因にして，アメリカで恐慌がはじまった。その影響がヨーロッパ諸国に波及して，世界恐慌となった。

2　アメリカ合衆国大統領のフランクリン＝ローズヴェルトは，恐慌の対策として農業調整法や全国産業復興法に代表される経済復興政策となるスターリング＝ブロックを結成した。

3　アメリカに次いで恐慌の影響を受けたドイツでは，経済が破滅的状況となった。社会不安の広がりの中で，大衆宣伝を用いた社会民主党が勢力をのばしていった。

4　資本主義国家のソ連では，社会主義国家よりも世界恐慌の影響は少なかった。五ヵ年計画と呼ばれる計画経済政策は，社会主義国家から注目されるものとなった。

5　恐慌の影響で財政の悪化と失業者が激増したイギリスは，挙国一致内閣を組織し，財政削減・金本位制の停止を実施した。

解説

1．世界恐慌の始まりは1929年である。また，その影響は，ヨーロッパ諸国だけではなく，社会主義国家で計画経済体制をとっていたソ連を除く全世界に波及した。それ以外の記述は正しい。

2．フランクリン=ローズヴェルト政権が実施した経済復興政策の総称はニューディールであり，TVA（テネシー川流域開発公社）などの公共事業も有名である。スターリング＝ブロックはイギリスが恐慌克服策として行ったイギリスを中心としたポンドを基軸通貨とするブロック経済の１つである。

3．第一次世界大戦の敗戦国としてヴェルサイユ体制下にあったドイツは，世界恐慌によって最も大きな打撃を受けた国となった。社会不安が広がる中で，大衆宣伝を用いて勢力を伸ばしたのは，ヒトラーの率いるナチ党である。

4．ソ連は資本主義国家ではなく社会主義国家である。1928年から，社会主義の計画経済に基づく五ヵ年計画を進めており，世界恐慌の影響はほとんど受けなかった。

5．妥当である。加えて，オタワ連邦会議を開き，スターリング＝ブロックを形成した。

正答　5

大卒
No.199 東京消防庁
世界史 ローズヴェルト大統領の政策 平成25年度

アメリカ合衆国第32代大統領のフランクリン＝ローズヴェルトがおこなった政策に関する次の記述の A から C に入る語句の組合せとして，最も妥当なのはどれか。

フランクリン＝ローズヴェルトは大統領に就任すると，ニューディールとよばれる経済復興政策を推進した。この政策は経済への政府の介入 A を特徴としており，全国産業復興法や農業調整法などが制定された。さらに混乱した国際経済からドル経済圏を守るため B から離脱した。外交面では，ラテンアメリカ諸国に対して内政干渉政策を C する外交がはじめられた。

	A	B	C
1	強化	金本位制	緩和
2	強化	銀本位制	緩和
3	強化	金本位制	強化
4	緩和	銀本位制	強化
5	緩和	金本位制	強化

解説

フランクリン＝ローズヴェルト（1882～1945）は第32代大統領（在任：1933～45）。ローズヴェルトが，1929年に始まった世界恐慌に対してとった経済復興政策をニューディール（新規まき直し）という。

A：「強化」が当てはまる。アメリカの伝統的な経済政策は自由放任で，政府は経済には介入しない「小さな政府」を理想としてきた。しかし，ニューディール政策はこの逆で，政府が積極的に公共事業などを通じて雇用を創出して資本主義体制を救済しようという「大きな政府」をめざした政策である。全国産業復興法（NIRA，1933年）はその中心となる立法で，企業にはカルテル的協定による価格引上げを認める一方，労働者には団結権，団体交渉権を認めた。農業調整法（AAA，1933年）は，農産物価格の低落を防ぐため，農民への補助金の支給とその見返りとして生産調整を図ろうという法律である。

B：「金本位制」が当てはまる。アメリカはドル経済圏を防衛するために1933年３月に緊急銀行法を成立させて金輸出を禁止し，４月に金本位制を廃止した。

C：「緩和」が当てはまる。ローズヴェルトの外交は「善隣外交」と呼ばれ，ラテンアメリカ諸国に対しては，キューバの占領を終了し，パナマのパナマ運河地帯での主権を承認し，フィリピンの10年後の独立を認めるなど，干渉を緩和した。

よって，正答は**1**である。

正答 1

文章理解 判断推理 数的推理 資料解釈 政治 経済 社会 世界史 日本史 地理

大卒

No. 200

市役所上・中級

世界史　第二次世界大戦後の東南アジア　平成19年度

第二次世界大戦後の東南アジア諸国に関する次の記述のうち，妥当なものはどれか。

1　ベトナムではアメリカとフランスの連合軍に対する独立戦争が膠着し，いったんは休戦が成立したものの，1976年まで戦争が続いた。

2　カンボジアでは第二次世界大戦中に，アウンサンが日本軍との協力を受け入れる形で独立戦争を始め，大戦の終結とともに独立した。その後は軍政が続き，アウンサン=スー=チーが民主化運動を指導している。

3　インドネシアは独立運動の中心人物だったスカルノの下で非同盟主義政策をとり，一時は国連から脱退したが，スハルト政権は開発優先の姿勢を示し，国際協力に積極性を示した。

4　フィリピンは1946年の独立後，経済の実権を握る中国人に対抗するためにタガログ人優先政策をとり，これに反発したシンガポールが1965年に分離独立した。

5　タイでは1957年の独立達成以来，軍部が実質的な政治の実権を握る状態が1981年まで続き，アキノ元上院議員暗殺をきっかけに民主主義政権が樹立された。

解説

1．第一次インドシナ戦争の際はベトナムはフランスに対する独立戦争を展開していたが，1954年のジュネーヴ休戦協定の成立でフランスは撤退した。以後は南北に分断されたベトナムで，アメリカの支援を受けた南ベトナムと北ベトナムが戦争を継続，アメリカが介入の度合いを強め，1976年のベトナム統一まで戦闘が続いた。

2．記述はミャンマー（ビルマ）についてのもので，アウンサンの娘がアウンサン=スー=チーである。カンボジアは1953年に独立を認められたものの国内の混乱が続き，ベトナム戦争の影響も受けて政情は安定しなかった。

3．正しい。インドネシアではスカルノがクーデタで失脚，実権を掌握したスハルトは国連復帰をすぐに実行した。

4．中国系住民に対抗するためマレー人優先政策を採用し，シンガポールの分離独立を招いたのはマレーシアである。フィリピンではアメリカによる経済的支配が独立後も続いていた。

5．タイは第二次世界大戦中も独立を維持した国であるが，軍部によるクーデタも頻発し，民主主義政権の誕生は1992年になってからであった。アキノ元上院議員暗殺をきっかけに民主化が進展したのはフィリピンである。

正答　3

高卒

No. 201 東京消防庁

日本史　鎌倉時代の政治　平成26年度

鎌倉時代に関する次の記述の［ A ］～［ D ］に入る語句の組み合わせとして，最も妥当なのはどれか。

源頼朝は，鎌倉を拠点とする武家政治をはじめ，国ごとに［ A ］を，荘園や公領ごとに［ B ］を置くことを朝廷に認めさせた。その後奥州藤原氏をほろぼした頼朝は，1192年に朝廷から征夷大将軍に任命され，全国の武士を従える地位に就いた。

鎌倉幕府を支えたのは，将軍と将軍に従う武士（御家人）との結びつきであり，彼らは自分達の土地を守ってもらうために将軍に忠誠を誓い，その一方で［ A ］や［ B ］に任命され，新たな土地をもらえることを期待した。このような土地を仲立ちとして主従関係を結ぶしくみを封建制度という。

頼朝の死後，有力な御家人のあいだで政治の主導権をめぐる争いが続き，そのなかで勢力を伸ばした北条氏は，やがて幕府の実権をにぎった。この北条氏の地位のことを［ C ］という。3代［ C ］である北条泰時は，御家人と荘園領主の間で領地をめぐる争いが増えると，土地争いの裁判を公平に行うための基準を示すために，1232年に［ D ］を定めた。

	A	B	C	D
1	地頭	守護	六波羅探題	御成敗式目
2	守護	地頭	執権	御成敗式目
3	守護	地頭	六波羅探題	御成敗式目
4	守護	地頭	執権	武家諸法度
5	地頭	守護	六波羅探題	武家諸法度

解説

A：「守護」。軍事・警察，御家人の統率のため，国ごとに守護を置いた。

B：「地頭」。荘園や公領の管理，年貢の取り立てをするために，荘園や公領ごとに地頭を置いた。

C：「執権」。北条氏は将軍の力を弱め，政治の実権を握る執権という地位を独占するようになった。「六波羅探題」は朝廷を監視するために京都に置かれた職名。京都の警備や西日本の武士の統率も行った。

D：「御成敗式目」。朝廷の律令とは別に，武士の社会で行われていた慣習に基づき定められた法律である。貞永式目ともいう。「武家諸法度」は徳川秀忠の名で1615年に発布された法令で，大名が許可なく城を修理したり，大名どうしが無断で縁組をしたりするのを禁止した。徳川家光も1635年に武家諸法度を発布している。

したがって，**2**が正しい。

正答　2

高卒 市役所初級

No.202 日本史 日本仏教史 平成24年度

仏教に関するA～Eの記述を年代順に並べたものとして，妥当なのはどれか。

A　この時代，天台宗・真言宗が広まり，密教が盛んになった。

B　この時代，空也が京の市で浄土教の教えを説いて市聖とよばれた。

C　この時代，臨済宗が幕府の保護の下で栄え，五山十刹の制が完成した。

D　この時代，親鸞が悪人正機説を説いて浄土真宗を開いた。

E　この時代，浄土教の影響を受けて各地の豪族が阿弥陀堂などを建立した。

1　A→B→C→D→E

2　A→B→E→D→C

3　A→C→B→E→D

4　B→A→E→D→C

5　C→D→B→E→A

解説

A．9世紀である。いわゆる平安新仏教であり，804年の遣唐使でともに入唐した最澄・空海によってもたらされ，最澄は比叡山延暦寺を建てて天台宗を開き，空海は高野山金剛峯寺を建てて真言宗を開き，嵯峨天皇から東寺（教王護国寺）を賜った。いずれも密教であり，真言宗の密教は東密，天台宗の密教は，最澄の弟子の円仁・円珍によって本格的にもたらされ台密と呼ばれた。

B．10世紀の半ばである。浄土教は，仏の住む極楽浄土へ往生することを願う教えである。10世紀半ばに「市聖」といわれた空也（903～972年）が，京の市で，念仏を唱えて阿弥陀仏に帰依し，西方極楽浄土に往生することを説いて信仰を広めた。

C．14世紀後半である。鎌倉幕府に続いて室町幕府も臨済宗を篤く保護し，3代将軍足利義満は，1386年，最終的に五山・十刹の制を完成した。それは南禅寺を別格とし，天竜寺・相国寺・建仁寺・東福寺・万寿寺を京都五山，建長寺・円覚寺・寿福寺・浄智寺・浄妙寺を鎌倉五山とする制度である。

D．13世紀前半，鎌倉時代である。親鸞（1173～1262年）は浄土宗の開祖法然の弟子で，南無阿弥陀仏と念仏を唱えれば誰でも極楽浄土に往生できるという師の説を進めて，煩悩の多い人間（悪人＝凡夫）こそ阿弥陀仏の救済の対象であるとする悪人正機説を唱え，1224年，浄土真宗を開いた。

E．12世紀の院政期である。この頃，聖（ひじり）や上人（しょうにん）と呼ばれた民間の布教者によって浄土教の教えが広められ，地方の豪族が相次いで阿弥陀堂を建立した。代表的なものとして，1124年に藤原秀衡によって建立された中尊寺金堂，1160年に岩城氏によって建立された白水（しらみず）阿弥陀堂，12世紀半ばの建立といわれる豊後の富貴寺大堂（ふきじおおどう）などがある。

したがって，A→B→E→D→Cの順であり，正答は**2**である。

正答　2

高卒 No.203 市役所初級

日本史 室町時代 平成19年度

次のうち，室町時代に関する記述を挙げているものはどれか。

A　守護の権限が大幅に拡大され，一国全体に及ぶ支配権を確立して守護大名となる者が現れた。

B　後鳥羽上皇は朝廷の勢力を挽回しようとして北条義時追討の兵を挙げたが，幕府の勝利に終わった。

C　惣村の農民は一揆を結んで不法を働く荘官の罷免や年貢の減免を求め，強訴や逃散などの実力行使を行った。

1　A
2　B
3　A，B
4　A，C
5　B，C

解説

A：室町時代の記述である。南北朝の動乱を通じて，地方武士を各国ごとに統括する守護の権限が大幅に拡大した。なかでも，軍費調達のために守護に一国内の荘園や公領の年貢の半分を徴発する権限を認めた半済令の効果は大きかった。このほかに，刈田狼籍を取り締まる権限や，幕府の裁定を強制執行する権限（使節遵行）などが与えられ，また荘園や公領の領主が年貢徴収を守護に請け負わせる守護請などによって，守護は一国全体に及ぶ支配権を確立して守護大名となった。

B：鎌倉時代の承久の乱に関する記述である。後鳥羽上皇は，幕府と対決して朝廷の勢力を挽回しようと考え，新たに西面の武士を置くなどして軍事力の強化を図り，1221年，北条義時追討の兵を挙げた。乱は幕府側の圧勝に終わり，後鳥羽，土御門，順徳の３上皇は配流された。乱後，幕府は京都に六波羅探題を置いて朝廷を監視するとともに西国の統轄に当たらせた。また上皇側についた貴族や武士の所領3,000余か所を没収して，戦功のあった御家人らをその地の地頭に任命した。

C：室町時代の記述である。南北朝の動乱の中で，次第に荘園や公領の内部に自然発生的に生まれてきた自立的・自治的な村を惣，あるいは惣村という。惣村を構成する惣百姓は，寄合を通じて惣掟を決め，警察権を行使したり，山や野原など入会地の確保や灌漑用水の管理を行ったりした。また，荘官の罷免や年貢減免等を求めて一揆を結び，強訴や逃散など実力行使をしばしば行った。

よって，正答は**4**である。

正答　4

高卒

東京消防庁

No.204 日本史 豊臣秀吉 令和2年度

豊臣秀吉に関する次の記述で，［A］～［D］に当てはまる語句の組合せとして，最も妥当なのはどれか。

秀吉は1582年の［A］の戦いで明智光秀を討ち，1585年には朝廷から［B］に任命された。太閤検地を実施し，［C］の原則で検地帳に耕作者を登録した。また，1587年にキリスト教の宣教師を国外追放するためにバテレン追放令を出した。さらに，1588年には［D］が武器を所持することを禁止する刀狩令を出し，1590年には全国統一を完成させた。

	A	B	C	D
1	山城	関白	一地一作人	戦国大名
2	賤ヶ岳	太閤	五人組	戦国大名
3	山崎	関白	一地一作人	戦国大名
4	賤ヶ岳	摂政	五人組	農民
5	山崎	関白	一地一作人	農民

解説

A.「山崎」。1582年，豊臣秀吉は，山城国の山崎天王山で明智光秀を討ち，のちに信長の後継者の地位を確立した。

B.「関白」。1585年，秀吉は正親町天皇より関白に任じられ，四国を平定した。翌年には，後陽成天皇から太政大臣に任じられ，豊臣の姓を与えられた。

C.「一地一作人」。太閤検地は，荘園公領制のもとで入り組んだ土地所有関係を整理し，検地帳に実際に耕作している農民の田畑と屋敷地を登録した（一地一作人）。この結果，農民は田畑・屋敷地の所有権が法的に認められたが，年貢などの負担の義務を負った。

D.「農民」。1588年，刀狩令を発布し，方広寺の大仏造立を名目に，農民の武器を没収した。秀吉は検地・刀狩・人掃令などの政策により，武士・町人・百姓の職業にもとづく身分を確定し，兵農分離を促進した。

正答 5

高卒 地方初級

No.205 日本史 江戸初期の幕府の政策 平成13年度

江戸時代初期の幕府の政策に関する記述として正しいものは，次のうちどれか。

1 幕府は親藩・譜代・外様の３つに大名を区分し，外様大名を幕府の監視の目から逃れられないように，江戸の近くに配置した。

2 幕府はキリスト教を厳しく弾圧し，宗門改めを行って，すべての民衆を寺院の檀家とする寺請制度を行ったため，寺院は幕府の末端機構と化した。

3 幕府はキリスト教の弾圧後，鎖国制度を完成させたが，その後も長崎の出島で，清国とポルトガルに限り貿易を続行した。

4 幕府は朝廷に対して厳しい統制を加え，禁中並公家諸法度を発布したほか，京都に六波羅探題を設置し，朝廷の動きを監視させた。

5 幕府は農民と同じように町人も貢租源として重要視し，多くの法令を発して厳しい税制を加えた。

解説

1．外様大名は幕府から警戒されたため，東北・北陸・九州など江戸や大坂から離れた所に配置された。

2．正しい。江戸時代の寺院は幕府の保護を受ける一方，その統制下に置かれた。

3．ポルトガルは1639年に来航禁止を受け，長崎出島で日本と貿易を続行したのは，ヨーロッパではオランダだけである。

4．六波羅探題は鎌倉幕府が承久の乱後に京都に設置したもの。江戸幕府が設置したのは京都所司代である。

5．農民は田畑永代売買の禁令など多くの法令で厳しい統制を受けていたが，町人は幕府から軽視されていたため，統制はゆるやかであった。

正答 2

高卒

地方初級

No. 206 日本史　明治維新直後の政策　平成11年度

明治維新直後に政府が行った政策として正しいものは，次のうちどれか。

1　兵制の統一と近代化を図るため，徴兵令を公布して，全国民から徴兵した兵士で軍隊を組織した。

2　欧米諸国に使節団を派遣し，不平等条約を撤廃させ，新たに相互に対等な条約を結んだ。

3　不在地主の土地を小作人に払い下げ，その土地を耕作する者を納税者とする地租改正を行った。

4　軍備を増強するため，八幡製鉄所などの官営工場を設立し，次いで産業育成のため軽工業分野にも官営の富岡製糸工場などを設立した。

5　四民平等を実現するため，士農工商の身分制を廃止し，すべての人を平民とした。

解説

1．正しい。徴兵令を公布したのは1873年（明治６年）のことである。

2．欧米諸国に岩倉遣外使節を派遣したのは1871年（明治４年）であるが，関税自主権を完全回復し，対等な条約が結ばれたのは，1911年（明治44年）の小村寿太郎外相のときである。

3．地租改正を行ったのは1873年（明治６年）のことである。なお，不在地主の土地を小作人に払い下げたのは，戦後に行われた農地改革である。

4．富岡製糸工場の設立は1872年（明治５年）であるが，八幡製鉄所が操業を開始したのは，日清戦争後の1901年（明治34年）である。

5．維新改革の一環として行われた身分制再編政策が，四民平等である。1869年（明治２年）に華族・士族を置き，70～72年に一時卒族を置き，従来の農工商を総括して平民と呼び，70年には平民に名字を許し，71年には穢多（えた）・非人（ひにん）を平民同様の身分とした。したがって，「すべての人を平民とした」は誤り。

正答　1

高卒

No. 207 東京消防庁

日本史 大正時代 平成30年度

我が国の大正時代に関する記述として，最も妥当なのはどれか。

1 桂内閣による政治の私物化への批判を契機に，尾崎行雄や犬養毅を中心とした自由民権運動が全国的にひろまった。

2 1914年に始まった第一次世界大戦において，我が国は日英同盟条約と日露協約を理由に，三国同盟の側に立って参戦した。

3 1923年に発生した関東大震災で当時の東京市と横浜市の大部分が地震と火災により壊滅状態となった。

4 1925年に普通選挙法が制定されると，満20歳以上の男女に選挙権が認められるようになった。これにより，有権者数は一挙に4倍に増加した。

5 義務教育の普及による就学率・識字率の向上から，新聞・雑誌などのマス＝メディアが発達し，とりわけ1925年に開始されたテレビ放送は人気を呼んだ。

解説

1. 自由民権運動は第一次護憲運動の誤り。二個師団増設問題で第二次西園寺公望内閣が総辞職すると，元老会議は内大臣兼侍従長であった桂太郎を首相に決定した。これに対し宮中と府中の別を乱すという非難がおこった。こうした中で立憲政友会の尾崎行雄や立憲国民党の犬養毅を中心とする野党勢力・新聞記者・商工業者・都市民衆が，「閥族打破・憲政擁護」を掲げる第一次護憲運動を展開，運動が全国に広まり，第三次桂太郎内閣はわずか53日で退陣した（大正政変）。

2. 三国同盟は三国協商の誤り。20世紀初頭，ヨーロッパではドイツ・オーストリア・イタリアの三国同盟があり，ロシアとフランス（露仏同盟）との間で対立を深めていた。イギリスがドイツに備えて1904（明治37）年英仏協商を結び，日露戦争に敗れたロシアはバルカン半島への進出をはかり，1907（明治40）年英露協商を締結したことで三国協商が成立した。第一次世界大戦が勃発すると，日本はイギリスとの日英同盟協約，ロシアとの日露協商の関係から，三国協商の側に立ち参戦した。

3. 正しい。1923（大正12）年9月1日午前11時58分，相模湾北西部を震源とするマグニチュード7.9の大地震が発生した（関東大震災）。地震と火災で東京市と横浜市の大部分が廃墟となり，死者・行方不明者は10万人以上を数え，全壊・流失・全焼家屋は57万戸にのぼり，被害総額は60億円を超えた。

4. 満20歳以上の男女は満25歳以上の男子の誤り。1919（大正8）年原敬内閣は衆議院議員選挙法を改正し，選挙権の納税資格を10円から3円に引き下げた。この結果有権者は306万人（全人口比5.5%）となった。第二次護憲運動の結果を経て成立した第一次加藤高明内閣（護憲三派内閣）は，1925（大正14）年普通選挙法を成立させ，納税資格を 撤廃し満25歳以上の男子に選挙権を与えた。これにより有権者は1240万人（全人口比20.8%）となり4倍に増加した。

5. テレビ放送はラジオ放送の誤り。日露戦争後の1907（明治40）年に小学校の就学率は97%を超えほとんどの国民が文字を読めるようになった。1920年代になると中学校の生徒数も急増し，高等教育機関も拡充された。こうした中で，新聞・雑誌などマス＝メディアが発達した。ラジオ放送は1925（大正14）年に東京・大阪・名古屋で開始され，翌年日本放送協会（NHK）が設立された。ラジオ劇や全国中学校野球大会・東京六大学野球などのスポーツ実況が人気を呼び，放送網が全国に広がった。

正答 3

高卒
市役所初級

No. 208 日本史 戦後改革 平成18年度

第二次世界大戦後のわが国における諸改革に関する記述として正しいものはどれか。

1 アメリカ教育使節団の勧告により教育基本法が制定され，義務教育は6年とされた。

2 労働組合法が制定され，労働者の団結権・団体交渉権は保障されたが争議権は認められなかった。

3 農地改革が実施された結果，小作地は全農地の1割に減少したが，逆に大農場が多数見られるようになった。

4 財閥解体が行われたが，アメリカの対日占領政策の転換で解体は不徹底に終わり，財閥系の企業は企業集団を形成して支配的地位に復帰した。

5 衆議院議員選挙法が改正されて，女性参政権が初めて認められたが，戦後初の総選挙では女性議員は当選しなかった。

解説

1．教育基本法の制定により義務教育は6年から9年になった。このほか，教育の機会均等や男女共学の原則がうたわれた。なお，同時に制定された学校教育法で六・三・三・四制の新学制が実施された。

2．労働組合法では，団結権・団体交渉権・争議権の労働三権が保障された。労働組合の結成奨励は戦後改革の重要な柱としてGHQの強い支援を受けて行われた。しかし，その後占領政策の転換で，1948年，政令201号で公務員の争議権が奪われた。

3．農地改革の結果，これまで全農地の半分近くを占めていた小作地は1割程度までに減少したが，農家の大半は1町歩未満の零細な自作農となり，農業における大規模経営は実現しなかった。

4．正しい。

5．衆議院議員選挙法は1945年12月に改正され，選挙資格は20歳以上の男女となり，有権者は一挙に3倍近くに拡大した。翌年4月に，戦後初の総選挙が行われたが，その結果39名の女性議員が当選した。

正答 4

日本史 法制史 平成17年度

各時代の法律に関する次の記述のうち，妥当なものはどれか。

1 大宝律令・養老律令で律令制が整備され，中央には太政官と神祇官の二官が置かれ，神祇官の下に八省が設置された。地方は国・郡・里に分けられ，九州北部には大宰府が置かれた。

2 御成敗式目は鎌倉時代に制定された法律であるが，武家社会だけではなく，公家や農民にまで適用された。

3 承久の乱によって疲弊した御家人を救済するため，鎌倉幕府によって永仁の徳政令が発布され，御家人の所領の売買が禁じられ，すでに売買した所領や質入れした所領を御家人に戻すことが規定された。

4 分国法は喧嘩両成敗などの規定をとり入れた江戸時代の法令で，各藩ごとに大名に権力を集中させ，幕藩体制を維持させる目的で制定された。

5 武家諸法度は江戸幕府が大名を統制するために制定したもので，金地院崇伝が起草したが，将軍が替わるたびに修正されて発布された。

解説

1．大宝律令（701年制定）・養老律令（718年制定）で律令制が整備されたが，太政官と神祇官の二官のうち，太政官の下に八省が設置された。

2．御成敗式目は1232年に鎌倉幕府の３代執権北条泰時によって制定された武家法で，御家人のみに適用された。

3．元寇によって疲弊した御家人を救済するため，御家人の所領の売買禁止，すでに売買した所領や質入れした所領を御家人に戻すことを定めた永仁の徳政令が1297年に発布された。

4．分国法は戦国家法とも呼ばれるように，戦国時代に戦国大名が領地を支配するために制定した法令であり，『甲州法度次第』などには喧嘩両成敗などの規定がとり入れられていた。

5．正しい。

正答 5

大卒
No. 210 東京消防庁
日本史 浄土信仰 平成25年度

浄土信仰に関する次の記述の［A］から［C］に入る語句の組合せとして，最も妥当なのはどれか。

摂関時代の仏教は，天台・真言の両宗が勢力を持ち，祈祷を通じて現世利益を求める貴族と強く結びついた。一方，現世から逃れようとする浄土教も流行し，10世紀なかごろには［A］が京の市で念仏を説き，ついで源信が『［B］』を著して念仏往生の教えを説いた。

仏教の説く［C］が，盗賊や乱闘が多くなり災厄がしきりにおこった当時の世情にあてはまることから浄土教に対する信仰が広まり，仏教は貴族・民衆の日常生活に定着していった。

	A	B	C
1	一遍	往生要集	本地垂迹説
2	一遍	日本往生極楽記	末法思想
3	空也	往生要集	末法思想
4	空也	日本往生極楽記	末法思想
5	空也	往生要集	本地垂迹説

解説

A：「空也」が当てはまる。空也（903～972年）は浄土教の民間布教者で，若い頃から全国を遍歴して架橋など社会事業を行っていたが，938年に入京して念仏を勧め，庶民だけでなく貴族層にも信者を獲得し，「市聖（いちのひじり）」などと称された。浄土教は阿弥陀仏の慈悲にすがって極楽浄土に往生することを願う信仰である。なお，一遍（1239～89年）は時宗の開祖で，鎌倉中期の僧である。全国を遊行して踊念仏を興行して人々に念仏を勧めた。

B：「往生要集」が当てはまる。源信（942～1017年）は天台僧であるが，浄土教にも親しく，985年に『往生要集』を著し，極楽往生の行法を述べ，念仏が最も重要な行法であること説いた。なお『日本往生極楽記』は慶滋保胤（よししげのやすたね）（？～1002年）の著で，めでたく往生を遂げたとされる聖徳太子以下45人の伝記である。

C：「末法思想」が当てはまる。末法思想は，釈迦の入滅後1000年を正法，次の1000年を像法，それ以後１万年を釈迦の教えが行われなくなる末法とする仏教的年代観で，1052年が末法に入る年とされた。浄土教が流行した背景には，まさに末法到来を思わせる当時の社会状況があった。なお，本地垂迹説は，本体（本地）である仏や菩薩が衆生救済のため，権（かり）に神の姿をとってこの世に現れる（垂迹）とする考えである。

よって，正答は**3**である。

正答 3

大卒
No. 211 東京消防庁
日本史　江戸時代後期の文化　平成23年度

江戸時代後期の文化に関する記述として，最も妥当なのはどれか。

1　西洋の学術・知識の吸収や研究は，新井白石が『西洋通商考』を著すなど，世界の地理・物産・民族などを説いてその先駆けとなった。

2　小説では，洒落本や，風刺のきいた絵入りの黄表紙がある。

3　元禄文化が上方を中心とする文化であったのに対し，江戸後期の18世紀から19世紀初頭にかけて，江戸庶民を中心とした独特の文化が生まれた。この文化を，とくに栄えた時期の年号をとって天保文化と呼ぶ。

4　元禄時代にはじまった古典の実証的研究は，18世紀に『古事記』や『日本書紀』などの研究へと進んでいき，日本古来の道を説く儒学に発展した。

5　室町文化を継承して，庶民に広く親しまれた歌舞伎が発生した。

解説

1．新井白石（1657～1725年）は江戸時代中期の朱子学者にして政治家であり，7代将軍家宣の侍講として，いわゆる「正徳の政治」を推進した。後期に属する人物ではない。また，新井白石の西洋研究書は『西洋通商考』ではなく『西洋紀聞』である。『西洋紀聞』は，1708年に屋久島に上陸して捕まったイタリア人宣教師シドッチの尋問によって得た知識と江戸参府のオランダ人から聴取した知識などをもとにまとめた西洋事情書である。さらに中国の地理書をも参考にしてまとめた世界地理書が『采覧異言（さいらんいげん）』であり，西洋学術研究の先駆けとなったことは事実である。

2．正しい。洒落本（しゃれぼん）は遊里を舞台とする短編小説。黄表紙は大人向けの絵入り小説。いずれも寛政の改革で弾圧された。

3．江戸後期の江戸庶民を中心とした文化は，その最も栄えた文化・文政という年号を取って化政文化という。11代将軍家斉の時代で，文化は1804～1818年，文政は1818～1830年であるから，19世紀前半である。なお，天保は1830～1844年である。

4．儒学ではなく国学とすれば記述は正しくなる。なかでも国学者の本居宣長（1730～1801年）は，古事記の注釈書である『古事記伝』によって，外来思想を排除した日本古来の精神に帰ることを主張した。

5．歌舞伎は室町文化を継承したものではない。歌舞伎は17世紀の初めに出雲阿国が京都で始めたかぶき踊り（阿国歌舞伎）を起源とするので，江戸時代後期に発生した芸能ではない。18世紀後半には，それまでの人形浄瑠璃に代わって江戸を中心に人気を高め，文政期には『東海道四谷怪談』の鶴屋南北（1755～1829年）らの狂言作者や7代目市川団十郎（1797～1859年）などの役者が活躍した。

正答　2

大卒 東京消防庁

No.212 日本史　明治時代の社会運動　令和元年度

明治時代の社会運動に関する記述として，最も妥当なのはどれか。

1　労働運動の展開の中で社会主義者の活動が高まった。軍備拡大や普通選挙実施などを求めて友愛会が結成されるが，すぐに解散が命じられた。

2　日露戦争後の産業革命期には，アメリカの労働運動の影響を受けた高野房太郎・片山潜たちが労働組合期成会を結成して，労働運動の指導に乗り出した。

3　栃木県の足尾銅山の鉱毒が原因となって，付近の農漁業に深刻な被害を与えた鉱毒事件が発生した。それを受けて衆議院議員田中正造は，議会で銅山の操業停止をせまった。

4　政府は治安維持法を制定して，労働者の団結権・ストライキ権を制限し，労働運動を取り締まった。

5　身分的な差別と貧困に苦しむ被差別部落の人びとの団結が高まり，新婦人協会の結成と併せて，差別からの解放をめざす部落解放運動が全国的に展開された。

解説

1．友愛会は社会民主党，軍備拡大は軍備縮小の誤り。日清戦争後の労働運動の展開の中で，1901（明治34）年，安部磯雄・片山潜・幸徳秋水・木下尚江・西川光二郎・河上清が，資本の公有・軍備全廃・普通選挙実施・貴族院廃止などを求めて社会民主党を結成した。しかし，治安警察法により結成直後に解散を命じられた。

2．日露戦争は日清戦争の誤り。日清戦争前後の産業革命期に，待遇改善や賃金引上げを求める工場労働者のストライキが始まった。アメリカで労働運動を学び帰国した高野房太郎は，1897（明治30）年に職工義友会を結成し労働組合の必要性を主張した。同年職工義友会は労働組合期成会と改組し，片山潜が加わり労働運動の指導をすると，鉄工組合・日本鉄道矯正会など労働組合が組織され，労働者が資本家に対抗する動きが起こった。

3．正しい。幕末に廃鉱同然であった足尾銅山（栃木県）を古河市兵衛が買い取り，精銅額を買収時の数十倍とした。この飛躍的な発展の影響で，1891（明治24）年鉱山から流れ込む鉱毒が渡良瀬川流域の農業・漁業に大きな被害をもたらす公害事件が発生した（足尾鉱毒事件）。1896（明治29）年には大洪水が発生し，群馬県など4県にわたる流域の農作物・家畜に被害を与え，人体にも影響を及ぼした。被害農民は大挙して上京し数回にわたる陳情を試みたが，1900（明治33）年には群馬県川俣で警察官と衝突し逮捕者をだした。栃木県選出の衆議院議員田中正造は議会で銅山の操業停止をせまった。政府は鉱毒調査会を設置したが効果はなかった。1901（明治34）年，田中正造は議員を辞職し天皇に直訴を試みたが果たせなかった。政府は1907（明治40）年，被害と洪水の緩和のために谷中村を廃村として住民を移転させて遊水池とした。

4．治安維持法は治安警察法の誤り。台頭してきた社会主義・労働運動・農民運動を抑制するために，1900（明治33）年に第二次山県有朋内閣は治安警察法を制定し，労働者の団結権・争議行為の禁止・女性や未成年者の政談集会参加の禁止などを規定して警察権の強化を図った。治安維持法は1925（大正14）年に第一次加藤高明内閣（護憲三派）が制定した法律で，国体の変革や私有財産制の否認を目的とする結社の組織者とその参加者を処罰することを定めている。

5．新婦人協会は全国水平社の誤り。被差別部落の住民の社会的差別を政府の融和政策に頼らずに自主的に解消しようとする運動も西光万吉・阪本清一郎らが中心となって本格化し，1922（大正11）年全国水平社が結成された。1920（大正9）年に平塚らいてう・市川房枝らが新婦人協会を結成し，婦人参政権や治安警察法第5条（女子の政治結社・政治集会禁止）の撤廃を求めるなど女性の地位向上をはかる運動を展開した。1922年治安警察法第5条は改正され，女子も政治演説会に参加できるようなった。

大卒

No. 213 東京消防庁

日本史　日本の近代産業　平成30年度

我が国の近代産業に関する記述として，最も妥当なのはどれか。

1　日清戦争後に得た巨額の賠償金をもとに，政府は金融・貿易の制度面の整備をはかった。金融では貨幣法を制定し，欧米諸国にならい，銀本位制度を採用すると，貿易では繊維産業中心とした資本主義経済を展開させた。

2　近代工業の発達にともなって公害問題が発生するようになり，栃木県の足尾銅山の鉱毒事件では，渡良瀬川流域の農漁業に深刻な被害をもたらした。これに対し，岩崎弥太郎が被害住民とともに政府に抗議した。

3　軍備拡張を急ぐ政府は，輸入に依存していた鉄鋼の国内生産を目的に，1897年にドイツの技術を導入した八幡製鉄所を北九州に建設を開始し，1901年に操業を開始した。その建設資金の一部には，日清戦争の賠償金があてられていた。

4　1889年に日本鉄道会社などの民営鉄道の営業キロ数が，官営を上回った。日露戦争直後の1906年には，軍事・経済上の利便性を重視するために，鉄道国有法が制定され，官営鉄道17社が民営化された。

5　小作人を雇わずに自ら大規模な農業経営をし，その収益で投資や起業などを積極的におこなう寄生地主制が発展した。一方，日露戦争後の税負担増などによる農村の困窮が社会問題となり，政府は地方改良運動をもって対応した。

解説

1.「銀本位制度」ではなく，「金本位制度」である。日清戦争後に得た賠償金を基に，それまでの金銀複本位制（実質的には銀本位制）から，金本位制を主軸とした貨幣制度改革を行った。

2. 足尾銅山事件の解決に取り組んだのは，「田中正造」である。岩崎弥太郎は海運業で巨利を得て三菱財閥をつくりあげた。

3. 正しい。

4.「民営化」ではなく，「国有化」である。民営鉄道は官営を上回る発展を見せたが，軍事や経済の必要から，1906年に主要な民営鉄道が国有化された。

5.「寄生地主制」とは，みずからは農業に従事せず，所有地の大部分を小作人に貸し出し，小作料を徴収するという形態であるので，選択肢の「小作人を雇わずに自ら大規模な農業経営をし」は不適切である。「寄生地主制」は戦後の農地改革まで続いた。

正答　3

大卒 地方上級

No. 214 日本史 1880年代の政治状況 平成22年度

1880年代の政治状況について述べた文の組合せとして，次のうち正しいものはどれか。

ア　明治十四年の政変で10年後の国会開設が約束されると，急進的な自由主義を唱える自由党と，穏健な社会主義をめざす立憲改進党が結成された。

イ　松方財政による不況に苦しむ埼玉県の秩父地方の農民は，困民党を結成して負債の減免を求めて蜂起し，負債の帳消しに成功した。

ウ　国会開設が近づくと，民権派は大同団結を唱え，対等外交などを求める三大事件建白運動を起こした。

エ　1889年に発布された大日本帝国憲法は，天皇が定めた欽定憲法であるが，内閣は天皇の統帥権を補佐する権限が与えられていた。

オ　第一回帝国議会では，民党が衆議院の過半数を占め，「政費節減・民力休養」を主張して薩長藩閥政府と対立した。

1　ア，イ
2　ア，オ
3　イ，ウ
4　ウ，オ
5　エ，オ

解説

ア：明治十四年の政変で国会開設の時期が約束されると，民権派は政党の結成に向かった。1881（明治14）年，まず，国会期成同盟を母体にして自由党が，板垣退助を総理として結成された。自由党は立志社，愛国社の流れをくみ，地方の豪農層を基盤として，フランス流の急進的な自由主義を標榜した。翌82年には，大隈重信を総理とする立憲改進党が結成された。立憲改進党はイギリス流の穏健な立憲主義を標榜し，指導層には都市の知識人が多かった。日本で社会主義思想が登場するのは日清戦争後である。

イ：この事件は1884年に起きた秩父事件で，自由党急進派の影響を受けた農民が，借金の年賦返済，学校の一時停止などを求めて蜂起し，一時は秩父地方を支配下に置く勢いを示したが，政府は，軍隊・憲兵を出動させて事件を鎮圧した。

ウ：正しい。

エ：統帥権とは軍隊に対する指揮・命令権をいい，天皇大権の一つである（大日本帝国憲法11条）。統帥権は統帥機関（陸軍は参謀本部，海軍は軍令部）の補佐によって発動され，内閣や議会が介入できないものとされた（統帥権の独立）。しかし，軍の常備兵額の決定や編制（同12条）は内閣の輔弼（ほひつ）事項とされ，軍の主張と対立した。

オ：正しい。

よって，ウ，オの組合せである**4**が正答である。

正答　4

高卒 No. 215 地方初級

地理　メルカトル図法　平成28年度

メルカトル図法で作成した世界地図の特徴に関する記述のうち，下線部ア～ウの正誤の組合せが妥当なのはどれか。

・面積において，ア低緯度になるほど拡大されている。
・距離において，任意の２点を結んだ直線の距離は，地球儀上の最短距離とイ一致しない。
・角度において，経線と任意の直線との角度は正しいので，ウ海図として用いられる。

	ア	イ	ウ
1	正	正	誤
2	正	誤	正
3	誤	正	正
4	誤	正	誤
5	誤	誤	正

解説

メルカトル図法は，1569年フランス人のメルカトルによって考案された正角図である。

ア．誤り。面積は高緯度ほど拡大されて，緯度60度で赤道上の４倍となる。

イ．正しい。任意の２点を結んだ直線は等角航路になるが，最短距離ではない。なお，地球儀上の任意間の直線は最短距離を表している。また，図の中心から任意の点までの最短距離を表す図法は正距方位図法である。

ウ．正しい。任意の２点間を結ぶ直線は等角航路を示す。羅針盤を利用する航海に適するので，海図に用いられている。

したがって，正答は**3**である。

正答　**3**

高卒 東京消防庁

No. 216 地理 熱帯低気圧 令和2年度

熱帯低気圧に関する次の記述で，[A]～[D]に当てはまる語句の組合せとして，最も妥当なのはどれか。

熱帯低気圧の中でも，カリブ海やメキシコ湾で発生するものを[A]，フィリピン東方の太平洋や[B]で発生するものを[C]，アラビア海やベンガル湾で発生するものを[D]とよぶ。

	A	B	C	D
1	ハリケーン	南シナ海	台風	サイクロン
2	サイクロン	南シナ海	台風	ハリケーン
3	ハリケーン	インド洋	台風	サイクロン
4	サイクロン	インド洋	ハリケーン	台風
5	台風	インド洋	サイクロン	ハリケーン

解説

熱帯低気圧とは，熱帯または亜熱帯で発生する低気圧の中で，前線を持たず，等圧線が同心円を描くなどの特徴を持つもので，発生する場所によって呼称が異なる。カリブ海やメキシコ湾，太平洋北東部などで発生し，風速33m/sを超える熱帯低気圧をハリケーンと呼び，メキシコ湾岸やアメリカ合衆国南東部にしばしば被害をもたらす。フィリピン東方海上や南シナ海で発生し，風速33m/s以上に発達したものを台風（タイフーン）と呼び，日本もしばしば被害を被る。アラビア海やベンガル湾，インド洋南部で発生して南アジア海岸部やマダガスカルを襲うものと南西太平洋で発生してオーストラリア北東部を襲う熱帯低気圧はサイクロンと呼ばれる。

よって，正答は**1**である。

正答 1

高卒 No. 217 市役所初級

地理　ヨーロッパの地形　平成25年度

次のアからオに該当するものをA・Bから選んだ組合せとして，妥当なのはどれか。

ア　源流がスイスで，ドイツ，フランス，オランダを流れる河川。（A．ライン川，B．セーヌ川）

イ　西欧最高峰の「モンブラン山」がある新期造山帯の山脈。（A．ウラル山脈，B．アルプス山脈）

ウ　ジブラルタル海峡を挟んでアフリカと向かい合っている半島。（A．イベリア半島，B．バルカン半島）

エ　豊かな漁場と油田がある海。（A．黒海，B．北海）

オ　火山と地熱，温泉で知られる島。（A．アイスランド島，B．アイルランド島）

	ア	イ	ウ	エ	オ
1	A	A	A	B	B
2	A	B	A	B	A
3	A	B	B	A	B
4	B	A	A	B	B
5	B	A	B	A	A

解説

ア．源流がスイスで，ドイツ，フランス，オランダを流れる河川は（A．ライン川）である。セーヌ川はフランスを流れる河川である。

イ．西欧最高峰の「モンブラン」がある新期造山帯の山脈は（B．アルプス山脈）である。ウラル山脈はユーラシア大陸をヨーロッパとアジアに分ける境界線の北側を形成している古期造山帯の山脈である。

ウ．ジブラルタル海峡を挟んでアフリカと向かい合っている半島は（A．イベリア半島）である。バルカン半島は，南東ヨーロッパにある半島で，東は黒海とエーゲ海，南は地中海，西はアドリア海である。

エ．豊かな漁場は北西大西洋漁場，油田は北海油田であるので（B．北海）である。黒海は，ヨーロッパとアジアの間にある内海。マルマラ海を経てエーゲ海，地中海につながる。豊富な漁場や油田はない。

オ．火山と地熱，温泉で有名な島は（A．アイスランド島）である。アイルランド島は古期造山帯の島で，火山や地熱，温泉はない。

以上より，正答は**2**である。

正答　2

高卒

No. 218 東京消防庁 地理 地形 令和3年度

地形に関する記述として，最も妥当なのはどれか。

1 扇状地は，川が山地から平野に出た部分に粗い砂れきが堆積して形成された地形であり，扇央部では，河川が伏流して水を得やすいことから，水田が多く見られる。

2 河川が海に流入する河口付近では，河川が運搬した砂や粘土が堆積されて，三角江（エスチュアリー）と呼ばれる低平な地形が形成される。

3 安定陸塊では，地層がゆるく傾斜してそのかたさに硬軟がある場合に，カールとよばれる低い丘陵がつくられることが多く，パリ盆地が代表例である。

4 フィヨルドは，氷河によって侵食されてできたU字谷に海水が流入してできた入り江で，ノルウェーやチリなどに分布する。

5 カルスト地形は，石灰岩地域が雨や水による溶食によって形成されたものであり，モレーンと呼ばれるくぼ地や鍾乳洞などが見られる。

解説

1．扇央部は河川が伏流するため水を得にくいことから，果樹園などが多く見られる。それ以外の記述は正しい。

2．河川の運搬する土砂が河口付近に堆積して形成される低平な地形は三角州である。三角江（エスチュアリー）は，河口が沈水し，ラッパ状になった海岸のことである。

3．安定陸塊である構造平野のやや傾斜した地形において，硬岩と軟岩が互層になっている場合に形成される丘陵地形はケスタという。代表例がパリ盆地であることは正しい。カールは氷食作用により山頂部にできた巨大な椀状の凹地である。

4．妥当である。

5．カルスト地形についての記述は正しい。しかし，モレーンは氷河によって運ばれた砂礫や粘土が堆積して形成された堆積地形である。

正答　4

高卒

No. 219　東京消防庁

地理　地図記号　平成27年度

次のア～オの地図記号の名称が正しい組み合わせとして，最も妥当なのはどれか。

ア 　イ 　ウ 　エ 　オ 

	ア	イ	ウ	エ	オ
1	裁判所	市役所	消防署	工場	高等学校
2	裁判所	市役所	工場	消防署	高等学校
3	裁判所	高等学校	消防署	工場	市役所
4	工場	高等学校	裁判所	消防署	市役所
5	工場	高等学校	消防署	市役所	裁判所

解説

ア：工場は機械の歯車の形を記号としている。

イ：学校は，「文」という漢字であらわしている。高等学校の場合は○で囲み，小・中学校は囲まない。

ウ：裁判所は，かつて裁判の内容を伝えるために立てていた立て札の形を記号としている。

エ：消防署は昔火消しの道具として使っていた「さすまた」（刺股，指叉）の形を記号としている。

オ：市役所・東京都内の区役所は二重丸であらわされる。町役場・村役場・政令指定都市の区役所は一重丸で示される。

よって**4**が正しい。

正答　**4**

高卒
東京消防庁

No.220 地理 レアメタル 平成30年度

レアメタルに関する記述として，最も妥当なのはどれか。

1 レアメタルとは埋蔵量が豊富であり，技術面や費用面から純粋なものを取り出すことが容易な鉱産資源のことである。

2 先進技術産業をはじめ各種の工業に不可欠なレアメタルには，金・ダイヤモンド・ボーキサイトなどの非鉄金属が含まれている。

3 レアメタルの主な生産国はアメリカ合衆国，サウジアラビア，ロシアである。なかでもレアアースの生産量の大部分はアメリカ合衆国が占めている。

4 レアメタルは，携帯電話やハイブリッド車向けの蓄電池，ジェットエンジンなどに用いられる。

5 我が国では，ごみとして廃棄されている再利用可能なレアメタルが潜在している。こういった廃棄物のなかのレアメタルのことを，「ゴールドコースト」という。

解説

1. レアメタルとは，天然の存在量が少なく，また，純粋な金属として取り出すことが困難な金属のことで，希少金属ともいわれる。

2. 電子工業など先進技術産業でのレアメタルの需要が高いことは正しい。また，非鉄金属は鉄以外の金属の総称なので，レアメタルは非鉄金属に含まれる。しかし，レアメタルは希少で抽出が困難な金属を指すので，金・ダイヤモンド・ボーキサイトはレアメタルではない。主なレアメタルには，ニッケル鉱・コバルト鉱，クロム鉱，マンガン鉱，リチウム鉱，レアアース等々がある。

3. ロシア・アメリカ合衆国・サウジアラビアは原油の産出量上位3か国である。レアメタルは各資源の存在の偏りが大きく，レアアースやタングステン鉱は中国が世界生産の8割以上を占めている。

4. 妥当である。ハイテク製品等に活用され，先進技術産業での需要が高い。

5. 廃棄物の中の再利用可能なレアメタル・金などの資源は都市鉱山といわれる。「ゴールドコースト」はオーストラリアにある海浜保養地である。

正答 4

地理　地形　平成22年度

地形に関する記述として，最も妥当なのはどれか。

1　三角州は，河川が河口付近で水の流速が急激に衰え，運搬力が失われて砂や泥が堆積してできる低湿な地形である。

2　ケスタ地形は，石灰岩が二酸化炭素を含んだ水によって溶かされてできる地形で，日本国内では山口県の秋吉台が最大規模である。

3　扇状地は，川が山地から平地に出たところにできる地形で，特に扇央部では，水が得やすいことから日本においては水田として利用されることが多い。

4　フィヨルドは，海面の上昇や土地の沈降によって起伏の大きい山地が沈水し，谷に海水が入りこんで形成される地形である。

5　リアス式海岸は氷河期に氷河が侵食してつくったU字谷に海水が入りこんで形成される，細長い入り江である。

解説

1．正しい。

2．ケスタは，硬い地層と軟らかい地層が緩傾斜している地形で，軟らかい地層が侵食され，硬い地層が残り丘陵になった地形をいう。パリ盆地が有名である。本文はカルスト地形の説明である。

3．扇状地の扇央部では，伏流するため地表は水無川となり，水は得にくい。したがって，田には適さない。果樹園，森林，畑などに利用されている。

4．リアス式海岸の説明である。フィヨルドについては**5**で説明している。

5．リアス式海岸については**4**で説明している。

正答　**1**

大卒 東京消防庁

No.222 地理 ケッペンの気候区分 令和元年度

ケッペンの気候区分に関する記述として，最も妥当なのはどれか。

1　乾燥帯のサバナ気候区は雨季と乾季がはっきりしており，乾季の乾燥を利用した作物の栽培も見られる。

2　砂漠気候区は気温の日較差が大きく，年降水量が250mm 未満であることから，まれに大雨が降った際のワジを除き，河川は見られない。

3　西岸海洋性気候は，同じ緯度帯の大陸東岸に比較すると夏は冷涼で冬は温暖であるが，南半球では分布が見られない。

4　冷帯湿潤気候は一年を通して降水または降雪があり，カナダやアラスカとユーラシア大陸北部などおもに北緯40度以北の広い地域に分布する。

5　寒帯のツンドラ気候は最暖月の平均気温が０℃未満であり，積雪でおおわれているために植生は見られない。

解説

1．サバナ気候区は熱帯である。それ以外の記述は正しい。熱帯には，熱帯雨林気候区，熱帯モンスーン気候区，サバナ気候区があり，乾燥帯には砂漠気候区とステップ気候区がある。また，サバナ気候区では，生育期には高温多雨，結実期や収穫期には乾燥を好むコーヒーや綿花などが栽培されている。

2．ナイル川のように，水源が湿潤地域にあり，砂漠気候区を流れる外来河川は存在する。それ以外の記述は正しい。

3．西岸海洋性気候は中・高緯度の大陸西岸に分布する温帯気候で，偏西風と暖流の影響により，夏は涼しく，冬は緯度のわりに温暖であり，気温の年較差が小さい温和な気候である。北半球の場合，同じ緯度帯の東岸の多くは冷帯や寒帯になっているため，そこと比較して夏が冷涼であるとはいえない。また，西岸海洋性気候は，南半球のチリ南部，ニュージーランド，オーストラリア南東部などにも分布している。

4．妥当である。

2．ツンドラ気候の最暖月平均気温は０℃以上10℃未満である。０℃を超える短い夏に地表の氷が溶けるため，地衣類や蘚苔類（コケ類）が生育し，湿草原となる。最暖月平均気温が０℃未満で一年中氷雪に閉ざされ植生が見られないのは，寒帯の氷雪気候である。

正答　4

大卒

No. 223 地方上級

地理 世界の気候 平成21年度

世界の気候に関する次の記述のうち，妥当なものはどれか。

1 北アフリカ一帯は，大部分が熱帯林である。

2 ユーラシア大陸西岸は，貿易風と北大西洋海流の影響で，夏は冷涼である。

3 地中海沿岸地域のほとんどは，夏は亜熱帯高圧帯の影響で雨が多く，冬は亜寒帯低圧帯の影響で少雨である。

4 北アメリカ東岸地域は，季節による気温の差が少ない。

5 ペルーやチリなどでは，海流の影響で海岸砂漠になっているところがある。

解説

1．北アフリカ一帯は沿岸部が地中海性気候（Cs），その内陸部とエジプトやリビアでは砂漠気候（BW）が卓越するので，熱帯林は見られない。

2．偏西風と暖流の北大西洋海流の影響で，同緯度の東岸に比べ冬は暖かい。

3．地中海沿岸地域のほとんどは，夏は亜熱帯高圧帯の影響で乾燥し，冬は低気圧の影響で降雨がある。

4．北アメリカ東岸地域は，温暖湿潤気候（Cfa）なので，季節による気温の差が大きい。

5．正しい。

正答 5

大卒 地方上級

No. 224 地理 プレートテクトニクス 平成30年度

プレートテクトニクスに関する次の記述について，下線部の内容が妥当なもののみをすべて挙げているのはどれか。

プレートの境界には，プレートが互いにぶつかり合う狭まる境界と，プレートが互いに離れていく広がる境界があり，さらに狭まる境界には，２つのプレートがぶつかり合う衝突帯と，海洋プレートが別のプレートの下に潜り込む沈み込み帯がある。ア衝突帯の代表例は日本列島で，沈み込み帯の代表例はヒマラヤ山脈である。また，イ広がる境界の代表例は太平洋や大西洋の海嶺である。

プレートと火山活動の関係について見ると，ウ広がる境界ではあまり火山活動や地震活動は起こらない。狭まる境界では火山活動も活発で，火山列も見られる。また，プレートの境界以外でも，マントルの深部から高温物質が上昇して火山活動が起こるホットスポットが見られる。それらはプレートが移動しても，ほとんど位置が変わらない。代表例はエハワイ諸島である。

1 ア，イ
2 ア，ウ
3 イ，ウ
4 イ，エ
5 ウ，エ

解説

ア：衝突帯の代表例はユーラシアプレートとインドプレートの境界で，その２つのプレートの衝突によってつくられたのがチベット高原やヒマラヤ山脈である。沈み込み帯の潜り込む部分の海底は海溝やトラフになり，これと並行して弧状列島や火山列が形成される。太平洋プレートとフィリピン海プレートが北アメリカプレートとユーラシアプレートの下に潜り込む形となり，弧状列島や日本海溝，南海トラフ，南西諸島海溝などの地形が形成されている日本列島付近がその例である。

イ：妥当である。

ウ：広がる境界の典型例は三大洋の海嶺（海底大山脈）で，大西洋中央海嶺とインド洋中央海嶺，東太平洋海嶺である。マントルからマグマが上昇して新たなプレートをつくり両側に広がっていくので，震源の浅い地震活動や玄武岩質のマグマによる割れ目噴火が活発である。広がる境界が地上に現れているアイスランドでは，割れ目が火山となって線状噴火が見られる。

エ：妥当である。

以上より，正答は**4**である。

正答 4

大卒

No. 225　東京消防庁

地理　世界の都市問題　平成23年度

世界の都市問題に関する記述として，最も妥当なのはどれか。

1　交通渋滞の解消に向けて都市部の交通政策として，自宅から自動車を使わないパークアンドライドのシステムなどがある。

2　近郊圏で，急激な都市化により無秩序に農地や森林がつぶされ，住宅や工場が広がる現象をスプロール現象という。スプロール現象は発展途上国特有の問題で，日本ではほとんど発生しなかった。

3　ある1つの都市（多くは首都）へ，極端に人口が集中するような都市を首位都市（プライメートシティ）という。第2位の都市とは，都市間の格差が非常に大きい。

4　都市形成の初期に市街化された都市内部を，中心業務地区（CBD）という。欧米では，高所得者層や若い世代が郊外に流出することによって，この区域の人口や産業の空洞化，治安悪化などのCBD問題が深刻化している。

5　複数の巨大都市（メガロポリス）を中心に，多くの都市が交通や通信網によって結合して，一体となった帯状の地域をメトロポリスという。

解説

1．パークアンドライドとは，市の中心部への車の乗り入れを規制する試みで，車を郊外の駐車場にとめて（パーク），電車に乗り換える（ライド）方式である。

2．スプロール現象の記述は正しいが，発展途上国だけでなく日本を含む先進国も多く発生した。

3．正しい。首位都市（プライメートシティ）の代表例として，メキシコシティやリマなどが該当する。

4．CBD（中心業務地区）は，大都市の都心地区に形成され，企業の本社や銀行などが立地する。昼間人口は多いが，夜間人口は極端に少ない。欧米で空洞化や治安悪化などインナーシティ問題が起きたが，CBD問題とはいわない。

5．巨大都市（メトロポリス）が帯状に連なった地域をメガロポリスという。日本の東海道メガロポリスやアメリカ合衆国のボストン～ワシントン間が該当する。

正答　3

大卒
No. 226　東京消防庁
地理　民族問題　令和4年度

世界の民族問題に関する記述として，最も妥当なのはどれか。

1　カナダのケベック州では，イタリア語を話す住民が多数を占め，分離独立を求める運動が起きた。

2　イギリスの北アイルランドでは，カトリック系住民とプロテスタント系住民の対立が起きた。

3　コソボでは，セルビア人とクロアチア人，ムスリム人の三者間の対立から内戦がおこり，数多くの犠牲者を出した。

4　ロシア連邦のカレリア共和国では，イスラーム教徒による独立運動が起き，政府軍との間に激しい抗争が起きた。

5　スペインのクルド地方は，民族や言語の相違などからスペイン政府との対立が起きた。

解説

1. カナダのケベック州で多数を占めるのは，フランス語を話すフランス系住民である。分離・独立運動が起きたことは正しい。

2. 妥当である。

3. セルビア人とクロアチア人，ムスリム（イスラム教徒）の3勢力で内戦となったのは，ボスニア・ヘルツェゴビナである。

4. ロシア連邦内のイスラーム教徒の多い共和国で，ロシアからの独立を宣言し，徹底的に弾圧された国はチェチェン共和国である。カレリア共和国もロシア連邦の北西部に位置し，フィンランドと国境を接するロシア連邦内の共和国の一つだが，住民はロシア人が7割強，カレリア人は約1割で，宗教はロシア正教である。

5. 民族や言語の問題から独立をめざして運動し，1979年に自治が認められたのは，スペインのバスク地方である。クルドは，トルコ・イラン・イラク・シリアなどにまたがるクルディスタン地域に居住する民族の名称である。第一次世界大戦後に分断されたため，現在も自治・独立の要求が強い。

正答　2

高卒

市役所初級

No.227 思想 デカルト 平成20年度

次の文はフランスの哲学者デカルトに関する説明であるが，空欄A，Bに当てはまるものとして妥当な組合せはどれか。

16世紀から17世紀にかけてヨーロッパでは，近代科学が確立されたが，そのような中でフランスの哲学者デカルトは絶対的確実な真理を追求し，（　A　）と述べた。このような考え方を（　B　）という。

	A	B
1	「我思う，ゆえに我あり」	観念論
2	「我思う，ゆえに我あり」	経験論
3	「我思う，ゆえに我あり」	合理論
4	「知は力なり」	経験論
5	「知は力なり」	合理論

解説

A：「我思う，ゆえに我あり」が当てはまる。ラテン語でコギト＝エルゴ＝スムともいい，すべてのものを疑っても疑いえない真理として，自らが存在していることを表すデカルトの真理探究方法（方法的懐疑）をさす言葉である。

B：「合理論」が当てはまる。デカルトは演繹法（一般的原理から理性的推理で特殊な原理を導き出す方法）によって真の知識の源泉を理性的思考に求める合理論の先駆者である。観念論は精神的なものを根源的な実在とする考え方で，18世紀後半のドイツで生まれたカントに始まる思想である。経験論は真の知識は感覚的な経験から生まれるとする考え方で，16世紀後半のイギリスのベーコンに始まる思想。ベーコンは「知は力なり」と述べている。

よって，正答は**3**である。

正答　3

大卒
No. 228 地方上級

思想　古代ギリシア哲学　平成18年度

古代ギリシアの哲学に関する次の記述のうち，妥当なものはどれか。

1　プラトンは真実の存在であるイデアを理性でとらえるイデア論を展開し，「自然に従って生きる」ことの重要性を唱えた。

2　アリストテレスは物事を動かすのは神ではないと考え，現実主義の立場に立って最高善は幸福であると考えた。

3　ソクラテスは人間は真実を知ることができないと考え，弁論術を学ぶことが必要であることを説いた。

4　古代ギリシアの時代には詩人のホメロスやヘシオドスによって神話的な世界観がつくられ，哲学はすべて神話を題材にして発展した。

5　ストア派はゼノンによって創始された学派で，コスモポリタニズムを継承している。理想的な境地であるアパテイアに達するために快楽主義が重視されている。

解説

1．プラトンはイデア（真実の存在）を理性でとらえるイデア論を展開したが，「自然に従って生きる」ことを信条としたのは禁欲主義を説いたストア派である。

2．正しい。

3．ソクラテスは真理の探究方法として対話を重視する問答法（助産術）をとった。弁論術を重視したのはギリシアの職業教師であるソフィストたちであり，ソフィストの中には詭弁家もいた。

4．古代ギリシアの時代には詩人のホメロスやヘシオドスによって神話的な世界観がつくられたが，古代ギリシアの哲学者たちは神から抜け出し，ロゴス（論理）を重視する立場に立った。

5．ストア派はコスモポリタニズム（世界市民主義）を継承し，情念のない理想的な境地であるアパテイアに達するためには，禁欲主義を重視した。快楽主義を重視したのは，エピクロス派である。

正答　2

大卒
No.
229
地方上級
思想　実存主義の思想家　平成16年度

実存主義の思想家に関する記述として，妥当なものは次のうちどれか。

1　キルケゴールは思想が行為のための道具であることを明らかにして，キリスト教的な価値が動揺して混乱する社会での生き方を見つけようとした。

2　ニーチェは「怨念」にとらわれてニヒリズムに陥っている人間を批判し，神と１対１で直接向かい合うことにより，ニヒリズムは克服できると主張した。

3　ヤスパースは社会現象にも生物進化論を応用できるとし，人間を理解するためには人間を取り巻く環境を科学的に分析することが必要だと主張した。

4　ハイデッガーは人間を「死」へ向かっている存在者であるとし，死と向かい合ってこそ本来的な存在である人間になれると主張した。

5　サルトルは「人間は自由の刑に処せられている」とし，社会に巻き込まれて自分で生き方を選ぶ余地のないことを明らかにした。

解説

1．思想が行為のための道具であると主張したのはデューイなどのプラグマティズムの思想家たちであり，キルケゴールは「絶望」を出発点として真のキリスト教徒となることをめざした。

2．神と１対１で直接向かい合うことを主張したのはキルケゴール。ニーチェはキリスト教的な価値が崩壊した状態をニヒリズムとみなし，「力への意志」に従ってニヒリズムを積極的に転化することを主張した。

3．社会現象に生物進化論を応用しようとしたのは，スペンサーなど社会ダーウィニズムの信奉者たちであり，人間を取り巻く環境の分析に重点を置いたのは構造主義の考え方である。ヤスパースは「限界状況」と向かい合うことで人間が自らの有限性の自覚を深めて超越者に向かって飛躍するということを主張した実存主義の思想家である。

4．正しい。

5．「人間は自由の刑に処せられている」はサルトルの言葉であるが，それは人間が自由そのものであり，自分のなすこと一切について責任を負っていることを表現したもので，自分で生き方を選ぶことができない状況とはむしろ正反対である。

正答　4

高卒

市役所初級

No. 230 文学・芸術　わが国の建築様式　平成12年度

わが国の住宅の建築様式に関するA～Dの記述に当てはまる様式名の組合せとして正しいものは，次のうちどれか。

A　平安時代に造られた貴族の住宅で，築地塀で囲まれていた。南側は池，中島を含む庭となっていた。

B　安土桃山時代から江戸時代初期にかけて，茶の湯の流行から造られた茶室風の建築様式で，邸宅として用いられた。

C　鎌倉時代の武士が住んでいた家の造りで，物見やぐら，塀を備え，母屋や馬場などが設けられていた。

D　室町時代に成立した建築様式で，玄関，床，棚，付書院を持つ点を特徴とし，障子などで仕切られ，棚が備えつけられていた。

	A	B	C	D
1	書院造	武家造	寝殿造	数寄屋造
2	書院造	数寄屋造	寝殿造	武家造
3	寝殿造	武家造	書院造	数寄屋造
4	寝殿造	数寄屋造	書院造	武家造
5	寝殿造	数寄屋造	武家造	書院造

解説

A．寝殿造の説明。母屋を「寝殿」と呼ぶことから寝殿造といわれるようになった。

B．数寄屋造(すきやづくり)の説明。茶室風の様式がとり入れられた。装飾を取り除いた簡潔な様式である。

C．武家造の説明。寝殿造を簡単化したもので，鎌倉時代の地頭の館がこの形式でつくられた。

D．書院造の説明。禅院の書斎の影響を受けて発達した。

よって，**5**が正しい。

正答　5

高卒

No. 231 地方初級 文学・芸術 音楽家 平成17年度

次のア～ウは音楽家に関する記述である。ア～ウに該当する音楽家の組合せとして妥当なものはどれか。

ア 「歌曲の王」と呼ばれ，「魔王」や「野ばら」を作曲した。
イ ロマン派の音楽家で，「タンホイザー」「ニーベルングの指輪」を作曲した。
ウ ポーランド出身の作曲家で，ピアノをはじめ多くの曲を作曲した。

	ア	イ	ウ
1	シューベルト	ワーグナー	ショパン
2	シューベルト	R.シュトラウス	J.S.バッハ
3	J.S.バッハ	ワーグナー	シューベルト
4	J.S.バッハ	R.シュトラウス	ショパン
5	ショパン	ワーグナー	J.S.バッハ

解説

ア：シューベルトである。シューベルトはオーストリアのロマン派の音楽家で「歌曲の王」と呼ばれた。歌曲「魔王」「野ばら」など600曲以上を作曲した。
イ：ワーグナーである。ワーグナーはドイツのロマン派の音楽家で，演劇と音楽を結びつけた楽劇を創始した。歌劇「タンホイザー」「ローエングリン」，楽劇「トリスタンとイゾルデ」「ニーベルングの指輪」を作曲した。
ウ：ショパンである。ショパンはポーランド出身のロマン派の音楽家で，「ピアノの詩人」と呼ばれている。

なお，J.S.バッハはドイツのバロック音楽の代表者，R.シュトラウスはドイツの作曲家で，後期ロマン派に属する。

よって，正答は**1**である。

正答 1

大卒
No. 232 市役所上・中級
文学・芸術 **三大歌集** 平成25年度

『万葉集』『古今和歌集』『新古今和歌集』のいずれかに関するア～オの記述を正しく組み合わせたものはどれか。

ア　日本最古の勅撰和歌集である。
イ　「ますらをぶり」と称される，直観的で素朴な歌が多い。
ウ　「たをやめぶり」と称される，理知的で洗練された歌が多い。
エ　幽玄，あるいはそれをさらに深めた有心と呼ばれる歌を特徴とする。
オ　撰者の一人は紀貫之であった。

	万葉集	古今和歌集	新古今和歌集
1	イ，オ	ア，ウ	エ
2	イ	ア，ウ，オ	エ
3	ア	イ，ウ，オ	エ
4	ア	イ，ウ，エ	オ
5	ア，イ	ウ，エ	オ

解説

『万葉集』『古今和歌集』『新古今和歌集』（三大歌集と呼ばれる）を整理すると次表のようになる。

名称	概要（収録数）	成立時期	撰者	特徴
万葉集	現存する日本最古の歌集（約4,500首）	奈良時代	大伴家持らによって編纂	素朴でおおらか，ますらをぶり（男性的）
古今和歌集	日本最初の勅撰和歌集（約1,100首）	平安時代	醍醐天皇の命令で，紀貫之らが編集	繊細で緻密，たをやめぶり（女性的）
新古今和歌集	8番目の勅撰和歌集（約2,000首）	鎌倉時代	後鳥羽上皇の命令で，藤原定家らが編集	感覚的・幻想的，幽玄

『万葉集』の記述として正しいのはイ，『古今和歌集』の記述として正しいのはア・ウ・オ，『新古今歌集』の記述として正しいのはエであるから，正答は**2**である。

正答　2

No. 233 英語 文法 平成28年度

次のアとイの英文が同じ関係になるとき，[A]，[B] に入る語句の組み合わせとして，最も妥当なのはどれか。

ア　I like bananas very much.
　　I like bananas better than apples.

イ　Today's weather is [A].
　　Today's weather is [B] than yesterday's.

	A	B
1	bad	bad
2	good	best
3	bad	worse
4	very bad	much worst
5	bad	worst

解説

1．誤り。A に bad を入れることはできるが，B の後に「～よりも」を意味する than が続いているので，B に入るのは比較級でなければならない。

2．誤り。A に good を入れることはできるが，B の best は good の最上級のため，than の前に置くことはできない。

3．A に bad を入れることができ，B の worse も bad の比較級であるため，正しい。

4．誤り。A に very bad を入れることはできるが，B の worst は bad の最上級であり，また，much は比較級の前に置かれ，「はるかに～，ずっと～」を表す単語であるため，あてはまらない。

5．誤り。A に bad を入れることはできるが，B の worst は bad の最上級であるため，あてはまらない。

正答　3

高卒
東京消防庁

No. 234 英語 文法 平成27年度

次の英文を「すべての人がみな詩人になれるとは限らない」という意味の文にするために（　）に入れるものとして，最も妥当なのはどれか。

(　　　) man cannot be a poet.

1 All
2 Any
3 Every
4 Some
5 That

解説

1. All の後には複数形が続くため，誤り。
2. Any は，不特定の「何か」を意味するため，誤り。
3. Every の後には単数形が続くため，Every man「すべての人」となり，正しい。
4. Some は，特定の「何か」を意味するため，誤り。
5. That man で「あの人」または「～な人」となるため，誤り。

正答　3

高卒

No. 235 東京消防庁

英語 文法 平成25年度

アの二つの文を，文意を変えずに一つの文にするために，イの文の（　A　）から（　E　）に［　　］内の5つの語句を1つずつ入れて文を完成させたとき，（　B　）に当てはまるものとして最も妥当なのはどれか。

ア { The woman came to you.
　　 I don't know her name.

イ：The woman（　A　）（　B　）（　C　）（　D　）（　E　）came to you.

don't · name · know · I · whose

1 don't
2 name
3 know
4 I
5 whose

解説

アの文はそれぞれ，「その女性はあなたの所に来た。」「私は彼女の名前を知らない。」という意味であり，The woman を主語にした上で，文意を変えずに1つの文にすると，「私が名前を知らない（その）女の人は，あなたの所に来た。」（直訳）となる。
イの文は，The woman が文頭に来ているため，直後には「～の名前」を表す whose name が来る。その上で，「私が知らない」と続くので，全文は，The woman（A. whose）（B. name)(C. I）（D. don't）（E. know）came to you.　となり，Bにあてはまるのは**2**となる。

正答　**2**

大卒

No. 236 東京消防庁

英語 文法 平成27年度

次の英文を「その問題は，われわれ社員が議論すべき問題だ」という意味の文にするために（　）に入れるものとして，最も妥当なのはどれか。

The issue is one for (　　　) employees to discuss.

1 me
2 us
3 we
4 each
5 every

解説

カッコの前の for は前置詞で，後には目的格が入る。for＋目的語＋to 不定詞で，「～が…する」の意味。for の後の目的格は不定詞の意味上の主語。

1.「私を」。目的格だが，1人称単数。
2.「われわれを」なので，正しい。
3.「私たちは」。1人称複数だが，主格。
4.「それぞれ」。each の後は単数名詞だが，employees は複数形。
5.「すべての」。every の後は単数名詞だが，employees は複数形。

正答 **2**

No.237 国語 漢字の読み 平成27年度

次の漢字とその読みの組合せとして，最も妥当なのはどれか。

1 格子－コウシ
2 漸次－ザンジ
3 出納－シュツノウ
4 暴露－ボウロ
5 減殺－メッサツ

解説

1．正しい。
2．誤り。読みは「ゼンジ」。意味は「次第に，だんだん」。
3．誤り。読みは「スイトウ」。意味は「金銭，物品などの出し入れ，収入と支出」。
4．誤り。読みは「バクロ」。意味は「秘密，悪事などをあばくこと」，「覆いもなく露天にさらされること」。
5．誤り。読みは「ゲンサイ」。意味は「少なくすること」。

正答　**1**

高卒 地方初級

No. 238 国語 四字熟語 平成18年度

四字熟語の用法として妥当なものはどれか。

1 訃報を聞いて，傍若無人に立ちつくす。
2 社長に切磋琢磨されて士気が上がった。
3 友だちの話を我田引水に聞いて協力した。
4 旅先で荒唐無稽の風景を眺める。
5 大会で優勝して面目躍如を果たす。

解説

1．「傍若無人」の意味は，他人にかまわずに自分の勝手な振る舞いをすることで，この場合の「立ちつくす」には「茫然自失」（気が抜けてぼんやりとしてしまうこと）が当てはまる。
2．「切磋琢磨」の意味は，自分自身が知恵や徳をみがくこと，志を同じくする仲間などが互いに励まし合って努力することで，この場合の「士気が上がった」には「叱咤激励」（励まされること）が当てはまる。
3．「我田引水」の意味は，自分の都合のいいように物事を運ぶことで，この場合には「友だち」に対して「協力」することであるから，「親身」が当てはまる。
4．「荒唐無稽」の意味は，言うことや考えに根拠がなくでたらめなことで，この場合のように実際に目にしている「風景」には用いない。
5．正しい。「面目躍如（めんもくやくじょ）」の意味は，高い評価どおりの活躍をする様子。

正答 5

高卒

No.239 東京消防庁 国語 同音異義語 平成29年度

下線部の同音異義語の漢字の使い方が正しいものの組み合わせとして，最も妥当なのはどれか。

1 宿泊料金を改訂する。
公式文書の改定作業を行う。

2 両手を併せて拝む。
両者を合わせて考える。

3 束縛から解放される。
校庭を開放する。

4 芸術分野に感心がある。
彼の行為に関心する。

5 事態を収集する。
切手の収拾を楽しむ。

解説

1．誤り。
読みは「カイテイ」。
改訂…書物や文書などの欠点を直したり，内容を改めたりすること。
改定…従来のきまりなどを改め定めること。
という意味であり，逆である。

2．誤り。
読みは「アワせて」。「併せる」も「合わせる」も，二つ以上のものを一つにするという意味では同じであるが，「合わせる」には，くっつける，「併せる」には，二つ以上のものを並べる，同時に，という意味合いがある。拝むのに両手はくっつけるため「合わせる」であり，両者を考えるときには同時に考えるため「併せる」である。
よって，逆である。

3．正しい。

4．誤り。
読みは「カンシン」。
感心…立派な行為や，すぐれた技量に心を動かされること。心に深く感じること。感服。
関心…ある物事に特に心を引かれ，注意を向けること。
という意味であり，逆である。

5．誤り。
読みは「シュウシュウ」。
収集…寄せ集めること。
収拾…拾い収めること。混乱をおさめ，状態を整えること。
という意味であり，逆である。

正答 3

高卒

東京消防庁

No. 240 国語 対義語 平成30年度

対義語の組合せと漢字の読みがすべて正しいものとして，最も妥当なのはどれか。

1　会得（かいどく）－理解（りかい）

2　迎合（ぎょうごう）－追従（ついしょう）

3　崇拝（すうはい）－軽侮（けいまい）

4　抽象（ちゅうしょう）－具体（ぐたい）

5　裏面（りめん）－内幕（うちまく）

解説

1　誤り。「会得」は「えとく」と読み，理解して自分のものにすることなので，対義語ではなく類義語。

2　誤り。「迎合」は「げいごう」と読み，自分の考えを曲げて，他人の調子に合わせること。「追従（ついしょう）」は，おべっかを使うことであり，対義語ではなく類義語の関係。

3　誤り。「崇拝（すうはい）」は尊敬しあがめること。「軽侮」は「けいぶ」と読み，人を軽んじあなどることで，２つは対義語の関係である。

4　正しい。

5　誤り。「裏面（りめん）」は裏の面。「内幕（うちまく）」は外からは見えない内部の事情のこと。

正答　4

思想 文学・芸術 英語 国語 数学 物理 化学 生物 地学

国語 四字熟語 令和元年度

「ものを恐れない，度胸があること」という意味を表す四字熟語として，最も妥当なのはどれか。

1 獅子奮迅
2 花鳥風月
3 表裏一体
4 大胆不敵
5 古今東西

解説

1. 獅子奮迅（ししふんじん）：獅子が奮い立って暴れるような激しい勢いで活動すること。
2. 花鳥風月（かちょうふうげつ）：美しい自然の風景，またはそれを重んじる風流のこと。
3. 表裏一体（ひょうりいったい）：相反する2つのものの関係が，表と裏のように密接で切り離せないこと。
4. 妥当である。
5. 古今東西（ここんとうざい）：昔から今までと，東から西まですべての場所のこと。いつでもどこでも。

正答 **4**

大卒
No. 242 東京消防庁
国語　四字熟語　平成28年度

落ち着いていて，物事に動じない様子を表す四字熟語として，最も妥当なのはどれか。

1 大山鳴動
2 泰然自若
3 天衣無縫
4 月下氷人
5 不倶戴天

解説

1．「大山鳴動（たいざんめいどう）」は，騒ぎだけ大きくて，結果は意外に小さい様子を表す。
2．正しい。「たいぜんじじゃく」と読む。
3．「天衣無縫（てんいむほう）」は，技法をこらしたあとがなく，自然で美しいことを表す。
4．「月下氷人（げっかひょうじん）」は，男女の間をとりもつ仲人のことである。
5．「不倶戴天（ふぐたいてん）」は，同じ天の下には生かしておけないというほど，怒りや憎しみが深い様子を表す。

正答　2

大卒

No. 243

東京消防庁

国語　四字熟語　平成26年度

次の四字熟語の読み方として，最も妥当なのはどれか。

1　唯唯諾諾　（いいじゃくじゃく）
2　気息奄奄　（きそくえんえん）
3　多士済済　（たしすみずみ）
4　悠悠閑閑　（ゆうゆうぼくぼく）
5　余裕綽綽　（よゆうたくたく）

解説

1．「いいだくだく」と読む。人の意見に盲従するさまを意味する。
2．正しい。息も絶え絶えで，今にも死にそうなさまを意味する。
3．「たしせいせい」あるいは，「たしさいさい」と読む。優れた人材が多くあることを意味する。
4．「ゆうゆうかんかん」と読む。急がないさま，のんきにゆっくりしたさまを意味する。
5．「よゆうしゃくしゃく」と読む。落ち着きはらうさま，悠然としているさまを意味する。

正答　**2**

大卒 No. 244 東京消防庁

国語　四字熟語・ことわざ・慣用句　平成25年度

次のアからオの四字熟語とことわざ・慣用句の組合せのうち，□内に同じ漢字が入るものとして，最も妥当なのはどれか。

ア：花□風月
　　蓼食う□も好き好き
イ：創□工夫
　　昔とった杵□
ウ：四面□歌
　　去る者は日日に□し
エ：才気□発
　　□髪を容れず
オ：起死回□
　　□兵法は大怪我の基

1　ア
2　イ
3　ウ
4　エ
5　オ

解説

ア：「花鳥風月」と「蓼食う虫も好き好き」であり，□内は「鳥」と「虫」なので異なる。
イ：「創意工夫」と「昔とった杵柄」であり，「意」と「柄」なので異なる。
ウ：「四面楚歌」と「去る者は日日に疎し」であり，「楚」と「疎」なので異なる。
エ：「才気煥発」と「間髪を容れず」で，読みはいずれも「カン」だが，「煥」と「間」なので異なる。
オ：「起死回生」と「生兵法は大怪我の基」で，「セイ」と「ナマ」で読み方は違うが，どちらも同じ「生」が入る。
よって，正答は**5**である。

正答　**5**

大卒 No. 245 東京消防庁

国語　慣用句　平成23年度

次の慣用句と意味の組合せとして，最も妥当なのはどれか。

1　習い性となる　—　習慣がつく。
2　正鵠を射る　—　非常に高いことに挑戦する。
3　人後に落ちない　—　人のあとになる。
4　如何を問わず　—　どうであるかを問題とする。
5　糊口を凌ぐ　—　やっとのことで生活していく。

解説

慣用句は，どのように使われるのかをとらえることが大切である。数が多く，出題範囲が広いうえに，意味も，定義だけ読んでいては覚えづらい。使用例や場面がわかれば，理解しやすくなる。

1.「習い性となる」は，単に習慣がつくことではなく，その習慣的な行動様式がしみついて，その人の習性となることをいう。
2.「正鵠を射る」は，核心をつくこと。「正鵠」（せいこく）は，的（まと）の中央のこと。
3.「人後に落ちない」は，他人にひけをとらないの意で，遅れをとらない，負けないということ。
4.「如何を問わず」は，「どうであっても」の意で，どうであるかを問題としないのである。
5. 正しい。「糊口」（ここう）は，暮らしを立てること。粥をすする意から。

正答　**5**

大卒

No. 246 東京消防庁

国語　語句の意味　平成27年度

次の語句とその意味の組合せとして，最も妥当なのはどれか。

1　いたずらに　――　わざと，勝手に
2　おもむろに　――　ゆっくりと，静かに
3　つぶさに　――　適当に，雑に
4　とみに　――　特に，中でも
5　ゆうに　――　わずかに，ほんの少し

解説

1.「いたずらに（徒に）」の意味は，むなしく，無駄な様子。
2. 正しい。
3.「つぶさに（具に，備に，悉に）」の意味は，詳しく，ことごとく。
4.「とみに（頓に）」の意味は，急に，にわかに，しきりに。
5.「ゆうに（優に）」は，十分余裕のあるさま。

正答　**2**

国語　漢字の読み　平成22年度

漢字と読みの組み合わせとして，最も妥当なのはどれか。

1　産着　——　うみき
2　師走　——　しそう
3　素人　——　そにん
4　築山　——　つきやま
5　火矢　——　ほや

解説

1.「産着」は正しくは「うぶぎ」。
2.「師走」は正しくは「しわ（は）す」。
3.「素人」は正しくは「しろうと」。
4. 正しい。「築山」は庭に築いた小山のこと。
5.「火矢」は正しくは「ひや」。矢先に火をつけて放つ矢のこと。

正答　4

$3x^2-10x-8$を因数分解したものとして，最も妥当なのはどれか。

1　$(x+2)(3x-4)$
2　$(x-1)(3x+8)$
3　$(x-2)(3x-4)$
4　$(x-4)(3x+2)$
5　$(x+4)(3x-2)$

解説

因数分解をするときには，右のようなたすきがけをすれば速く解けることが多い。

　$3x^2$と-8を掛け算の形にし，斜めに掛けて足し合わせると，$-10x$になるものを探す。

　それが見つかれば，xと-4から$x-4$，$3x$と-2から$3x-2$が因数になる。

　よって，因数分解すると$(x-4)(3x+2)$となる。

　（参考）たすきがけによる因数分解が難しい場合には，選択肢の式を展開してもよい。

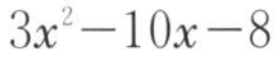

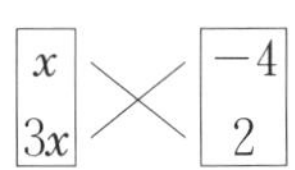

掛けて$3x^2$　　掛けて-8

斜めに掛けた$2x$と$-12x$を足して$-10x$になっている。

正答　4

高卒

No. 249 市役所初級

数学 利益の最大値 平成16年度

ある工場では製品A，Bを作っており，それぞれを1kg作るのに必要な電力量と労力および1kg当たりの利益は下表のようになっている。利用できる電力量と労力をそれぞれ90kw時，54人までとするとき，得られる利益の最大値はいくらか。

	電力量(kw時)	労力(人)	利益(万円)
A	5	2	8
B	3	3	6

1 154万円
2 156万円
3 158万円
4 160万円
5 162万円

解説

製品Aをa kg，製品Bをb kg作ったとき，k万円の利益が得られるとすると，題意より，次の各式が成り立つ。

$a \geqq 0$，$b \geqq 0$ …………①
$5a+3b \leqq 90$ …………②
$2a+3b \leqq 54$ …………③
$k=8a+6b$ …………④

不等式①，②，③を満たす領域を図示すると，下図の斜線部分（境界を含む）になる。

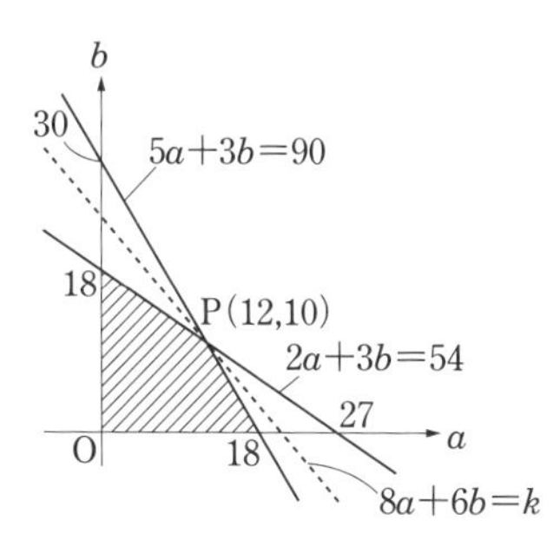

ここで，P（12，10）は，2つの直線$2a+3b=54$と$5a+3b=90$の交点である。利益kの値は，直線$8a+6b=k$が上図の斜線部分を通る範囲で変化する。したがって，利益kが最大になるのは④の直線が点Pを通るときで，このときのkの値は

$k=8\times12+6\times10=156$〔万円〕

となる。

したがって，**2**が正しい。

正答 **2**

高卒

地方初級

No. 250

数学　2次関数のグラフ　平成28年度

2次関数$y=x^2+ax+b$（a，bは定数）のグラフは，x軸と2つの点（−1，0）と（5，0）で交わっている。このとき，aの値はいくらか。

1　−4
2　−2
3　0
4　2
5　4

解説

点（−1，0）を通ることから，

$0=(-1)^2+a\times(-1)+b$

$-a+b+1=0$　……①

点（5，0）を通ることから，

$0=5^2+a\times5+b$

$5a+b+25=0$　……②

①−②より，

$-6a-24=0$

$-6a=24$

$a=-4$

したがって，正答は**1**である。

正答　**1**

数学 関数とグラフ 平成23年度

図のような直線$y=x$，$y=-2x+12$およびx軸とで囲まれた△OABの面積を2等分するような，点Bを通る直線のy切片を求めよ。

1 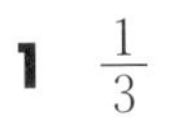 $\frac{1}{3}$

2 1

3 $\frac{3}{2}$

4 2

5 3

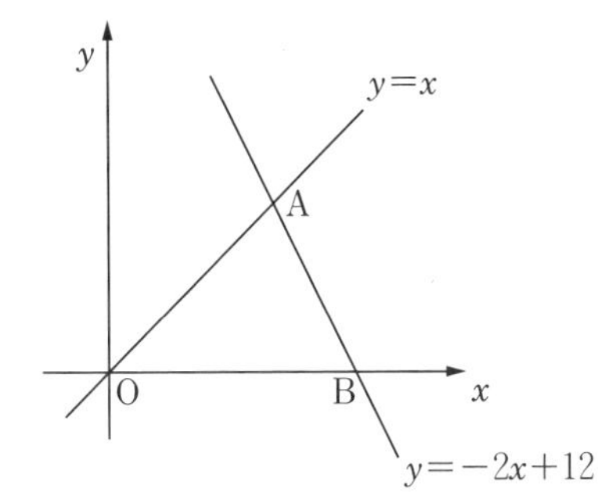

解説

点A，Bの座標を求めると，

点Aは，$y=x$と$y=-2x+12$の連立方程式を解いて，$x=-2x+12$より，$3x=12$

よって，$x=4$

したがって，点A(4，4)

また，点Bは，$y=-2x+12$で$y=0$と置けば，

$-2x+12=0$より，$x=6$

したがって，点B (6，0)

点Bを通り△OABを2等分するような直線は辺OAの中点Mを通ることから，M(2，2)

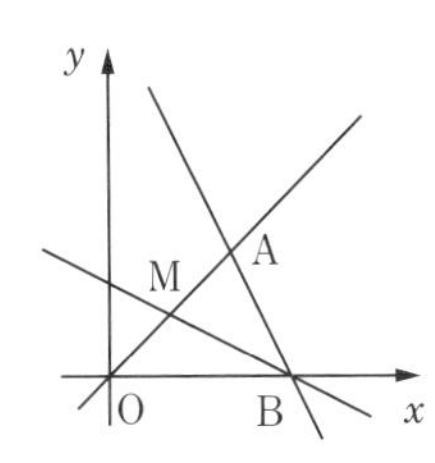

よって，求める直線は，点Mと点Bを通るから，

$$y=\frac{0-2}{6-2}(x-6)=-\frac{1}{2}(x-6)=-\frac{1}{2}x+3$$

したがって，y切片は3であるから，正答は**5**である。

正答 5

思想 文学・芸術 英語 国語 数学 物理 化学 生物 地学

高卒 地方初級

No.252 数学 三角関数 平成19年度

図で，点Aと点Bはy軸について対称であるとき，$\sin\beta$，$\cos\beta$をαで表したものの組合せとして正しいものは，次のうちどれか。

	$\sin\beta$	$\cos\beta$
1	$\sin\alpha$	$\cos\alpha$
2	$\sin\alpha$	$-\cos\alpha$
3	$-\sin\alpha$	$\cos\alpha$
4	$\cos\alpha$	$-\sin\alpha$
5	$-\cos\alpha$	$\sin\alpha$

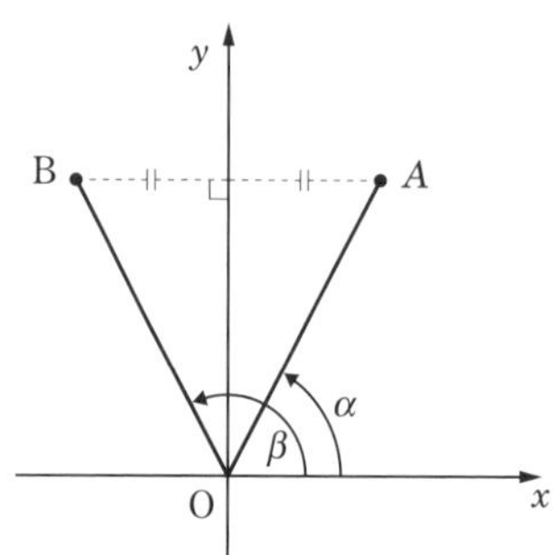

解説

点Aの座標を$(x,\ y)$，点Bの座標を$(x',\ y')$とし，$OA=OB=r$とすると，

$x=r\cos\alpha$，$y=r\sin\alpha$

$x'=r\cos\beta$，$y'=r\sin\beta$

となる。

ところが，点Aと点Bはy軸について対称だから，

$x=-x'$，$y=y'$

となる。

よって，$r\cos\alpha=-r\cos\beta$，$r\sin\alpha=r\sin\beta$より，

$\sin\beta=\sin\alpha$，$\cos\beta=-\cos\alpha$

となり，正答は**2**である。

正答 **2**

高卒 地方初級

No.253 数学 2次関数のグラフの移動 平成24年度

関数$y=x^2+4x+4$のグラフは，関数$y=x^2-4$のグラフをx軸方向に-2だけ，y軸方向にどれだけ平行移動すれば得られるか。

1 -1

2 1

3 2

4 3

5 4

思想 文学・芸術 英語 国語 数学 物理 化学 生物 地学

解説

$y=x^2+4x+4=(x+2)^2$ ……①

$y=x^2-4$ ……②

②を①に重ねるには，②の頂点（0，-4）を①の頂点（-2，0）に移せばよいから，x軸方向に-2，y軸方向に4だけ平行移動すればよい。

したがって，正答は**5**である。

正答 **5**

高卒

市役所初級

No.254 数学 連立不等式の領域 平成23年度

次の連立不等式の表す領域を図示したものとして，妥当なのはどれか。

$$\begin{cases} y<x^2 & \cdots\cdots① \\ y>3 & \cdots\cdots② \end{cases}$$

1

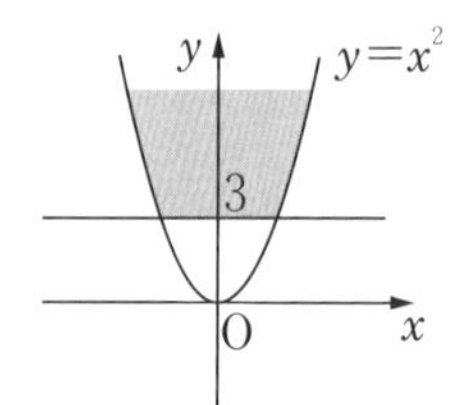

2

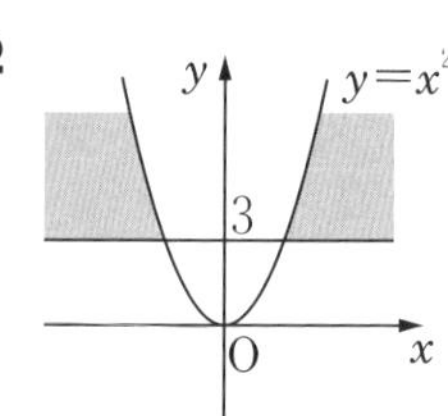

3

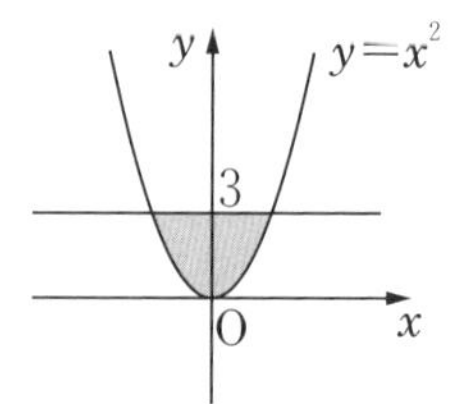

4

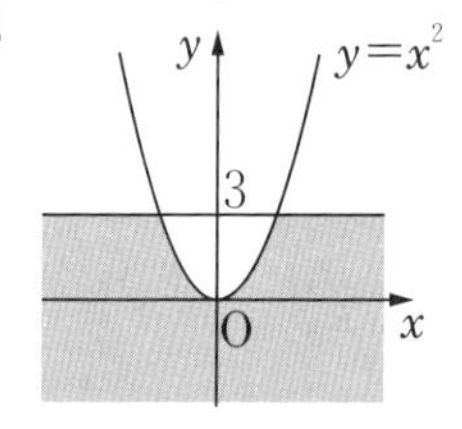

5

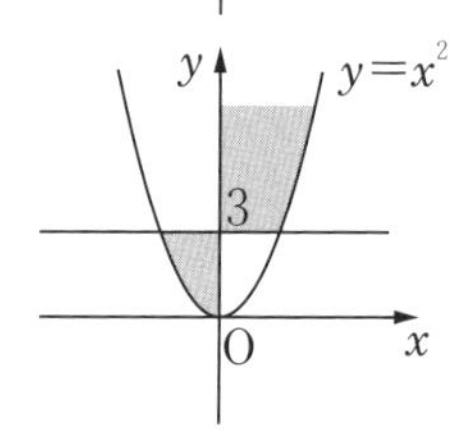

解説

①の表す領域は図㋐における放物線 $y=x^2$ の下側である。また，②の表す領域は図㋑における直線 $y=3$ の上側である。これらの両方を満たす領域は図㋒の斜線部分で，境界線は含まない。

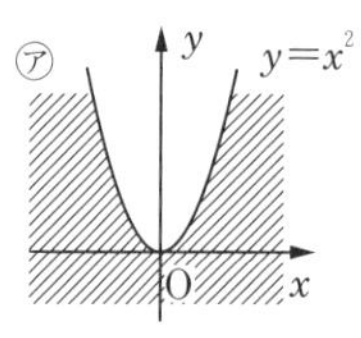

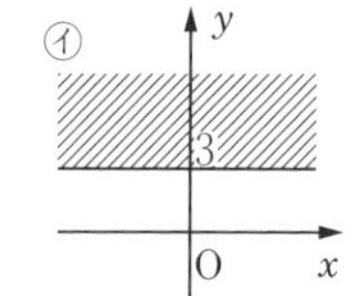

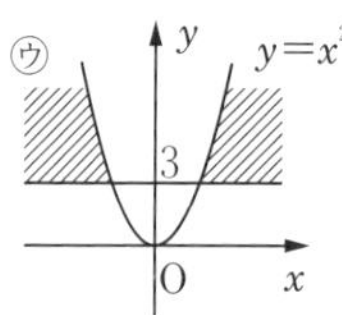

よって，正答は**2**である。

正答 2

図のような AB＝AC＝$1+\sqrt{5}$ の二等辺三角形 ABC があり，∠ACB の二等分線と辺 AB の交点を D とするとき，CD の長さを求めよ。

1　1

2　$\frac{3}{2}$

3　2

4　$1+\sqrt{2}$

5　$1+\sqrt{3}$

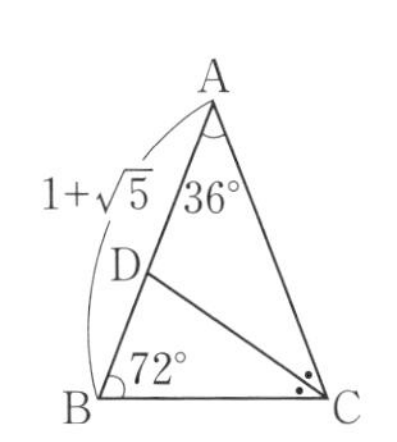

解説

∠ACB＝180°−(36°＋72°)＝72°，∠DCB＝$\frac{1}{2}$∠ACB＝36° より，

△ABC∽△CDB

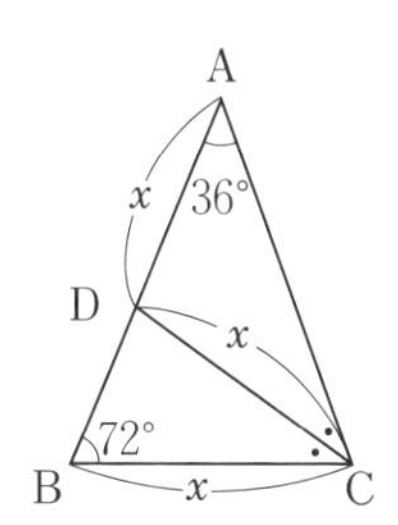

CD＝x とすると，BC＝CD＝AD＝x より，DB＝$1+\sqrt{5}-x$

AB：BC＝CD：DB より，

$(1+\sqrt{5}):x=x:(1+\sqrt{5}-x)$

よって，$x^2=(1+\sqrt{5})(1+\sqrt{5}-x)$

$1+\sqrt{5}=a$ と置くと，$x^2=a(a-x)$

$x^2+ax-a^2=0$

$x=\frac{-1\pm\sqrt{5}}{2}a$

$x>0$ より，$x=\frac{-1\pm\sqrt{5}}{2}a$

$a=1+\sqrt{5}$ を代入すると

$x=\frac{(\sqrt{5}-1)(\sqrt{5}+1)}{2}=\frac{5-1}{2}=2$

よって，正答は**3**である。

正答　3

思想
文学・芸術
英語
国語
数学
物理
化学
生物
地学

大卒 No. 256 市役所上・中級

数学 確率 平成17年度

現金100万円を貯金するか投資するとき，貯金すれば１％の利子が得られ，投資の場合，ある確率で120万円になり，失敗すると70万円になるという。

このとき，投資の成功する確率が何％以上のときに投資を行うか。

1 60％
2 61％
3 62％
4 63％
5 64％

解説

投資が成功する確率を a％とすると，投資するときの期待値は，

$$\frac{a}{100}\times120+\left(1-\frac{a}{100}\right)\times70$$

これが，貯金するときよりも大きくなるときに投資することになるので，

$$\frac{a}{100}\times120+\left(1-\frac{a}{100}\right)\times70>100\times1.01$$

$$120a+7000-70a>10100$$

$$50a>3100$$

$$a>62$$

よって，投資の成功する確率が63％以上のときに投資を行うことになり，正答は**4**である。

正答 4

数学　2次関数　令和元年度

2次関数 $y=ax^2-4x+2a+1$ が最小値3をとるような定数 a の値として，最も妥当なのはどれか。

1　-1
2　2
3　3
4　$-1,\ 2$
5　$1,\ 3$

解説

2次関数が最小値をとるためには，下に凸のグラフにならないといけないので，$a>0$ である。
ここで，2次関数の式を平方完成して，

$$\begin{aligned} y&=ax^2-4x+2a+1\\ &=a\left(x^2-\frac{4}{a}x\right)+2a+1\\ &=a\left(x^2-\frac{4}{a}x+\frac{4}{a^2}\right)-\frac{4}{a}+2a+1\\ &=a\left(x-\frac{2}{a}\right)^2-\frac{4}{a}+2a+1\end{aligned}$$

となるので，$x=\dfrac{2}{a}$のとき最小値をとる。

最小値が3なので，

$$-\frac{4}{a}+2a+1=3$$

両辺に a をかけると，

$$-4+2a^2+a=3a$$

これを移項して整理して2で割ると

$$a^2-a-2=(a-2)(a+1)=0$$

$$\therefore a=-1,\ 2$$

$a>0$なので，$a=2$

よって，正答は**2**である。

正答　**2**

大卒 No. 258 東京消防庁

数学　方程式の解の範囲　平成27年度

x がどのような実数値をとっても $(a+1)\ x^2-\ (a+3)\ x+a+1>0$ が成り立つような a の値の範囲として，最も妥当なのはどれか。

1　$-1<a$

2　$a<-\frac{5}{3}$，$1<a$

3　$-\frac{5}{3}<a<1$

4　$1<a$

5　$3<a<5$

解説

$(a+1)x^2-(a+3)x+a+1>0$……①

（i）$a+1=0$ のとき

①は $-2x>0$ となるから，$x\geqq 0$ である x に対して，①は成り立たない。

（ii）$a+1\neq 0$ のとき

①がすべての実数 x に対して成り立つための条件は，

$y=(a+1)x^2-(a+3)x+a+1$……②

のグラフが x 軸より常に上にあることである。

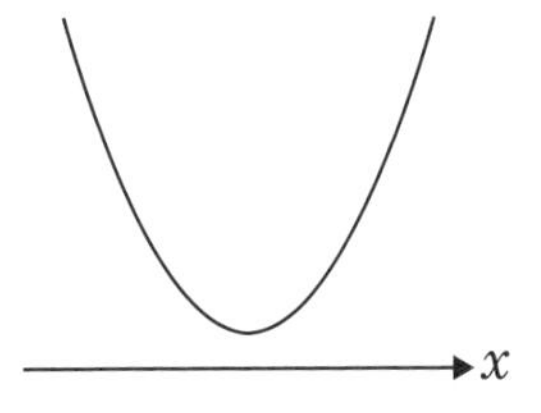

まず，グラフが上に開くので，２次の項の係数は正で，$a+1>0$ で，$a>-1$……③。

次に，グラフは $y=0$ と交点を持たない。つまり，②で $y=0$ と置いた２次方程式で判別式 $D<0$ が成り立つ。

$D=(a+3)^2-4(a+1)^2$

$=-3a^2-2a+5$

$=(-a+1)(3a+5)<0$　より，

$a<-\frac{5}{3}$，$1<a$……④

③かつ④より，$1<a$

よって，正答は**4**である。

正答　4

大卒 No. 259 東京消防庁

数学　場合の数　平成30年度

A～Fの６人をX，Yの２つの部屋に分けて入れる場合の数として，最も妥当なのはどれか。ただし，部屋の定員はなく，空き部屋ができないように分けるものとする。

1　32通り
2　36通り
3　62通り
4　64通り
5　720通り

解説

A～Fの６人をX，Yの２つの部屋に分けて入れる。このときの人数の場合分けとして，空き部屋ができないようにすると，次の５つの場合がある。

	Y	X
①	５人	１人
②	４人	２人
③	３人	３人
④	２人	４人
⑤	１人	５人

①のとき　${}_6C_5 \times {}_1C_1 = {}_6C_1 \times {}_1C_1 = 6 \times 1 = 6$ 通り

②のとき　${}_6C_4 \times {}_2C_2 = {}_6C_2 \times {}_2C_2 = \frac{6 \times 5}{2 \times 1} \times 1 = 15$通り

③のとき　${}_6C_3 \times {}_3C_3 = \frac{6 \times 5 \times 4}{3 \times 2 \times 1} \times 1 = 20$通り

④のとき　${}_6C_2 \times {}_4C_4 = \frac{6 \times 5}{2 \times 1} \times 1 = 15$通り

⑤のとき　${}_6C_1 \times {}_5C_5 = 6 \times 1 = 6$ 通り

したがって，$6+15+20+15+6=62$通りとなる。

(別解) すべての場合の数を考えてから，空き部屋ができる場合を除いてもよい。

　すべての場合の数は，A～Fの６人をそれぞれ，Xに入れるか，Yに入れるかの２通りの選び方があるので，2^6通りである。この中には，６人全員がXに入る場合とYに入る場合の２通りが含まれているので，$2^6-2=64-2=62$（通り）

正答　3

大卒

No. 260 東京消防庁

数学　直線の方程式　平成24年度

2つの円 $(x-2)^2+(y-3)^2=25$, $x^2+y^2-10x+2y+17=0$の2つの交点を通る直線の方程式として，最も妥当なのはどれか。

1 $6x-8y-29=0$
2 $6x-8y+29=0$
3 $6x+8y-29=0$
4 $8x-6y+29=0$
5 $8x+6y+29=0$

解説

$(x-2)^2+(y-3)^2-25=0$　…①
$x^2+y^2-10x+2y+17=0$　…②
と置く。

今，kを定数として次の方程式を考える。

$(x-2)^2+(y-3)^2-25+k(x^2+y^2-10x+2y+17)=0$　…③

ここで，①，②の交点をP (x_1, y_1)，Q (x_2, y_2) とすると，(x_1, y_1)，(x_2, y_2) は①，②の両方を満たすから，当然③も満たす。すなわち，P，Qは③の表す図形（直線または円）上の点である。特に，$k=-1$とすると，③は$6x-8y-29=0$となり，直線を表す。すなわち，これが①，②の交点を通る直線の方程式である。

よって，正答は**1**である。

正答　1

No. 261 数学 集合 令和4年度

対象の100人に，2つの提案a，bへの賛否を調べたところ，aに賛成の人は61人，bに賛成の人は54人，aにもbにも賛成の人は49人いた。aにもbにも賛成でない人の数として，最も妥当なのはどれか。

1 30人
2 32人
3 34人
4 36人
5 38人

解説

aに賛成＝A
bに賛成＝B
と表すとする。

$n(A)=61 \quad n(B)=54 \quad n(A\cap B)=49$ より

$n(A\cup B)=n(A)+n(B)-n(A\cap B)$
$=61+54-49=66$

$\overline{A}\cap\overline{B}=\overline{A\cup B}$ なので

$n(\overline{A}\cap\overline{B})=100-66=34$（人）

〈別解〉

b＼a	賛成	賛成でない	
賛成	49	5	54
賛成でない	12	34	46
	61	39	100(人)

上の表のように整理するとよい。

正答 3

大卒
No.262 東京消防庁
数学　面積比　令和3年度

下の図の△ABC において，AE：EB＝4：1，BD：DC＝2：3のとき，△PDC の△ABC に対する面積比として，最も妥当なのはどれか。

1 $\frac{7}{115}$
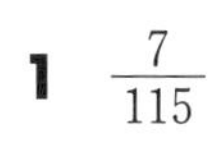

2 $\frac{9}{115}$

3 $\frac{11}{115}$

4 $\frac{13}{115}$

5 $\frac{3}{23}$

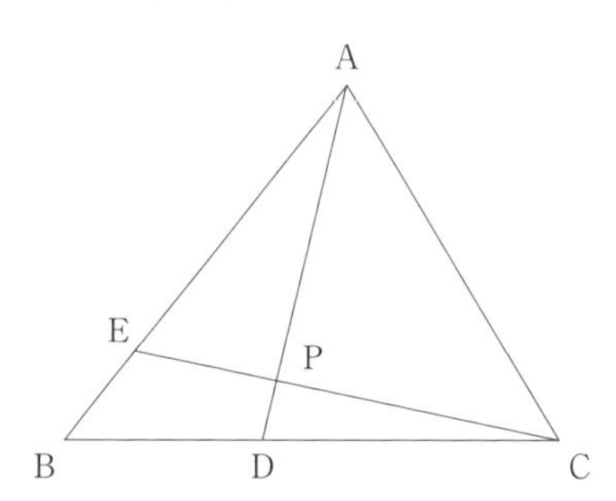

解説

まず AP：PD を求める。そのために，点 D から CE に平行な線を引き，AB との交点を Q とする。

このとき，平行線と比の関係から，BQ：QE＝BD：DC＝2：3。

AE：EB＝4：1＝20：5なので，AE：EQ＝20：3。

再び平行線と比の関係から，AP：PD＝AE：EQ＝20：3となる。

次に面積比を求める。BC を底辺と見ると，高さは共通なので，

△ABC：△ADC＝BC：CD＝5：3。

また，AD を底辺と見ると，△ADC：△PDC＝23：3となる。したがって，

$$\triangle PDC=\frac{3}{23}\triangle ADC$$

$$=\frac{3}{23}\times\frac{3}{5}\triangle ABC$$

$$=\frac{9}{115}\triangle ABC$$

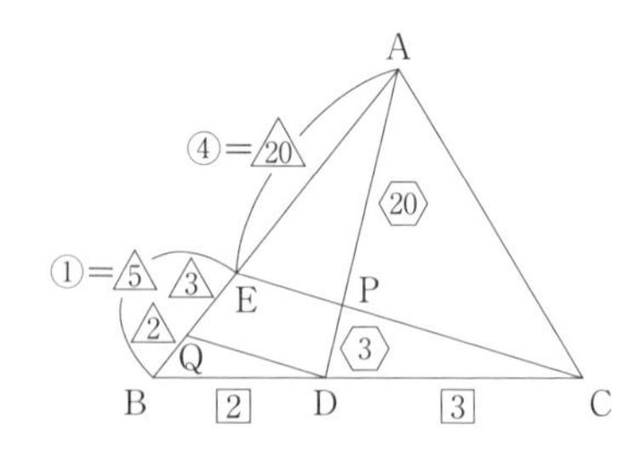

よって，正答は**2**である。

正答 2

数学　三角関数　平成23年度

三角関数について最も妥当なのはどれか。

1　関数$y=\sin\theta$は2πを周期とする周期関数である。

2　$y=\cos\theta$のグラフは$y=\sin\theta$のグラフをθ軸方向にπだけ平行移動したものと同じである。

3　$y=\sin\theta$のグラフはy軸に関して対称である。

4　$y=\sin\theta$のグラフは$y=\cos\theta$のグラフをθ軸方向にπだけ平行移動したものと同じである。

5　$y=\cos\theta$のグラフは原点に関して対称である。

解説

$y=\sin\theta$（実線）と$y=\cos\theta$（破線）のグラフは次の図のようになっている。

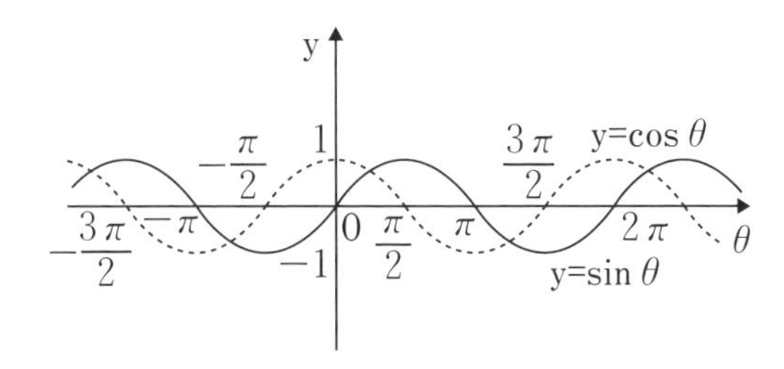

1．正しい。$y=\sin\theta$は2πを周期とする周期関数であり，$\sin(2n\pi+\theta)=\sin\theta$（$n$は整数）が成り立つ。

2．$y=\cos\theta$のグラフは$y=\sin\theta$のグラフをθ軸方向に$\frac{3\pi}{2}$だけ平行移動したものと同じである。

3．$y=\sin\theta$のグラフは原点に関して対称である。

4．$y=\sin\theta$のグラフは$y=\cos\theta$のグラフをθ軸方向に$\frac{\pi}{2}$だけ平行移動したものと同じである。

5．$y=\cos\theta$のグラフはy軸に関して対称である。

正答　1

大卒
No.
264
東京消防庁

数学　球体の半径　平成25年度

下の図は半径 r cm の球体の中心を通る1本の直線を軸として4等分し，その1つを取り出した立体を表している。この立体の表面積が $200\pi\text{cm}^2$ であるとき，r の値として，最も妥当なのはどれか。ただし，円周率は π とする。

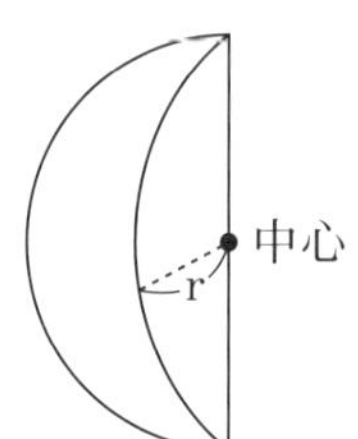

1　5
2　10
3　15
4　20
5　25

解説

上面図と側面図は次のようになる。

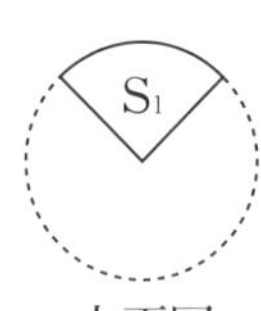

上面図　　側面図

この立体の曲面部分 S_1 の面積は半径 r の球の表面積の $\frac{1}{4}$ であるから，

$$S_1=4\pi r^2\times\frac{1}{4}=\pi r^2 \quad \cdots\cdots①$$

また，平面部分 S_2，S_3 の面積は半径 r の半円の面積であるから，

$$S_2=S_3=\pi r^2\times\frac{1}{2} \quad \cdots\cdots②$$

①，②より，この立体の表面積 S は，

$$S=S_1+S_2+S_3=\pi r^2+\pi r^2\times\frac{1}{2}+\pi r^2\times\frac{1}{2}=2\pi r^2$$

したがって，題意より，

$2\pi r^2=200\pi \quad \therefore r=10$〔cm〕

となる。

よって，正答は**2**である。

（注）球に関する求積公式

体積 $=\frac{4}{3}\pi r^3$

表面積 $=4\pi r^2$

正答　**2**

高卒
東京消防庁

No. 265 物理 交流電流の周期の値 平成26年度

家庭に供給されている交流電流の周波数は主に，東日本では50［Hz］，西日本では60［Hz］である。それぞれの交流電流の周期の値の組合せとして，最も妥当なのはどれか。

	東日本	西日本
1	2.0×10^{-2}［s］	1.7×10^{-2}［s］
2	2.0×10^{-5}［s］	1.7×10^{-5}［s］
3	1.7×10^{-2}［s］	2.0×10^{-2}［s］
4	1.7×10^{-5}［s］	2.0×10^{-5}［s］
5	8.3×10^{-2}［s］	1.0×10^{-3}［s］

解説

周期T［s］$=\dfrac{1}{\text{周波数f［Hz］}}$の関係式を応用する。

東日本では，周波数f［Hz］＝50より，$\dfrac{1}{50}=0.02=2.0\times10^{-2}$［s］

西日本では，周波数f［Hz］＝60より，$\dfrac{1}{60}=0.017=1.7\times10^{-2}$［s］

正答　1

思想 文学・芸術 英語 国語 数学 物理 化学 生物 地学

高卒

東京消防庁

No. 266 物理 電流 令和2年度

100V用・2kWの電気ヒーターを100Vで使用したときに流れる電流の値として，最も妥当なのはどれか。

1 5［A］
2 20［A］
3 50［A］
4 100［A］
5 200［A］

解説

100V用・2kWという表示の意味は，100Vの電圧をかけると2kW＝2000Wの電力を消費することである。

電力＝電圧×電流より　　2000÷100＝20［A］
このとき，20Aの電流が流れる。
よって，正答は**2**である。

正答 **2**

高卒 No. 267 地方初級

物理 水中でのばねの伸び 平成19年度

思想 文学・芸術 英語 国語 数学 物理 化学 生物 地学

次の文の空欄に当てはまる語の組合せとして，正しいものはどれか。

図Aのように，金属球をつるしたばねはかりは50g をさし，水の入った容器を載せた台はかりは300g をさしていた。ばねはかりにつるした金属球を図Bのように台はかりに載せた容器の水中に完全に沈めたところ，ばねはかりは40g をさした。このとき台はかりの示す値は（　ア　）である。また，容器内の水に食塩を入れると台ばかりの値は（　イ　）。

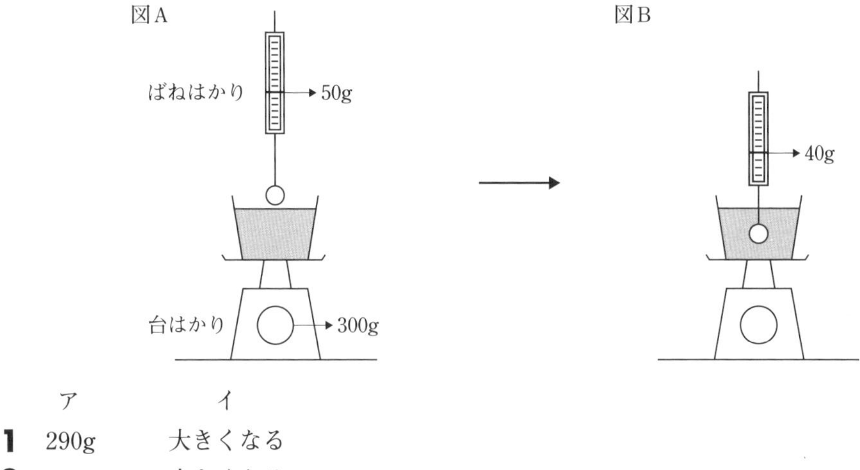

	ア	イ
1	290g	大きくなる
2	290g	小さくなる
3	300g	変化しない
4	310g	大きくなる
5	310g	小さくなる

解説

台はかりが示す値は，水と容器の重力のほかに，作用反作用の法則より，金属球から浮力の反作用も受ける。金属球が受ける浮力は，50－40＝10〔g重〕であるから，台はかりの示す値は，300＋10＝310〔g〕となる（ア）。

また，物体の受ける浮力の大きさは，物体が押しのけた流体の重さに等しい。したがって，塩を入れると密度が大きくなるので，金属球の受ける浮力は大きくなり，台はかりの示す値は大きくなる（イ）。

よって，正答は**4**である。

正答 4

高卒

市役所初級

No. 268 物理 重力と振り子 平成17年度

次の図のような振り子があり，地球上での周期は t 秒であった。この振り子を重力が地球の$\frac{1}{6}$の月面上に持っていったとき，周期が t 秒より長くなった。月面上での周期を地球上での周期と同じにするためにはどのようにすればよいか。ア～ウのうち正しい組合せはどれか。

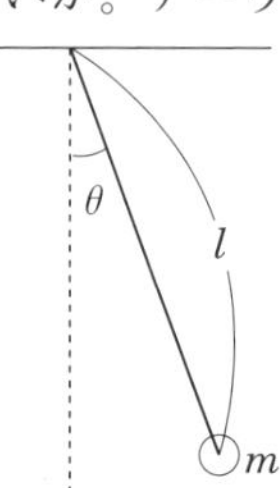

ア．糸の長さ l を短くする。
イ．質量 m を大きくする。
ウ．角度 θ を小さくする。

1　ア
2　イ
3　ウ
4　ア，ウ
5　イ，ウ

解説

振り子の周期は，重力の大きさと糸の長さ l によって決まり，おもりの質量 m と角度 θ には無関係である。長さ l の振り子の周期 T は，重力を g とすると，$T=2\pi\sqrt{\frac{l}{g}}$ である。したがって，周期を短くするには，糸の長さ l を短くすればよい（ア）。

よって，正答は**1**である。

正答　1

高卒 地方初級

No. 269 物理 おもりのエネルギー 平成23年度

文中のア，イの〔　〕内から妥当なものを選んだ組合せはどれか。

図Ⅰのようにひもで吊り下げたおもりをcの位置から離してふりこを作ったところ，c→a→b→a→cという運動をした。このときbでのエネルギーは，ア〔ⅰ．位置エネルギーだけ，ⅱ．運動エネルギーだけ，ⅲ．位置エネルギーと運動エネルギー〕となる。

次に，図Ⅱのようにaの位置にくぎを打って，図Ⅰと同じようにcの位置からおもりを離した。このときbの位置は，イ〔ⅰ．cと同じ高さ，ⅱ．cより低い高さ，ⅲ．くぎと同じ高さ〕になる。

図Ⅰ

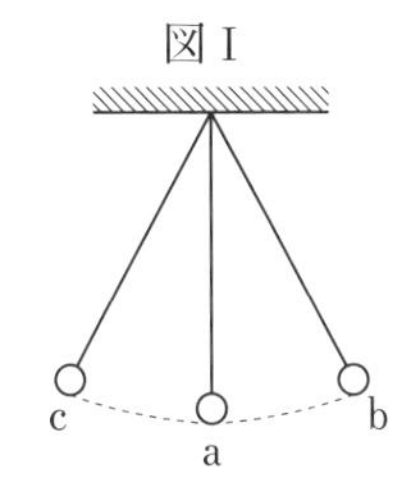

図Ⅱ

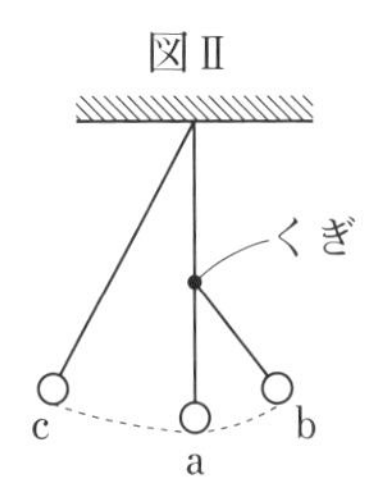

	ア	イ
1	ⅰ	ⅰ
2	ⅰ	ⅱ
3	ⅱ	ⅰ
4	ⅱ	ⅲ
5	ⅲ	ⅱ

ア：妥当なのはⅰである。bは最高点であり，速度は0なので運動エネルギーは0となり，位置エネルギーだけということになる。

イ：妥当なのはⅰである。力学的エネルギー保存の法則より，くぎがあっても運動エネルギーが0となるのはすべて位置エネルギーになっているときなので，bの高さはcと同じになる。

以上より，正答は**1**である。

正答　1

高卒

No. 270 東京消防庁

物理　物体の運動　平成30年度

物体の運動に関する次の記述で，［A］～［C］に当てはまる語句の組合せとして，最も妥当なのはどれか。

物体を斜め上方向に投げた時，空気の抵抗を無視すれば，水平方向には［A］運動，鉛直方向には［B］運動をする。その物体の軌跡は［C］となる。

	A	B	C
1	等速	等加速度	放物線
2	等速	等加速度	双曲線
3	等加速度	等速	放物線
4	等加速度	等速	双曲線
5	等加速度	等加速度	放物線

解説

物体を斜め上方向に投げた時，水平方向の運動は，速度＝初速度の水平方向成分，加速度＝0の等速運動，鉛直方向は加速度＝$-g$の等加速度運動（鉛直投げ上げ）である。またその物体の軌跡は放物線になる。

よって，A＝等速・B＝等加速度・C＝放物線となる。

正答　1

思想　文学・芸術　英語　国語　数学　物理　化学　生物　地学

高卒

No. 271 市役所初級

物理　等加速度運動　平成24年度

次のア～ウの｛　｝内から妥当なものを選んだ組合せはどれか。

ある静止している物体が一定の加速度 2 m/s^{2}で動き出した。動き出してからの物体の速度を表すグラフは次の(a)，(b)のうちア．｛A．(a)，B．(b)｝となる。10秒後の速度はイ．｛A．10，B．20｝m/sとなり，10秒間に物体が進む距離はウ．｛A．100，B．200｝mとなる。

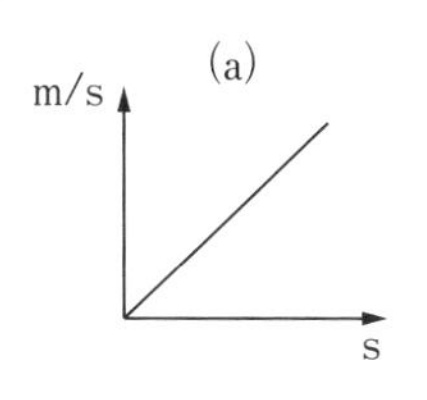

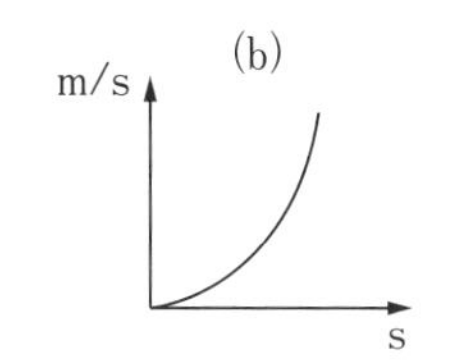

	ア	イ	ウ
1	A	A	A
2	A	A	B
3	A	B	A
4	B	A	B
5	B	B	B

解説

ア．加速度が一定のとき，速度は時間に比例する(a)のグラフになる。よって，Aが正しい。

イ．等加速度運動の t 秒後の速さ v は，初速度を v_0，加速度を a とすると「$v=v_0+at$」で求められる。$v_0=0$，$a=2$，$t=10$ を代入して，$v=0+2\times10=20$〔m/s〕となる。よって，Bが正しい。

ウ．等加速度直線運動で t 秒間に進む距離 x は「$x=v_0t+\frac{1}{2}\cdot at^2$」で求められる。$x=0\times10+\frac{1}{2}\times2\times10^2=100$〔m〕となる。よって，Aが正しい。

以上より，正答は**3**である。

正答　3

思想　文学・芸術　英語　国語　数学　物理　化学　生物　地学

高卒 東京消防庁

No.272 物理 音の性質 平成28年度

音の性質に関する次の記述の［　A　］，［　B　］に入る語句の組合せとして，最も妥当なのはどれか。

　昼間には聞こえない遠くの電車の音が夜間には聞こえることがある。これは，まわりが静かなためだけではなく，音波の［　A　］のようすが，昼と夜では異なるためである。

　夜間は地面から熱が放射され，地表付近の空気の温度が上空より低くなるので，音速は上空に比べて地表の方が［　B　］。そのため音波が下向きに曲がって進み，遠くまで届くようになる。

	A	B
1	屈折	速い
2	屈折	遅い
3	反射	速い
4	回折	速い
5	回折	遅い

解説

　昼間には聞こえない遠くの電車の音が夜間には聞こえる現象は，周りが静かなためだけでなく，音の屈折が原因となっている。

　昼間は，太陽光によって地表が温められ，上空にいくほど温度が低くなる。一方，夜間は（雲や風がなければ）地表が冷やされ，上空の空気の方が暖かくなる。したがって，暖かい空気中の方が音速が速いので，夜間は昼間より屈折角が大きくなり，遠くまでよく聞こえることになる。

　よって，正答は**2**となる。

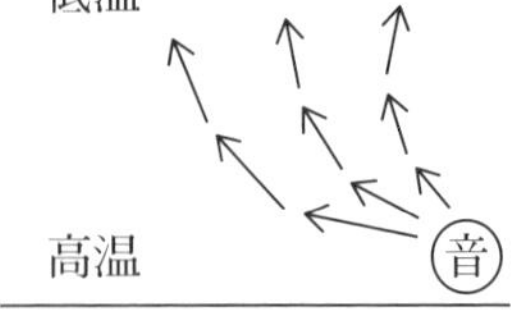

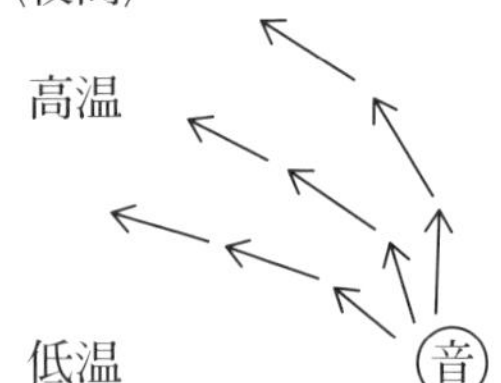

正答　2

物理 熱量の保存 平成28年度

次の文中の空欄ア，イに当てはまる数値と語句の組合せとして妥当なのはどれか。

80℃の水100g に20℃の水50g を入れると全体は（　ア　）℃になる。80℃の水100g に20℃の鉄50g を入れると T ℃になる。鉄の熱容量は水よりも小さいので，T は（　ア　）℃よりも（　イ　）くなる。

	ア	イ
1	50	高
2	55	高
3	55	低
4	60	高
5	60	低

解説

熱量保存の法則より，「高温物体の失った熱量＝低温物体の得た熱量」として式を立てる。

熱量 Q〔J〕＝質量 m〔g〕×比熱 c〔J/g・K〕×温度の変化量 t〔K〕

だから，水の比熱を c とし，80℃の水100g に20℃の水50g を入れて t［℃］になったとすると，

$100\times c\times(80-t)=50\times c\times(t-20)$

$8000-100t=50t-1000$

$150t=9000$

$t=60$〔℃〕

よって，アには「60」が当てはまる。

熱容量は，その物体全体の温度を1K上げるのに必要な熱量で，熱容量＝質量×比熱である。

熱容量が小さいほど同じ熱量では温度が変化しやすいから，熱容量の小さい鉄の場合，水のときより温度変化が大きく，低温の鉄は高い温度になりやすいので温度は高くなる。

よって，イには「高」が当てはまる。

したがって，正答は**4**である。

正答 4

高卒

No. 274 市役所初級

物理　空間の温度変化　平成15年度

図のような保温庫の中に，銅で囲まれた空間A，木材で囲まれた空間B，断熱材で囲まれた空間Cがあり，保温庫の温度を120℃まで上げる。このとき，それぞれの空間の温度変化について，正しいのはどれか。ただし，空間は銅，木材，断熱材で完全に囲まれ，周りと隔離されている。

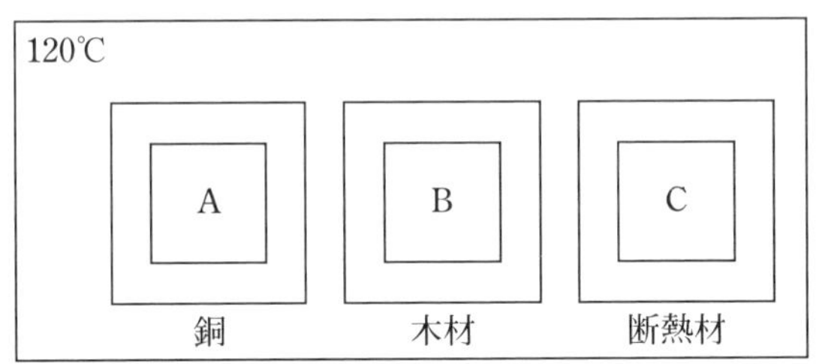

1　Aは120℃になるが，BとCは120℃にはならない。
2　AとBは120℃になるが，Cは120℃にはならない。
3　すべて120℃になるが，温度の上がり方は，AよりB，BよりCが緩やか。
4　Aは120℃以上になるが，BとCは120℃を越えない。
5　AとBは120℃以上になるが，Cは120℃を越えない。

解説

熱量保存の法則より，高温物体と低温物体を接触させたとき，高温物体の失った熱量と低温物体の得た熱量は等しく，両者の温度が等しくなったとき熱の移動がなくなる。これはどのような物質にも当てはまり，熱の移動する速さは比熱が小さいほど速い。したがって，保温庫の温度を120℃に保っておけばA，B，Cの空間はいずれも十分に時間がたてば120℃になり，その速さは，比熱の小さい銅＞木材＞断熱材の順になる。

よって，**3**が正しい。

正答　3

大卒
No. 275 東京消防庁

物理　放射線　令和元年度

下の表は放射線の実体・電荷・透過力を示したものである。A～Cに当てはまる放射線の組合せとして，最も妥当なのはどれか。

放射線	実体	電荷	透過力
A	電磁波	なし	大
B	He 原子核	＋	小
C	電子	－	中

	A	B	C
1	α 線	β 線	γ 線
2	α 線	γ 線	β 線
3	β 線	α 線	γ 線
4	γ 線	α 線	β 線
5	γ 線	β 線	α 線

解説

A＝γ 線　γ 線は，波長が非常に短い電磁波である。電荷をもたないので，磁界中で曲がらない。透過力は強く，1 cm くらいの金属板も通り抜ける。
γ 線を放出する原子核反応を γ 崩壊という。

B＝α 線　α 線は α 粒子と呼ばれるヘリウム原子核（${}^{4}_{2}He$）の流れであり正（$+2e$）の電荷をもつ。透過力は弱く，空気中では数 cm で止まってしまう。
α 線を放出する原子核反応を α 崩壊という。

C＝β 線　β 線は，高速で運動する電子の流れであり，負（$-e$）の電荷をもつ。透過力は α 線より強く，1 mm くらいの金属板で止めることができる。
β 線を放出する原子核反応を β 崩壊という。

よって，正答は**4**となる。

正答　4

思想　文学・芸術　英語　国語　数学　物理　化学　生物　地学

大卒 No. 276 市役所上・中級

物理 光の屈折 平成22年度

右図のように，中に水の入った三角柱があり，その先に横棒が目と同じくらいの高さにある。

横棒を目で見たときの光路として正しいのはア・イのどちらか。また，横棒の見え方はウ・エ・オのどれか。

両者を正しく組み合わせたものを選べ。

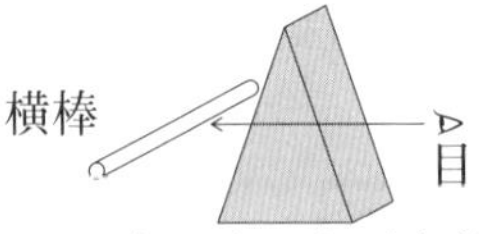

1 ア，ウ
2 ア，エ
3 イ，ウ
4 イ，エ
5 イ，オ

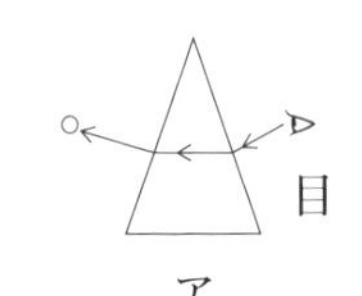

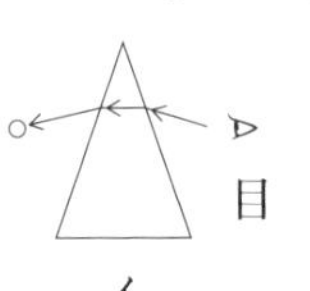

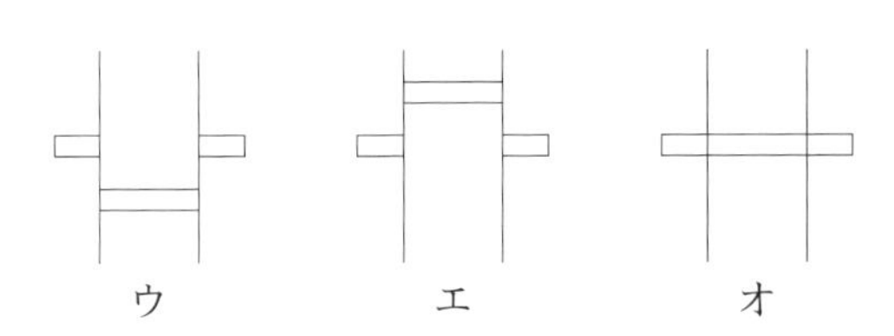

解説

光が異なる媒質の境界を斜めに通過するとき屈折する。

空気中から水中へと進む場合には，

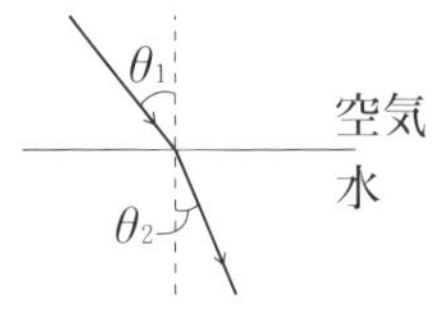

入射角θ_1＞屈折角θ_2となる。また，水中から空気中へと進む場合には，

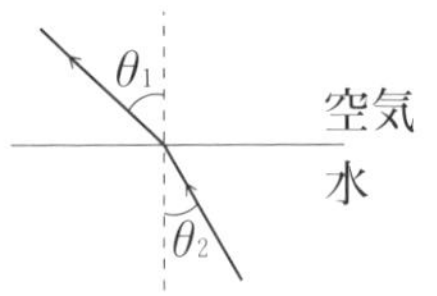

入射角θ_2＜屈折角θ_1となる。

したがって，光路は下図のようになる。…イ

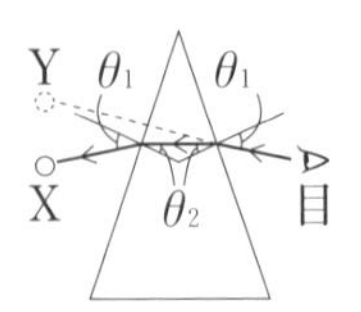

また，横棒Xに由来する光は，水面で屈折を起こしており，このため，Xの見かけ上の位置はYとなる。したがって，上に見える。…エ

以上より，正答は**4**である。

正答 4

大卒

No. 277 東京消防庁

物理　磁場の向き　平成25年度

次の記述の［ア］から［エ］に当てはまる語句の組合せとして，最も妥当なのはどれか。

下の図のように，２つの磁石の間にコイル ABCD を置いた直流モーターがある。この２つの磁石の間の磁場の向きは［ア］の向きである。いま，コイル ABCD に電流を ABCD の向きに流すと，フレミングの左手の法則のとおり，コイルの辺 AB は磁場から，［イ］向きの力を受け，コイルの辺 CD は磁場から［ウ］向きの力を受けるので，コイルは回転を始める。このとき整流子はコイルとともに回転するが，ブラシは固定されている。そしてコイルが半回転するごとに，整流子によってコイルの辺 AB に流れる電流の向きが［エ］ので，コイルは同じ向きに回転し続ける。

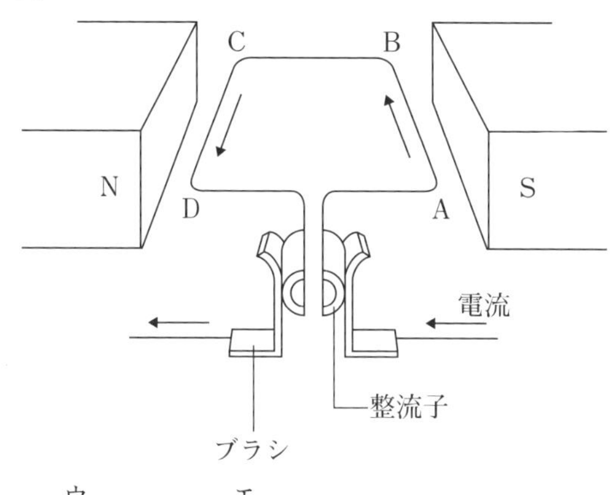

	ア	イ	ウ	エ
1	N→S	上	下	維持される
2	N→S	下	上	反転する
3	N→S	上	下	反転する
4	S→N	下	上	反転する
5	S→N	上	下	維持される

解説

磁場を表す磁力線はＮ極から出てＳ極に入る。この磁力線の向きが磁場の向きである〔ア〕。電流は周囲に磁場を作り，磁石に力を及ぼす。その反作用として，磁場の中で電流（の流れる導線）は磁場から力を受ける。この力の向きは，フレミングの左手の法則（右図）で定まる。図によれば，辺 AB は磁場から下向きの，辺 CD は磁場から上向きの力を受けることがわかる〔イ，ウ〕。さらにコイルが半回転するごとに，整流子は反対側のブラシと接するようになるので，整流子によって辺 AB に流れる電流の向きは反転する〔エ〕。その結果，コイルには常に正面から見て時計回りに回転するように力が働く。

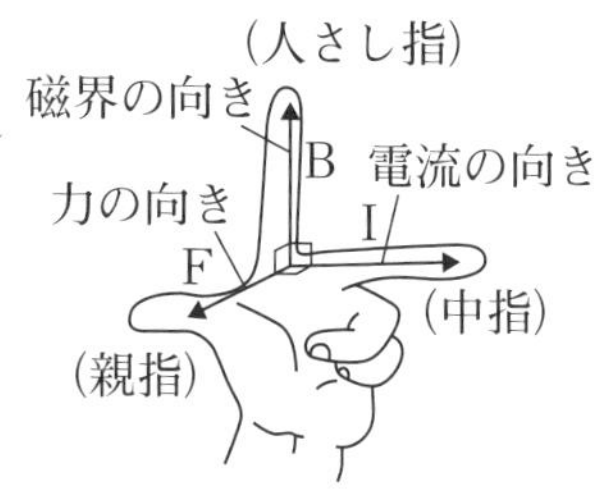

以上より，正答は**2**である。

正答　2

大卒 No. 278 東京消防庁

物理　電流の大きさ　平成23年度

下図のように接続された回路において，E_1＝2V，E_2=8V，R_1＝10Ω，R_2＝5Ωのとき，R_2を流れる電流の大きさとして最も妥当なのはどれか。ただし電池の内部抵抗は無視できるものとする。

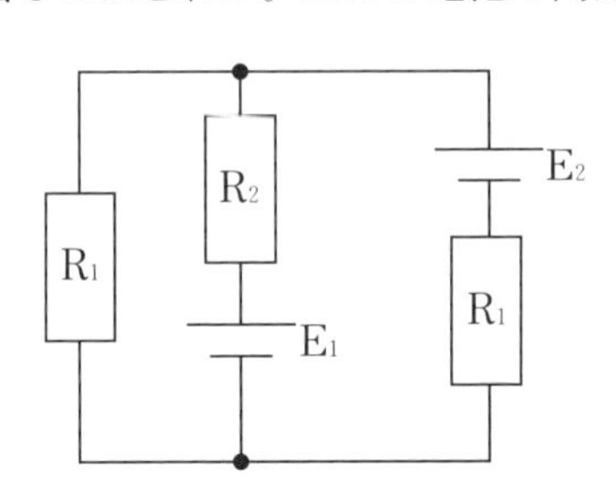

1　0.1 A
2　0.2 A
3　0.3 A
4　0.5 A
5　1.2 A

解説

回路の各部に流れる電流I_1，I_2，I_3を次の図のように仮定すると，点Pにおいて，

$I_1 = I_2 + I_3$ ……①

左半分の部分回路において，

$E_1 = R_1I_3 - R_2I_2$ ……②

右半分の部分回路において，

$E_2 - E_1 = R_1I_1 + R_2I_2$ ……③

ここで，E_1＝2〔V〕，E_2＝8〔V〕，R_1＝10〔Ω〕，R_2＝5〔Ω〕を代入すると，

$2 = 10I_3 - 5I_2$ ……②′

$8 - 2 = 10I_1 + 5I_2$ ……③′

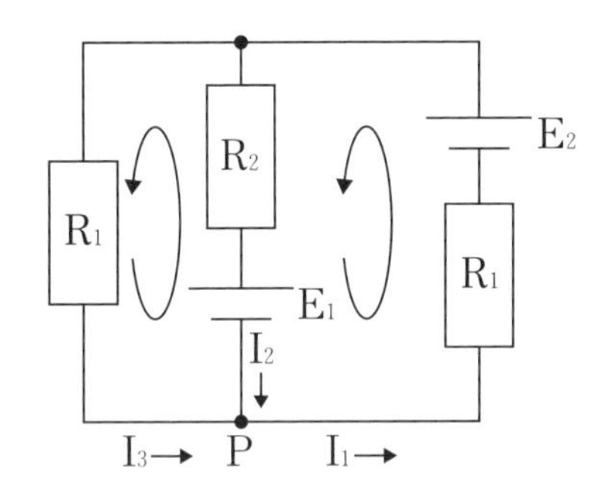

①，②′，③′を連立させて解けば，

I_1＝0.5〔A〕，I_2＝0.2〔A〕，I_3＝0.3〔A〕

を得る。

よって，正答は**2**である。

〔注〕本問は以下のキルヒホッフの法則に基づいて解けばよい。

Ⅰ．回路の任意の1点において，

流れ込む電流の和＝流れ出る電流の和

Ⅱ．回路の中の任意の部分回路において，

起電力の代数和＝電圧降下の代数和

①はⅠに，②，③はⅡに基づいている。

正答　**2**

大卒

No. 279 東京消防庁

物理　電流計と電圧計　令和元年度

電流計と電圧計に関する次の記述で，[A]～[D]に当てはまる語句の組合せとして，最も妥当なのはどれか。

電流を測定するためには，電流計を抵抗に[A]に接続する。このとき，電流計の内部抵抗のために回路を流れる電流が変化してしまうが，電流計の内部抵抗が[B]ほど，その影響を小さくすることができる。

また，電圧を測定するためには，電圧計を抵抗に[C]に接続する。このとき，電圧計の内部抵抗のために抵抗両端の電圧が変化してしまうが，電圧計の内部抵抗が[D]ほど，その影響を小さくすることができる。

	A	B	C	D
1	直列	小さい	並列	大きい
2	直列	小さい	並列	小さい
3	直列	大きい	直列	大きい
4	並列	大きい	直列	小さい
5	並列	小さい	並列	小さい

解説

電流計は計りたい箇所に直列に接続する。電流計には内部抵抗がありその分だけ電流が小さくなってしまうため，電流計の内部抵抗をなるべく小さくする。

また，電圧計は計りたい箇所に並列に接続する。電圧計にも同様に内部抵抗があり，並列に接続することで合成抵抗の値が小さくならないためには，電圧計の内部抵抗をなるべく大きくする。

よって，A＝直列，B＝小さい，C＝並列，D＝大きい，となる。

正答　1

思想 文学・芸術 英語 国語 数学 物理 化学 生物 地学

大卒 No. 280 東京消防庁

物理 誘導電流 平成22年度

図のようなコイルに矢印で示した向きの誘導電流を流そうとするとき，磁石の向きと動かす方向として，最も妥当なのはどれか。

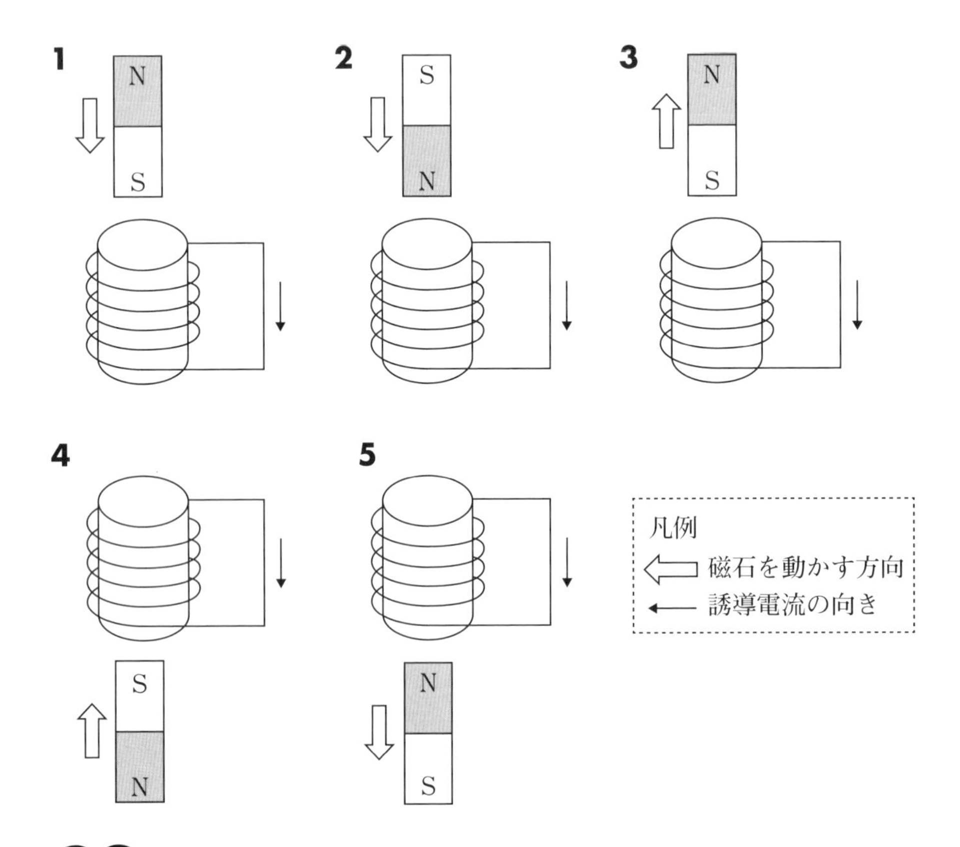

解説

誘導電流に関しては，次のレンツの法則が成り立つ。

「コイルを貫く磁束が外から変化を受けると，その変化を打ち消すような向きに誘導起電力が生じる。」

また，円形電流がつくる磁場に関しては，右ねじの法則が成り立つ。

「右ねじのまわる向きに電流が流れるとき，右ねじが進む向きに磁場が生じる。」

以上２つの法則を組み合わせて考えればよい。

1 の図の場合，コイルに磁石を近づけると，コイルを上向きに貫く磁束が増加する。このときコイルは，磁束の増加を妨げるような向きに電流を流そうとする。すなわち，下向きの磁束をつくればよいから，電流はコイルの下側から上側に流れるような向きに流れる。したがって，この図は正しいことがわかる。ほかの選択枝は，すべて磁石の動きによる磁束の変化を促進するような向きに電流が流れている。

よって，正答は **1** である。

正答 1

物理　等加速度直線運動　平成26年度

静止していた自動車が，静かに動き出し，一定の加速度で速さを増しながら一直線上を進んで，4.0〔s〕後に動き出した地点からの距離12.0〔m〕の位置を通過した。この瞬間の自動車の速さとして，最も妥当なのはどれか。

1　5.0〔m/s〕
2　6.0〔m/s〕
3　7.0〔m/s〕
4　8.0〔m/s〕
5　9.0〔m/s〕

解説

等加速度直線運動において，初速度をv_0，加速度をaとすると，時間t後における速度v，変位xは，

$$v=v_0+at \quad \cdots\cdots①$$

$$x=v_0t+\frac{1}{2}at^2 \quad \cdots\cdots②$$

と表される。

ここで，$v_0=0$〔m/s〕，$t=4.0$〔s〕，$x=12.0$〔m〕という条件を②に代入すると，

$$12.0=0\times4.0+\frac{1}{2}\times a\times4.0^2 \qquad \therefore a=1.5〔\mathrm{m/s^2}〕$$

これを①に代入し，

$$v=0+1.5\times4.0=6.0〔\mathrm{m/s}〕$$

よって，正答は**2**である。

正答　**2**

大卒
No. 282 東京消防庁

物理　運動エネルギーの変化　平成23年度

質量3000kgの自動車が時速80km/hで走行していたが減速して40km/hとなった。この自動車のもつ運動エネルギーの変化について，最も妥当なのはどれか。

1　運動エネルギーは保存されるので変わらない。
2　運動エネルギーは速度に比例するので，運動エネルギーは50％に減少する。
3　運動エネルギーは速度の２乗に比例するので，運動エネルギーは25％に減少する。
4　運動エネルギーは速度に反比例するので，運動エネルギーは２倍になる。
5　運動エネルギーは速度の２乗に反比例するので，運動エネルギーは4倍になる。

解説

力学でいう運動エネルギーとは，次の式で定義される物理量である。質量mの物体が速さvで運動しているとき，

運動エネルギー：$\frac{1}{2}mv^2$

したがって，運動エネルギーの値は常に正で，速さの２乗に比例する。本問の場合，速さが80km/hから40km/hと$\frac{1}{2}$に減少し，質量は変わらないので，運動エネルギーは$\left(\frac{1}{2}\right)^2=\frac{1}{4}$に減少する。すなわち，25％に減少する。

よって，正答は**3**である。

正答　3

思想 文学・芸術 英語 国語 数学 物理 化学 生物 地学

No. 283 物理 浮力と重力 平成26年度

質量1.6kgの巨大な風船がある。この中に密度1.0kg/m^{3}の気体Aを5.0m^{3}入れた。これに関する次の文中のア～オの｛ ｝内から，正しいものを選んだ組合せはどれか。なお，風船の体積は気体Aの体積とみなせるものとし，風船の周りの空気の密度は1.2kg/m^3，重力加速度の大きさはg〔m/s^2〕とする。

「図において，風船には重力と浮力が働いている。このとき，風船の質量と気体Aの質量の合計は（ア）｛6.6，7.6｝ kgであり，これに重力加速度を掛けた（イ）｛6.6g，7.6g｝ Nが風船に働く重力の大きさである。一方，風船に働く浮力の大きさは，風船と同体積の空気に働く重力の大きさに等しいので，（ウ）｛5.0g，6.0g｝ Nとなる。図の状態では，重力の大きさのほうが浮力の大きさよりも大きいため風船は宙に浮かない。しかし，気体Aの温度を上げると気体は膨張し，体積が大きくなって（エ）｛浮力は変わらず重力が小さく，重力は変わらず浮力が大きく｝ なるため，やがて風船は宙に浮く。このとき，気体Aの体積が（オ）｛5.5，6.0｝ m^{3}を超えた時点で風船は宙に浮く。」

	ア	イ	ウ	エ	オ
1	6.6	6.6g	5.0g	重力は変わらず浮力が大きく	6.0
2	6.6	6.6g	6.0g	重力は変わらず浮力が大きく	5.5
3	6.6	6.6g	6.0g	浮力は変わらず重力が小さく	6.0
4	7.6	7.6g	5.0g	浮力は変わらず重力が小さく	5.5
5	7.6	7.6g	6.0g	重力は変わらず浮力が大きく	6.0

解説

気体Aの質量は，体積が5.0m^{3}で，密度が1.0kg/m^{3}なので，5.0×1.0＝5.0〔kg〕である。これに風船の質量1.6kgを加えれば，合計は6.6kgとなる（ア）。したがって，風船に働く重力は，6.6gNとなる（イ）。次に，風船に働く浮力は，風船の体積は5.0m^3，周囲の空気の密度は1.2kg/m^{3}であるので，風船の体積と同体積の空気の質量は，5.0×1.2＝6.0〔kg〕であるので，重力は6.0gNとなる（ウ）。この後風船が熱せられて体積が大きくなっても，質量は変わることはないが，問題文にあるように，浮力は風船の体積と同体積の空気に働く重力の大きさなので，体積が大きくなれば浮力は大きくなる（エ）。風船が宙に浮くときの体積は，密度が1.2kg/m^{3}で，質量が6.6kgとなる体積なので，6.6÷1.2＝5.5〔m^3〕となる（オ）。

以上より，正答は**2**である。

正答 2

大卒 No.284 地方上級

物理　自由落下と斜面上落下の比較　平成19年度

同じ大きさ，質量の小球A，Bがある。いま，これらの小球を初速度0 m/s で同時に放し，Aは垂直に自由落下させ，Bは地面と30°をなす斜面に沿って下向きに転がす。このときの小球A，Bの運動について，ア～ウの記述の正誤の組合せが正しいものはどれか。ただし，摩擦等は無視し，重力の加速度は10m/s² とする。

ア　動き始めてから2秒後のBの速さは10m/s である。

イ　動き始めてから3秒後に，Aの速さとBの速さの差は20m/s となっている。

ウ　動き始めてから4秒後までのAの移動距離とBの移動距離の差は50m である。

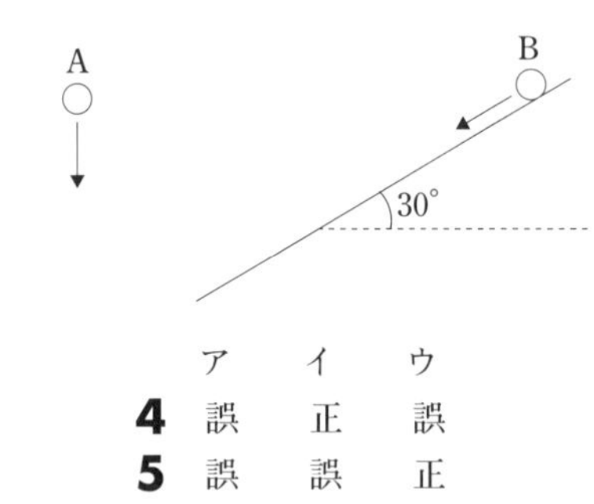

	ア	イ	ウ
1	正	正	誤
2	正	誤	正
3	正	誤	誤
4	誤	正	誤
5	誤	誤	正

解説

等加速度直線運動において初速度が0である場合，経過時間を t，加速度を a，速度を v，移動距離を d とすると，

$$v=at,\ d=\frac{1}{2}at^2$$

が成り立つ。

小球Aの場合は，a は重力の加速度に等しいので $a=10$〔m/s²〕，したがって，

3秒後の速さ：$10\times3=30$〔m/s〕

4秒後までの移動距離：$\frac{1}{2}\times10\times4^2=80$〔m〕となる。

小球Bの場合，運動に寄与する力は重力の斜面方向の成分だけであり，小球の質量を m，重力の加速度を g とすると，これは $mg\sin30°$ となる。

そこで，$mg\sin30°=ma$ より，

$a=g\sin30°=10\times\frac{1}{2}=5$〔m/s²〕となる。したがって，

2秒後の速さ：$5\times2=10$〔m/s〕

3秒後の速さ：$5\times3=15$〔m/s〕

4秒後までの移動距離：$\frac{1}{2}\times5\times4^2=40$〔m〕となる。

以上より，小球A，Bの3秒後における速さの差は $30-15=15$〔m/s〕，4秒後までの移動距離の差は $80-40=40$〔m〕となる。

よって，正答は**3**である。

正答　3

大卒 No. 285 市役所上・中級

物理　炭素原子の放射性同位体　平成30年度

炭素原子の放射性同位体$^{14}_{6}C$について，空欄ア～ウに該当する数値を選べ。

炭素原子の放射性同位体$^{14}_{6}C$の原子核を構成する陽子は（　ア　）個，中性子は（　イ　）個である。$^{14}_{6}C$の半減期は5370年であるから，遺跡などで発掘された木材に残存する$^{14}_{6}C$の$^{12}_{6}C$に対する割合を調べれば，その遺跡の年代を推定できる。ある木材に残存する$^{14}_{6}C$の$^{12}_{6}C$に対する割合が生きている木の4分の1だったとき，その木は（　ウ　）年前に伐採されたと推定できる。

	ア	イ	ウ
1	6	8	5370×2
2	6	8	5370×4
3	7	7	5370×4
4	8	6	5370×2
5	8	6	5370×4

解説

$^{14}_{6}C$は，質量数が14，原子番号が6であるから，陽子数は6個である〔ア〕。したがって，中性子数は14－6＝8より8個である〔イ〕。

自然界に存在する$^{14}_{6}C$は，その崩壊数と宇宙線による生成数とがつり合い，その存在比はほぼ一定と考えられるので，植物が光合成によって取り込んだCO_2に含まれる$^{14}_{6}C$の存在比も一定である。一方，死んだ植物体内の$^{14}_{6}C$の数は崩壊によって減少するのみである。したがって，遺跡の木材の$^{14}_{6}C$の存在比を測定すれば，その遺跡の年代を推定できる。

木材中の$^{14}_{6}C$が崩壊によって減少し，木として生存していたときの4分の1になったと考えられるので，遺跡が今からt年前のものとすると，半減期の公式において，木材が伐採された当初の$^{14}_{6}C$の数をN_0，崩壊しないで残った数をNとして，

$$\frac{N}{N_0}=\left(\frac{1}{2}\right)^{\frac{t}{5370}}=\frac{1}{4}=\left(\frac{1}{2}\right)^2$$

となるので，$t=5370\times2$〔年前〕であることがわかる〔ウ〕。

したがって，正答は**1**である。

正答　**1**

大卒 東京消防庁

No.286 物理 抵抗力 平成25年度

質量10g の弾丸が厚さ5.0cm の板に垂直に当たって貫通した。板に当たった瞬間の弾丸の速度は4.0×10^2m/s，貫通し終えた瞬間の弾丸の速度は1.0×10^2m/s だった。板の抵抗力が弾丸に対してした仕事として，最も妥当なのはどれか。

1 0.15J
2 0.75J
3 −150J
4 −750J
5 −750,000J

解説

エネルギーの原理によれば，「物体の運動エネルギーの変化は受けた仕事に等しい」。本問の場合は，「弾丸の運動エネルギーの変化は板の抵抗力が弾丸に対してした仕事に等しい」と言い換えることができる。10g=0.010kg に注意して，弾丸の運動エネルギーの変化は，次のようになる。

$$\frac{1}{2}\times0.010\times(1.0\times10^2)^2-\frac{1}{2}\times0.010\times(4.0\times10^2)^2$$

$$=\frac{1}{2}\times0.010\times(10000-160000)$$

$$=-\frac{1}{2}\times0.010\times150000$$

$$=-750\ 〔\mathrm{J}〕$$

したがって，これが「板の抵抗力が弾丸に対してした仕事」である。
よって，正答は**4**である。

正答 **4**

大卒
No. 287
東京消防庁

物理　熱力学の第1法則・第2法則　平成22年度

次の熱力学の第1法則の式及び第2法則の内容の組み合わせとして，最も妥当なのはどれか。ただし，$\varDelta U$，W，Qについては以下のとおりとする。

$\varDelta U$：気体の内部エネルギーの変化
W：気体が外部からされた仕事
Q：気体に外部から加えられた熱量

1　第1法則…$\varDelta U=W+Q$
　第2法則…熱の出入りを伴う変化は，可逆変化である。
2　第1法則…$Q=\varDelta U+W$
　第2法則…熱の出入りを伴う変化は，可逆変化である。
3　第1法則…$W=Q+\varDelta U$
　第2法則…熱の出入りを伴う変化は，可逆変化である。
4　第1法則…$\varDelta U=W+Q$
　第2法則…熱の出入りを伴う変化は，不可逆変化である。
5　第1法則…$Q=\varDelta U+\mathrm{W}$
　第2法則…熱の出入りを伴う変化は，不可逆変化である

解説

熱力学の第1法則は，力学的エネルギーだけでなく熱エネルギーまでも含めたエネルギー保存則である。これは，気体の場合，次のように表現される。

「気体が外部からされた仕事W〔J〕と，気体に外部から加えられた熱量Q〔J〕の和は，気体の内部エネルギーの増加（変化）$\varDelta U$〔J〕に等しい。」

これは，$\varDelta U=W+Q$と表すことができる。

熱力学の第2法則は，熱の出入りを含む自然現象は1つの向きにしか変化しないこと（不可逆変化）を示したものである。たとえば，摩擦のある水平面上で物体を滑らせると，物体は摩擦力に逆らって仕事をし，やがて停止する。このとき，物体の運動エネルギーは摩擦熱に変換され接触面を温めている。しかし，逆にこの物体が周囲から自然に熱を吸収して運動エネルギーに変換して動き出し，初めの状態に戻るというようなことは起こらない。

よって，正答は**4**である。

正答　4

高卒 市役所初級

No. 288 化学 物質の三態 平成23年度

グラフは，一定圧力の下で物質を加熱し，固体から液体を経て気体へと，状態が変化するときの温度変化を表したものである。（ア）～（オ）に入る語句の組合せとして，最も妥当なのはどれか。

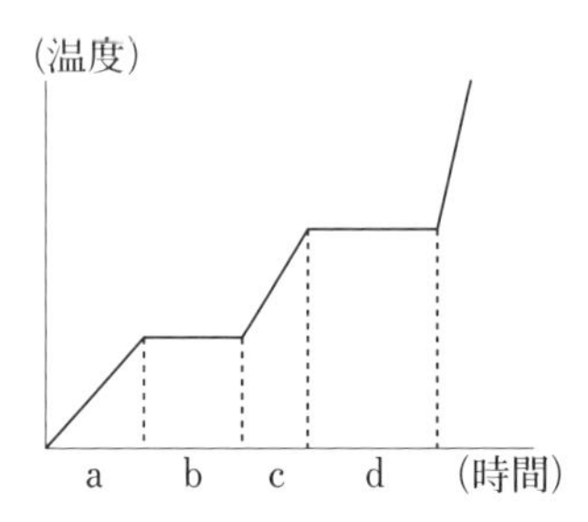

この物質は，aのときは（ア）の状態で，bのときは（イ）の状態で存在する。cでは（ウ）の状態で，dでは（エ）の状態で存在している。一般に，固体から液体へ変化するときに要する熱量は，液体から気体へ変化するときに比べて（オ）。

	ア	イ	ウ	エ	オ
1	固体	液体	液体と気体	気体	少ない
2	固体	固体と液体	液体	液体と気体	多い
3	固体と液体	液体	液体と気体	気体	少ない
4	固体と液体	液体	液体と気体	気体	多い
5	固体	固体と液体	液体	液体と気体	少ない

解説

水（液体）は，1013hPa（1気圧）の下で，0℃以下では氷（固体）になり，100℃以上では水蒸気（気体）になる。水と同様に，物質は，温度・圧力を変化させると，固体・液体・気体のいずれかの状態に変わる。このように，物質の三態の間の変化を状態変化という。

物質の温度が一番低い領域であるaでは，①の温度になるまで固体（ア）の状態で，粒子は規則正しく配列している。固体を加熱すると，振動（熱運動）が激しくなり，温度が上昇する。①の温度に達すると，固体の規則正しい配列が崩れ，粒子が自由に位置を変えられるようになる。この状態を液体という。①の温度を融点という。bは固体と液体（イ）の両方が混在している状態で，加えられた熱は，すべて固体から液体へ変化するためにのみ使われるので，温度は変化しない。この熱を融解熱という。cの状態は液体（ウ）で，温度が上昇すると，さらに粒子の熱運動が激しくなる。②の温度に達すると，粒子間の結合が切れて，粒子がばらばらになって空間を運動するようになる。この状態が気体である。②の温度を沸点という。dは液体と気体（エ）の両方が混在している状態で，加えられた熱は，すべて液体から気体へ変化するためにのみ使われるので，温度は変化しない。この熱を蒸発熱（気化熱）という。一般に，融解熱は，気化熱に比べるとその熱量は少ない（オ）。

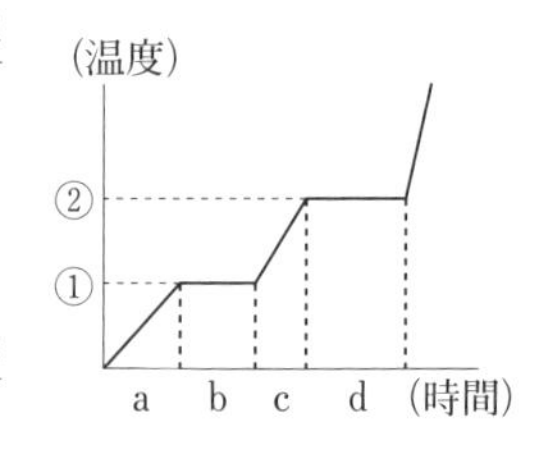

以上より，正答は**5**である。

正答 5

化学 酸化と還元 平成27年度

次の記述の［A］～［E］に入る語句の組合せとして，最も妥当なのはどれか。

物質が酸素と化合したとき，その物質は［A］されたといい，その変化を［A］という。また，物質が酸素を失ったとき，その物質は［B］されたといい，その変化を［B］と呼ぶ。

ある物質が［C］を失う変化も［A］といい，逆に，［C］と化合する変化も［B］と呼ぶ。

電子の授受に着目すると，酸化とは電子を［D］変化で，還元とは物質が電子を［E］変化である。

	A	B	C	D	E
1	酸化	還元	水素	失う	得る
2	酸化	還元	酸素	失う	得る
3	酸化	還元	水素	得る	失う
4	還元	酸化	酸素	得る	失う
5	還元	酸化	水素	失う	得る

解説

酸化・還元の定義についての文章である。

ある物体が，酸素と化合するか，または水素を失ったとき，その物質は酸化されたといい，その変化を酸化という。

逆に，酸素を失うか，または水素と化合したとき還元されたといい，その変化を還元という。

また，イオンまたは原子が電子を失うことを酸化，電子を得ることを還元という。

よって，正答は**1**である。

正答 1

高卒
市役所初級

No. 290 化学 酸化と還元 平成20年度

次の化学反応のうち，酸化も還元も起こっていないものはどれか。

1 アンモニア NH_3 が分解して水素 H_2 と窒素 N_2 になる。
2 無色の一酸化窒素 NO が変化して赤褐色の二酸化窒素 NO_2 になる。
3 無色の四酸化二窒素 N_2O_4 が変化して赤褐色の二酸化窒素 NO_2 になる。
4 触媒のもとでアンモニア NH_3 が酸素と反応して硝酸 HNO_3 を生じる。
5 触媒のもとで窒素 N_2 と水素 H_2 が反応してアンモニア NH_3 を生じる。

解説

化学反応における酸化・還元の有無を調べるには，特定の原子（本問の場合は窒素N原子）1個の酸化数の変化を調べればよい。酸化の場合はその酸化数が増加し，還元の場合は減少する。酸化数が変化しなければ，酸化も還元も起こっていないことがわかる。原子の酸化数は，

①単体の場合：すべての原子の酸化数は0である。
②化合物の場合：化合物中の各原子の酸化数の総和は0である。また，H＝+1，O＝−2（例外あり）とわかっている原子もある。
③単原子イオンの酸化数（例：Na^+）＝イオンの価数（+1）。
④多原子イオンの場合：各原子の酸化数の総和＝イオンの価数で求められる。

酸化還元反応を簡単に見分ける方法としては，反応前または後に単体がある場合は酸化還元反応であるとほぼいえる。選択枝**1**，**4**，**5**では，その記述内容から，単体の水素，窒素または酸素が反応に関与しているとわかるので，酸化還元反応と判断できる。窒素N原子1個の酸化数変化を調べると，

1．N：−3→0より，酸化とわかる。
2．N：+2→+4より，酸化とわかる。
3．N：+4→+4と変化がないので，酸化還元反応ではない。
4．N：−3→+5より，酸化とわかる。
5．N：0→−3より，還元とわかる。

よって，正答は**3**である。

正答 3

高卒

No. 291 東京消防庁

化学　イオン化傾向　平成30年度

イオン化傾向に関する記述として，最も妥当なのはどれか。

1　リチウムやナトリウムなどのアルカリ金属は常温の水と激しく反応し，酸素を生じる。

2　銀は銅よりイオン化傾向が大きいため，硝酸銅水溶液に銅の単体を入れると，銅が析出する。

3　銅と希硝酸を反応させると二酸化窒素が，銀と熱濃硫酸を反応させると硫化水素が発生する。

4　亜鉛は常温の水とは反応しないが，熱水や塩酸，希硫酸とは反応し水素を生じる。

5　亜鉛は銅よりイオン化傾向が大きいため，ダニエル電池では亜鉛が負極，銅が正極となる。

解説

イオン化傾向は，金属の単体が水中で電子を放出して陽イオンになる性質である。

1. リチウムやナトリウムは常温の水と激しく反応して水素を生じる。

2. 銀は銅よりイオン化傾向が小さいため，硝酸銅水溶液中の銅イオンが銅として折出することはない。

3. 銅と希硝酸を反応させると一酸化窒素が，銅と濃硝酸を反応させると二酸化窒素が発生する。また銀と熱濃硫酸を反応させると，二酸化硫黄が発生する。

4. 亜鉛は高温の水蒸気と反応して水素を発生するが，熱水とは反応しない。

5. 正しい。

正答　**5**

高卒

東京消防庁

No. 292 化学 同素体 平成30年度

同素体に関する次の記述で，[A]～[D]に当てはまる語句の組合せとして，最も妥当なのはどれか。

同じ元素からなる単体で，性質の異なる物質を，互いに同素体という。

黒鉛とダイヤモンドはどちらも炭素からできている単体であるが，電気を通すのは[A]である。また，[B]やカーボンナノチューブも炭素の同素体である。

酸素の同素体であるオゾンは[C]色の気体である。リンの同素体には，赤リン，黄リンがあり，毒性が強いのは[D]である。

	A	B	C	D
1	黒鉛	フラーレン	淡青	黄リン
2	黒鉛	ドライアイス	無	黄リン
3	黒鉛	フラーレン	無	赤リン
4	ダイヤモンド	ドライアイス	無	赤リン
5	ダイヤモンド	フラーレン	淡青	黄リン

解説

同素体とは，同じ元素からなる単体で，原子の配列や結合の違いにより性質の異なる物質のことをいう。炭素（C）の同素体にはダイヤモンド，黒鉛，フラーレンなどがある。構造に大きな違いがあり，ダイヤモンドは正四面体状に炭素原子がつながっていて非常に硬い。一方，黒鉛は平面構造であり，一方向にはがれやすい。また自由電子があることで電気伝導性，金属光沢がある。ドライアイスは二酸化炭素の固体である。酵素（O）の同素体には，酵素（O_2）とオゾン（O_3）がある。オゾンは淡青色，特異臭の気体である。リン（P）の同素体には黄リンと赤リンがある。黄リンは，毒性が非常に強い。赤リンは，毒性はなくマッチに使われている。

よって，A＝黒鉛，B＝フラーレン，C＝淡青，D＝黄リンとなる。

正答 1

No. 293 化学 マグネシウム原子の構造 平成28年度

マグネシウムに関する次の文中の空欄A～Cに当てはまる語句の組合せとして，妥当なのはどれか。

マグネシウム原子が持つ（　A　）は12個であり，マグネシウム原子が電子を２個放出すると，（　B　）の電荷を帯びた（　C　）が生成する。

	A	B	C
1	陽子の数	正	Mg^{2+}
2	陽子の数	正	$2Mg^{+}$
3	陽子の数	負	$2Mg^{-}$
4	陽子の数と中性子の数の和	正	Mg^{2+}
5	陽子の数と中性子の数の和	負	Mg^{-}

解説

A．マグネシウムの原子番号は，「すいへーりーべ…」を覚えていれば，12番目に来るので12であることがわかる。したがって，陽子の数は12である。なお，中性子の数は質量数が与えられないと示すことはできない。

B．電気的に中性の原子から負の電荷を持つ電子が放出されると，正の電荷を帯びた陽イオンが生成する。

C．マグネシウム原子１個は，２個の電子を放出して２価の陽イオンであるMg^{2+}となる。

$$Mg \longrightarrow Mg^{2+} + 2e^{-}$$

「$2Mg^{+}$」は，１価のマグネシウムイオンが２個あることを表しているが，このようにはならない。また，金属は絶対に陰イオンにはならず，Mg^{-}は存在しない。

したがって，正答は**1**である。

正答　1

高卒 市役所初級

No.294 化学 化学物質 平成16年度

次の記述のうち正しいものはどれか。

1 水酸化ナトリウム NaOH は潮解性があり，空気中の二酸化炭素 CO_2 も吸収しやすいので，密閉容器に保存する。

2 リンの同素体には赤リンと黄リンがある。赤リンは極めて毒性が強く，また自然発火しやすいので，水中に保存する。

3 炭素の酸化物には，一酸化炭素 CO と二酸化炭素 CO_2 がある。不完全燃焼で発生し，毒性の強いのは CO_2 で，温室効果の主な原因物質は CO である。

4 金属のナトリウム Na やアルミニウム Al は，常温で容易に空気中で酸化されたり，水とも激しく反応して水素を発生する。そのため石油中に保存する。

5 密度の小さい気体である水素 H_2 やヘリウム He は，その空気よりも密度が極めて小さい性質を利用して，気球や飛行船に利用されている。しかし非常に燃えやすく，よく爆発事故を起こしている。

解説

1．正しい。潮解性とは，空気中の水分を吸収し，その吸収した水に溶け込む性質である。NaOH は潮解性が強く，また強塩基であるので，空気中の CO_2 もよく吸収する。

2．毒性が強く，湿気中で自然発火しやすいのは黄リンである。赤リンの毒性は弱く，マッチの側薬に使われている。

3．不完全燃焼で発生しやすいのは CO である。また，CO_2 は赤外線をよく吸収するので，温室効果の主な原因物質となっている。

4．Na は常温で容易に酸化され，水とも激しく反応するが，Al は空気中で徐々に酸化され，常温の水とは反応しない。

5．どちらも空気よりはるかに軽い（密度の小さい）気体ではあるが，燃焼しやすく，爆発の危険性が高いのは H_2 である。He は化学的に安定で，反応しない気体である。最近では，気球や飛行船用の気体としては，He が使用されている。

正答 1

高卒

No. 295 地方初級

化学 元素の特性 平成18年度

元素とその特性の組合せとして正しいものは，次のうちどれか。

1 水素……無色で刺激臭のある重い気体で，酸素と結合して高い燃焼性を持つ。

2 炭素……黒色で板状結晶であり，融点が非常に高く，電気の絶縁性に優れている。

3 リン……淡黄色で，空気中で自然発火しやすく，かつ毒性が強い。また電導性が高い。

4 塩素……黄緑色で刺激臭のある気体で，その水溶液は弱い塩基性を示す。

5 窒素……無色・無臭の水に溶けにくい気体で，空気中に最も多く存在する。

解説

1．水素は非常に燃焼しやすい無色の気体であるが，無臭で最も軽い気体である。

2．これは炭素の同素体である黒鉛に関する記述である。黒鉛は電気の良導体である。

3．リンの同素体である黄リンに関する記述である。高純度のリンは化合物半導体の原料となるが，電導性は高くない。

4．塩素の水溶液は強い酸性を示すとともに，酸化力が強く，殺菌・漂白作用がある。

5．正しい。窒素は大気中に78.1%（体積比）含まれている。生体中にアンモニウム塩，硝酸塩，タンパク質などの形で存在する。

正答 5

高卒 地方初級

No. 296 化学 化学反応式と生成物の質量 平成28年度

単体のナトリウム23gを酸化して酸化ナトリウムとした。すべてが次の反応式に基づいて反応したとすると，酸化ナトリウムは何g生成するか。ただし，原子量が必要な場合は次の値を用いよ。O＝16，Na＝23

$4Na + O_2 \longrightarrow 2Na_2O$

1 27g
2 31g
3 39g
4 47g
5 55g

解説

与えられた化学反応式について，それぞれの物質の式量を求めると，Na＝23，Na_2O＝62となる。

生成する酸化ナトリウムを x〔g〕として，与えられた23gと比を取ると，次のようになる。

$4Na + O_2 \longrightarrow 2Na_2O$
4×23　：　2×62
23g　：　x〔g〕

これより，x=31〔g〕となる。

したがって，正答は**2**である。

（別解）　与えられた化学反応式の係数から，4molのナトリウムがすべて反応すると酸化ナトリウムは2mol生成することがわかる。与えられたナトリウムの23gは1molであるから，

$1 \times \frac{2}{4} \times 62 = 31$〔g〕

正答　2

化学 中和反応

平成26年度

0.10mol/L の硫酸水溶液 2 L を完全に中和させるには，水酸化ナトリウムが何 mol あればよいか。

1 0.10mol
2 0.20mol
3 0.30mol
4 0.40mol
5 0.50mol

解説

硫酸は 2 価の酸だから次のように電離する。

$H_2SO_4 \longrightarrow 2H^+ + SO_4^{2-}$

したがって，0.10mol/L の硫酸水溶液 2 L から生じる H^+ の物質量は，硫酸が 2 価であることを考慮して，

$2\times0.10\times2=0.40$〔mol〕

である。一方，水酸化ナトリウムは 1 価の塩基だから次のように電離する。

$NaOH \longrightarrow Na^+ + OH^-$

したがって，NaOH 1mol から OH^- は1mol 生じる。硫酸から生じた0.40mol の H^+ を過不足なく中和するには OH^- が0.40mol，すなわち水酸化ナトリウムが0.40mol あればよいことがわかる。

したがって，正答は**4**である。

（別解）次の硫酸と水酸化ナトリウムが中和するときの化学反応式から考えてもよい。

$H_2SO_4 + 2NaOH \longrightarrow Na_2SO_4 + 2H_2O$

硫酸と水酸化ナトリウムは，化学反応式の係数から，

$H_2SO_4 : NaOH = 1 : 2$

の物質量の比で反応する。必要な水酸化ナトリウムの物質量を x〔mol〕とすると，

$0.10\times2 : x = 1 : 2$

$\therefore\ x=0.40$〔mol〕

正答 4

高卒 地方初級

No. 298 化学 有害な気体 平成22年度

有害な気体に関する記述として，妥当なのはどれか。

1 塩素は無色で刺激臭のある気体で，水に溶けて強い酸性を示す。酸化力も強く殺菌・漂白作用がある。粘膜を冒す極めて有毒な気体である。

2 一酸化炭素は黄緑色で無臭の気体で，水に溶けてアルカリ性を示す。極めて有毒な気体で，血液中のヘモグロビンと強く結合し，酸素を運搬する機能が阻止され，酸欠状態となる。

3 オゾンはわずかに青色をした気体で，特有の臭気を持つ。酸化力が強く殺菌・漂白作用がある。オゾンは濃度が大きくなると呼吸器を冒す。微量でも長時間吸入すると有害である。

4 硫化水素は赤褐色で刺激臭のある気体で，その水溶液は強い酸性を示す。目や粘膜を刺激する有毒な気体で，高濃度のものを吸引すると，数呼吸で呼吸麻痺を起こす。

5 二酸化窒素は無色で腐卵臭のある気体で，その水溶液は弱い酸性を示す。主な大気汚染物質である一酸化窒素が，空気中で酸化されることにより生じる。極めて毒性が強く，主に呼吸器系を冒す。

解説

本問は気体の毒性に関する記述もあるが，その正誤は，各気体の色や臭気，水溶液の性質に関する記述から判断できる。

1. 塩素は黄緑色の気体である。空気中である程度以上の濃度になると，目や呼吸器の粘膜を刺激して咳や嘔吐を催し，重大な場合には呼吸不全で死に至る場合もある。

2. 一酸化炭素は無色・無臭の気体で，水に溶けにくい。空気中に0.1％含まれると，約2時間で死に至るといわれている。

3. 妥当である。

4. 硫化水素は無色で腐卵臭のある気体で，その水溶液は弱い酸性を示す。また，嗅覚を麻痺させる作用もあり，濃度が致死量を超えていても嗅覚で知覚できず，知らずに発生源に近づいた登山者や温泉客が死亡する事故が起こっている。

5. 二酸化窒素は赤褐色で刺激臭のある気体で，水に溶けると硝酸を生じるので，強い酸性を示す。

正答 3

大卒 No. 299 東京消防庁

化学　非金属元素　令和3年度

非金属元素の単体と化合物に関する記述として，最も妥当なのはどれか。

1　アルゴンは空気の約１％の体積を占め，電球の封入ガスに利用される希（貴）ガスである。

2　ヨウ素は黒紫色の固体であり，ハロゲンの中で最も酸化力が強い。

3　オゾンは酸素と同様に無色無臭で，酸素に強い紫外線を当てると生じる。

4　塩化アンモニウムと水酸化カルシウムを加熱してアンモニアを得る製法では，乾燥剤として塩化カルシウムを用いる。

5　二酸化炭素はギ酸を濃硫酸とともに加熱し，脱水すると得られる。

解説

1．妥当である。

2．ヨウ素が黒紫色であるのは正しいが，ハロゲンの中で最も酸化力が強いのはヨウ素ではなくフッ素である。

3．オゾンは無色無臭ではなく，淡青色をして特異臭を持つ。

4．アンモニアの乾燥剤には，塩化カルシウムは使わない。これは，塩化カルシウムとアンモニアが反応してしまうからである。アンモニアの乾燥剤としては，たとえば生石灰を使う。

5．ギ酸を濃硫酸とともに加熱して脱水して得られるのは，二酸化炭素ではなく，一酸化炭素である。二酸化炭素の製法は数多くあるが，たとえば，石灰石に塩酸を加えると発生する。

正答　1

大卒 No. 300 地方上級

化学　身近な材料　平成30年度

身近な材料に関する次の記述のうち，最も妥当なのはどれか。

1　プラスチックは，石油などに含まれる有機物を原材料として作られる高分子化合物であり，成形や加工が容易なため，身の回りで多用されている。炭素繊維強化プラスチックは，軽くて丈夫なため，航空機の主要構造材料として使われている。

2　アルミニウムは，鉄と比べると重い金属であるが，さびにくく加工しやすいため，建材などに用いられている。ボーキサイトを溶鉱炉でコークスとともに加熱して得られる。

3　セラミックスは，無機材料を加熱することなく高圧で圧縮成形して作られる。柔軟性に富み，金属よりも衝撃に強いため，刃物や人工骨などに用いられる。

4　半導体は，銀や銅よりも導電性が高い物質であり，集積回路の導線として使われている。代表的な半導体にはシリコンやゲルマニウムがあり，柔軟性が高いため，送電線などへの利用も進んでいる。

5　水銀や鉛は，ほかの金属より融点が低く，めっきやはんだに用いられる。スズや亜鉛などの人体に有害な物質の規制が強化されたため，それらの代替材としての利用が増えている。

解説

1．妥当である。

2．アルミニウムの密度は鉄の$\frac{1}{3}$程度であるので，アルミニウムは鉄より軽い金属である。また，アルミニウムは，ボーキサイトから得られるアルミナを電解炉で電気分解して得られる。このときに多量の電力を必要とする。この過程で石炭を加熱して作られたコークスは使われない。

3．セラミックスは，非金属の無機物質を熱処理して作られる材料である。たとえば，ガラス，陶磁器などもこれに含まれる。セラミックスは一般に非常に硬いが，金属と比べると柔軟性に欠け，衝撃に弱い。セラミックスが刃物や人工骨に用いられるのは正しい。

4．半導体は，熱などのエネルギーを与えることによって導電性を持たせることができる物質であり，銀や銅よりは導電性は低い。さまざまな電子部品に使われているが，導線には用いられない。同様に送電線にも使用されてはない。これらには銅などの金属が使われる。半導体の例としてシリコン，ゲルマニウムがあがっていることは正しい。

5．めっきは表面に金属の膜を張ることで，水銀や鉛の使用は一般的ではない。はんだは，スズと鉛の合金で，水銀は使われない。また，人体に有害な物質として規制が強化されたのは，水銀，鉛であるため，これらがスズや亜鉛の代替材として利用が増えているという事実はない。水銀や鉛が他の金属より融点が低いとするのは正しい。

正答　1

No. 301 地方上級 化学 融点・沸点の異なる物質 平成13年度

次の表のａ～ｄはメタン，エタノール，水銀，塩化ナトリウムのいずれかである。ａ～ｄに関する記述として，妥当なものはどれか。

	融点（℃）	沸点（℃）
a	−184	−164
b	−114.15	78.3
c	−38.8	356.7
d	800	1440

1　ａは常温で液体である。
2　ａの原子どうしの結合力はｂのそれよりも強い。
3　ｂの固体は分子性の結晶である。
4　ｃの固体はイオン性の結晶である。
5　ｄの固体は金属性の結晶である。

解説

常温（普通25℃のことをいう）において，メタンは気体，エタノールと水銀は液体，塩化ナトリウムは固体である。

1．ａは沸点が−164℃であるから，常温では気体であり，メタンとわかる。
2．融点，沸点ともａのほうがｂよりも低いので，ａのほうが原子間の結合力は小さいと考えられる。
3．正しい。ｂは常温で液体であり78.3℃で気化することからエタノールとわかる。エタノールは分子であるから，固体は分子性結晶である。
4．ｃは常温で液体であり，ｂのエタノールでないことから，水銀である。水銀は金属元素であるから，固体は金属性の結晶である。
5．ｄは常温において固体であるから，塩化ナトリウムとわかる。塩化ナトリウムはイオン性の結晶である。

正答　3

大卒

No.
302

東京消防庁

化学 銅の原子量 平成25年度

銅には^{63}Cuと^{65}Cuの同位体があり，その存在比は^{63}Cuが70.0%，^{65}Cuが30.0%，相対質量は^{63}Cuが62.9，^{65}Cuが64.9であるとみなす。このとき，銅の原子量として，最も妥当なのはどれか。

1 63.0
2 63.5
3 63.7
4 64.0
5 64.3

解説

天然の元素は何種類かの同位体から構成されている場合が多い。このような場合，その元素の原子量としては，同位体の相対質量をその存在比で加重相加平均した値を用いる。すなわち，

$$\text{銅の原子量} = \frac{62.9 \times 70.0 + 64.9 \times 30.0}{70.0 + 30.0} = 63.5$$

よって，正答は**2**である。

正答 **2**

大卒

No. 303 東京消防庁

化学　加水分解　平成28年度

次に示すデンプン $(C_6H_{10}O_5)_n$ 9.0〔g〕を完全に加水分解したとき，得られるグルコース $C_6H_{12}O_6$の質量として，最も妥当なのはどれか。ただし，原子量はそれぞれ，H＝1.0，C＝12，O＝16とする。

$(C_6H_{10}O_5)_n + nH_2O \rightarrow nC_6H_{12}O_6$

1　8.1〔g〕
2　8.6〔g〕
3　9.2〔g〕
4　10.0〔g〕
5　12.0〔g〕

解説

式量を計算すると，$C_6H_{10}O_5$＝162，$C_6H_{12}O_6$＝180となるので，162n〔g〕のデンプンから，180n〔g〕のグルコースが得られる。したがって，9.0〔g〕のデンプンからは，

$$9.0\times\frac{180n}{162n}=10.0 \text{〔g〕}$$

のグルコースが得られる。

よって，正答は**4**である。

正答　4

大卒

No. 304 市役所上・中級

化学 プロパンの燃焼 平成22年度

プロパン（C_3H_8）1.0L を酸素（O_2）と完全燃焼させた。すると，二酸化炭素（CO_2）と水（H_2O）が発生した。反応した酸素の量は何 L か。

1 1.0L
2 2.0L
3 3.0L
4 4.0L
5 5.0L

解説

プロパンの燃焼を化学反応式で表すと，

$C_3H_8 + 5O_2 \rightarrow 3CO_2 + 4H_2O$

となる。

化学反応式中の係数は，同温・同圧の気体の体積比を表すので，プロパン 1.0L と反応する酸素は 5.0L となる。

よって，正答は**5**である。

正答 **5**

大卒
No. 305 市役所上・中級

化学　中和滴定　平成16年度

水酸化ナトリウムは，二酸化炭素を吸収しやすい性質を持ち，空気中の二酸化炭素と次のように反応する。

$2NaOH + CO_2 \rightarrow Na_2CO_3 + H_2O$

このため，水酸化ナトリウム水溶液は，使用前に中和滴定により正確な濃度を求める必要がある。

今，1.0mol/Lに調製し，保存しておいた水酸化ナトリウム水溶液が1.0L ある。この水酸化ナトリウム水溶液10.00mL をとり，1.20mol/L のシュウ酸標準液を滴下したところ，2.50mL を滴下したところで中和点に達した（シュウ酸は２価の酸）。

このとき，次の文中の空欄ア，イに当てはまるものの組合せとして正しいものはどれか。

保存後の水酸化ナトリウム水溶液中に存在していた水酸化ナトリウムは［ア］mol であり，水酸化ナトリウムと反応した二酸化炭素は［イ］mol である。

	ア	イ
1	0.6	0.2
2	0.6	0.4
3	0.6	0.8
4	0.4	0.2
5	0.4	0.8

解説

保存後の NaOH を $x$mol/L とすると，

$$x \times \frac{10}{1000} = 1.2 \times \frac{2.5}{1000} \times 2$$

$$10x = 6$$

$$x = 0.6 \quad \cdots\cdots ア$$

初めは1.0mol あったため，1.0－0.6＝0.4〔mol〕の NaOH が0.2mol の二酸化炭素と反応したことになる。……イ

$2NaOH + CO_2 \rightarrow Na_2CO_3 + H_2O$

0.4mol　0.2mol

よって，正答は**1**である。

正答　1

大卒 No. 306 東京消防庁

化学　二酸化炭素の物質量　平成23年度

標準状態でプロパン C_3H_8 11.2ℓ を完全燃焼させたところ，二酸化炭素と水が生成された。このとき生成された二酸化炭素の物質量として，最も妥当なのはどれか。

1　0.5mol
2　1.0mol
3　1.5mol
4　5.6mol
5　33.6mol

解説

この反応では，プロパン C_3H_8 と酸素 O_2 が反応して二酸化炭素 CO_2 と水 H_2O ができる。この反応の化学反応式は，

$C_3H_8 + 5O_2 \longrightarrow 3CO_2 + 4H_2O$

となる。上式から，1mol のプロパンに対して3mol の二酸化炭素が生成されることがわかる。一方，1mol のプロパンは標準状態で22.4L の体積を占めるから，

11.2÷22.4＝0.5〔mol〕

より，この反応で完全燃焼するプロパンの量は0.5mol である。そこで，生成される二酸化炭素の物質量を $x$mol とすると，0.5：x＝1：3　より，x＝1.5〔mol〕を得る。

よって，正答は**3**である。

正答　3

化学　炎色反応　平成22年度

物質を高温の炎の中で熱したとき炎が呈色する現象を炎色反応という。リチウム，ナトリウム，銅の炎色反応の色の組み合わせとして，最も妥当なのはどれか。

	リチウム	ナトリウム	銅
1	黄色	赤色	青緑色
2	紫色	青緑色	赤色
3	赤色	黄色	青緑色
4	黄色	青緑色	紫色
5	青緑色	黄色	赤色

解説

アルカリ金属，アルカリ土類金属，銅などの塩化物や硝酸塩は，その水溶液を白金線につけてバーナーの炎の中に入れるとそれぞれの元素に固有の色が炎につく。この現象を炎色反応といい，陽イオンの識別に利用される。主な元素の炎色を次に示す。

元素	炎色
Li	赤
Na	黄
K	赤紫
Rb	紅（深赤）
Ca	橙赤
Sr	赤
Ba	黄緑
Cu	青緑

よって，正答は**3**である。

正答　3

大卒 No.308 地方上級

化学　混合気体の化学反応　平成17年度

窒素，酸素，水素の混合気体が標準状態で33.6L存在している。今，酸素と水素を反応させたところ，酸素がすべて消費され，水7.20g が生成した。水を除去し，残った水素と窒素を反応させたところ，8.96Lのアンモニアが生成し，水素が残った。残った水素の量は何Lか。ただし，気体は標準状態で 1 mol＝22.4Lとし，水は 1 mol＝18.0g とする。

1　1.12L
2　2.24L
3　3.36L
4　4.48L
5　5.60L

解説

生成した水7.2g は7.2÷18.0＝0.40〔mol〕。水が生成する反応は，

$2H_2+O_2 \rightarrow 2H_2O$

なので，水素は0.40mol 消費され，酸素は最初0.20mol あった。生成したアンモニア8.96Lは8.96÷22.4＝0.40〔mol〕。アンモニアが生成する反応は，

$N_2+3H_2 \rightarrow 2NH_3$

なので，水素はさらに0.60mol 消費され，窒素は最初0.20mol あった。最初の混合気体33.6Lは33.6÷22.4＝1.50〔mol〕 なので，最初に水素は，

1.50−0.20−0.20＝1.10〔mol〕

あった。そして残った水素は，

1.10−0.40−0.60＝0.10〔mol〕

なので，これは2.24Lである。

正答　2

大卒

No. 309 地方上級

化学 アンモニアの生成反応 平成15年度

アンモニアの生成反応に関する次の文章中の空欄ア～エに当てはまる語句の組合せとして，妥当なものはどれか。

次の図は水素と窒素が反応してアンモニアが生成するときの反応経路とエネルギーの関係を示したものである。ここで反応物質のエネルギーを示しているのは［ア］，反応熱に相当するのは［イ］であるから，この反応は［ウ］反応である。また，鉄を主体とした触媒を用いると，［エ］を下げることができる。

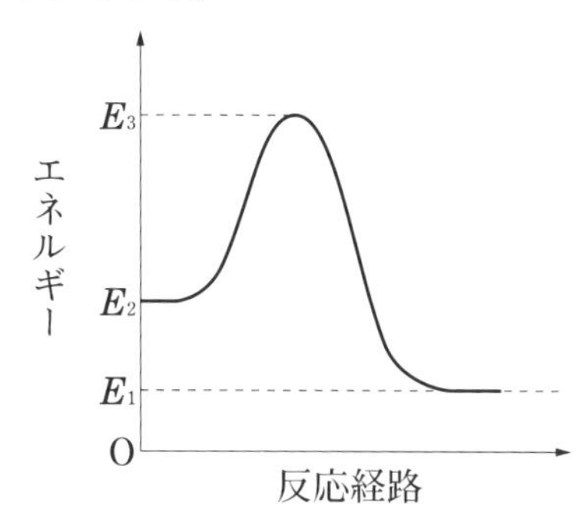

	ア	イ	ウ	エ
1	E_2	E_2-E_1	吸熱	E_2
2	E_2	E_3-E_1	発熱	E_3
3	E_2	E_2-E_1	発熱	E_3
4	E_3	E_2-E_1	発熱	E_2
5	E_3	E_3-E_1	吸熱	E_1

解説

一般に化学反応の進行過程においては，反応物質がいったん高いエネルギー状態（活性化状態）になり，その後安定な生成物質ができるときにエネルギーを放出または吸収する。

問題の図においては，E_2 が反応物質のエネルギー，E_1 が生成物質のエネルギー，E_3 が活性化状態のエネルギーを表し，E_3-E_2 が活性化エネルギーに相当する。この場合，E_2-E_1 に相当するエネルギーしか外部には現れず，これが反応熱である（この場合は発熱反応）。

水素と窒素からアンモニアを生成する反応では鉄を主体とする触媒を用いることにより活性化状態のエネルギーを小さくすることができる。

よって，正答は**3**である。

正答 3

大卒
No. 310 東京消防庁
化学　有機化合物　令和元年度

有機化合物に関する記述として，最も妥当なのはどれか。

1　メタンは，天然ガスの主成分であり，化学式 C_3H_8 で表される。メタン分子は，3個の炭素原子が環状となった構造をしている。

2　ベンゼンは，常温で無色，特異臭の気体であり，化学式 C_6H_6 で表される。ベンゼン分子は，6個の炭素原子が一直線に並んだ構造をしている。

3　アセチレンは，常温で無色の気体であり，化学式 C_2H_2 で表される，アセチレン分子内には，三重結合が含まれている。

4　メタノールは，常温で無色の液体であり，化学式 C_2H_5OH で表される。無毒であり，飲料や消毒剤などに利用されている。

5　酢酸は，常温で無色，刺激臭の液体であり，化学式 CH_3OH で表される。食酢には，酢酸が50％含まれる。

解説

1．メタンの化学式は CH_4 である。C_3H_8 で表されるのはプロパンだが，プロパンの3個の炭素原子は一直線上である。

2．ベンゼンの化学式は本肢のとおり C_6H_6 であるが，ベンゼンの6個の炭素原子は環状となっている。

3．妥当である。

4．メタノールの化学式は CH_3OH であり，有毒である。本肢で説明されているのはエタノールである。

5．酢酸の化学式は CH_3COOH である。また，食酢に含まれる酢酸は5％程度である。

正答　3

大卒 No.311 地方上級

化学 周期表 平成22年度

下表は元素の周期表の一部である。この表の中の金属元素に関するア～オの記述の中で，正しいものをすべて挙げているのは，次のうちどれか。

族＼周期	1	2	3	4	5	6	7	8	9	10	11	12	13	14	15	16	17	18
2	Li	Be											B	C	N	O	F	Ne
3	Na	Mg											Al	Si	P	S	Cl	Ar
4	K	Ca	Sc	Ti	V	Cr	Mn	Fe	Co	Ni	Cu	Zn	Ga	Ge	As	Se	Br	Kr
5	Rb	Sr	Y	Zr	Nb	Mo	Tc	Ru	Rh	Pd	Ag	Cd	In	Sn	Sb	Te	I	Xe
6	Cs	Ba	★	Hr	Ta	W	Re	Os	Ir	Pt	Au	Hg	Ti	Pb	Bi	Po	At	Rn

★ランタノイド

ア　1族のLi，Na，Kなどは，イオン化傾向が小さく，常温では酸素や水と反応しない。

イ　11族のCu，Ag，Auは，酸に弱く，展性・延性に乏しく，電気伝導性が小さい。

ウ　3族のSc，Yおよびランタノイドは希土類と呼ばれ，ハイテクノロジーで利用されるが，世界の産出量の90％以上を中国が占めている。

エ　12～14族のZn，Al，Snは両性元素で，酸と強塩基のいずれの水溶液とも反応して溶ける。

オ　第4周期のCr，Niはいずれも単体で自動車や航空機の部品として使われる。

1　ア，オ
2　イ，エ
3　イ，オ
4　ウ，エ
5　ウ，オ

解説

ア：これらの元素はアルカリ金属元素と呼ばれ，イオン化傾向が大きく，常温で酸素や水と反応する。

イ：これらの元素は酸に強く，展性・延性に富み，電気や熱の伝導性が大きい。

ウ：正しい。Sc（スカンジウム），Y（イットリウム）にランタノイドの15元素を加えた全部で17元素は希土類（レアアース）と呼ばれるが，現状では世界の産出量の90％以上を中国が占めている。

エ：正しい。たとえば，Zn（亜鉛）はHCl（塩酸），NaOH（水酸化ナトリウム）と次のように反応して水素を発生する。

$$Zn+2HCl \rightarrow ZnCl_2+H_2$$

$$Zn+2NaOH+2H_2O \rightarrow Na_2[Zn(OH)_4]+H_2$$

オ：Cr，Niが単体で自動車や航空機の部品として使われることはない。Fe（鉄），Ni（ニッケル），Cr（クロム）の合金であるステンレス鋼には，重工業製品から台所用品まで幅広い用途がある。また，Cr，Niはメッキにも使われる。

よって，ウ，エの組合せである**4**が正答である。

正答　4

高卒

東京消防庁

No. 312 生物 生態系 平成30年度

生態系に関する次の記述で，［A］～［D］に当てはまる語句の組合せとして，最も妥当なのはどれか。

　生態系のなかの生物は，太陽の光エネルギーを使って無機物である［A］や水から有機物をつくり出す［B］と，［B］のつくった有機物を直接的あるいは間接的に栄養分として利用する［C］に分けられる。生物の遺体や排出物などの有機物が，無機物に分解される過程にかかわる生物は［D］と呼ばれる。［D］のはたらきによってできた無機物は，［B］のはたらきによって利用され，生態系を循環する。

	A	B	C	D
1	酸素	分解者	生産者	消費者
2	二酸化炭素	生産者	消費者	分解者
3	窒素	生産者	消費者	分解者
4	二酸化炭素	消費者	分解者	生産者
5	酸素	生産者	消費者	分解者

解説

生態系を構成している生物は，その役割によって生産者と消費者に分けられる。生産者は太陽の光エネルギーを使って，無機物である二酸化炭素や水から有機物を合成する。消費者は生産者が生産した有機物を直接または間接的に取り込んで栄養源として利用している。

　また，生物の遺体や排出物に含まれる有機物は，最終的には無機物に分解される。消費者のうち，この過程にかかわる生物を分解者という。分解者のはたらきによって生じる無機物は，生産者によって再び利用され生態系を循環する。

　よって，A＝二酸化炭素，B＝生産者，C＝消費者，D＝分解者となる

正答　2

高卒

地方初級

No. 313 生物 生態ピラミッド 平成21年度

食物連鎖の関係をピラミッド型に表したものを生態ピラミッドという。ある地域の生態ピラミッドは，①のようになっている。②のようにBの草食動物が増えた場合，生態ピラミッドはどのように変化するか，③と④に当てはまる図をア，イ，ウから選び，正しく組み合わせたものとして妥当なのはどれか。

	③	④
1	ア	イ
2	ア	ウ
3	イ	ア
4	イ	ウ
5	ウ	ア

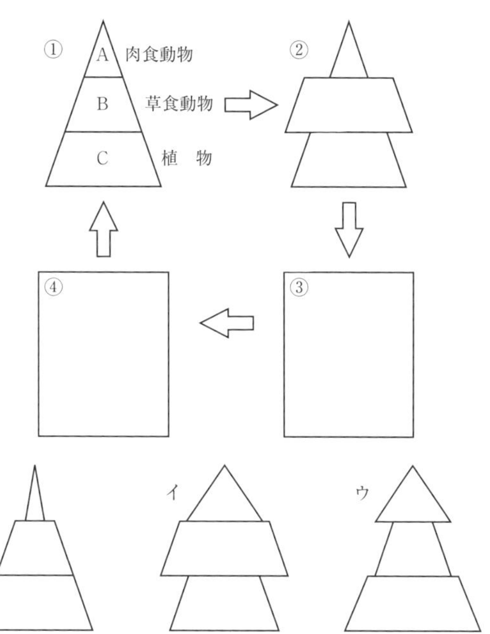

解説

ある一定の区域に存在する生物と，それを取り巻く非生物的環境をまとめて生態系と呼ぶ。

植物を草食動物が食べ，草食動物を肉食動物が食べるという，補食－被食という相互作用によるつながり，これを食物連鎖という。

植物が一番多く，次に草食動物が多く，一番少ないのは，肉食動物となり，①のようにピラミッドが維持される。問題の図では，大きな傾向のみ示している。

たとえば，②のように，ある時期になんらかの要因で草食動物が増えすぎたとする。草食動物が増えたことにより，植物が食い荒らされて植物の数は減り，一方，肉食動物のエサとなる草食動物が増えるので，③では，イのように肉食動物が増える。

増えた草食動物は，エサとして植物を食べ，植物が減るので，餓死する草食動物も出てくる。さらに，肉食動物が増えたので，食べられる草食動物も増える。そこで，④では，ウのように，増えすぎた草食動物の数は減るようになる。

一段落すると，今度は，草食動物が減ったので，食べられる分が少なくなった植物が増える。そして，肉食動物は，食べる草食動物が少なくなったので減り，もとに戻る。

このようにして，また①のように，バランスを保ったピラミッド型が形成される。

以上より，正答は**4**である。

正答 4

思想
文学・芸術
英語
国語
数学
物理
化学
生物
地学

高卒 地方初級

No. 314 生物 植物における水の流れ 平成18年度

植物における，水の流れに関する次の文の空欄A～Eに当てはまる語句の組合せとして正しいものはどれか。

植物の根は，外液（土壌中）に比べ，［　A　］が高いため，水を［　B　］することができる。吸い上げられた水は，その後，葉から［　C　］することになる。また，吸い上げられた水は，［　D　］を通り，葉で作られた物質は［　E　］を通って移動する。

	A	B	C	D	E
1	浸透圧	蒸散	吸収	師管	師管
2	浸透圧	吸収	蒸散	師管	道管
3	浸透圧	吸収	蒸散	道管	師管
4	吸水圧	吸収	蒸散	師管	道管
5	吸水圧	蒸散	吸収	道管	師管

解説

植物は，土壌中の水分を根の根毛や表皮細胞から吸収する。これは，根毛や根の表皮細胞浸透圧［A］が外液（土壌中）よりも高いために起こる。

根から吸収［B］された水は，途切れることなく茎の中を移動していく。茎にある維管束には，道管と師管の2種類の管がある。吸い上げられた水は，道管［D］を通って葉のすみずみまで送られる。この道管は，死細胞が連なったものである。これに対して，葉で作られた同化産物が移動するのに使われるのは師管［E］で，これは生きた細胞からなる。

葉に送られた水は，気孔より蒸散［C］してゆく。蒸散によって，葉肉細胞内の水が減少すると，細胞の浸透圧が上昇し，吸水力が増すために，道管内の水を引き上げることになる。

よって，正答は**3**である。

正答　3

高卒 地方初級

No. 315 生物 光合成 平成13年度

光合成に関する次の文の下線部ア～エのうち,正しいものだけを組み合わせているのはどれか。

植物は光合成を行う。日中は二酸化炭素を気孔から吸収し,ア夜は気孔から酸素を放出している。また,光合成に利用する光は,イ緑色の光を利用しているので,葉は緑色をしているのである。光合成色素は葉緑体中のウチラコイド中に含まれるクロロフィルが中心として働く。次のグラフは,光—光合成曲線である。エAでは,光の強さが反応の速度を決めるが,Bのときは温度が反応の速度を決める。

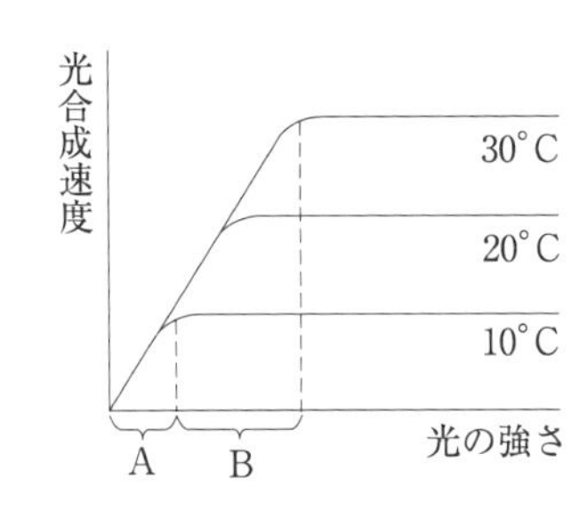

1 ア・イ
2 ア・ウ
3 イ・エ
4 イ・ウ
5 ウ・エ

解説

光合成は,光が当たっているときだけに起こる反応である。呼吸は常に行われているが,日中は,強い光のために,光合成を盛んに行い,二酸化炭素を気孔から取り入れ,酸素を放出する。夜間は,光合成を行わず,呼吸のみが行われるため,酸素を吸収し,二酸化炭素を放出する。光合成は,細胞中の葉緑体で行われる。チラコイドという扁平な袋状の構造に,光合成色素が含まれるが,特にクロロフィルａが重要である。他の色素には,クロロフィルｂ・カロテン・キサントフィルなどがある。光合成には赤と青の光が使われる。葉が緑色なのは,緑の光をあまり使わないからである。光—光合成曲線を見ると,光が弱いところでは温度に関わりなく,光が強い所では,温度が光合成速度を決めていることがわかる。これは,光合成が,光に影響を受ける反応と,温度に影響を受ける酵素反応からなっており,低いほうが反応速度を決めているからで,これを限定要因という。Aでは光が,Bでは温度が限定要因である。

よって,**5**が正しい。

正答 5

高卒

地方初級

No. 316 生物 長日植物と短日植物 平成17年度

長日植物と短日植物に関する文中の空欄A～Cに当てはまる語の組合せとして，正しいものはどれか。

多くの植物は，日長の影響を受けて花芽を形成する。このような性質を光周性という。①から③は，植物が，明暗の長さ，明期と暗期の長さの比率のどれに反応して花芽を形成するかを調べた結果を示している。この結果から，短日植物において，花芽形成に影響を与えているのは（　A　）で，これが一定期間より（　B　）と，花芽を形成する。また，図の④は，光中断を行ったものであるが，（　C　）植物が花芽を形成する。

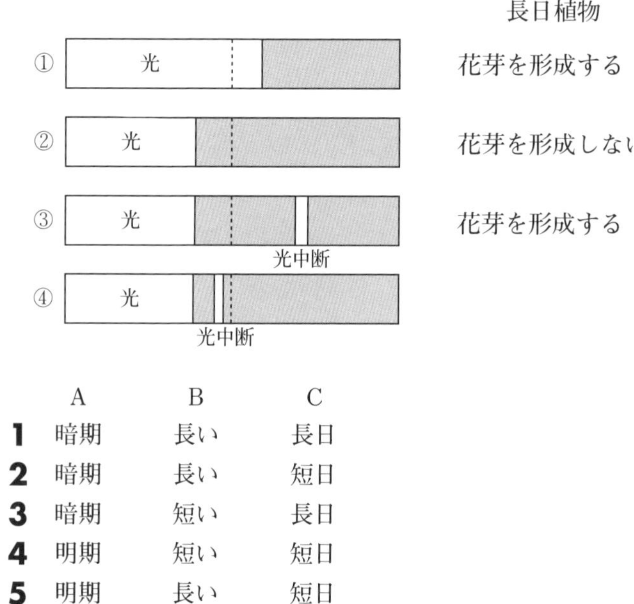

	A	B	C
1	暗期	長い	長日
2	暗期	長い	短日
3	暗期	短い	長日
4	明期	短い	短日
5	明期	長い	短日

解説

図からわかることは，花芽の形成は，明期の長さに対してではなく，明期と暗期の長さの比率でもなく，連続した暗期（A）の長さに対して反応して，行われるということである。①と②より，短日植物では，連続した暗期が一定期間（限界暗期）より長い（B）と花芽を形成する。長日植物では，連続した暗期が短いと花芽を形成することがわかる。暗期途中で，短時間の光照射を行うことを光中断という。③では，暗期の総時間ではなく，連続した暗期の長さが重要であることがわかる。短日植物では，連続した暗期が，限界暗期より短くなると，花芽を形成することができない。そこで，④をみると，光中断が行われているが，残りの暗期が，限界暗期を超えているため，花芽を形成することができるのは短日植物（C）である。

よって，**2**が正しい。

正答　2

高卒

地方初級

No. 317 生物 神経とホルモン調節 平成16年度

神経やホルモン調節に関する次の記述のうち，正しいのはどれか。

1 神経やホルモンによる調節の中枢は小脳にあり，小脳にはたくさんの内分泌腺がある。

2 脳下垂体後葉からは，バソプレシンが分泌され，不足するとバセドウ病を引き起こす。

3 交感神経と副交感神経は意志によって調節でき，交感神経は心臓の拍動を抑制するように働く。

4 ホルモンは，肝臓においてたくさんの量が作用し，ホルモン自体は，基質として働いている。

5 インスリンは，糖の消費・貯蔵の促進をするホルモンで，不足すると糖尿病の原因となる。

解説

1．神経やホルモンによる調節の中枢は，間脳にある。調節に関係する自律神経は，間脳の視床下部に中枢があり，さらに，間脳の視床下部の下に，脳下垂体がある。間脳の神経細胞は，神経分泌物質を脳下垂体中に放出している。

2．脳下垂体後葉から分泌されるホルモンは，バソプレシンと呼ばれる血圧上昇ホルモンと，オキシトシンと呼ばれる子宮筋収縮ホルモンである。バセドウ病は，チロキシンと呼ばれる甲状腺ホルモンの過剰によって生じる。

3．交感神経と副交感神経は自律神経と呼ばれ，意識とは無関係に働く。交感神経は，心臓の拍動を促進するように働き，副交感神経は，心臓の拍動を抑制するように働く。

4．ホルモンは，血液などで運ばれて，全身の種々の部位にある特定の標的器官や組織に作用する。少量で作用を示し，過不足によって病的症状を示す。

5．正しい。正常なヒトでは，血糖量はほぼ0.1%に保たれている。すい臓のランゲルハンス島から分泌されるインスリンは，肝臓や筋肉でのグリコーゲン合成を進め，また組織におけるグルコースの酸化を促進し，血糖値を下げるように働く。インスリンが不足すると，血糖量が増加し，尿中に糖が排出されるようになり，エネルギー不足となり衰弱してしまう。

正答 5

高卒

地方初級

No. 318 生物 ヒトの血液循環系 平成28年度

ヒトの血液循環系を模式的に示した次の図中のa～jの血管に関する記述のうち，妥当なのはどれか。

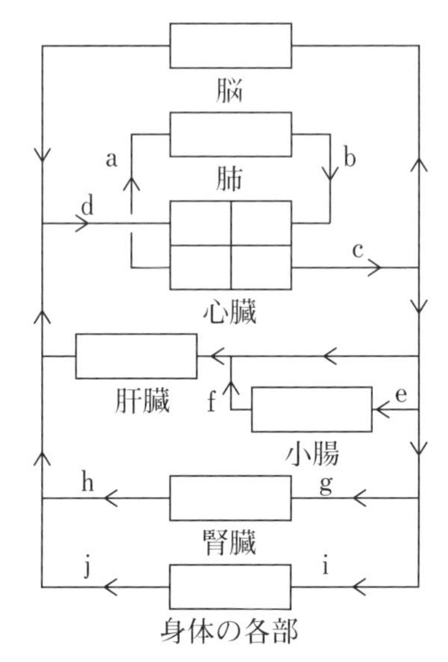

1　aを通る血液はbを通る血液よりも酸素濃度が高く，二酸化炭素濃度が低い。

2　cの部分の血管の壁の厚さはdの部分の血管の壁の厚さより薄い。

3　eを通る血液はfを通る血液よりアミノ酸やブドウ糖の濃度が高い。

4　gを通る血液はhを通る血液よりも尿素の濃度が高い。

5　iの部分の血管には弁があるがjの部分の血管には弁がない。

解説

1. aが肺動脈，bは肺静脈である。動脈は心臓から血液を送り出す血管であり，逆に静脈は心臓へ血液を戻す血管である。aの肺動脈を流れる血液は，全身を回って酸素が消費されて少なくなり二酸化炭素を多く含んでいる。この後，肺でガス交換されて二酸化炭素が少なく酸素を多く含む血液となって，bの肺静脈を通って心臓に戻り，心臓から全身に送られる。

2. cが大動脈，dは大静脈である。動脈は心臓から多量に送り出される血液の圧力に耐えられるよう血管の筋肉の層が発達しており血管壁が厚い。それに対し，静脈は各組織で毛細血管を通った後の血液が集まるため，血管にかかる圧力は低く血管壁は薄い。

3. eは小腸へ血液を送る動脈，fは小腸と肝臓をつなぐ肝門脈である。eを通る血液は，小腸の柔毛で吸収された消化産物であるアミノ酸やブドウ糖を加えてfの肝門脈へ流れ込み肝臓へ送られる。よって，fを通る血液のほうがアミノ酸やブドウ糖の濃度が高い。

4. 妥当である。gは腎動脈，hは腎静脈である。腎臓は血液中の老廃物を濃縮して排出し，血液の塩類濃度を一定に保つために尿生成する器官である。尿素は血液中の典型的な老廃物であり，腎臓でろ過，濃縮されて尿の成分として排出される。よって，腎臓へ流れ込むgの血液のほうが，流れ出るhの血液より尿素濃度は高い。

5. iが動脈，jは静脈である。動脈は高い血圧に耐えるため，血管壁の筋肉の層が発達し血管壁が厚くなる。それに対し，静脈は各組織で毛細血管を通った後の血液が集まるため血圧が低くなり，血管壁は薄く血液の逆流を防ぐため弁を持つ。

正答 4

高卒

地方初級

No.319 生物 ヒトの刺激に対しての反応 平成22年度

ヒトの刺激に対しての反応に関する次の記述のうち，条件反射として妥当なのはどれか。

1 熱いヤカンに触ると，さっと手を引っ込める。
2 ひざの関節のすぐ下を軽くたたかれるとひざから下の足がはね上がる。
3 水しぶきを顔にかけられると，思わず目をつぶる。
4 とうがらしを食べると汗が出る。
5 レモンの絵を見るとだ液が出る。

解説

1．屈筋反射という反射である。反射とは刺激に対して無意識に起こる反応である。反射中枢は脊髄や延髄・中脳などにあるため，大脳とは無関係に素早い反応が起こり，危険から身を守るのに役立つ。熱いヤカンに触ると，指先の受容器が高温で興奮し，その興奮を感覚神経が反射中枢である脊髄に伝える。脊髄ではそれを運動神経に伝え，運動神経が効果器である腕の屈筋を収縮させるために，さっと手を引っ込める反応が起こる。受容器→感覚神経→反射中枢→運動神経→効果器という興奮伝達の経路を反射弓という。

2．膝蓋筋（しつがいけん）反射という反射である。膝蓋腱は大腿四頭筋（太ももの表側の筋肉）と下肢の脛（けい）骨をひざ関節を挟んでつなぐ腱である。ひざのすぐ下を軽くたたくと膝蓋腱が瞬間的に引っ張られ，その結果，大腿四頭筋も引っ張られることになる。筋肉には強く引っ張られて損傷することを防ぐため自身に引っ張りの力が加わったことを感知する筋紡錘という受容器がある。膝蓋腱をたたくことで筋紡錘が興奮し感覚神経を伝わって反射中枢である脊髄に興奮が伝わる。脊髄では興奮を感覚神経から運動神経に，運動神経は大腿四頭筋に伝達して，筋肉を瞬間的に収縮させる。そのため，ひざから下の足がぴょんと跳ね上がる反応が起きる。

3．目の前に物が飛んでくると瞬間的に目をつぶる反応も無意識に起きるので反射の一種と考えられる。ただし，この反応は大脳も介して起こる反応である。

4．とうがらしの辛みは痛みとして受容され，興奮は感覚神経を介して反射中枢である間脳へ伝達される。間脳では交感神経が興奮し，興奮を皮膚に分布する汗腺に伝達する。その結果，発汗が起きる。暑いときに汗をかくのも体温上昇を間脳が感知して起こる反射である。

5．妥当である。条件反射とは，本来の反射を起こす刺激と，その反射とは無関係な刺激（条件刺激）を同時に与え続けて，条件刺激だけで反射が起こるようになったもので，学習行動の一形態である。「パブロフの犬」の実験が有名である。本来の反射弓に大脳からの興奮伝達経路がつながり，条件刺激で反射が起こる。この場合，本来の刺激はレモンの酸味であり，それを舌が感知し感覚神経，反射中枢である延髄，副交感神経を介してだ液腺に興奮が伝達され，だ液の分泌が起きる。ヒトは経験（学習）の中で「レモンは酸っぱい」ということを記憶しているため，レモンの絵を見て大脳で認識すると，その興奮が記憶の回路を介してだ液分泌の反射弓を刺激し，だ液分泌が起きるのである。レモンの絵が条件刺激である。レモンを過去に見たことがないヒトにレモンの絵を見せてもだ液分泌は起きない。

正答 5

高卒
地方初級

No. 320 生物 ヒトの大脳 平成13年度

ヒトの大脳に関する記述として正しいものは，次のうちどれか。

1 皮質と髄質からなり，髄質には感覚中枢や随意運動の中枢，記憶・判断・創造などの高等な精神作用の中枢などがある。

2 皮質のうち大脳辺縁系と呼ばれる部分は，古皮質・原皮質とも呼ばれ，本能行動の中枢や情動・欲求の中枢である。

3 交感神経と副交感神経からなる自律神経系の中枢で，体温や水分調節，血圧の調節などを行う中枢である。

4 運動の調節中枢，体の平衡や筋肉の緊張などを正しく保つ中枢である。

5 姿勢を保つ中枢，眼球の反射運動や瞳孔を調節する反射中枢がある。

解説

1．髄質ではなく，大脳皮質に高等な精神作用の中枢がある。皮質は神経の本体である神経細胞体が集中してあるところで，髄質は主に軸索からなっている。反射は大脳に関係しない反応で，その中枢は主に延髄，脊髄にある。ただし，条件反射では，大脳が関係している。

2．正しい。大脳は高等な精神作用や記憶・創造などが注目されるが，本能行動にも大脳がかかわっている。

3．自律神経系の中枢は間脳である。自律神経には，交感神経と副交感神経があり，内臓などを拮抗的に調節している。交感神経は活動的な方向に，副交感神経は休息的な方向に働く。

4．これは小脳の働きである。歩行の際に，左右の足が交互に出るような意識運動の無意識的な調節や体の平衡などを保つ中枢である。

5．これは中脳の働きで，眼球の運動，ひとみの拡大・縮小，姿勢保持などの中枢である。

正答 2

高卒

No. 321 東京消防庁

生物 DNAとRNA 平成29年度

DNAとRNAに関する記述として，最も妥当なのはどれか。

1 DNAとRNAは，いずれもリン酸，糖，塩基からなるヌクレオチドが多数つながった構造をしているが，糖がリボースであるのがDNAであり，デオキシリボースであるのがRNAである。

2 シャルガフは，DNAの塩基組成は生物の種類によって異なるが，アデニンとチミン，グアニンとシトシンの数の比は，すべての生物で1：1となることを発見した。

3 RNAはDNAと異なり，塩基としてチミンをもち，ウラシルをもっていない。

4 RNAには，mRNA，rRNA，tRNAの3種類があり，これらはタンパク質の分解に重要な役割を果たしている。

5 DNAの塩基配列を写しとる役割を担うRNAを特にtRNAという。

解説

1．DNAとRANはいずれも酸，糖，塩基からなるヌクレオチドが多数つながった構造をしている。糖がデオキシリボースなのがDNAであり，リボースなのがRNAである。

2．正しい。シャルガフの法則という。これは後のワトソンとクリックによる二重らせん構造の骨幹となった法則である。

3．DNAは塩基にアデニン，チミン，グアニン，シトシンの4種類のいずれかを含む。一方，RNAは塩基に，アデニン，ウラシル，グアニン，シトシンの4種類のいずれかを含む。

4．RNAは，タンパク質合成の過程で重要なはたらきをしている。mRNAは遺伝情報を運びtRNAはアミノ酸を運ぶ。またrRNAはタンパク質合成の場となるリボソームを構成する。

5．これはmRNA（伝令RNA）である。DNAの塩基配列は，細胞核内でmRNAに転写される。tRNA（運搬RNA）はタンパク質の合成に必要なアミノ酸を，リボソームの内部へと運ぶ。

正答 2

高卒 市役所初級

No. 322 生物 DNA 平成12年度

DNAに関する記述として正しいものは，次のうちどれか。

1 ヌクレオチドが結合した鎖で，二重らせん構造をとっている。
2 体細胞分裂において，その量は半減し，娘細胞中に分かれて入っていく。
3 核の中で自己複製し，細胞質中に出て，リボソーム上でタンパク質の合成を行う。
4 構成単位のヌクレオチドは，リン酸—リボース—塩基からなり，塩基には4種類ある。
5 葉緑体中にもDNAはあるが，これは核に含まれるDNAとまったく同じものである。

解説

1．正しい。DNA（デオキシリボ核酸）は，ヌクレオチドが結合した鎖2本が，はしごがねじれたような形の二重らせん構造をとる。

2．体細胞分裂では，分裂直前の核内で，DNA量は2倍となり，娘細胞に分かれる。そのために，核の中身はもとと同じとなる。DNA量が半減するのは，減数分裂である。

3．DNAは核の外に出ることはない。タンパク質合成に核から出ていくのは，情報を写したRNA（リボ核酸）である。

4．DNAの構成単位であるヌクレオチドは，リン酸—糖（デオキシリボース）—塩基からなる。塩基は，アデニン・チミン・シトシン・グアニンの4種である。リン酸—糖（リボース）—塩基はRNAのヌクレオチドである。

5．DNAは，葉緑体とミトコンドリア中にも存在している。このDNAは，葉緑体やミトコンドリアの分裂に働くと考えられている。

正答 1

大卒
No.
323
地方上級

生物　生物の5大要素　平成13年度

生物の体内には水，タンパク質，脂質，炭水化物，核酸，無機塩類などの物質が含まれるが，これらのうち最も多い水（70%程度を占める）以外の5大要素に関する次の記述のうち，妥当なものはどれか。

1　タンパク質は多数のピルビン酸がペプチド結合で結合した構造の物質で，酵素の本体として物質交代を推進したり，脂質と結合して生体膜を構成したりしている。

2　脂質はグリセリンと脂肪酸だけからなる物質で，C，H，OのほかにPやNを含み，細胞の原形質内では生体膜の成分として重要である。

3　炭水化物はC，H，OとSからなり，細胞の原形質の成分としてよりはエネルギー源としての役割が重要である。炭水化物の代表的なものとしては糖類が挙げられる。

4　核酸は遺伝やタンパク質合成を支配している重要な物質で，DNAとRNAの2種類があるが，RNAは特徴的な二重らせん構造をしている。

5　無機塩類はタンパク質や骨の成分，ヘモグロビンの成分，クロロフィルの成分などとして重要であると同時に，浸透圧やpHの調節，酵素の補助因子などとしても働いている。

解説

1．タンパク質は多数のアミノ酸がペプチド結合で結合した構造をしている。

2．脂質には，グリセリンと脂肪酸だけからなる単純脂質と，それ以外の複合脂質がある。後者の例としてはリン脂質，ステロイド，カロテノイドなどがある。

3．炭水化物の成分はC，H，Oだけであり，Sは含まれない。

4．二重らせん構造をしているのはDNAのほうである。

5．正しい。

正答　5

大卒

No. 324 東京消防庁

生物　生態と循環　令和3年度

生態や循環に関する次の記述で，[A]～[C]に当てはまる語句の組合せとして，最も妥当なのはどれか。

ある地域に生息する同種の個体のまとまりを[A]といい，その地域に生息する異種の[A]全体を[B]という。[A]は別の種の[A]と競争や捕食といった相互作用をしながら生活する。また，動物の中には1個体や1家族が空間を占有し，他の個体がその空間に侵入してくると追い払う行動を示すものがある。このように防衛された空間を[C]という。

	A	B	C
1	群れ	生態系	行動圏
2	群れ	生物群集	縄張り
3	群れ	生物群集	行動圏
4	個体群	生態系	行動圏
5	個体群	生物群集	縄張り

解説

ある地域に生息する同種の個体のまとまりは個体群というので，空欄Aには「個体群」が入る。群れも個体群の一種といえるが，群れと呼ばれるためには，統一された行動を取る必要がある。また，群れの場合，稀に異種の個体が入る場合がある。次に，その地域に生息する異種の個体群全体は生物群集というので，空欄Bには「生物群集」が入る。生態系は，生物群集を含む自然環境全体をさす用語である。最後に，防衛された空間は縄張りと呼ばれるので，空欄Cには「縄張り」が入る。行動圏は，居住のために個体が移動する範囲をさすが，防衛されている必要はない。

よって，正答は**5**である。

正答　5

大卒 No. 325 市役所上・中級

生物　ヒトの体の器官の構造と機能　平成27年度

ヒトの体の器官の構造と機能に関する次の記述のうち，妥当なのはどれか。

1　鼻や口から取り込まれた空気は，気管を通って肺に入り，肺胞ではそれを取り巻く毛細血管へ酸素が吸収される。

2　心臓から各器官へ向かう血管と，各器官から心臓へ向かう血管を比較すると，後者のほうが血管の壁が厚い。

3　だ液のアミラーゼはデンプンとタンパク質を消化する。消化されたもののほとんどは大腸で吸収される。

4　肝臓の機能には，体内で生成される有害な尿素をアンモニアに変える働きや，余分なブドウ糖をインスリンに変えて蓄える働きなどがある。

5　脳の中で最も大きいのは大脳であり，心臓拍動や呼吸運動，内臓機能の調整などを行う。

解説

1．妥当である。鼻や口から取り込まれた吸気は，気管から枝分かれする気管支を通り，その先の肺胞に入る。肺胞はブドウの房のように球状の袋が多数集まった構造の薄い膜でできており，その外側表面には毛細血管が張り巡らされている。吸気中の酸素は肺胞内側表面の薄い水の膜に溶け込んで溶存酸素となり，それが拡散して毛細血管内の赤血球に受け渡される。反対に，血しょう中の二酸化炭素は毛細血管から肺胞内へ溶存二酸化炭素の状態で移動し，呼気となって口や鼻から放出される。

2．心臓から各器官へ血液を送り出す血管が動脈，各器官から心臓へ血液を戻す血管が静脈である。動脈は心臓の心室の収縮によって高い圧力を受けるため，それに耐えられるように筋肉が発達し，その結果，血管壁は厚くなっている。逆に，静脈は，各器官の毛細血管を通った後の血液が集まるため，血管にかかる圧力は小さい。そのため，血管壁は薄く，血液の逆流を防ぐための弁が存在する。

3．だ液アミラーゼが消化分解するのはデンプンだけである。タンパク質を消化分解する消化酵素は，胃液に含まれるペプシン，すい液に含まれるトリプシンである。消化されたものの吸収は小腸の柔毛で行われ，大腸は主に水分の吸収を行う。

4．肝臓の機能のうち，尿素に関するものはオルニチン回路と呼ばれる化学反応回路である。体内で有機窒素化合物が代謝されると，最終的に老廃物としてアンモニアが生成される。アンモニアは水に溶けやすい性質であるが，毒性が強いため，濃縮して尿として排出することができない。肝臓のオルニチン回路では血液中のアンモニアを毒性の低い尿素に作り変えており，それを腎臓で濃縮して尿として排出する。ブドウ糖に関しては，血糖値が高くなった場合に，すい臓ランゲルハンス島B細胞から血糖値を下げる命令ホルモンとしてインスリンが分泌される。肝臓がインスリンを受け取ると，血液中のブドウ糖を積極的に吸収し，デンプンの一種であるグリコーゲンに作り変えて貯蔵する。貯蔵されたグリコーゲンは，血液中のグルコースが運動などで不足した場合にグルコースに分解されて利用される。

5．脳は，大きく大脳，間脳，中脳，小脳，延髄の５つの部位に分けることができる。ヒトの場合，最も大きいのは大脳である。大脳は，感覚認識や随意運動の中枢として働くとともに，記憶や思考，創造など高度な精神活動の中枢でもある。心臓拍動や呼吸運動，消化器官の働きなどを自動的に調節しているのは延髄である。

正答　1

大卒 No.326 市役所上・中級 生物 酵　素 平成18年度

酵素に関する次の記述のうち，正しいものはどれか。

1　酵素は生体内の化学反応を促進するが，その過程で自分自身も変化してしまうため，それを補うために生体内では絶えず大量の酵素が新しく作られている。

2　酵素の主成分はタンパク質であり，その構成アミノ酸の種類・数・結合順序を指令するのは細胞内の核にある DNA である。

3　酵素は，アミラーゼ，ペプシンなどの消化酵素に見られるように，大部分が細胞の外に出て働く。

4　酵素には本体のタンパク質に補酵素と呼ばれる非タンパク質が結合して初めて機能するものも多いが，補酵素は熱に弱いので酵素は高温では活性を失う。

5　酵素は水素イオン濃度に敏感で，たとえば唾液アミラーゼは pH4 付近，ペプシンは pH8 付近で最もよく機能する。

解説

1．酵素は生体触媒と呼ばれ，生体内の化学反応を促進させるが自分自身は変化せず使い回しが効くので大量につくる必要はない。

2．正しい。

3．大部分の酵素は細胞内液に溶けた状態や細胞膜などの生体膜にくっついた状態で働く。

4．補酵素は熱に比較的強い低分子の有機化合物である。酵素が熱に弱いのは本体であるタンパク質が高温では変質してしまうためである。

5．唾液アミラーゼの最適 pH は pH7 付近，酸性の強い胃の中で働くペプシンのそれは pH2 付近である。

正答　2

大卒
No. 327 東京消防庁

生物 ヘモグロビン 平成25年度

次の記述の［ア］から［オ］に当てはまる語句の組合せとして，最も妥当なのはどれか。

ヒトの赤血球に多く含まれるヘモグロビンという［ア］は，血液中の酸素濃度が［イ］ときは酸素と結合して酸素ヘモグロビンに変化し，酸素濃度が［ウ］なると酸素を離して再びヘモグロビンに戻る。たとえば［エ］の血液は，手や足の血液より酸素ヘモグロビンの割合が大きい。また，同じ酸素濃度のもとでは，二酸化炭素濃度が高くなるほど酸素ヘモグロビンの割合が［オ］なる。

	ア	イ	ウ	エ	オ
1	アミノ酸	高い	低く	肺静脈	大きく
2	アミノ酸	低い	高く	肺動脈	小さく
3	タンパク質	高い	低く	肺静脈	小さく
4	タンパク質	低い	高く	肺動脈	大きく
5	タンパク質	高い	低く	肺静脈	大きく

解説

ヘモグロビンは複雑な立体構造を持つタンパク質〔ア〕で，ヘムと呼ばれる色素成分を含んでいる。酸素はヘムの中心にある鉄原子（Fe）と結合する。ヘモグロビンは血液中の酸素濃度が高い〔イ〕ところでは酸素と結合して酸素ヘモグロビンになる割合が増加し，酸素濃度が低く〔ウ〕なると酸素を離してヘモグロビンに戻る割合が増加する。酸素と結合していないヘモグロビンは暗赤色であるのに対して酸素ヘモグロビンは鮮紅色である。肺静脈〔エ〕には酸素濃度の高い肺胞を通ったばかりの血液が流れているので，手や足の血液よりも酸素ヘモグロビンの割合が大きい。また，ヘモグロビンは二酸化炭素の濃度が高いところほど酸素を離しやすく，酸素ヘモグロビンの割合が小さく〔オ〕なる。

よって，正答は**3**である。

正答 3

大卒

No. 328 東京消防庁

生物　ヒトの大脳　令和2年度

ヒトの大脳に関する記述として，最も妥当なのはどれか。

1　脳は，前端から後方へ向かって，大脳・間脳・中脳・小脳・延髄と並んでいる。大脳は，左右の大脳半球に分かれており，脳幹全体がこれらを連絡する。

2　大脳の外側は大脳皮質とよばれ，細胞体が集まって白色をしており，白質とも呼ばれる。

3　大脳の内側は大脳髄質とよばれ，軸索が集まって灰白色をしているため灰白質とも呼ばれる。

4　哺乳類では，大脳皮質は辺縁皮質と新皮質からなり，ヒトでは特に新皮質が発達している。新皮質には，視覚や聴覚などの感覚の中枢や，さまざまな随意運動の中枢，呼吸運動・心臓拍動の中枢がある。

5　辺縁皮質は，原始的な行動や基本的な感情にもとづく行動と関係が深い。また，そこから出る軸索は，間脳・中脳・延髄と連絡して，内分泌腺や自律神経系の活動を調節している。

解説

1. 脊椎動物の脳は，前端から後方へ向かって，大脳，間脳，中脳，小脳，延髄と並んでおり，それぞれ異なったはたらきをしている。大脳は，左右の大脳半球に分かれており，脳梁がこれらを連絡する。

2. 大脳の外側は，大脳皮質とよばれ，神経細胞の細胞体が集まって灰白色をしているため，灰白質とも呼ばれる。

3. 大脳の内側は，大脳髄質とよばれ，神経細胞の軸索が集まって白色をしているため，白質とも呼ばれる。

4. 大脳皮質の新皮質には，視覚や聴覚などの感覚の中枢，随意運動の中枢，言語や記憶，思考，意志などの精神活動の中枢がある。呼吸運動，心臓拍動の中枢があるのは延髄である。

5. 正しい。

正答　5

大卒
No. 329 地方上級

生物　免　疫　平成30年度

ヒトの免疫に関する次の記述のうち，妥当なものはどれか。

1　抗体による免疫反応の原因となる物質は抗原と呼ばれる。抗原は主に無機物質からなり，タンパク質や糖は抗原にはなりえない。

2　ある物質に対するアレルギーを発症すると，その物質に対する免疫反応が起こらなくなり，その物質が体内に侵入しても除去できなくなり，特有の症状が現れる。

3　エイズを発症すると，免疫機能が促進され，ヒトに無害なカビや細菌などにも強い免疫反応が起こり，さまざまな症状が起こる。

4　生体に他人の臓器を移植すると，その臓器組織が異物と認識され，リンパ球の攻撃を受け拒絶反応が起こるため，免疫を抑制する薬剤の投与が必要である。

5　感染症の予防には，その病原体をワクチンとして接種し，免疫を獲得する方法が効果的である。そのときに接種される病原体の毒性は高められている。

解説

1．有機物も抗原になりえる。実際にアレルギー反応を起こす花粉や各種細菌なども，物質として見れば有機物である。

2．アレルギーは免疫機構の過剰反応である。したがって，アレルギーを発症すると，その物質が体内に侵入したときに過剰な免疫反応が起きて，特有の症状が現れる。

3．エイズを発症すると，免疫反応が起こりにくくなり，通常では感染しない病原菌に感染して，さまざまな症状が起こる。

4．妥当である。

5．ワクチンとして接種される病原体の毒性は弱められている。ワクチンが感染症の予防に有効であることは正しい。

正答　4

大卒 No.330 地方上級

生物　ヒトの肝臓の働きと性質　平成26年度

ヒトの肝臓に関する次の記述の下線部ア～オのうち，妥当なもののみをすべて挙げているのはどれか。

肝臓は人体中でア心臓に次いで２番目に大きい臓器で，横隔膜の直下に位置する。肝臓は血糖値の調節に関与しており，たとえば，イ血糖値が低いときにはグルコースからグリコーゲンを合成して肝臓に蓄える。また，不要となったタンパク質やアミノ酸の分解を行っており，ウ分解に伴って生じた有毒なアンモニアを毒性の少ない尿素に作り変える働きもある。そのほかにアルコールの分解や古くなった赤血球の破壊など，血液中の物質を処理することで血液の状態を安定に保っている。

肝臓病の主な原因はウイルスとアルコールであり，日本ではウイルス性肝炎が多い。肝炎ウイルスはA型，B型，C型があり，エA型は血液，体液を介して，B型・C型は水や食べ物を介して感染する。重度の肝臓病に対しては肝移植を行う場合があるが，肝臓は一部を切除しても再生するので，オ脳死または心停止した人だけでなく，生体からも臓器提供が行われている。

1　ア，ウ
2　ア，エ
3　イ，エ
4　イ，オ
5　ウ，オ

解説

ア：肝臓は心臓より大きく，人体では最も大きい臓器である。
イ：血糖値が低い時には，血糖量を増加させるために，グリコーゲンを分解してグルコースにする。
ウ：正しい。肝臓は，アミノ酸の分解で生じた有毒なアンモニアを毒性の低い尿素に変える働きを持っている。
エ：A型肝炎は経口感染で，食べ物や飲み物から感染するが，B型肝炎とC型肝炎は，血液，体液を介した感染である。
オ：正しい。現在は生体肝移植も行われている。
以上より，正答は**5**である。

正答　5

思想 文学・芸術 英語 国語 数学 物理 化学 生物 地学

生物　ヒトの腎臓　平成22年度

次のヒトの腎臓に関する文章中の，[　A　]～[　E　]に入る語句の組み合わせとして，最も妥当なのはどれか。

ヒトの腎臓は，腹腔の[　A　]に1対ある。腎臓にはたくさんの腎単位（ネフロン）とよばれる尿を生成する単位構造がある。腎単位の一部である腎小体は，[　B　]とそれを包み込んでいる[　C　]とからなる。腎単位は腎小体と，これに続く[　D　]からできており，[　D　]は[　E　]へとつながっている。

腎小体はマルピーギ小体，[　D　]は腎細管ともよばれる。

	A	B	C	D	E
1	背側	糸球体	ボーマンのう	細尿管	集合管
2	背側	ボーマンのう	糸球体	集合管	細尿管
3	背側	糸球体	ボーマンのう	集合管	細尿管
4	腹側	ボーマンのう	糸球体	細尿管	集合管
5	腹側	糸球体	ボーマンのう	集合管	細尿管

解説

ヒトの腎臓は腹腔の背側（A）にある1対の器官である。腎臓において尿を生成する単位構造はネフロンと呼ばれ，腎小体（マルピーギ小体）とこれに続く細尿管（腎細管）（D）とからなり，細尿管は集合管（E）へつながっている。腎小体は糸球体（B）とそれを包み込んでいるボーマンのう（C）とからなる。腎小体では，糸球体を流れる血液からタンパク質以外の血しょう成分がボーマンのうへとこし出され原尿となる。原尿が細尿管を通る際に，水・グルコース・アミノ酸・無機塩類などの有用成分が再吸収され，残りが尿となって体外に排泄される。

よって，正答は**1**である。

正答　1

大卒 No. 332 市役所上・中級

生物　ヒトの自律神経系，ホルモン　平成25年度

ヒトの自律神経系や，ホルモンに関する記述として妥当なものはどれか。

1　副交感神経の刺激により，体表の血管と立毛筋は収縮し，発汗が促進される。

2　交感神経には消化器官の運動を促進する働きがあり，副交感神経には消化器官の運動を抑制する働きがある。

3　自律神経系と内分泌系の中枢は，大脳にある。

4　インスリンは，すい臓のβ細胞から分泌されるホルモンであり，グルコースの細胞内への取り込みやグリコーゲンの合成を促進させる。

5　一つの内分泌腺から，複数のホルモンが分泌されることはない。

解説

1. 副交感神経ではなく，交感神経の働きである。副交感神経は，立毛筋と発汗には影響を与えず，刺激により体表の血管（顔面血管）は拡張する。よって，誤り。以下の表で，交感神経と副交感神経それぞれの役割を覚えておくとよい。ここでポイントは，交感神経と副交感神経は互いに相反する働きをすることである（立毛筋と発汗は除く）。

自律神経系の働き

	瞳孔	気管支	心臓の拍動	胃腸の運動	立毛筋	発汗	顔面血管	呼吸
交感神経系	拡大	拡張	促進	抑制	収縮	促進	収縮	促進
副交感神経系	縮小	収縮	抑制	促進	—	—	拡張	抑制

—：影響を与えない

2. **1**の表中（「胃腸の運動」）より，交感神経の「促進」と副交感神経の「抑制」が逆。よって，誤り。一般に交感神経は，勉強や運動のように注意力を集中させて目的に向かって行動することに働く。一方で，副交感神経は，消化（＝本肢の消化器官の運動が該当）や吸収・排出など生命を維持するための基本的な活動を盛んにするときに働く。

3. 自律神経系と内分泌系の中枢は，間脳の視床下部にある。よって，誤り。大脳には新皮質と系統発生的に古い皮質があり，新皮質にはさまざまな運動や感覚の中枢のほか，学習や経験による行動や，言語や記憶・理解・判断のような精神活動を営む中枢がある。一方で古い皮質には，感情に基づく行動や本能行動に関する中枢がある。

4. 正しい。インスリンは，すい臓の（ランゲルハンス島）β細胞から分泌されるホルモン，グルコースの細胞内への取込みを促進してグリコーゲンを合成することが特徴としてある。また，インスリンはヒトの体内では唯一，血糖量（血液内のブドウ糖の濃度）を減少させるホルモンである。血糖量が減少する=ブドウ糖の血中濃度が薄くなる，ことを意味するが，多数のブドウ糖が多数のブドウ糖の一つの塊（=合成）であるグリコーゲンとなることで血中濃度が薄くなるのである。

5. 一つの内分泌腺から，複数のホルモンが分泌されることは一部だが存在する。よって，誤り。その内分泌腺の例を3つ挙げれば，間脳の視床下部，脳下垂体前葉，副腎皮質である。因みに，間脳の視床下部からは放出ホルモン・放出抑制ホルモン，脳下垂体前葉からは成長ホルモン・甲状腺刺激ホルモン・副腎皮質刺激ホルモン，副腎皮質からは糖質コルチコイド・鉱質コルチコイドがそれぞれ分泌される。

正答　4

大卒 No.333 東京消防庁

生物 神経 平成22年度

神経に関する記述として，最も妥当なのはどれか。

1 神経は，神経細胞とよばれる構造的な単位からできており，神経細胞は，核を含む細胞体から長く伸びた１本の樹状突起と短い多数の軸索からできている。

2 軸索の周りが髄鞘という構造に覆われている神経繊維を無髄神経繊維といい，髄鞘に覆われていない神経繊維を有髄神経繊維という。

3 神経細胞の軸索の末端は，他の神経細胞や筋細胞とすきまなく密着しており，この接続部分をシナプスという。

4 有髄神経繊維と無髄神経繊維では一般に無髄神経繊維の方が伝導速度が速い。

5 神経細胞は，刺激がある一定の強さ（閾値）になると興奮し，閾値よりどんなに強い刺激をあたえても，その活動電位の大きさは一定で変化しない。

解説

1. 神経細胞（ニューロン）は，細胞体から長く伸びた１本の軸索と短い多数の樹状突起からできている。

2. 軸索の周りが髄鞘に覆われている神経繊維を有髄神経繊維，髄鞘に覆われていない神経繊維を無髄神経繊維という。

3. 神経細胞と神経細胞の接続部分はシナプスと呼ばれるが，ここでは神経細胞どうしが密着しているわけではなく，シナプス間隙と呼ばれる間隙があって，興奮の伝達は神経伝達物質（アセチルコリン，ノルアドレナリンなど）によって担われている。筋細胞と神経細胞の接続部分も同様である。

4. 伝導速度は有髄神経繊維のほうが速い。

5. 正しい。

正答 5

大卒
No. 334 市役所上・中級

生物　生態系におけるCとNの循環　平成23年度

次の文章中の空欄ア～エには炭素化合物や窒素化合物などの物質名が入る。ア～エのうち，炭素化合物と窒素化合物の物質名が入るものの組合せとして，正しいのはどれか。

緑色植物は空気中から取り入れた（　ア　）と水を原料として，光合成により炭水化物などの有機物と（　イ　）をつくり，葉の気孔から（　イ　）を放出している。マメ科植物の根には根粒があって，その中に根粒菌が共生している。根粒菌は空気中の（　ウ　）を固定して（　エ　）に変え，これをマメ科植物に与えている。

	炭素化合物	窒素化合物
1	ア	イ
2	ア	ウ
3	ア	エ
4	イ	エ
5	ウ	エ

解説

緑色植物は空気中から二酸化炭素CO_2（ア）をとり入れ，これと水を原料として，光エネルギーを利用して炭水化物などの有機物と酸素O_2（イ）を作っている。これを光合成という。

マメ科植物の根に共生する根粒菌は，空気中の窒素N_2（ウ）を固定してアンモニアNH_3（エ）に変え，これをマメ科植物に与えている。これを窒素固定という。

したがって，炭素化合物はアの二酸化炭素，窒素化合物はエのアンモニアである。窒素N_2は窒素化合物ではないことに注意する。

以上から，正答は**3**である。

正答　3

No. 335 地学 気象 平成15年度

気象に関する次の文の空欄に当てはまる語の組合せとして，正しいのはどれか。

大気の大循環では，北極近くでは［ア］が吹いており，その南側では［イ］が吹いている。これらの境界には［ウ］が生じ，低気圧の通り道となっている。低気圧の東側には［エ］ができ，西側には［オ］ができる。

	ア	イ	ウ	エ	オ
1	極偏東風	偏西風	温暖前線	寒冷前線	寒帯前線
2	偏西風	極偏東風	寒帯前線	寒冷前線	温暖前線
3	極偏東風	偏西風	寒帯前線	温暖前線	寒冷前線
4	偏西風	極偏東風	寒帯前線	寒冷前線	温暖前線
5	極偏東風	偏西風	寒冷前線	温暖前線	寒帯前線

解説

大気の大循環は，赤道付近の貿易風，中緯度での偏西風，極付近の極偏東風（極東風）が見られる。偏西風帯と極偏東風帯の境界に発生する寒帯前線は，気圧が低いので，低気圧の通り道となる。北半球では，低気圧の中心の東側に温暖前線が発生，西側には寒冷前線が発生し，全体として左まわりの風が吹き，中心に渦を巻くように吹き込んでいる。

よって，**3**が正しい。

正答 3

高卒 地方初級

No. 336 地学 大気圏の構造 平成14年度

大気圏の構造に関する次の記述のうち，正しいものはどれか。

1 対流圏は上下方向への大気の動きが少なく，穏やかで安定している。

2 成層圏にはオゾン層があり，太陽光の紫外線の多くを吸収している。

3 中間圏は大気圏中最も温度が高い所がある。

4 中間圏の上に高さ約500km まで熱圏があり，電離層が存在し，主に長波を反射するので通信に利用される。

5 最も外側の外気圏は気体の分子や原子の密度が高く，フレアに伴う強いＸ線や紫外線の影響を受けてデリンジャー現象が起こることがある。

解説

1．太陽の熱はまず地表を暖め，下から伝導により大気を暖める。よって高度が低いほど大気の温度が高いため，上下方向に対流を引き起こす。これが気象現象である。

2．正しい。オゾンは酸素原子が３つ集まったものである。

3．中間圏は高さ50～90km ほどのところで，最上部付近で最も温度が低い（約－100℃）。

4．熱圏の電離層は下からＥ層，Ｆ層，F_2 層の３つがある。ここでは主に短波を反射する。

5．デリンジャー現象はフレアのため，電離層が乱され，通信障害を引き起こすことをいう。また，説明文の分子や原子の密度は極めて小さい。なお，大気の構造で，中間圏より上を外（気）圏，電離圏，全体を熱圏と呼ぶこともある。

正答 2

高卒

市役所初級

No. 337 地学 日本の気象 平成17年度

次のＡ～Ｅの記述中の｛　｝から正しい言葉を選んだ組合せはどれか。

Ａ　オホーツク海気団は，温度が低く｛湿って　乾いて｝いる。

Ｂ　揚子江気団は，温度が高く｛湿って　乾いて｝いる。

Ｃ　シベリア気団は，温度が低く｛湿って　乾いて｝いる。

Ｄ　小笠原気団は，温度が高く｛湿って　乾いて｝いる。

Ｅ　やませは冷害をもたらすが，これは｛太平洋側　日本海側｝で発生する。

	Ａ	Ｂ	Ｃ	Ｄ	Ｅ
1	乾いて	湿って	湿って	乾いて	日本海側
2	乾いて	乾いて	湿って	乾いて	日本海側
3	湿って	乾いて	湿って	湿って	太平洋側
4	湿って	湿って	乾いて	湿って	日本海側
5	湿って	乾いて	乾いて	湿って	太平洋側

解説

Ａ～Ｄの気団のうち，乾燥型は大陸性のもので，揚子江気団（Ｂ）とシベリア気団（Ｃ）がこれに当たる。湿潤型は海洋性の気団で，オホーツク気団（Ａ）と小笠原気団（ｂ）がこれに当たる。やませは，初夏に三陸地方に北東から吹く冷涼湿潤な風で，冷害が発生する。

よって，正答は**5**である。

正答　**5**

高卒

地方初級

No. 338 地学 わが国の天気図 平成14年度

次の天気図の各地の説明のうち，正しいものはどれか。

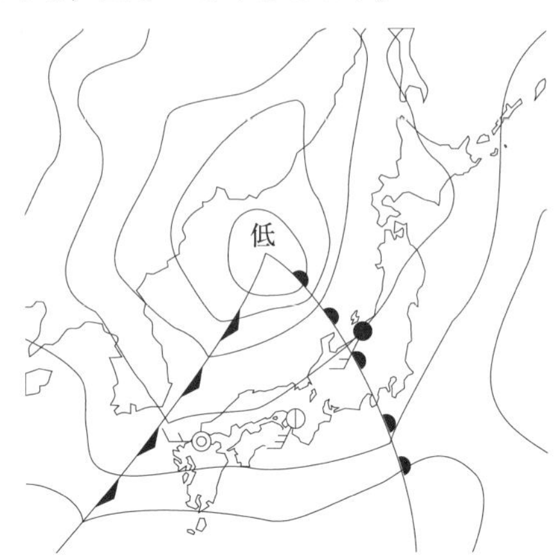

1 大阪の天候は曇りで，風向きは南西，風力は3である。
2 新潟の天候は雨であるが，温暖前線の通過後には天気は回復し，気温は低下する。
3 新潟の天候は曇りで，風向きは北西，風力は2である。
4 福岡の天候は快晴で，風向きは西，風力は6である。
5 福岡では今後寒冷前線が通過し，天候は雨となり，気温は低下する。

解説

1．天候は晴れである。風向き，風力は正しい。
2．温暖前線通過後には天気は回復し，温度は上がる。
3．天候は雨，風向きは南西，風力は正しい。
4．天候は曇りである。風向きは正しい。風力は2である。
5．正しい。

正答 5

次の地質断面図から，A層～F層の成立順序として正しいのはどれか。

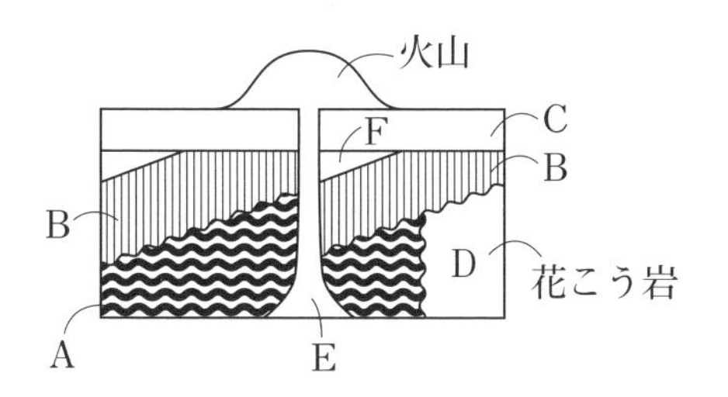

1 A→B→D→F→E→C
2 A→D→B→F→C→E
3 A→D→B→F→E→C
4 D→A→B→F→C→E
5 D→A→B→F→E→C

解説

A，D，Bの順序は，Aの堆積，Dの貫入の後に陸化し侵食を受け不整合面の形成，その後水没し，Bの堆積となる。したがって，A→D→Bの順序が正しい。C，E，Fの順序は，Bの次にFが堆積し，断層が生じた後，再び陸化し侵食を受け，その後水没しCが堆積，最後にEの岩脈の形成となる。

以上より，正答は**2**である。

正答 2

高卒 地方初級

No. 340 地学 地 震 平成15年度

地震に関する次の記述のうち正しいのはどれか。

1 地震波のＰ波とＳ波は共に横波で，地震発生と同時に震源から出発し，同じ速度で地中を伝わる。

2 太平洋周縁には海洋プレートが陸のプレートの下に沈み込むところが多く，そうした場所で地震が多発する。

3 地震は地球の造山運動の一環なので，地震により，土地の隆起は起こるが，土地の沈降は起こらない。

4 地震による揺れの大きさをマグニチュードと言い，日本では気象庁が定める８段階で表されている。

5 震源が100kmより浅い地震は小規模だが，震源が100kmを超す地震は大規模で，地上での被害も大きい。

解説

1. Ｓ波は横波であるが，Ｐ波は縦波である。また，Ｐ波は高速であるがＳ波は低速である。

2. 正しい。日本列島の陸地の大部分はユーラシアプレートと北アメリカプレートの上にのっており，その下へ太平洋プレートとフィリピン海プレートが沈み込んでいる。

3. 地震は，土地の隆起のほかに沈降も起こす。また，造山運動，地震，火山等はプレート境界部で発生しており，これらはプレートの動きの一環と考えられている。

4. 地震による揺れの大きさは「震度」であり，マグニチュードは地震のエネルギーの大きさを表すものである。また，気象庁が定める震度階級は０～７の10段階で表されている。

5. 震源の浅い直下型地震は，地震の規模が小さくても地上に近いため大きな被害をもたらすことがある。

正答 2

No.341 地学 太陽系の惑星 平成26年度

太陽系の惑星に関する記述として，妥当なのはどれか。

1 太陽と地球の間にある惑星は，水星，金星，火星である。
2 金星は半径が太陽系最小の惑星であり，重力が小さく大気はほとんどない。
3 火星の表面には季節で消長する極冠や，火山や浸食の跡が見られる。
4 土星と木星は密度が小さい木星型惑星で，主な成分は酸素，ケイ素，鉄などである。
5 天王星は自転軸が軌道面に対しほぼ横倒しで，最も外側の軌道を持っている。

解説

1．太陽系の惑星は，太陽に近いものから水星，金星，地球，火星，木星，土星，天王星，海王星となる。内側の4つが地球型惑星，外側の4つが木星型惑星である。地球型は半径が数千キロで小さく，表面は岩石質であり密度が約4～5.5g/cm^{3}と大きい。木星型は半径が数万キロで，水素やヘリウムなどのガスを主成分とするため密度は1g/cm^{3}前後である。
2．これは水星の説明である。金星は分厚い二酸化炭素の大気を持ち，温室効果で表面温度が約465Kにも達する。
3．妥当である。火星は二酸化炭素を主とする大気を持つが希薄である。
4．後半部分は地球型惑星の説明である。
5．天王星の自転軸に関しては正しいが，最も外側を公転しているのは海王星である。以前は最も外側に冥王星が惑星としてあったが，現在は太陽系外縁天体の中の準惑星に分類されている。

正答 3

高卒

地方初級

No. 342 地学 恒星の観測 平成18年度

恒星の観測に関する次の文中の空欄A～Cに適する語句の組合せとして，妥当なものはどれか。

午後9時頃，南東に見えたスピカが，翌日の早朝には［　A　］に見えた。その半年後には［　B　］。その翌日の早朝には［　C　］に見えた。

	A	B	C
1	東	夜間は地平線下に隠れて見えない	東
2	東	一晩中見ることができる	西
3	西	夜間は地平線下に隠れて見えない	東
4	西	夜間は地平線下に隠れて見えない	西
5	西	一晩中見ることができる	東

解説

地球は太陽のまわりを公転するため，地球から夜間に観測できる夜空は移り変わる。また自転もしているので，恒星は1時間におよそ15°東方から西方に移動して見える（日周運動）。

Aについてだが，南東方向から西に日周運動していくと9時間後に西の地平線に見えることになる。その時の時刻は午前6時，早朝となる。

半年後は地球からスピカのある方向はほぼ昼間となるが，早朝に見えたとすると，太陽の出る寸前の空に，つまり東に見える（C）。よって，夜間は地平線下に隠れて見えない（B）。

以上より，**3**が正しい。

正答　3

大卒 No. 343 地方上級

地学 気圧と気象 平成28年度

気圧と気象に関する次の記述のうち，妥当なものはどれか。

1 気圧は，海面上では平均すると約900hPa となり，高度が高くなるほど気圧は高くなる。

2 風は気圧の高い所から低い所に向かって吹き，等圧線の間隔が広い所ほど強く吹く。

3 上昇気流が発生すると，空気が膨張して温度が下がり雲ができる。そのため，低気圧が近づくと雲が発生し雨が降る。

4 気圧の低い所では海面が押されて低下し，気圧の高い所では海面が吸い上げられて上昇する。そのため強い高気圧が近づくと海面が上昇し，高潮と呼ばれる。

5 日本付近は季節によって気圧配置が変化する。たとえば，夏になると中国大陸の高気圧が発達して西高東低の気圧配置となり，冬になるとオホーツク海の低気圧が発達して南高北低の気圧配置となる。

解説

1. 地球の海面上の平均気圧は約1,013hPa である。また，気圧は標高の高い所ほど低くなる。

2. 一般に，風は気圧の高い所から低い所に向かって吹くので前半は正しいが，等圧線の間隔が狭い所ほど気圧の差が大きいため，風は強くなる。

3. 正しい。上昇気流が発生すると気圧が低下するため，空気が膨張し温度が低下する。これによって水蒸気が凝結し，やがて雲が発生するため，天気が悪くなる。

4. 気圧の低い所では海面が吸い上げられ，逆に気圧の高い所では海面が押し下げられる。気圧が 1 hPa 下がると，約 1 cm 海面が吸い上げられるため，台風のように気圧の低い低気圧が近づくと，潮位が異常に高くなる場合がある。これを高潮という。

5. 夏は日本付近では太平洋高気圧が強まることで南高北低の気圧配置となり，冬はオホーツク海の低気圧が発達することで西高東低の気圧配置となる。

正答 3

大卒
No.
344
市役所上・中級

地学　フェーン現象　平成20年度

下図は水蒸気を多く含んだ空気塊が高い山を越えるときに起こるフェーン現象について説明したものである。この図において，Ｂ地点で雲が発生し，雨が降り出したとすると，Ｂ地点からＣ地点までは雲を発生しながら空気塊が上昇するので，ＢＣ間で気温が下降する割合はＡＢ間でのそれよりも（　ア　）。空気塊がＣ地点を越えてＤ地点に達するまでの間は，（　イ　）間での温度変化の割合と同じ割合で気温が（　ウ　）する。

上文中のア～ウに当てはまる字句の正しい組合せは次のうちどれか。

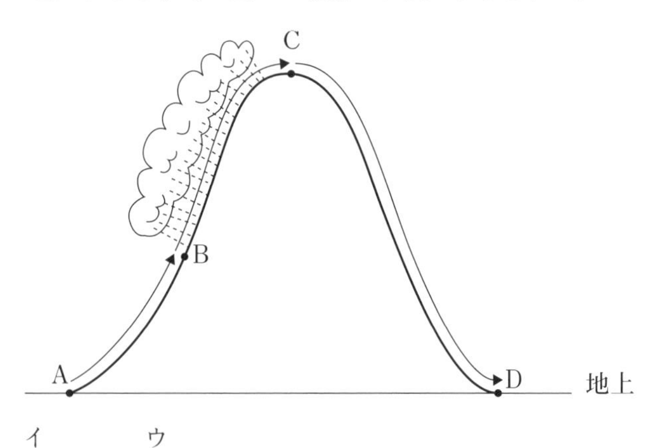

	ア	イ	ウ
1	小さい	ＡＢ	上昇
2	小さい	ＢＣ	上昇
3	小さい	ＡＢ	下降
4	大きい	ＡＢ	上昇
5	大きい	ＢＣ	下降

解説

フェーン現象は，水蒸気を多く含んだ空気塊が高い山を越えるとき，風下側において高温で乾燥した空気に変質する現象である。

問題の図において，Ｂ地点で雲が発生し，雨が降り出したとすると，ＡＢ間では乾燥断熱減率で，ＢＣ間では湿潤断熱減率で気温が下がる。乾燥断熱減率は，水蒸気で飽和していない空気塊が上昇するときに温度が下がる割合で，約1.0℃／100m，湿潤断熱減率は水蒸気で飽和した空気塊が上昇するときに温度が下がる割合で約0.5℃／100m，したがって，乾燥断熱減率>湿潤断熱減率である（ア）。

頂上のＣ地点を越えてＤ地点に達するまでは，高度が下がるにつれて気温が上昇するが，このときの空気塊は（すでに雨を降らせて）水蒸気で飽和していないので，ＡＢ間と同じ乾燥断熱減率で気温が上昇する（イ，ウ）。

以上より，正答は**1**である。

正答　1

大卒
No.345
市役所上・中級

地学　海洋　平成30年度

海洋に関する以下の記述の中で妥当なものを選べ。

1　海洋は陸地に比べると比熱が小さいため，気温の日較差や年較差は，一般に海洋上では大きく，大陸上では小さくなる。

2　太平洋や大西洋などの亜熱帯の海域では，貿易風や偏西風によって，表層に海水の巨大な循環が形成される。この循環の向きは，北半球では反時計回りである。

3　赤道付近の表層の海水は密度が大きいため，深層へ沈み，極付近まで移動して上昇する。この循環は，表層での海水の流れと比べて非常に速い。

4　エルニーニョとは，赤道太平洋の東部の表層水温が平年より高くなる現象である。エルニーニョが起きると，日本では平年より夏の気温が高く，冬の気温が低くなる。

5　大気中の二酸化炭素の増加に伴い，海洋に吸収される二酸化炭素も増加している。これにより，海洋の酸性化が進み，サンゴなどの生物の成長に影響を及ぼすおそれがあると指摘されている。

解説

1．海洋は陸地に比べると比熱が大きいため，気温の日較差や年較差は，一般に海洋上では小さく，大陸上では大きくなる。

2．亜熱帯還流についての記述であるが，この循環の向きは，北半球では時計回り，南半球では反時計回りである。

3．南極大陸の周りやグリーランド沖の表層の海水は冬季に冷却されて密度が大きくなるため海底に沈み込み深層水を形成する。深層水は表層水とは別に循環しており，太平洋では南から北へ，大西洋では北から南へと循環している。また，この循環の速度は，表層水の循環に比べて非常に遅い。

4．エルニーニョが発生すると，日本では梅雨明けの遅れ，冷夏，暖冬などの影響がみられる。

5．妥当である。

正答　5

大卒 No. 346 市役所上・中級

地学　岩石の風化　平成18年度

岩石は大気や水に長い間さらされていると，変質したり細かく砕かれたりする。これを風化作用というが，風化作用には機械的風化作用と化学的風化作用がある。これらに関する次の記述のうち，正しいものはどれか。

1　花こう岩の主成分である石英は雨水に溶けやすい性質があるため，花こう岩が長い間風雨にさらされると機械的風化作用によって泥岩ができる。

2　石灰岩地域では雨水に溶けている O_2 の作用で岩石の主成分である $CaCO_3$ が溶かされ，化学的風化作用によってカルスト地形や鍾乳洞などの特異な地形が形成される。

3　熱帯多雨地方では機械的風化作用が著しく，風化されにくい部分が地表に残ってボーキサイトなどの残留鉱床をつくることが多い。

4　黒雲母を多く含んだ岩石では，CO_2 を含んだ水によって黒雲母が変質し，化学的風化作用によってカオリンなどの粘土鉱物に変わる。

5　岩石を構成するさまざまな鉱物の熱膨張率は種類ごとに異なるため，気温の変化を繰り返すうちに岩石内部に透き間を生じ，機械的風化作用によって岩石は崩壊していく。

解説

1．石英は化学的に安定なので水には溶けない。花こう岩を構成する他の鉱物（長石類や黒雲母）は化学的風化作用により変質して水に流されてしまうが石英は最後まで残るので，花こう岩地域では石英の白砂海岸や河原ができることが多い。

2．石灰岩の主成分である炭酸カルシウム（$CaCO_3$）は，O_2 ではなく CO_2 を含んだ水と反応し，炭酸水素カルシウム（$Ca(HCO_3)_2$）となって水に溶ける。

3．熱帯多雨地方では化学的風化作用が著しいが，それによって溶けて失われることの少ない元素だけが地表に濃縮されることがある。ボーキサイトはこのようにしてアルミニウムが濃縮されて残留鉱床となったものである。

4．黒雲母ではなく長石類についての記述である。長石類は化学的風化作用によってカオリン（白陶土）などの粘土鉱物に変わる。

5．正しい。

正答　5

大卒

No. 347　市役所上・中級

地学　日本の地形　平成18年度

日本の地形に関する次の記述のうち，正しいものはどれか。

1　溶岩と爆発による噴出物とが交互に重なってできた美しい形の火山をコニーデと呼ぶが，日本には富士山をはじめとしてこのタイプの火山が多い。

2　安山岩～流紋岩質の溶岩が上昇してきてドーム状の火山体を形成したものをトロイデと呼ぶが，日本では伊豆大島の三原山にその典型が見られる。

3　日本列島の地質構造はフォッサマグナを境に西南日本と東北日本に区分され，フォッサマグナの西縁は特に明瞭な断層となっていて中央構造線と呼ばれている。

4　東北日本の太平洋側には新生代第三紀の地層が分布し，日本で石油を産出する主な地域と重なっている。

5　陸繫島は，海岸と沖の島との間の沿岸流が弱いため，そこに沿岸流によって運ばれた砂や礫が堆積して陸とつながったもので，日本では三保の松原がその典型例である。

解説

1．正しい。

2．日本でトロイデといえるのは，箱根双子山や昭和新山などである。

3．フォッサマグナの西縁を走っているのは糸魚川ー静岡構造線である。

4．グリーンタフ地域のことであるが，この地域は東北日本の日本海側に分布している。

5．三保の松原は砂嘴の典型例である。砂嘴は，沿岸流により運ばれた砂や礫が，入江の一端から鳥のくちばし状に長く突き出た形に堆積したものである。陸繫島の例としては，神奈川県の江ノ島が知られている。

正答　1

大卒 地方上級

No.348 地学 地震波と地球の内部構造 平成26年度

地震波に関する次の記述について，空欄ア～エに当てはまる語句の組合せとして妥当なものはどれか。

地震が起きるとＰ波とＳ波が発生し，地球内部を伝わる。Ｐ波は進行方向に振動する縦波で，固体，液体，気体中を伝わり，Ｓ波は進行方向とは直角方向に振動する横波で，[ア]のみを伝わる。Ｐ波とＳ波で，伝わる速さが速いのは[イ]である。図１のように震央と観測地点と地球の中心を結んでできた中心角を角距離という。Ｐ波は角距離103°から143°の間に伝わらない部分がある。Ｓ波は角距離103°以遠で伝わらない。図２は，Ｐ波の伝わり方を描写した図である。③が示すようにマントルと外核の境界面で曲がり，伝わらない部分が生じる。曲がるのはマントルと外核で波の伝わる速さが異なるためである。一般に速い層から遅い層に波が伝わる場合，波は進行方向に対して遠ざかる方向に伝わる。したがって，③においてはマントルより外核のほうがＰ波の速さは[ウ]なる。以上より，マントルは[ア]，外核は[エ]である。

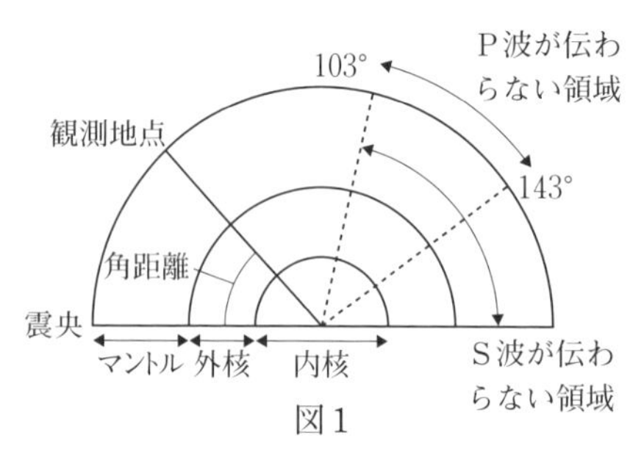

図１

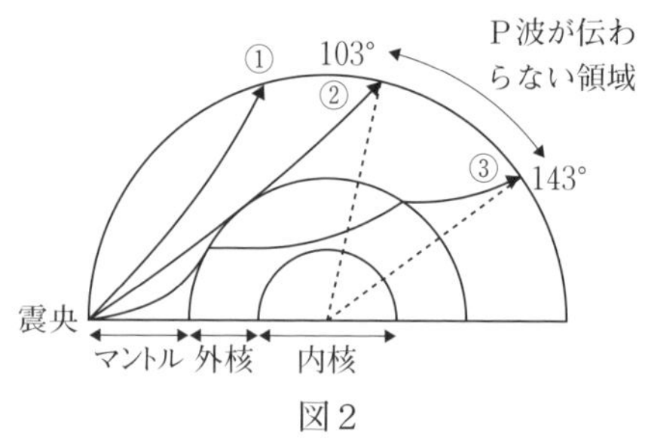

図２

	ア	イ	ウ	エ
1	液体	Ｐ波	遅く	固体
2	液体	Ｓ波	速く	固体
3	固体	Ｐ波	速く	液体
4	固体	Ｐ波	遅く	液体
5	固体	Ｓ波	遅く	液体

解説

横波のＳ波は固体のみを伝わり，液体，気体中は伝わらないので，アには「固体」が入る。Ｐ波とＳ波ではＰ波のほうが速いので，イには「Ｐ波」が入る。図２の③の地震波について，マントルと外核の境界面での地震波の伝わり方を見ると，マントル内よりも外核内で境界面に垂直に近くなっている。つまり，外核のほうがＰ波が遅くなるので，ウには「遅く」が入る。Ｓ波はＰ波の中で外核を通る部分の角距離に地震波が伝わっていない。つまり，Ｓ波は外核に伝わっていないので，外核は液体であり，エには「液体」が入る。

以上より，正答は**4**である。

正答　4

大卒
No. 349
市役所上・中級
地学　火山　平成17年度

火山に関する次の記述のうち，妥当なものはどれか。

1　伊豆大島や三宅島の火山の噴火は，火山灰が上空10,000m まで達するような激しい爆発型であり，ガスを大量に含む粘性の非常に大きな安山岩質マグマが噴出するため，火砕流を生じる。

2　雲仙火山の噴火では，玄武岩質の溶岩ドームが噴火口をふさいでしまい，それまでの火口ではなかった所から割れ目が生じて噴火し，いくつもの火口が並んで生じる割れ目噴火が起こった。

3　富士山や浅間山は，噴火の際，空中に噴出された火砕物質や火山灰の上に火砕流と火口から噴出した溶岩が積み重なって形成されたものであり，コニーデと呼ばれる。

4　桜島は，頻繁に噴火を繰り返し，大量の火山灰を噴出しているが，粘性の大きい玄武岩質のマグマが火口で冷え固まって溶岩円頂丘を形成しており，火砕流や溶岩流が起こることのない鐘型火山である。

5　火山によって阿蘇山や十和田湖のように直径数 km から数十 km のカルデラが見受けられるが，これは大量のガスを含む粘性の大きいマグマが大爆発をしたため火口が吹き飛んだものであり，溶岩円頂丘の最終的な形である。

解説

1．伊豆大島や三宅島の火山は粘性が小さく，流動性が大きい玄武岩質マグマを噴出している。

2．雲仙火山は，比較的粘性が大きく，流動性が小さい安山岩質マグマを噴出する。

3．正しい。富士山は，小規模噴火を繰り返したため，溶岩流と火山灰などの堆積が交互に見られる成層火山として有名。

4．桜島の火山は，玄武岩質マグマではなく，安山岩質マグマを噴出する。

5．カルデラは，火山性のくぼ地である。粘性の大きなマグマのみではなく，粘性の小さなマグマでも形成される。

正答　3

大卒 No. 350 市役所上・中級

地学　地球と太陽の位置関係　平成21年度

図Ⅰ，図Ⅱは夏至または冬至のいずれかの日における太陽に対する地球の位置関係を示したものである。図中のA地点における昼の時間は図Ⅰのほうが図Ⅱよりも［ア］。図ⅠにおいてはA地点のほうがB地点よりも昼の時間が［イ］。図Ⅱにおいて，B地点では南中時の太陽は天頂よりも［ウ］に見える。

上文中の空欄ア～ウに入る語句の正しい組合せは，次のうちどれか。

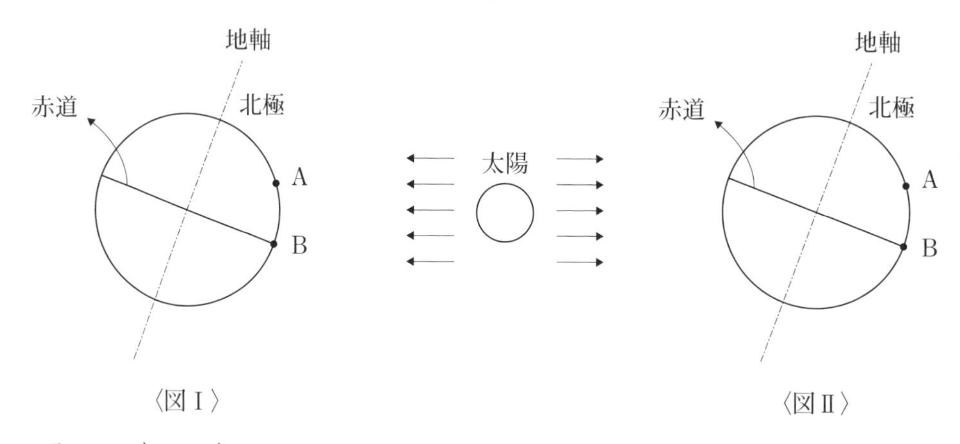

〈図Ⅰ〉　〈図Ⅱ〉

	ア	イ	ウ
1	短い	短い	北
2	短い	長い	南
3	長い	長い	南
4	長い	短い	北
5	長い	短い	南

地球の自転軸は公転面に垂直な方向から約23.4°傾いている。このため，1年周期で太陽の南中高度が変化し四季の変化が生じる。

図Ⅰは（北半球の）夏至の日における地球と太陽の位置関係を表しており，太陽は北緯23.4°の緯線（北回帰線）の真上から地球を照らしている。一方，図Ⅱは（北半球の）冬至の日における地球と太陽の位置関係を表しており，太陽は南緯23.4°の緯線（南回帰線）の真上から地球を照らしている。

図Ⅰにおいて，赤道上では昼と夜の時間がほぼ等しくなっているが，北半球では緯度が高くなるほど昼の時間が長くなっていく（イ）。

図Ⅱにおいて，やはり赤道上では昼と夜の時間がほぼ等しくなっているが，北半球では緯度が高くなるほど昼の時間が短くなっていく。したがって，図ⅠのA地点では昼の時間＞夜の時間，図ⅡのA地点では夜の時間＞昼の時間となるので，A地点での昼の時間は図Ⅰのほうが図Ⅱよりも長い（ア）。なお，赤道上では季節にかかわらず一年中，夜の時間≒昼の時間となっていることに注意する。

上述したように，図Ⅱにおいては南中高度が最も高いのは南回帰線上の地点であり，赤道上のB地点はそれより北に位置しているので，B地点では南中時の太陽は天頂よりも南に寄った位置に見える（C）。なお，春分の日，秋分の日には，太陽は赤道の真上にあり，南中高度は赤道上の地点において最大となっている。

以上より，正答は**3**である。

正答　3

●本書の内容に関するお問合せについて

本書の内容に誤りと思われるところがありましたら，まずは小社ブックスサイト（jitsumu.hondana.jp）中の本書ページ内にある正誤表・訂正表をご確認ください。正誤表・訂正表がない場合や訂正表に該当箇所が掲載されていない場合は，書名，発行年月日，お客様の名前・連絡先，該当箇所のページ番号と具体的な誤りの内容・理由等をご記入のうえ，郵便，FAX，メールにてお問合せください。

〒163-8671 東京都新宿区新宿1-1-12 実務教育出版 受験ジャーナル編集部
FAX：03-5369-2237　　E-mail：juken-j@jitsumu.co.jp

【ご注意】
※**電話でのお問合せは，一切受け付けておりません。**
※**内容の正誤以外のお問合せ（詳しい解説・受験指導のご要望等）には対応できません。**

公務員試験　合格の500シリーズ
大卒・高卒消防官〈教養試験〉過去問350［2025年度版］

2024年2月5日　初版第1刷発行　　〈検印省略〉

編　者　資格試験研究会
発行者　小山隆之

発行所　株式会社 実務教育出版
〒163-8671　東京都新宿区新宿1-1-12
☎編集　03-3355-1813　販売　03-3355-1951
振替　00160-0-78270

印　刷　精興社
製　本　ブックアート

ISBN978-4-7889-3498-6 C0030　Printed in Japan

公務員一次試験情報をお寄せください

小社では，次の要領で本年度公務員試験の情報を募集しております。受験後ご記憶の範囲でけっこうですので，事務系・技術系問わず，ぜひとも情報提供のご協力をお願いいたします。

☆**募集内容**　地方初級（道府県・市町村），警察官（中級も含む），消防官（中級も含む），特別職公務員などの一次試験に関する情報（教養・適性の実際問題・科目別内訳など）

※試験問題を持ち帰ることができる試験については，情報をお送りいただく必要はありません。

☆**送り先**　〒163-8671　新宿郵便局 私書箱330号　（株）実務教育出版「試験情報係」

☆**謝礼**　情報内容の程度により謝礼を進呈いたします。　☆**締切**　試験受験後

住所 〒＿＿＿＿＿＿＿＿＿＿＿＿＿＿＿＿＿＿＿＿＿＿＿＿

氏名＿＿＿＿＿＿＿＿＿＿＿＿　年齢（合格時）＿＿＿＿＿　職業＿＿＿＿＿

受講生番号＿＿＿－＿＿＿－＿＿＿　☎＿＿＿（　　）＿＿＿

※１つの試験についてのみご記入ください。そのほかの試験についてや用紙が足りない場合はレポート用紙でも可。

●**受験した試験名**＿＿＿＿＿＿＿＿＿＿　**試験区分**＿＿＿＿＿＿＿＿

●**一次試験日**＿＿＿＿＿＿＿＿＿＿　**試験時間**＿＿＿＿＿＿＿＿

●**制限時間と出題数**（課されたものについて，□内に✓を，また（　）内は○をつけてください。）

□教養択一式＿＿分＿＿題（うち必須＿＿題，選択＿＿題のうち＿＿題解答）

□教養記述式＿＿分＿＿題　□漢字＿＿分＿＿題　□専門（択一式・記述式・短答式）＿＿分＿＿題

□事務適性＿＿分＿＿形式＿＿題　□性格検査（クレペリン・　-　〔　　〕）＿＿分＿＿題

□作文＿＿分＿＿字（タテ・ヨコ）書き　課題＿＿＿＿＿＿＿＿＿＿

□面接試験　{個別面接　試験官＿＿人　面接時間＿＿分
　　　　　　{集団面接　受験者＿＿人　試験官＿＿人　面接時間＿＿分

●**択一式マークの方法**　═（　）　⊗（　）　●（　）　▬（　）　そのほか｛具体的に　　｝

●**教養試験出題内訳**

No.	科目	出題内容	No.	科目	出題内容
1			26		
2			27		
3			28		
4			29		
5			30		
6			31		
7			32		
8			33		
9			34		
10			35		
11			36		
12			37		
13			38		
14			39		
15			40		
16			41		
17			42		
18			43		
19			44		
20			45		
21			46		
22			47		
23			48		
24			49		
25			50		

●**教養試験出題数**

一般知識＿＿題	政治＿＿題　経済＿＿題　日本史＿＿題　世界史＿＿題 地理＿＿題　倫理＿＿題　社会＿＿題　文学＿＿題 芸術＿＿題　国語＿＿題　数学＿＿題　物理＿＿題 化学＿＿題　生物＿＿題　地学＿＿題　英語＿＿題　その他＿＿題
一般知能＿＿題	文章理解＿＿題（現代文＿＿題　古文＿＿題　漢文＿＿題　英文＿＿題） 判断推理＿＿題　数的推理＿＿題　資料解釈＿＿題　その他＿＿題

●**適性試験の内容**（各形式につき覚えている限りを自由にお書きください）

●**教養試験の問題内容**

問題文（科目名　　　　　）

選択枝 1

2

3

4

5

（図や表が必要な場合はここにお書きください）

「公務員合格講座」の特徴

67年の伝統と実績

実務教育出版は、67年間にわたり公務員試験の問題集・参考書・情報誌の発行や模擬試験の実施、全国の大学・専門学校などと連携した教室運営などの指導を行っています。その積み重ねをもとに作られた、確かな教材と個人学習を支える指導システムが「公務員合格講座」です。公務員として活躍する数多くの先輩たちも活用した伝統ある「公務員合格講座」です。

時間を有効活用

「公務員合格講座」なら、時間と場所に制約がある通学制のスクールとは違い、生活スタイルに合わせて、限られた時間を有効に活用できます。通勤時間や通学時間、授業の空き時間、会社の休憩時間など、今まで利用していなかったスキマ時間を有効に活用できる学習ツールです。

取り組みやすい教材

「公務員合格講座」の教材は、まずテキストで、テーマ別に整理された頻出事項を理解し、次にワークで、テキストと連動した問題を解くことで、解法のテクニックを確実に身につけていきます。

初めて学ぶ科目も、基礎知識から詳しく丁寧に解説しているので、スムーズに理解することができます。

実戦力がつく学習システム

「公務員合格講座」では、習得した知識が実戦で役立つ「合格力」になるよう、数多くの演習問題で重要事項を何度も繰り返し学習できるシステムになっています。特に、eラーニング［J トレプラス］は、実戦力養成のカギになる豊富な演習問題の中から学習進度に合わせ、テーマや難易度をチョイスしながら学習できるので、効率的に「解ける力」が身につきます。

eラーニング

豊富な試験情報

公務員試験を攻略するには、まず公務員試験のことをよく知ることが必要不可欠です。受講生専用の［J トレプラス］では、各試験の概要一覧や出題内訳など、試験の全体像を把握でき、ベストな学習プランが立てられます。

また、実務教育出版の情報収集力を結集し、最新試験情報や学習対策コンテンツなどを随時アップ！ さらに直前期には、最新の時事を詳しく解説した「直前対策ブック」もお届けします。

※KCMのみ

親切丁寧なサポート体制

受験に関する疑問や、学習の進め方や学科内容についての質問には、専門の指導スタッフが一人ひとりに親身になって丁寧にお答えします。模擬試験や添削課題では、客観的な視点からアドバイスをします。そして、受講生専用サイトやメルマガでの受講生限定の情報提供など、あらゆるサポートシステムであなたの学習を強力にバックアップしていきます。

受講生専用サイト

受講生専用サイトでは、公務員試験ガイドや最新の試験情報など公務員合格に必要な情報を利用しやすくまとめていますので、ぜひご活用ください。また、お問い合わせフォームからは、質問や書籍の割引購入などの手続きができるので、各種サービスを安心してご利用いただけます。

志望職種別　講座対応表

各コースの教材構成をご確認ください。下の表で志望する試験区分に対応したコースを確認しましょう。

	教材構成			
	教養試験対策	専門試験対策	論文対策	面接対策
K 大卒程度 公務員総合コース［教養+専門行政系］	●	●行政系	●	●
C 大卒程度 公務員総合コース［教養のみ］	●		●	●
L 大卒程度 公務員択一攻略セット［教養＋専門行政系］	●	●行政系		
D 大卒程度 公務員択一攻略セット［教養のみ］	●			
M 経験者採用試験コース	●		●	●
N 経験者採用試験［論文・面接試験対策］コース			●	●
R 市役所教養トレーニングセット［大卒程度］	●		●	●

	試験名［試験区分］		対応コース
国家公務員試験	国家一般職［大卒程度］	行政	教養＊3＋専門対策 → K L　教養＊3対策 → C D
		技術系区分	教養＊3対策 → C D
	国家専門職［大卒程度］	国税専門官／財務専門官	教養＊3＋専門対策 → K L ＊4　教養＊3対策 → C D
		皇宮護衛官［大卒］／法務省専門職員（人間科学）／食品衛生監視員／労働基準監督官／航空管制官／海上保安官／外務省専門職員	教養＊3対策 → C D
	国家特別職［大卒程度］	防衛省 専門職員／裁判所 総合職・一般職［大卒］／国会図書館 総合職・一般職［大卒］／衆議院 総合職［大卒］・一般職［大卒］／参議院 総合職	教養＊3対策 → C D
国立大学法人等職員			教養対策 → C D
地方公務員試験	都道府県 特別区（東京23区） 政令指定都市＊2 市役所［大卒程度］	事務（教養＋専門）	教養＋専門対策 → K L
		事務（教養のみ）	教養対策 → C D R
		技術系区分、獣医師 薬剤師 保健師など資格免許職	教養対策 → C D R
		経験者	教養＋論文＋面接対策 → M　論文＋面接対策 → N
	都道府県 政令指定都市＊2 市役所［短大卒程度］	事務（教養＋専門）	教養＋専門対策 → K L
		事務（教養のみ）	教養対策 → C D
	警察官	大卒程度	教養＋論文対策 → ＊5
	消防官（士）	大卒程度	教養＋論文対策 → ＊5

＊1 地方公務員試験の場合、自治体によっては試験の内容が対応表と異なる場合があります。
＊2 政令指定都市…札幌市、仙台市、さいたま市、千葉市、横浜市、川崎市、相模原市、新潟市、静岡市、浜松市、名古屋市、京都市、大阪市、堺市、神戸市、岡山市、広島市、北九州市、福岡市、熊本市。
＊3 国家公務員試験では、教養試験のことを基礎能力試験としている場合があります。
＊4 国税専門官、財務専門官は K「大卒程度 公務員総合コース［教養＋専門行政系］」、L「大卒程度 公務員択一攻略セット［教養＋専門行政系］」に『新スーパー過去問ゼミ 会計学』（有料）をプラスすると試験対策ができます（ただし、商法は対応しません）。
＊5 警察官・消防官の教養＋論文対策は、「警察官 スーパー過去問セット［大卒程度］」「消防官 スーパー過去問セット［大卒程度］」をご利用ください（巻末広告参照）。

大卒程度 公務員総合コース
［教養＋専門行政系］

膨大な出題範囲の合格ポイントを的確にマスター！

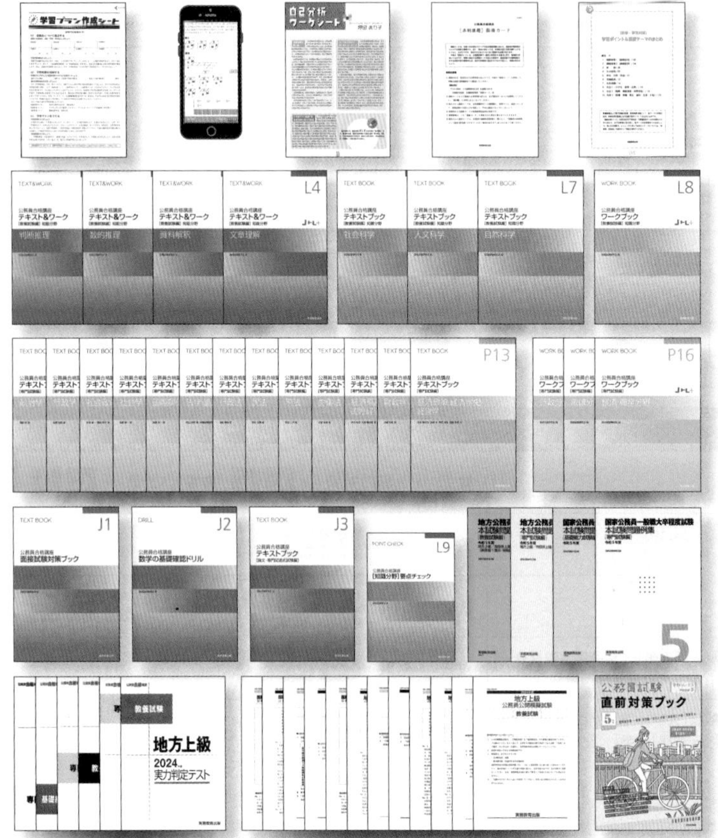
※表紙デザインは変更する場合があります

教材一覧

- 受講ガイド（PDF）
- 学習プラン作成シート
- **テキスト＆ワーク［教養試験編］知能分野（4冊）**
  判断推理、数的推理、資料解釈、文章理解
- **テキストブック［教養試験編］知識分野（3冊）**
  社会科学［政治、法律、経済、社会］
  人文科学［日本史、世界史、地理、文学・芸術、思想］
  自然科学［数学、物理、化学、生物、地学］
- **ワークブック［教養試験編］知識分野**
- **数学の基礎確認ドリル**
- **［知識分野］要点チェック**
- **テキストブック［専門試験編］（13冊）**
  政治学、行政学、社会政策、社会学、国際関係、法学・憲法、行政法、民法、刑法、労働法、経済原論（経済学）・国際経済学、財政学、経済政策・経済学史・経営学
- **ワークブック［専門試験編］（3冊）**
  行政分野、法律分野、経済・商学分野
- **テキストブック［論文・専門記述式試験編］**
- **面接試験対策ブック**
- **実力判定テスト★（試験別 各1回）**
  地方上級［教養試験、専門試験、論文・専門記述式試験（添削2回）］
  国家一般職大卒［基礎能力試験、専門試験、論文試験（添削2回）］
  市役所上級［教養試験、専門試験、論・作文試験（添削2回）］
  ＊教養、専門は自己採点　＊論文・専門記述式・作文は計6回添削
- **［添削課題］面接カード（2回）**
- **自己分析ワークシート**
- **［時事・事情対策］学習ポイント&重要テーマのまとめ（PDF）**
- **公開模擬試験★（試験別 各1回）**＊マークシート提出
  地方上級［教養試験、専門試験］
  国家一般職大卒［基礎能力試験、専門試験］
  市役所上級［教養試験、専門試験］
- **本試験問題例集（試験別過去問1年分 全4冊）**
  令和5年度 地方上級［教養試験編］★
  令和5年度 地方上級［専門試験編］★
  令和5年度 国家一般職大卒［基礎能力試験編］★
  令和5年度 国家一般職大卒［専門試験編］★
  ※平成20年度～令和5年度分は、［Jトレプラス］に収録
- **6年度　直前対策ブック★**
- **eラーニング［Jトレプラス］**

★印の教材は、発行時期に合わせて送付（詳細は受講後にお知らせします）。

教養・専門・論文・面接まで対応

行政系の大卒程度公務員試験に出題されるすべての教養科目と専門科目、さらに、論文・面接対策教材までを揃え、最終合格するために必要な知識とノウハウをモレなく身につけることができます。また、汎用性の高い教材構成ですから、複数試験の併願対策もスムーズに行うことができます。

出題傾向に沿った効率学習が可能

出題範囲をすべて学ぼうとすると、どれだけ時間があっても足りません。本コースでは過去数十年にわたる過去問研究の成果から、公務員試験で狙われるポイントだけをピックアップ。要点解説と問題演習をバランスよく構成した学習プログラムにより初学者でも着実に合格力を身につけることができます。

受講対象	**大卒程度 一般行政系・事務系の教養試験（基礎能力試験）および専門試験対策** ［都道府県、特別区（東京23区）、政令指定都市、市役所、国家一般職大卒など］	申込受付期間	**2023年4月1日～2024年3月31日**
		学習期間のめやす	**6か月**　学習期間のめやすです。個人のスケジュールに合わせて、長くも短くも調整することが可能です。試験本番までの期間を考慮し、ご自分に合った学習計画を立ててください。
受講料	**91,300円** （本体83,000円＋税　教材費・指導費等を含む総額） ※受講料は2023年4月1日現在のものです。	受講生有効期間	2025年10月31日まで

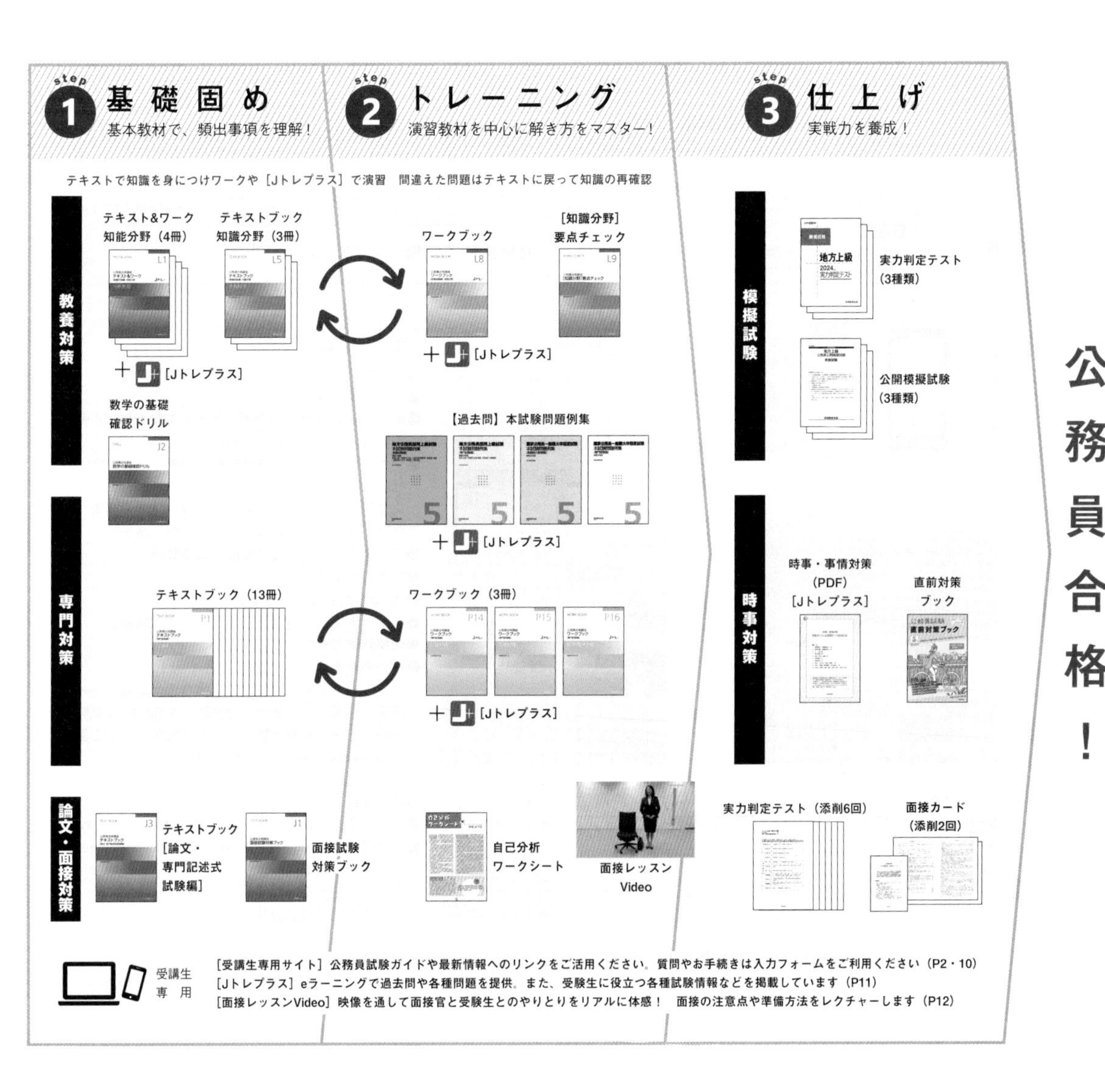

success voice!!

試験情報が充実していて面接対策もできる点から実務教育出版の通信講座を選びました

安藤 佳乃 さん
東京学芸大学卒業

特別区Ⅰ類【一般方式】事務 合格

私が公務員を目指し始めたのは、大学３年生の10月でした。筆記試験まで７か月しか時間がなかったため、アルバイトや授業の空き時間に効率よく勉強ができる通信講座で対策することに決めました。その中でも、試験情報が充実している点や面接対策もできる点から実務教育出版の通信講座を選びました。

通信講座を始めるまでは何から勉強すればよいかわからず不安でした。しかし［Jトレプラス］に学習モデルプランが掲載されており、それを参考にスケジュールを立てることができたため、安心して勉強を進めることができました。得意科目は問題演習から始める、苦手科目や未履修科目はテキストをじっくり読むなど、教材の使い方を工夫できるのは、通信講座ならではのよさだと思います。授業の空き時間にテキストを１テーマ分読んだり、通学時間に電車で「Jトレプラス」で穴埋めチェックをしたりと、スキマ時間を活用し勉強しました。また、実力判定テストや公開模試は自分の今の実力を確認できるとてもよい機会でした。

なかなか実力が伸びなかったり、友人が早い時期に民間企業に合格したりとあせる場面もたくさんありました。しかし、実務教育出版の教材と自分を信じて最後まで努力し続けた結果、合格することができました。皆さんも最後まであきらめずに頑張ってください。応援しています。

大卒程度 公務員総合コース

[教養のみ]

「教養」が得意になる、得点源にするための攻略コース！

受講対象	**大卒程度 教養試験（基礎能力試験）対策** [一般行政系（事務系）、技術系、資格免許職を問わず、都道府県、特別区（東京23区）、政令指定都市、市役所、国家一般職大卒など]	申込受付期間	**2023年4月1日～2024年3月31日**
		学習期間のめやす	6か月　学習期間のめやすです。個人のスケジュールに合わせて、長くも短くも調整することが可能です。試験本番までの期間を考慮し、ご自分に合った学習計画を立ててください。
受講料	**66,000円** （本体60,000円＋税　教材費・指導費等を含む総額） ※受講料は、2023年4月1日現在のものです。	受講生有効期間	2025年10月31日まで

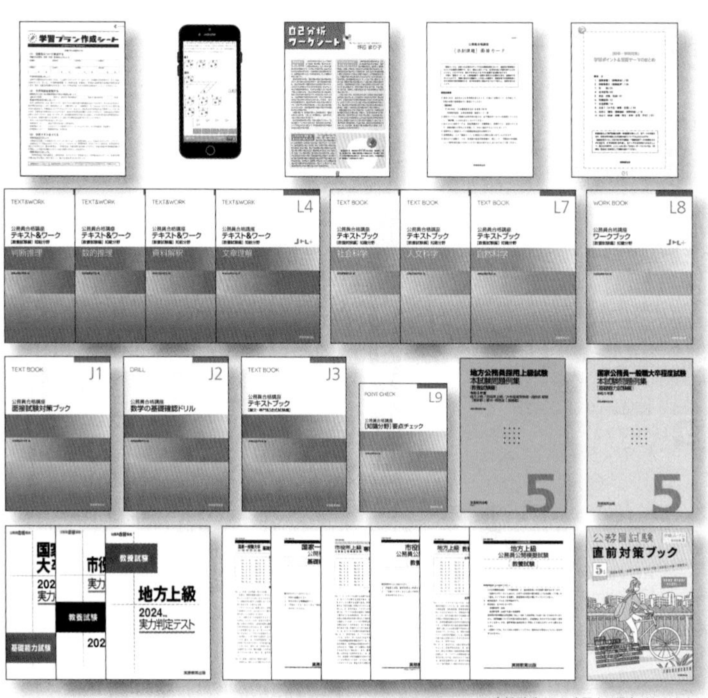

※表紙デザインは変更する場合があります

教材一覧

- ●受講ガイド（PDF）
- ●学習プラン作成シート
- ●**テキスト＆ワーク［教養試験編］知能分野（4冊）**
  判断推理、数的推理、資料解釈、文章理解
- ●**テキストブック［教養試験編］知識分野（3冊）**
  社会科学［政治、法律、経済、社会］
  人文科学［日本史、世界史、地理、文学・芸術、思想］
  自然科学［数学、物理、化学、生物、地学］
- ●**ワークブック［教養試験編］知識分野**
- ●**数学の基礎確認ドリル**
- ●**［知識分野］要点チェック**
- ●**テキストブック［論文・専門記述式試験編］**
- ●**面接試験対策ブック**
- ●**実力判定テスト★（試験別 各1回）**
  地方上級［教養試験、論文試験（添削2回）］
  国家一般職大卒［基礎能力試験、論文試験（添削2回）］
  市役所上級［教養試験、論・作文試験（添削2回）］
  ＊教養は自己採点　＊論文・作文は計6回添削
- ●**［添削課題］面接カード（2回）**
- ●**自己分析ワークシート**
- ●**［時事・事情対策］学習ポイント&重要テーマのまとめ（PDF）**
- ●**公開模擬試験★（試験別 各1回）**＊マークシート提出
  地方上級［教養試験］
  国家一般職大卒［基礎能力試験］
  市役所上級［教養試験］
- ●**本試験問題例集（試験別過去問1年分 全2冊）**
  令和5年度 地方上級［教養試験編］★
  令和5年度 国家一般職大卒［基礎能力試験編］★
  ※平成20年度～令和5年度分は、［Jトレプラス］に収録
- ●**6年度　直前対策ブック★**
- ●**eラーニング［Jトレプラス］**

★印の教材は、発行時期に合わせて送付します（詳細は受講後にお知らせします）

success voice!!

「Jトレプラス」では「面接レッスンVideo」と、直前期に「動画で学ぶ時事対策」を利用しました

伊藤 拓生さん
信州大学卒業

長野県 技術系 合格

私が試験勉強を始めたのは大学院の修士1年の5月からでした。研究で忙しい中でも自分のペースで勉強ができることと、受講料が安価のため通信講座を選びました。

まずは判断推理と数的推理から始め、テキスト&ワークで解法を確認しました。知識分野は得点になりそうな分野を選んでワークを繰り返し解き、頻出項目を覚えるようにしました。秋頃から市販の過去問を解き始め、実際の問題に慣れるようにしました。また直前期に「動画で学ぶ時事対策」を最も利用しました。食事の時間などに、繰り返し視聴していました。

2次試験対策は、「Jトレプラス」の「面接レッスンVideo」と、大学のキャリアセンターの模擬面接を利用し受け答えを改良していきました。

また、受講生専用サイトから質問ができることも大変助けになりました。私の周りには公務員試験を受けている人がほとんどいなかったため、試験の形式など気になったことを聞くことができてとてもよかったです。

公務員試験は対策に時間がかかるため、継続的に進めることが大切です。何にどれくらいの時間をかけるのか計画を立てながら、必要なことをコツコツと行っていくのが必要だと感じました。そして1次試験だけでなく、2次試験対策も早い段階から少しずつ始めていくのがよいと思います。またずっと勉強をしていると気が滅入ってくるので、定期的に気分転換することがおすすめです。

大卒程度 公務員択一攻略セット

[教養＋専門行政系]

教養＋専門が効率よく攻略できる

受講対象	大卒程度 一般行政系・事務系の教養試験（基礎能力試験）および専門試験対策 [都道府県、政令指定都市、特別区（東京23区）、市役所、国家一般職大卒など]
受講料	60,500円（本体55,000円＋税 教材費・指導費等を含む総額） ※受講料は2023年4月1日現在のものです。
申込受付期間	2023年4月1日～2024年3月31日
学習期間のめやす	6か月 学習期間のめやすです。個人のスケジュールに合わせて、長くも短くも調整することが可能です。試験本番までの期間を考慮し、ご自分に合った学習計画を立ててください。
受講生有効期間	2025年10月31日まで

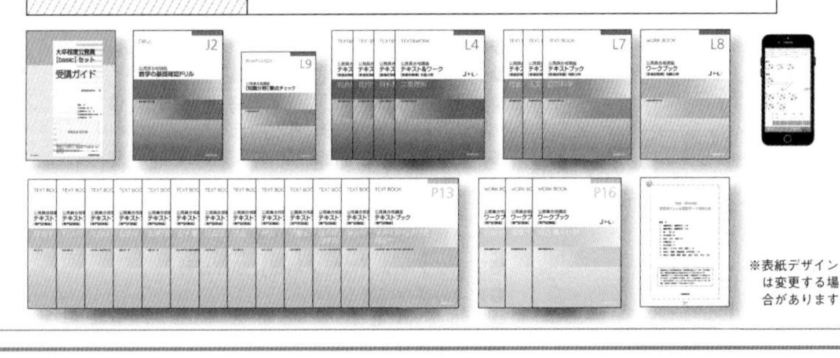

※表紙デザインは変更する場合があります

教材一覧

- ●受講ガイド
- ●テキスト＆ワーク［教養試験編］知能分野（4冊）
  判断推理、数的推理、資料解釈、文章理解
- ●テキストブック［教養試験編］知識分野（3冊）
  社会科学［政治、法律、経済、社会］
  人文科学［日本史、世界史、地理、文学・芸術、思想］
  自然科学［数学、物理、化学、生物、地学］
- ●ワークブック［教養試験編］知識分野
- ●数学の基礎確認ドリル
- ●［知識分野］要点チェック
- ●テキストブック［専門試験編］（13冊）
  政治学、行政学、社会政策、社会学、国際関係、法学・憲法、行政法、民法、刑法、労働法、経済原論（経済学）・国際経済学、財政学、経済政策・経済学史・経営学
- ●ワークブック［専門試験編］（3冊）
  行政分野、法律分野、経済・商学分野
- ●［時事・事情対策］学習ポイント&重要テーマのまとめ（PDF）
- ●過去問 ※平成20年度～令和5年度［Jトレプラス］に収録
- ●eラーニング［Jトレプラス］

教材は K コースと同じもので、
面接・論文対策、模試がついていません。

大卒程度 公務員択一攻略セット

[教養のみ]

教養のみ効率よく攻略できる

受講対象	大卒程度 教養試験（基礎能力試験）対策 [一般行政系（事務系）、技術系、資格免許職を問わず、都道府県、政令指定都市、特別区（東京23区）、市役所、国家一般職大卒など]
受講料	44,000円（本体40,000円＋税 教材費・指導費等を含む総額） ※受講料は2023年4月1日現在のものです。
申込受付期間	2023年4月1日～2024年3月31日
学習期間のめやす	6か月 学習期間のめやすです。個人のスケジュールに合わせて、長くも短くも調整することが可能です。試験本番までの期間を考慮し、ご自分に合った学習計画を立ててください。
受講生有効期間	2025年10月31日まで

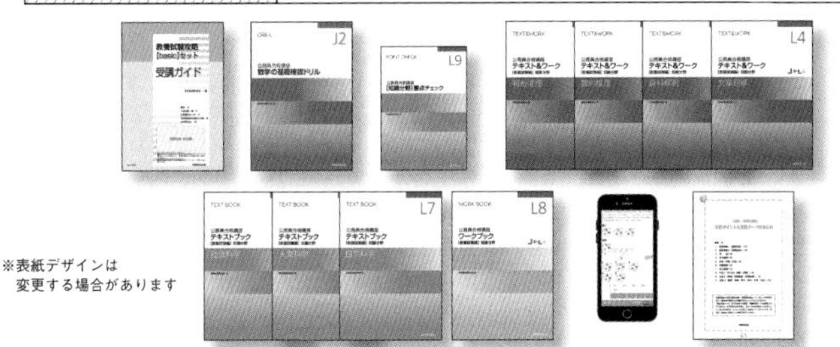

※表紙デザインは変更する場合があります

教材一覧

- ●受講ガイド
- ●テキスト＆ワーク［教養試験編］知能分野（4冊）
  判断推理、数的推理、資料解釈、文章理解
- ●テキストブック［教養試験編］知識分野（3冊）
  社会科学［政治、法律、経済、社会］
  人文科学［日本史、世界史、地理、文学・芸術、思想］
  自然科学［数学、物理、化学、生物、地学］
- ●ワークブック［教養試験編］知識分野
- ●数学の基礎確認ドリル
- ●［知識分野］要点チェック
- ●［時事・事情対策］学習ポイント&重要テーマのまとめ（PDF）
- ●過去問 ※平成20年度～令和5年度［Jトレプラス］に収録
- ●eラーニング［Jトレプラス］

教材は C コースと同じもので、
面接・論文対策、模試がついていません。

M 経験者採用試験コース

職務経験を活かして公務員転職を狙う教養・論文・面接対策コース！

POINT

広範囲の教養試験を頻出事項に絞って効率的な対策が可能！

8回の添削で論文力をレベルアップ
面接は、本番を想定した準備が可能！
面接レッスン Video も活用しよう！

受講対象	民間企業等職務経験者・社会人採用試験対策	
受講料	**77,000円**（本体 70,000円＋税 教材費・指導費等を含む総額）※受講料は、2023年4月1日現在のものです。	
申込受付期間	2023年4月1日～2024年3月31日	
学習期間のめやす	6か月	学習期間のめやすです。個人のスケジュールに合わせて、長くも短くも調整することが可能です。試験本番までの期間を考慮し、ご自分に合った学習計画を立ててください。
受講生有効期間	2025年10月31日まで	

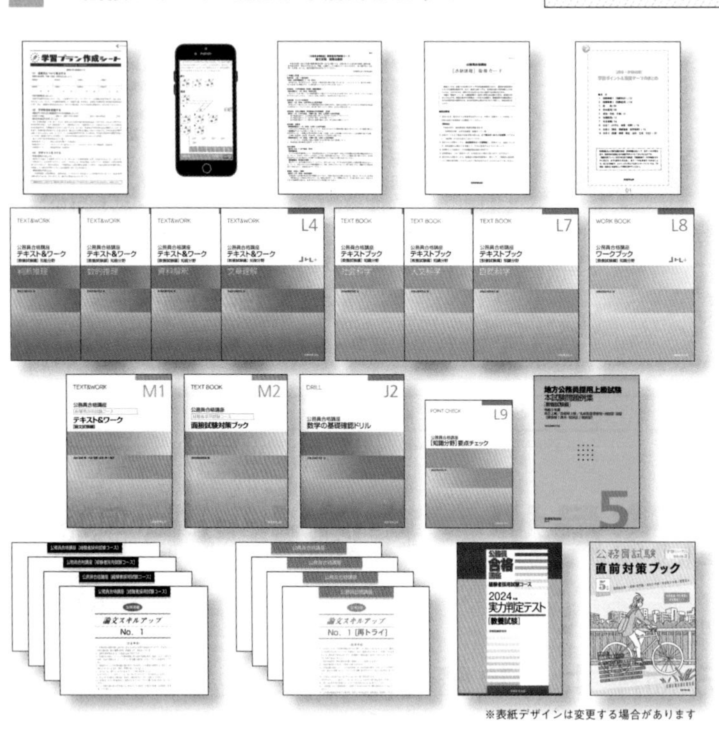

※表紙デザインは変更する場合があります

教材一覧

- ●受講ガイド（PDF）
- ●学習プラン作成シート
- ●論文試験 実際出題例
- ●テキスト＆ワーク［論文試験編］
- ●テキスト＆ワーク［教養試験編］知能分野（4冊）
  判断推理、数的推理、資料解釈、文章理解
- ●テキストブック［教養試験編］知識分野（3冊）
  社会科学［政治、法律、経済、社会］
  人文科学［日本史、世界史、地理、文学・芸術、思想］
  自然科学［数学、物理、化学、生物、地学］
- ●ワークブック［教養試験編］知識分野
- ●数学の基礎確認ドリル
- ●［知識分野］要点チェック
- ●面接試験対策ブック
- ●提出課題1（全4回）
  ［添削課題］論文スキルアップ No.1（職務経験論文）
  ［添削課題］論文スキルアップ No.2、No.3、No.4（一般課題論文）
- ●提出課題2（以下は初回答案提出後発送 全4回）
  再トライ用［添削課題］論文スキルアップ No.1（職務経験論文）
  再トライ用［添削課題］論文スキルアップ No.2、No.3、No.4（一般課題論文）
- ●実力判定テスト［教養試験］★（1回）＊自己採点
- ●［添削課題］面接カード（2回）
- ●［時事・事情対策］学習ポイント&重要テーマのまとめ（PDF）
- ●本試験問題例集（試験別過去問1年分 全1冊）
  令和5年度 地方上級［教養試験編］★
  ※平成20年度～令和5年度分は、［Jトレプラス］に収録
- ●6年度 直前対策ブック★
- ●eラーニング［Jトレプラス］

★印の教材は、発行時期に合わせて送付します（詳細は受講後にお知らせします）。

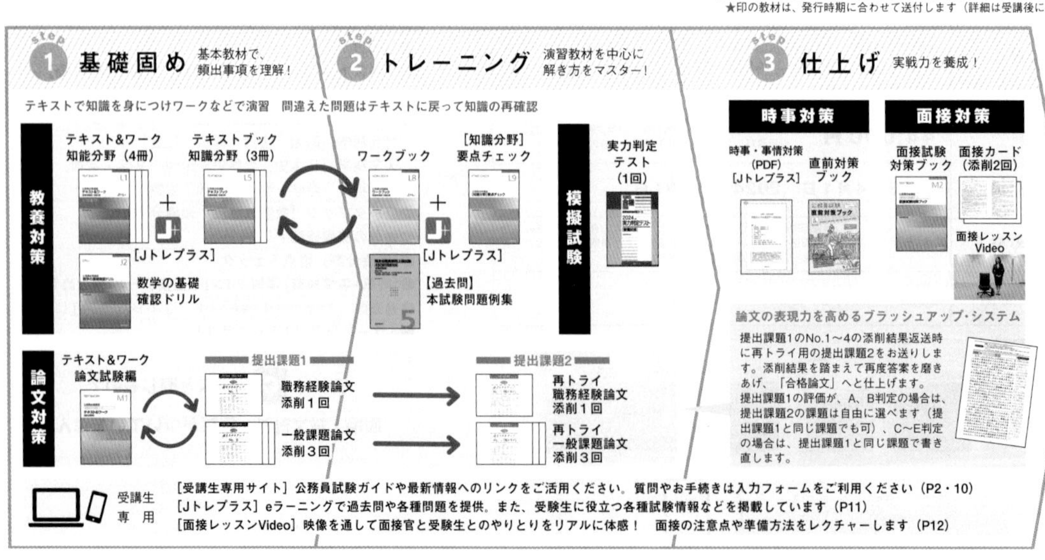

経験者採用試験［論文・面接試験対策］コース

経験者採用試験の論文・面接対策に絞って攻略！

POINT

8回の添削指導で
論文力をレベルアップ！

面接試験は、回答例を参考に
本番を想定した準備が可能！
面接レッスン Video も活用しよう！

受講対象	民間企業等職務経験者・社会人採用試験対策
受講料	38,500円（本体35,000円＋税　教材費・指導費等を含む総額）※受講料は、2023年4月1日現在のものです。
申込受付期間	2023年4月1日～2024年3月31日
学習期間のめやす	4か月　学習期間のめやすです。個人のスケジュールに合わせて、長くも短くも調整することが可能です。試験本番までの期間を考慮し、ご自分に合った学習計画を立ててください。
受講生有効期間	2025年10月31日まで

教材一覧

- ●受講のてびき
- ●論文試験 実際出題例
- ●テキスト＆ワーク［論文試験編］
- ●面接試験対策ブック
- ●提出課題1（全4回）
  - ［添削課題］論文スキルアップ No.1（職務経験論文）
  - ［添削課題］論文スキルアップ No.2、No.3、No.4（一般課題論文）
- ●提出課題2（以下は初回答案提出後発送　全4回）
  - 再トライ用［添削課題］論文スキルアップ No.1（職務経験論文）
  - 再トライ用［添削課題］論文スキルアップ No.2、No.3、No.4（一般課題論文）
- ●［添削課題］面接カード（2回）
- ●［時事・事情対策］学習ポイント＆重要テーマのまとめ（PDF）
- ●eラーニング［Jトレプラス］

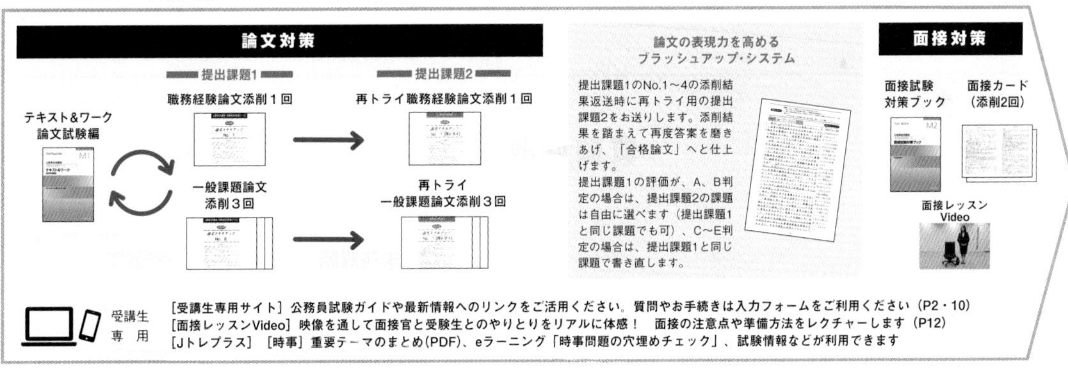

公務員合格！

※『経験者採用試験コース』と『経験者採用試験［論文・面接試験対策］コース』の論文・面接対策教材は同じものです。
両方のコースを申し込む必要はありません。どちらか一方をご受講ください。

success voice!!

やるべきことの優先順位がつけやすかった教材のおかげで合格することができました

朝岡 紀匠 さん
名古屋工業大学大学院卒業

名古屋市役所職務経験者（行政A）合格

私は警察官としてやりがいを感じていましたが、行政職員として市民の生活を支援したいと思い、2度目の公務員試験に挑戦しました。

私が通信講座を選んだのは、自宅で自分のペースで取り組めるからです。妻は仕事と子育ての中、サポートしてくれましたが、働きながら予備校に通うことは難しいと感じ、警察官試験の時も利用し、使いやすかった実務教育出版の通信講座を選びました。

受験勉強を始めたのは6月頃で、第一志望の一次試験は9月下旬。とにかく時間がありませんでした。私は通勤時間に［知識分野］要点チェックを活用し、知識を増やすことにしました。時間がなかったため、頻出分野のみ取り組みました。ある程度暗記ができた後に、Jトレプラスで問題を解きました。知能分野は自宅で学習しましたが、頻出度が高い問題のみ取り組みました。

また、並行して論文対策と面接対策にも取り組みました。論文試験は前職の経験に関する課題が出題される傾向にあったため、まずは自分を振り返るために面接試験対策ブックを使って自分自身のことを整理しました。その後、テキスト＆ワーク［論文試験編］に取り組み、さらに添削課題も提出しました。私が受験した試験は面接試験が2回あり、その点数配分が最も大きく、次に大きいのが論文試験でした。そのため、これらの対策ができたことが合格につながったのだと思います。

継続して取り組むのは自分自身との戦いになります。私は「1日にこれだけの問題数は必ずやる」という無理のない目標を決め習慣づけました。学習に取り組んでいる間は「これでいいのだろうか」という不安な気持ちがあると思います。しかし、頑張って取り組めばそれだけ合格は近づいてきます。自分自身を信じて頑張ってください。

2024 年度試験対応

市役所教養トレーニングセット

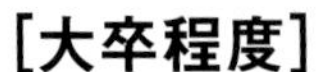

大卒程度の市役所試験を徹底攻略！

受講対象	**大卒程度 市役所 教養試験対策** 一般行政系（事務系）、技術系、資格免許職を問わず、大卒程度市役所
受講料	**29,700 円**（本体 27,000 円＋税　教材費・指導費等を含む総額） ※受講料は 2023 年 8 月 1 日現在のものです。
申込受付期間	**2023 年 8 月 1 日～ 2024 年 7 月 31 日**
学習期間のめやす	3 か月　学習期間のめやすです。個人のスケジュールに合わせて、長くも短くも調整することが可能です。試験本番までの期間を考慮し、ご自分に合った学習計画を立ててください。
受講生有効期間	2025 年 10 月 31 日まで

教材一覧

- ●受講ガイド（PDF）
- ●学習のモデルプラン
- ●テキスト＆ワーク［教養試験編］知能分野（4 冊）
  判断推理、数的推理、資料解釈、文章理解
- ●テキストブック［教養試験編］知識分野（3 冊）
  社会科学［政治、法律、経済、社会］
  人文科学［日本史、世界史、地理、文学・芸術、思想］
  自然科学［数学、物理、化学、生物、地学］
- ●ワークブック［教養試験編］知識分野
- ●数学の基礎確認ドリル
- ●［知識分野］要点チェック
- ●面接試験対策ブック
- ●実力判定テスト★　＊教養は自己採点
  市役所上級［教養試験・論文・作文試験（添削２回）］
- ●過去問（5 年分）
  ［J トレプラス］に収録
- ●e ラーニング［J トレプラス］

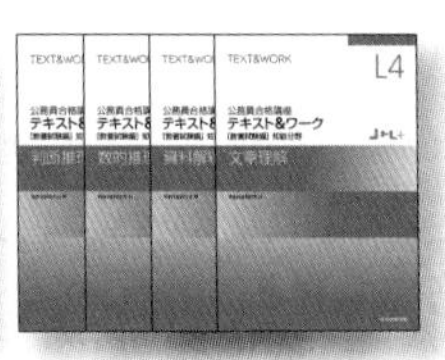
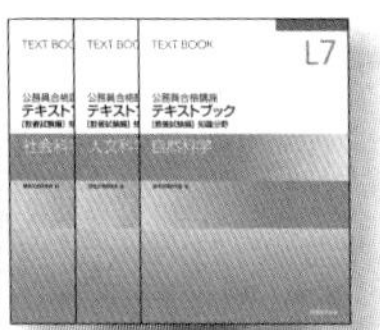

※表紙デザインは変更する場合があります

質問回答

学習上の疑問は、指導スタッフが解決！

マイペースで学習が進められる自宅学習ですが、疑問の解決に不安を感じる方も多いはず。でも「公務員合格講座」なら、学習途上で生じた疑問に、指導スタッフがわかりやすく丁寧に回答します。
手軽で便利な質問回答システムが、通信学習を強力にバックアップします！

質問の種類	**学科質問** 通信講座教材内容について わからないこと	**一般質問** 志望先や学習計画に 関することなど
回数制限	**10 回まで無料** 11 回目以降は有料となります。 詳細は下記参照	**回数制限なし** 何度でも質問できます。
質問方法	受講生専用サイト　郵便　FAX 受講生専用サイト、郵便、FAX で受け付けます。	受講生専用サイト　電話　郵便　FAX 受講生専用サイト、電話、郵便、FAX で受け付けます。

受講後、実務教育出版の書籍を当社に直接ご注文いただくとすべて 10%割引になります！！

公務員合格講座受講生の方は、当社へ直接ご注文いただく場合に限り、実務教育出版発行の本すべてを 10% OFF でご購入いただけます。
書籍の注文方法は、受講生専用サイトでお知らせします。

いつでもどこでも学べる学習環境を提供！

eラーニング

［Ｊトレプラス］

K C L D M R

※表示デザインは変更する場合があります

時間や場所を選ばず学べます！

スマホで「いつでも・どこでも」学習できるツールを提供しています。本番形式の「五肢択一式」のほか、手軽な短答式で重要ポイントの確認・習得が効率的にできる「穴埋めチェック」や短時間でトライできる「ミニテスト」など、さまざまなシチュエーションで活用できるコンテンツをご用意しています。外出先などでも気軽に問題に触れることができ、習熟度がUPします。

ホーム

五肢択一式

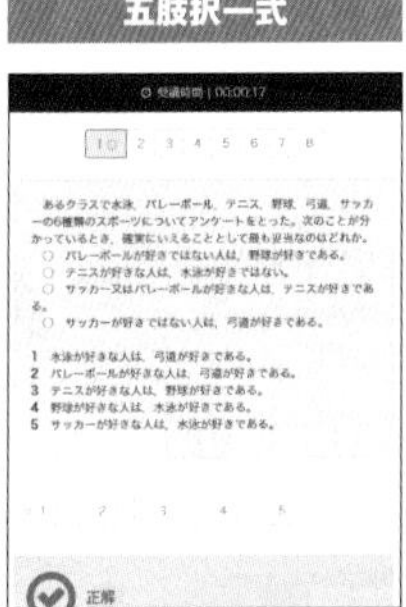

穴埋めチェック

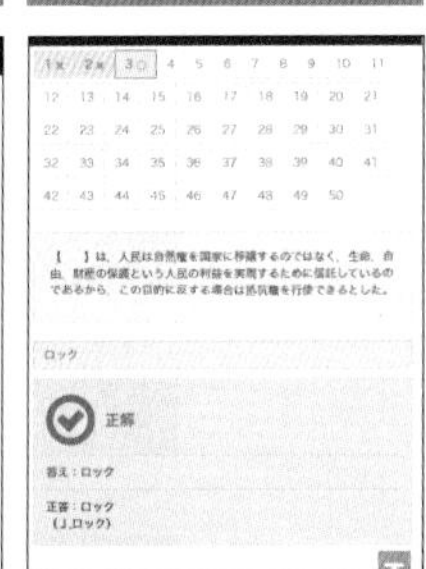

ミニテスト

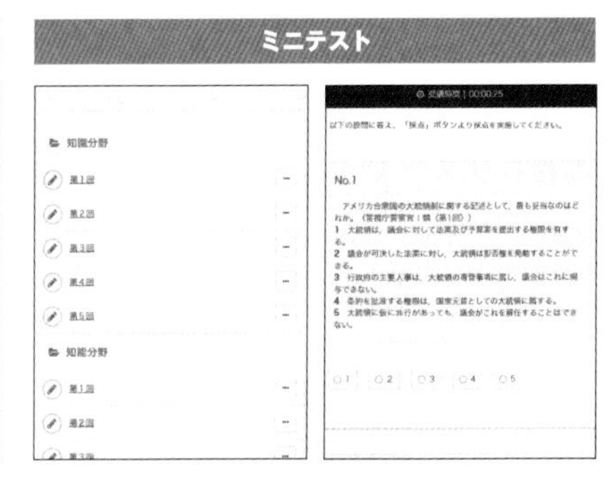

スキマ時間で、問題を解く！　テキストで確認！

利用者の声

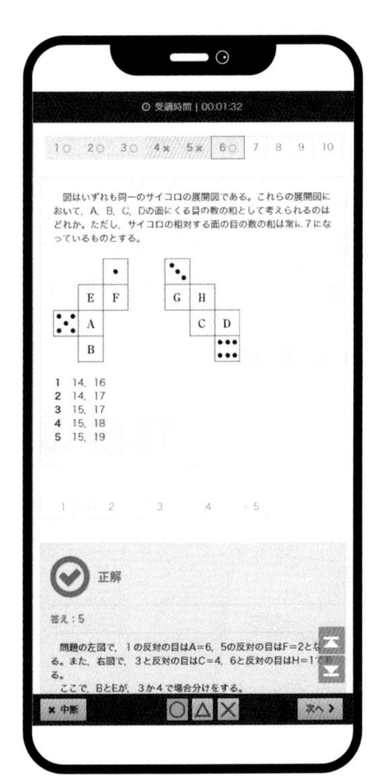

［Ｊトレプラス］をスマートフォンで利用し、ゲーム感覚で問題を解くことができたので、飽きることなく進められて良かったと思います。

ちょっとした合間に手軽に取り組める［Ｊトレプラス］でより多くの問題に触れるようにしていました。

通学時間に利用した［Ｊトレプラス］は時間が取りにくい理系学生にも強い味方となりました。

テキスト自体が初心者でもわかりやすい内容になっていたのでモチベーションを落とさず勉強が続けられました。

テキスト全冊をひととおり読み終えるのに苦労しましたが、一度読んでしまえば、再読するのにも時間はかからず、読み返すほどに理解が深まり、やりがいを感じました。勉強は苦痛ではなかったです。

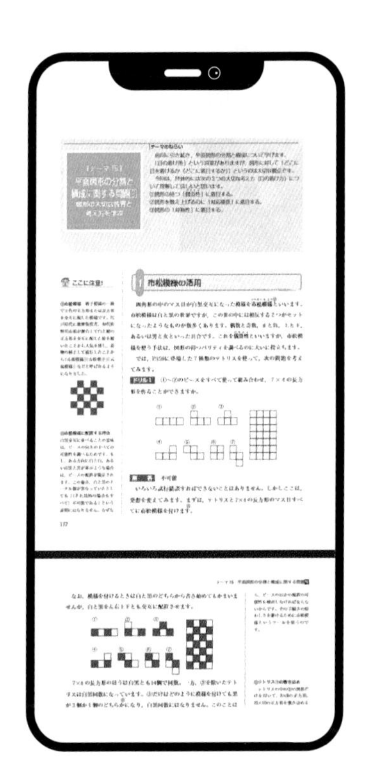

対応コースを記号で明記しています。

K …大卒程度公務員総合コース［教養+専門行政系］　C …大卒程度公務員総合コース［教養のみ］　L …大卒程度公務員択一攻略セット［教養+専門行政系］

D …大卒程度公務員択一攻略セット［教養のみ］　 M …経験者採用試験コース　N …経験者採用試験［論文・面接試験対策］コース　R …市役所教養トレーニングセット

面接のポイントが動画や添削でわかる！

面接レッスンVideo

K C M N R

面接試験をリアルに体感！

実際の面接試験がどのように行われるのか、自分のアピール点や志望動機をどう伝えたらよいのか？
面接レッスンVideoでは、映像を通して面接試験の緊張感や面接官とのやりとりを実感することができます。面接試験で大きなポイントとなる「第一印象」も、ベテラン指導者が実地で指南。対策が立てにくい集団討論やグループワークなども含め、準備方法や注意点をレクチャーしていきます。
また、動画内の面接官からの質問に対し声に出して回答し、その内容をさらにブラッシュアップする「実践編」では、「質問の意図」「回答の適切な長さ」などを理解し、本番をイメージしながらじっくり練習することができます。
［Jトレプラス］サイト内で動画を配信していますので、何度も見て、自分なりの面接対策を進めましょう。

面接レッスンVideoの紹介動画公開中！

面接レッスンVideoの紹介動画を公開しています。
実務教育出版webサイト各コースページからもご覧いただけます。

指導者 Profile

坪田まり子先生

有限会社コーディアル代表取締役、東京学芸大学特命教授、プロフェッショナル・キャリア・カウンセラー®。
自己分析、面接対策などの著書を多数執筆し、就職シーズンの講演実績多数。

森下一成先生

東京未来大学モチベーション行動科学部コミュニティ・デザイン研究室 教授。
特別区をはじめとする自治体と協働し、まちづくりの実践に学生を参画させながら、公務員や教員など、公共を担うキャリア開発に携わっている。

面接試験対策テキスト／面接カード添削

K C M N

テキストと添削で自己アピール力を磨く！

面接試験対策テキストでは、面接試験の形式や評価のポイントを解説しています。テキストの「質問例＆回答のポイント」では、代表的な質問に対する回答のポイントをおさえ、事前に自分の言葉で的確な回答をまとめることができます。面接の基本を学習した後は「面接カード」による添削指導で、問題点を確認し、具体的な対策につなげます。2回分の提出用紙を、「1回目の添削結果を踏まえて2回目を提出」もしくは「2回目は1回目と異なる受験先用として提出」などニーズに応じて利用できます。

▲面接試験対策教材

▲面接カード・添削指導

対応コースを記号で明記しています。

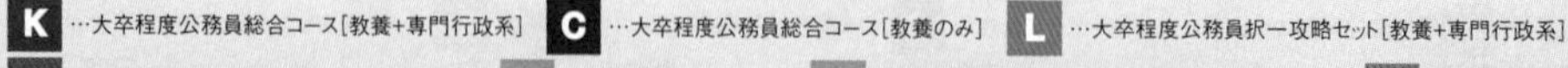

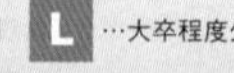

K …大卒程度公務員総合コース［教養＋専門行政系］ C …大卒程度公務員総合コース［教養のみ］ L …大卒程度公務員択一攻略セット［教養＋専門行政系］
D …大卒程度公務員択一攻略セット［教養のみ］ M …経験者採用試験コース N …経験者採用試験［論文・面接試験対策］コース R …市役所教養トレーニングセット

お申し込み方法・受講料一覧

インターネット

実務教育出版ウェブサイトの「公務員合格講座 受講申込」ページへ進んでください。

●受講申込についての説明をよくお読みになり【申込フォーム】に必要事項を入力の上［送信］してください。
●【申込フォーム】送信後、当社から［確認メール］を自動送信しますので、必ずメールアドレスを入力してください。

■お支払方法

コンビニ・郵便局で支払う
教材と同送の「払込取扱票」でお支払いください。お支払い回数は「1回払い」のみです。

クレジットカードで支払う
インターネット上で決済できます。ご利用いただけるクレジットカードは、VISA、Master、JCB、AMEXです。お支払い回数は「1回払い」のみです。

※クレジット決済の詳細は、各カード会社にお問い合わせください。

■複数コース受講特典

コンビニ・郵便局で支払いの場合
以前、公務員合格講座の受講生だった方（現在受講中含む）、または今回複数コースを同時に申し込まれる場合は、受講料から3,000円を差し引いた金額を印字した「払込取扱票」をお送りします。
以前、受講生だった方は、以前の受講生番号を【申込フォーム】の該当欄に入力してください（ご本人様限定）。

クレジットカードで支払いの場合
以前、公務員合格講座の受講生だった方（現在受講中含む）、または今回複数コースを同時に申し込まれる場合は、後日当社より直接ご本人様宛にQUOカード3,000円分を進呈いたします。
以前、受講生だった方は、以前の受講生番号を【申込フォーム】の該当欄に入力してください（ご本人様限定）。

詳しくは、実務教育出版ウェブサイトをご覧ください。
「公務員合格講座 受講申込」

https://www.jitsumu.co.jp/contact/

教材のお届け

あなたからのお申し込みデータにもとづき受講生登録が完了したら、教材の発送手配をいたします。
＊教材一式、受講生証などを発送します。　＊通常は当社受付日の翌日に発送します。
＊お申し込み内容に虚偽があった際は、教材の送付を中止させていただく場合があります。

受講料一覧［インターネットの場合］

コース記号	コース名	受講料	申込受付期間
K	大卒程度 公務員総合コース［教養＋専門行政系］	**91,300円**（本体83,000円＋税）	2023年4月1日～2024年3月31日
C	大卒程度 公務員総合コース［教養のみ］	**66,000円**（本体60,000円＋税）	
L	大卒程度 公務員択一攻略セット［教養＋専門行政系］	**60,500円**（本体55,000円＋税）	
D	大卒程度 公務員択一攻略セット［教養のみ］	**44,000円**（本体40,000円＋税）	
M	経験者採用試験コース	**77,000円**（本体70,000円＋税）	
N	経験者採用試験［論文・面接試験対策］コース	**38,500円**（本体35,000円＋税）	
R	市役所教養トレーニングセット［大卒程度］	**29,700円**（本体27,000円＋税）	2023年8月1日～2024年7月31日

＊受講料には、教材費・指導費などが含まれております。　＊お支払い方法は、一括払いのみです。　＊受講料は、2023年8月1日現在の税込価格です。

【返品・解約について】

◇教材到着後、未使用の場合のみ2週間以内であれば、返品・解約ができます。
◇返品・解約される場合は、必ず事前に当社へ電話でご連絡ください（電話以外は不可）。
TEL：03-3355-1822（土日祝日を除く9：00～17：00）
◇返品・解約の際、お受け取りになった教材一式は、必ず実務教育出版あてにご返送ください。教材の返送料は、お客様のご負担となります。
◇2週間を過ぎてからの返品・解約はできません。また、2週間以内でも、お客様による折り目や書き込み、破損、汚れ、紛失等がある場合は、返品・解約ができませんのでご了承ください。
◇全国の取扱い店（大学生協・書店）にてお申し込みになった場合の返品・解約のご相談は、直接、生協窓口・書店へお願いいたします。

個人情報取扱原則　実務教育出版では、個人情報保護法など関連法規に基づいて個人情報を取り扱います。

1　利用目的　実務教育出版の商品（通信講座など）にご契約、ならびにお問い合わせいただいたお客様に対して、教材発送、案内資料の送付、お問い合わせやご相談の返答、その他関連サービスの提供やご案内、また、社内での調査・研究（アンケート等）などに利用させていただきます。
2　個人情報の管理　(1) 関係する法令等を順守いたします。(2) 利用目的の範囲を超えて個人情報を利用することはありません。(3) 業務上、外部の協力会社等にデータ処理を委託する場合は、適切な指導・監督を行うとともに、委託業務に関して契約を取り交わし、機密保持に努めます。
3　個人情報の第三者への供与制限　お客様の個人情報は、以下のいずれかに該当する場合を除き、第三者に提供することはありません。(1) お客様への契約の履行、商品提供や各種サービスを実施するため、社外の協力会社へデータ処理を委託する場合。(2) お客様の同意がある場合。(3) 法令に基づき司法機関、行政機関から法的義務を伴う要請を受けた場合。
4　個人情報の訂正・利用停止の手続き　お客様ご本人より、個人情報の誤りについての訂正や利用停止のご連絡をいただいた場合は、お手続きの間に合う時点から速やかに処理を行います。
5　お問い合わせ窓口　個人情報についての苦情・お問い合わせは、下記にて受け付けいたします。
公務員指導部　TEL.03-3355-1822（土日祝日を除く 9：00～17：00）

公務員受験生を応援するwebサイト ―――― www.jitsumu.co.jp

実務教育出版は、67年の伝統を誇る公務員受験指導のパイオニアとして、常に新しい合格メソッドと学習スタイルを提供しています。最新の公務員試験情報や詳しい公務員試験ガイド、国の機関から地方自治体までを網羅した官公庁リンク集、さらに、受験生のバイブル・実務教育出版の公務員受験ブックスや通信講座など役立つ学習ツールを紹介したオリジナルコンテンツも見逃せません。お気軽にご利用ください。

あなたに合った公務員試験と対応コースがわかる！

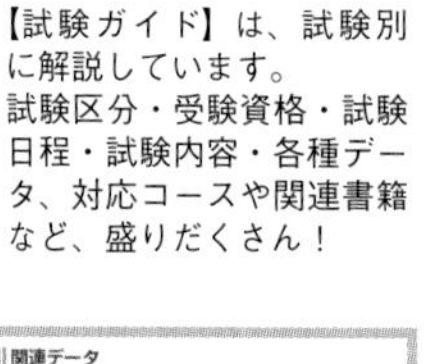

【試験ガイド】は、試験別に解説しています。
試験区分・受験資格・試験日程・試験内容・各種データ、対応コースや関連書籍など、盛りだくさん！

スマホでも【試験ガイド】を確認できます。まずは公務員試験の仕組みを、よく理解しておきましょう！

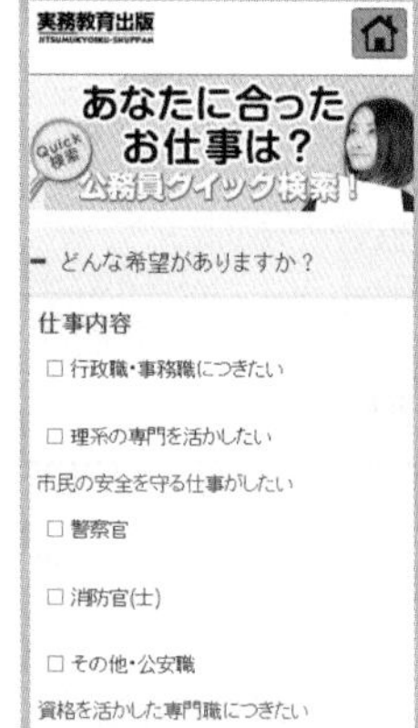

この画像をクリック

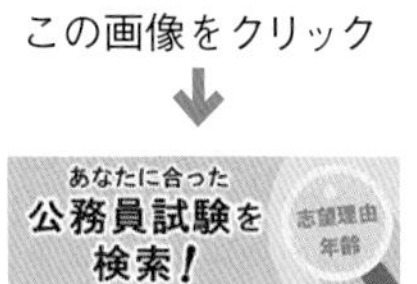

選択条件を設定するとあなたに合った公務員試験を検索することができます。

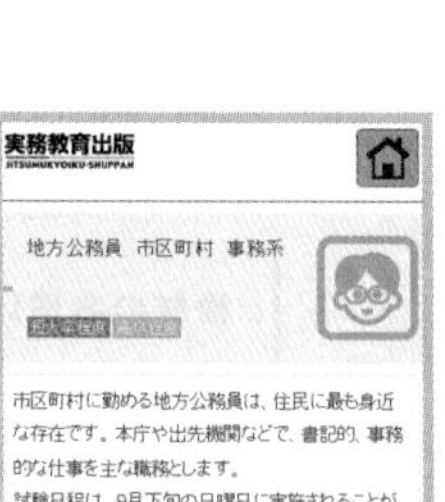

公務員合格講座に関するお問い合わせ　実務教育出版 公務員指導部

「どのコースを選べばよいか」、「公務員合格講座のシステムのここがわからない」など、公務員合格講座についてご不明な点は、電話かwebのお問い合わせフォームよりお気軽にご質問ください。
公務員指導部スタッフがわかりやすくご説明いたします。

電話　**03-3355-1822**（土日祝日を除く 9：00～17：00）

web　**https://www.jitsumu.co.jp/contact/inquiry/**
（お問い合わせフォーム）

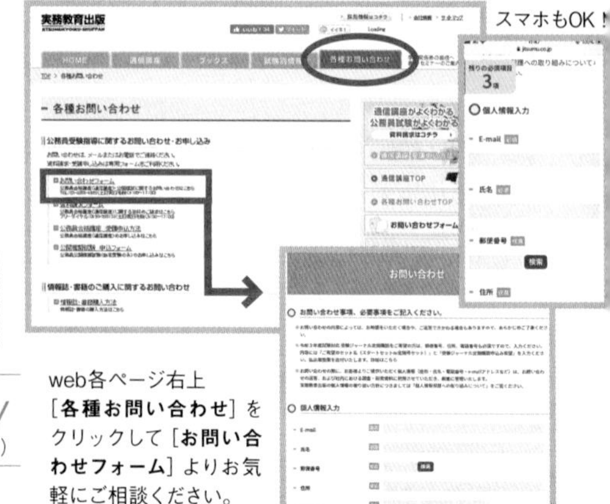

web各ページ右上［**各種お問い合わせ**］をクリックして［**お問い合わせフォーム**］よりお気軽にご相談ください。

公務員試験のブレーン
実務教育出版
www.jitsumu.co.jp
〒163-8671　東京都新宿区新宿1-1-12 / TEL：03-3355-1822（土日祝日を除く 9：00～17：00）

■模擬試験の特徴

●2024年度（令和6年度）試験対応の予想問題を用いた、実戦形式の試験です！

試験構成、出題数、試験時間など実際の試験と同形式です。
マークシートの解答方法はもちろん時間配分に慣れることができ、本試験直前期に的確な最終チェックが可能です。

●自宅で本番さながらの実戦練習ができます！

全国規模の実施ですので、実力を客観的に把握できます。
「正答と解説」には、詳しい説明が記述されていますので、周辺知識までが身につき、一層の実力アップがはかれます。

●全国レベルの実力がわかる、客観的な判定資料をお届けします！

マークシートご提出後に、個人成績表をお送りいたします。
精度の高い合格可能度判定をはじめ、得点、偏差値、正答率などの成績データにより、学習の成果を確認できます。

■申込方法

公開模擬試験は、実務教育出版webサイトの公開模擬試験申込フォームからお申し込みください。

1.受験料のお支払いは、クレジット決済、コンビニ決済の2つの方法から選べます。

2.コンビニ決済の場合、ご利用のコンビニを選択すると、お申込情報（金額や払込票番号など）とお支払い方法が表示されます。その指示に従い指定期日（ネット上でのお申込み手続き完了日から6日目の23時59分59秒）までにコンビニのカウンターにて受験料をお支払いください。
この期限を過ぎますと、お申込み自体が無効となりますので、十分ご注意ください。

スマホから
簡単アクセス

【ご注意】決済後の受験内容の変更・キャンセル等、受験料の返金を伴うご要望には一切応じることができませんのでご了承ください。
氏名は、必ず受験者ご本人様のお名前で、入力をお願いいたします。

◆公開模擬試験についてのお問い合わせ先

問題発送日より1週間経っても問題が届かない場合、下記「公開模擬試験」係までお問い合わせください。
実務教育出版　「公開模擬試験」係　TEL：03-3355-1822（土日祝日を除く9：00～17：00）

当社 2024 年度 通信講座受講生 は下記の該当試験を無料で受験できます。

申込手続きは不要です。問題発送日になりましたら、自動的に問題、正答と解説をご自宅に発送します。
＊無料受験対象以外の試験をご希望の方は、当サイトの公開模擬試験申込フォームからお申し込みください。

▼各コースの無料受験できる公開模擬試験は下記のとおりです。

あなたが受講している通信講座のコース名	無料受験できる公開模擬試験
大卒程度公務員総合コース［教養＋専門行政系］	地方上級（教養＋専門）　国家一般職大卒（基礎能力＋専門）　市役所上級（教養＋専門）
大卒程度公務員総合コース［教養のみ］	地方上級（教養のみ）　国家一般職大卒（基礎能力のみ）　市役所上級（教養のみ）

【実力判定テスト】もあります！

詳細は、実務教育出版webサイトをご覧ください。